创新思维法学教材
Legal Textbooks of Creative Thinking

行政诉讼法学

Administrative Litigation Law

第五版

林莉红 ▶ 著

WUHAN UNIVERSITY PRESS
武汉大学出版社

图书在版编目(CIP)数据

行政诉讼法学/林莉红著.—5版.—武汉:武汉大学出版社,2020.8
创新思维法学教材
 ISBN 978-7-307-21633-4

Ⅰ.行… Ⅱ.林… Ⅲ.行政诉讼法—法的理论—中国—高等学校—教材　Ⅳ.D925.301

中国版本图书馆CIP数据核字(2020)第116926号

责任编辑:张　欣　　责任校对:李孟潇　　版式设计:马　佳

出版发行:武汉大学出版社　（430072　武昌　珞珈山）
（电子邮箱:cbs22@whu.edu.cn　网址:www.wdp.com.cn）
印刷:武汉图物印刷有限公司
开本:787×1092　1/16　印张:18　字数:427千字　插页:1
版次:1999年2月第1版　2001年11月第2版
　　2009年8月第3版　2015年8月第4版
　　2020年8月第5版　2020年8月第5版第1次印刷
ISBN 978-7-307-21633-4　　定价:48.00元

版权所有,不得翻印;凡购我社的图书,如有质量问题,请与当地图书销售部门联系调换。

目 录

导言 ··· 1
 一、诉讼与纠纷的解决 ··· 1
 二、司法权和行政权各自的特点 ··· 2
 三、行政纠纷、行政争议、行政诉讼与行政救济 ····················· 3

第一章 行政诉讼与行政诉讼法概述 ·· 7
第一节 行政诉讼的概念和特征 ··· 7
 一、行政诉讼的概念 ·· 7
 二、行政诉讼的特征 ·· 10
 三、行政诉讼与其他诉讼的区别 ··· 12
第二节 行政诉讼法概述 ·· 15
 一、行政诉讼法的概念 ··· 15
 二、行政诉讼法的特征 ··· 15
 三、行政诉讼法的地位 ··· 16
 四、行政诉讼法与相邻部门法的关系 ···································· 17
 五、行政诉讼法的渊源 ··· 18
 六、行政诉讼法的效力 ··· 21
第三节 行政诉讼法的立法目的和功能 ··································· 22
 一、行政诉讼的性质 ·· 22
 二、行政诉讼法的立法目的 ··· 22
 三、我国行政诉讼法的功能 ··· 24
第四节 行政诉讼法学 ··· 27
 一、行政诉讼法学的概念和研究对象 ···································· 27
 二、行政诉讼法学的内容 ·· 27
 三、学习行政诉讼法的方法 ··· 28

第二章 行政诉讼制度的历史发展 ·· 29
第一节 外国行政诉讼制度简介 ··· 29
 一、大陆法系国家的行政诉讼制度 ······································· 29
 二、英美法系国家的行政诉讼制度 ······································· 31
第二节 我国行政诉讼制度的历史发展 ··································· 32

一、中华人民共和国成立前行政诉讼制度的历史发展 …………………… 32
　　　二、中华人民共和国成立后行政诉讼制度的历史发展 …………………… 33

第三章　行政诉讼法律关系 ……………………………………………………… 39
　第一节　行政诉讼法律关系的概念和特征 …………………………………… 39
　　　一、行政诉讼法律关系的概念 …………………………………………… 39
　　　二、行政诉讼法律关系的特征 …………………………………………… 39
　　　三、关于行政诉讼法律关系的不同学说 ………………………………… 40
　第二节　行政诉讼法律关系的要素 …………………………………………… 41
　　　一、行政诉讼法律关系的主体 …………………………………………… 41
　　　二、行政诉讼法律关系的内容 …………………………………………… 42
　　　三、行政诉讼法律关系的客体 …………………………………………… 43
　第三节　研究行政诉讼法律关系的意义 ……………………………………… 44

第四章　行政诉讼法的基本原则 ………………………………………………… 46
　第一节　行政诉讼法基本原则概述 …………………………………………… 46
　　　一、行政诉讼法基本原则的含义 ………………………………………… 46
　　　二、关于行政诉讼法基本原则的讨论 …………………………………… 46
　　　三、行政诉讼法的规定 …………………………………………………… 47
　第二节　对行政行为的合法性进行审查原则 ………………………………… 47
　　　一、对行政行为的合法性进行审查原则的含义 ………………………… 47
　　　二、对行政行为的合法性进行审查原则的内容 ………………………… 48
　第三节　当事人双方诉讼地位平等原则 ……………………………………… 52
　　　一、当事人双方诉讼地位平等原则的含义 ……………………………… 52
　　　二、当事人双方诉讼地位平等原则的内容 ……………………………… 52
　　　三、当事人双方诉讼地位平等原则的意义 ……………………………… 53
　第四节　人民检察院对行政诉讼实行法律监督原则 ………………………… 53
　　　一、人民检察院对行政诉讼实行法律监督的必要性 …………………… 53
　　　二、人民检察院对行政诉讼实行法律监督原则的内容 ………………… 54
　第五节　行政诉讼的其他原则 ………………………………………………… 55
　　　一、行政审判权独立行使原则 …………………………………………… 55
　　　二、以事实为根据，以法律为准绳原则 ………………………………… 56
　　　三、适用民族语言文字原则 ……………………………………………… 57
　　　四、辩论原则 ……………………………………………………………… 57

第五章　行政诉讼受案范围 ……………………………………………………… 58
　第一节　行政诉讼受案范围概述 ……………………………………………… 58
　　　一、行政诉讼受案范围的含义和意义 …………………………………… 58

二、确定受案范围的立法方式 …………………………………… 59
三、确立我国行政诉讼受案范围的原则 …………………………… 61
第二节 行政诉讼受案范围的具体规定 …………………………………… 61
一、概括列举 …………………………………………………… 62
二、间接列举 …………………………………………………… 78
三、排除列举 …………………………………………………… 80
第三节 关于受案范围的几个问题 ………………………………………… 85
一、关于行政终局裁决权 ……………………………………… 85
二、关于行政机关居间裁决行为的受案范围问题 ……………… 87
三、关于公安机关强制措施的受案范围问题 …………………… 89

第六章 行政诉讼管辖 …………………………………………………… 93
第一节 管辖概述 ………………………………………………………… 93
第二节 级别管辖 ………………………………………………………… 96
一、级别管辖的概念 …………………………………………… 96
二、划分级别管辖的标准 ……………………………………… 96
三、关于级别管辖的具体规定 ………………………………… 97
第三节 地域管辖 ………………………………………………………… 98
一、一般地域管辖 ……………………………………………… 99
二、特殊地域管辖 ……………………………………………… 99
三、协议管辖 …………………………………………………… 100
四、共同管辖和选择管辖 ……………………………………… 100
五、合并管辖 …………………………………………………… 101
第四节 裁定管辖 ………………………………………………………… 101
一、移送管辖 …………………………………………………… 101
二、指定管辖 …………………………………………………… 101
三、移转管辖 …………………………………………………… 102
四、管辖异议的处理 …………………………………………… 102

第七章 行政诉讼参加人 ………………………………………………… 104
第一节 当事人概述 ……………………………………………………… 104
一、当事人的概念和特征 ……………………………………… 104
二、当事人的称谓 ……………………………………………… 104
三、当事人能力 ………………………………………………… 105
第二节 行政诉讼中的原告 ……………………………………………… 106
一、原告的含义 ………………………………………………… 106
二、原告资格 …………………………………………………… 107
三、原告范围 …………………………………………………… 110

四、原告确定的特殊情形 ··· 111
　　五、关于公益诉讼 ··· 112
第三节　行政诉讼中的被告 ··· 114
　　一、被告的概念和特征 ·· 114
　　二、被告的确定 ·· 115
　　三、确定被告时应注意的问题 ·· 121
第四节　共同诉讼和第三人 ··· 123
　　一、共同诉讼 ··· 123
　　二、代表人诉讼 ·· 125
　　三、第三人 ·· 127
第五节　诉讼代理 ·· 130
　　一、诉讼代理的一般概念 ··· 130
　　二、行政诉讼中原告的代理 ·· 131
　　三、行政诉讼中被告的代理 ·· 132
　　四、代理人的权限 ··· 134

第八章　行政诉讼证据 ·· 135
第一节　行政诉讼证据的概念和特征 ·· 135
　　一、行政诉讼证据的概念 ··· 135
　　二、行政诉讼证据的特征 ··· 136
　　三、证据能力与证明力 ·· 139
第二节　行政诉讼证据的分类 ·· 141
　　一、证据的分类 ·· 141
　　二、证据的表现形式 ·· 142
第三节　举证责任 ·· 145
　　一、举证责任的含义和性质 ·· 145
　　二、举证责任的分配 ·· 146
　　三、行政诉讼举证责任的特征 ·· 149
　　四、举证时限 ··· 149
第四节　证据的收集、保全和审查判断 ····································· 152
　　一、人民法院对证据的收集和调查 ······································ 152
　　二、证据保全 ··· 153
　　三、证据的审查判断 ·· 154

第九章　行政审判的制度 ·· 156
第一节　行政审判基本制度 ··· 156
　　一、合议制 ·· 156
　　二、回避制 ·· 156

	三、公开审判制	157
	四、两审终审制	159
	五、被诉行政机关负责人出庭应诉制度	159
	六、起诉不停止执行制	162
第二节	行政审判其他制度	165
	一、撤诉	165
	二、缺席判决	167
	三、对妨害行政诉讼的强制措施	168
	四、对行政机关工作人员违法违纪问题的处理	172
	五、财产保全和先予执行	173

第十章　行政审判程序　175

第一节	第一审普通程序	175
	一、诉前程序	175
	二、起诉期限	178
	三、起诉和受理	182
	四、审理前的准备	189
	五、开庭审理	190
	六、普通程序的其他规定	191
第二节	简易程序	193
	一、简易程序的含义和意义	193
	二、简易程序适用的案件	194
	三、简易程序的程序规定	194
第三节	第二审程序	195
	一、第二审程序的含义和意义	195
	二、上诉的提起	195
	三、上诉案件的审理方式	196
	四、对上诉案件的处理	197
	五、上诉案件的审理期限	198
第四节	再审程序	198
	一、再审程序的含义和意义	198
	二、当事人申请再审	199
	三、决定再审的程序	201
	四、再审案件的审判	202
第五节	涉外行政诉讼程序的特别规定	203
	一、涉外行政诉讼的含义和特征	203
	二、涉外行政诉讼程序的一般原则	204
	三、涉外行政诉讼程序的特别规定	206

第十一章 行政诉讼法律适用与判决 ········· 207
第一节 行政诉讼中的法律适用 ········· 207
一、问题的提出 ········· 207
二、行政诉讼法的具体规定 ········· 208
三、其他规范性文件在行政诉讼中的适用问题 ········· 210
四、规范性文件冲突的选择适用规则 ········· 212
第二节 行政判决 ········· 214
一、行政诉讼判决的含义 ········· 214
二、驳回诉讼请求判决 ········· 214
三、撤销判决 ········· 215
四、履行判决 ········· 220
五、确认判决 ········· 221
六、变更判决 ········· 224
七、关于复议机关共同被告案件的判决 ········· 226
八、关于行政协议的判决 ········· 227
九、行政诉讼二审判决 ········· 230
第三节 关于行政判决的几个问题 ········· 231
一、行政案件的审理对象 ········· 231
二、行政诉讼中的调解 ········· 236
三、行政诉讼中的事实问题与法律问题 ········· 239
四、相关民事争议的一并审理 ········· 241
五、规范性文件的一并审查 ········· 243

第十二章 行政执行程序 ········· 245
第一节 行政执行程序概述 ········· 245
一、行政执行程序的含义和意义 ········· 245
二、法院执行与行政机关执行的关系 ········· 245
三、执行条件 ········· 246
四、执行组织 ········· 247
五、执行对象 ········· 247
第二节 对人民法院行政裁判的执行 ········· 247
一、一般规定 ········· 247
二、对公民、法人或者其他组织拒绝履行义务的执行 ········· 248
三、对行政机关拒绝履行义务的执行 ········· 249
第三节 对行政机关行政决定的执行 ········· 250
一、对行政机关行政决定执行的含义 ········· 250
二、人民法院执行行政决定的法律依据 ········· 251

三、人民法院执行行政决定活动的性质……………………………………251
　　四、人民法院执行行政决定的程序……………………………………253

第十三章　行政赔偿诉讼……………………………………………………256
第一节　行政赔偿诉讼概述……………………………………………256
　　一、行政赔偿诉讼的概念和特征………………………………………256
　　二、行政赔偿诉讼的意义………………………………………………257
　　三、行政赔偿诉讼适用的法律…………………………………………257
第二节　行政侵权赔偿责任……………………………………………258
　　一、行政侵权赔偿责任的概念…………………………………………258
　　二、行政侵权赔偿责任的特征…………………………………………258
　　三、行政侵权赔偿责任的构成要件……………………………………259
第三节　行政赔偿的范围和主体…………………………………………262
　　一、行政赔偿范围………………………………………………………262
　　二、行政赔偿请求人……………………………………………………263
　　三、行政赔偿义务机关…………………………………………………264
第四节　行政赔偿方式和计算标准………………………………………266
　　一、行政赔偿的方式……………………………………………………266
　　二、确立行政赔偿计算标准的原则……………………………………266
　　三、《国家赔偿法》关于计算标准的具体规定…………………………267
第五节　行政赔偿诉讼程序………………………………………………269
　　一、请求行政赔偿的基本途径…………………………………………269
　　二、处理赔偿请求的行政程序…………………………………………269
　　三、行政赔偿案件的起诉期限…………………………………………270
　　四、行政赔偿诉讼案件的审理…………………………………………270
　　五、行政追偿制度………………………………………………………272
　　六、赔偿费用支付………………………………………………………272

初版后记……………………………………………………………………273

再版后记……………………………………………………………………275

三版后记……………………………………………………………………276

四版后记……………………………………………………………………277

五版后记……………………………………………………………………279

导　言

一、诉讼与纠纷的解决

纠纷和社会冲突无时不在。从某种角度说，纠纷和社会冲突是由于人性、资源和生产力水平的限制而引起；从另外的角度，纠纷和社会冲突的产生，也可追溯其社会根源和个性根源。不管怎么样，纠纷和社会冲突的产生是不可避免的。

从最为宏观的层面看待纠纷与社会冲突，可以从政治、法律、经济、技术等多个角度分析其解决机制。不同领域和类型的纠纷需要通过不同的途径加以解决①。从法律这一中观层面，我们要分析法律问题之解决的途径、方式、方法。从微观层面，则可能需要研究某种特定类型法律纠纷之解决机制，或者某种途径、某种方式在解决纠纷上之特点，因此要研究法制化的纠纷解决途径、方式与方法。整个社会的纠纷解决机制应当协调配合，相得益彰，从而使所有的冲突和纠纷都得以高效、合理地解决。

那么，何谓社会冲突的解决？从法学的角度研究，社会冲突"解决"的内涵"应当是多层次主观效果的综合体"，包含以下层次：第一，化解和消除冲突；第二，实现合法权益和保证法定义务的履行；第三，法律或者统治秩序的尊严和权威得以回复；第四，冲突主体放弃和改变对抗社会统治秩序和法律制度的心理和态度，增加与社会的共容性，避免或者减少冲突（至少是同类冲突）的重复出现。②

在所有的纠纷解决机制中，诉讼无疑担当着最为重要和最为瞩目的角色。无论是从诉讼的起源和发展历史来看，还是从近代权力分立学说的理论与实践来看，司法或者诉讼的基本含义和功能就是解决纠纷或者说解决社会冲突。而毫无疑问，解决社会冲突是实现社会控制乃至人类存续的需要。"当'私力救济'作为一种普遍的社会现象从人类文明史中消失后，诉讼便成为遏止和解决社会冲突的主要手段。"今天，"诉讼既作为一种社会统治方式，又作为一种技能化的活动而不断得到发展与完善，从而逐步适应调节并消除日益复杂、频繁的社会冲突的需要"。③

诉讼的本质是由国家权力解决社会冲突。因而，第一，解决冲突的根据只能是国家立法；第二，由诉讼所确定的冲突权益处置和补偿办法，通过国家暴力强制或者由这种强制

---

① 譬如本人认为，政治问题通过政治途径解决。解决政治问题最主要途径是用民主方式，即投票。集会、游行等途径，总体上说属于表达之政治途径，用于解决政治上之纠纷。当然，也可以说所有的政治问题都可以转化为法律问题。但在转化为法律问题之前，其仍然是一个政治问题。
② 柴发邦主编，《体制改革与完善诉讼制度》，中国人民公安大学出版社1991年版，第11~15页。
③ 柴发邦主编：《体制改革与完善诉讼制度》，中国人民公安大学出版社1991年版，第3页。

所产生的威慑而得到实施。但是，"诉讼制度或者程序真正永恒的生命基础则在于它的公正性。"① 与解决纠纷的其他途径如自决、和解、调解、仲裁相比较，诉讼能够最大限度地实现解决社会冲突的多层次的含义。无论世人对实体法律的评价是良法还是恶法，诉讼都希望表现出一种公正性，所谓"法律面前人人平等"，所谓"王子犯法与庶民同罪"，这些都只是体现在程序上，而非体现在实体上。诉讼之所以且不惜适用繁琐的程序、大量的规则，甚至是臃长的过程，其目的就是为了保证公正性的实现。自罗马法以来一直流传于世的法谚"审判者不能为自己的裁判"，其实质并非指人在伦理境界上无法做到毫不偏私，而是指对争议的处理和裁判必须做到形式公正。任何一个社会的统治者都企图通过一系列的程序和制度，使诉讼的结果符合立法者的原意，摆脱审判者人性的弱点，实现法律所蕴涵的公正性。同时任何统治者都希望使自己的上升为国家意志的法律得以贯彻实施，通过程序上的平等对待来实现实体法的各项内容。

2014年10月23日中国共产党第十八届中央委员会第四次会议通过《中共中央关于全面推进依法治国若干重大问题的决定》，提出坚持走中国特色社会主义法治道路，建设中国特色社会主义法治体系，"健全社会矛盾纠纷预防化解机制，完善调解、仲裁、行政裁决、行政复议、诉讼等有机衔接、相互协调的多元化纠纷解决机制"。2014年11月1日第十二届全国人民代表大会常务委员会第十一次会议通过了"关于修改《中华人民共和国行政诉讼法》的决定"。中国共产党的决定为中国特色社会主义法治体系建设指明了方向，而行政诉讼法的修改则为依法化解行政纠纷提供了更为完善的途径。分析行政纠纷解决机制的理论框架，建立系统、协调的多元化行政纠纷解决机制，充分发挥各种纠纷解决机制的功能，是预防和化解社会矛盾，实现依法治国的一个重要方面。

二、司法权和行政权各自的特点

司法权与行政权相比较，最主要的特点是司法权的行使具有极为被动的特征，而行政管理活动具有明显的主动性。这种区别在纠纷解决机制上表现得尤为明显。

（一）司法权的被动性

司法的被动性来源于司法的公正性这一最高的价值追求。体现司法权被动特征的最典型的司法原则是不告不理。在司法独立的旗帜下，以一事不再审和不得拒绝审判作为不告不理原则的必要补充，适用一系列能够确保公正审判的诉讼机理，如控审分离、直接审理、言辞审理、公开审判等保证公正性这一永恒价值的实现。

这种被动性要求司法机关②既不主动地保护权益，也不主动地追究违法。司法权行使的被动性还体现在司法应远离政治，法官不参政、不议政；法官独立审判，只服从法律，从而保证司法权的行使不受可能有的政治变迁、社会动荡的影响。

---

① 顾培东：《社会冲突与诉讼机制》，法律出版社2004年版，第52页。
② 在我国，对司法机关一词有两种理解。一种理解认为司法机关仅指审判机关，即仅指人民法院系统；另一种理解认为司法机关不仅包括人民法院系统，也包括行使刑事控诉职能的检察机关和行使刑事侦查职能的公安机关，甚至国家安全机关。本处所指司法机关仅指行使审判权的人民法院。

这种被动性的结果是司法的公正性主要体现于个案的审理之中。司法的作用不论是保护权利也好，监督或者惩治违法也罢，其特点是个别的和事后的。司法所追求的公正是个案公正，尽管从宏观上说，通过个案的审理对社会所起的警示作用仍然具有相当大的意义。

当然，司法权行使的被动性仅仅是启动时的被动性。司法权一旦被启动以后，在诉讼程序中则非始终处于消极、被动的状态。在诉讼程序开始以后，作为司法权主要内容的审判权发挥着极为重要的作用。法院要指挥诉讼程序的进行，引领诉讼活动的开展，是诉讼法律关系中最为重要的主体。

(二) 行政权的主动性

尽管学者们对行政、行政法和行政权的内容有不同的表述，但行政管理内容的社会性和广泛性、管理目的的公共性和公益性则是公认的特征。行政权的行使也有一个发展和变化的过程，但总的来说，都体现了这一特征。从"警察国家"到"福利国家"，从"最好的政府，最少的管理"到"最好的政府，最大的服务"，行政权对社会的直接干预越来越多。即使是严格实行三权分立的国家，行政权的行使也呈现扩张的趋势。① 特别是现代社会，福利国家的出现，政府的管理已经是事无巨细，无所不包。人们普遍认为，对于社会福利水平的提高，人民生活水准的改善，社会环境的治理，以至各种灾害的预防和消除，综合国力的增强，政府均负有不可推卸的责任。这种责任的负担要求本身是与行政权行使的特征相一致的，其结果必然是政府积极、主动、讲求效率地行使其职权，履行其职责。与司法权相反，行政机关不能对违法行为听之任之，对公民权益遭受侵害视而不见②。

行政权行使的这种主动性和扩张性，由行政权的本质所决定，也是社会发展的需要③。在行政权的发展演变过程中，与这种发展趋势必然伴随的是，人们既要求行政机关提供积极、有效的服务和良好的福利，又要求对行政权力扩大进行有效的监督，以及对行政权力侵犯公民权利实施完备的法律救济。按照权力监督与权利救济理论，行政诉讼制度的建立也成为历史之必然。

三、行政纠纷、行政争议、行政诉讼与行政救济

现代社会生活中，社会生活的主体之间发生的纠纷多种多样，但归纳起来主要有三种，即民事纠纷（含人们常说的经济纠纷）、刑事纠纷和行政纠纷。解决这些纠纷的途径

---

① 美国行政法学家伯纳德·施瓦茨认为："尽管有三权分立的迂腐教条，向行政机关授予审判权却一直没有中断过。复杂的现代社会需要行政机关具有司法职权，使这种授权不可避免。"参见 [美] 伯纳德·施瓦茨著：《行政法》，徐炳译，群众出版社 1986 年版，第 55 页。

② 反映司法权与行政权这一区别的一个明显的例子是如何对待法律援助问题。对没有经济能力进行诉讼行为或者法律行为的人提供法律援助，是行政机关的职责之所在。行政机关应依立法或者依职权主动地开展法律援助工作。一个社会存在穷人无钱就不能得到司法保护的现象是行政机关的失职。而司法的职责是保持公正与中立，依据事实和法律不偏不倚地进行审判。如果由司法机关来开展法律援助工作，势必会破坏这种公正与中立，因此，对无力进行诉讼的现象，不应当由法院来有所作为。

③ 参见林莉红、胡劲松：《论行政法的演变及其发展》，载《湘潭大学学报（哲社版）》1999 年第 1 期。

也是多种多样的，有民间的途径，如人民调解委员会对纠纷的调解，也有行政的和司法的途径。其中，司法途径是一种最终的和最有效的解决纠纷的途径，即所谓司法最终解决原则。在司法途径中，与前面所说的三类纠纷相联系，一个国家的司法制度中也应该有民事诉讼、刑事诉讼、行政诉讼三种诉讼形式。因此，"根据具体审判对象的质的差异，审判权可分为刑事审判权、民事审判权和行政审判权，这三类审判权的存在构成了三大诉讼制度的基础"。①

对民事诉讼、刑事诉讼和行政诉讼的主体进行分析，人们有一个很形象的说法，即认为平等主体之间进行的民事诉讼是一种所谓"民告民"的诉讼；主要以代表国家的检察机关为控告一方的刑事诉讼体现在当事人的特征上是一种"官告民"的诉讼；而行政诉讼则由于行政机关在诉讼中恒定为被告而被称为"民告官"的诉讼。实际上，"民"和"官"在我国法律上含义并不明确，在理论上和实践中亦没有确切的意义，因此，这是一种很形象但不科学的说法。

行政纠纷是在行政管理活动中国家行政机关与行政管理相对人之间发生的有关行政法律关系的权利义务争执。行政管理相对人是受行政机关管理的人，其范围相当广泛，可以是公民个人，也可以是企业事业单位、社会团体，甚至可以是其他国家机关或者其他行政机关。一个具体的国家机关在作为管理者对社会行使管理职能的同时又是一个被管理者，要受到其他机关的管理。作为被管理者，某一个特定的国家机关也是行政管理的相对人。

这里，纠纷的概念基本可等同于社会学上的冲突，即不同的主体之间对某一事项因认识不一致而产生的行动。在行政管理活动中发生的冲突即为我们所研究的纠纷。这种纠纷的发生可分为两种情形。

其一，行政管理相对人违法或者行政机关认为行政管理相对人违法。此类纠纷中，由于国家行政机关行使的行政管理权是一种国家权力，因此，可通过行政处罚、行政强制措施等方法加以解决。经国家行政机关处理，行政管理相对人不履行义务的，行政机关可以依法强制执行或者直接申请人民法院强制执行，不需由双方当事人以外的第三者进行审理、裁决。②

---

① 王洪俊主编：《中国审判理论研究》，重庆出版社1993年版，第10页。
② 依照《义务教育法》及有关法律的规定，达到入学年龄的未成年人的家长（包括其他监护人，以下同）有监护子女（包括其他被监护人，以下同）接受义务教育的义务。对于家长拒绝或者拖延履行这一义务的，实践中有一种做法是地方人民政府向人民法院起诉学生家长不履行监护子女接受义务教育的义务（《法制日报》曾连续载文《不送孩子上学吃官司——修文八位家长成被告》（1998年11月20日），《家长不让孩子上学 乡长控告家长违法——酒泉一乡政府将4位家长推上法庭》（1999年3月30日），《湖北基层法院帮数百名学生重返课堂》（1999年5月28日）报道此类案件。笔者曾仔细看过有关报道，报道中均使用的是诸如"提起诉讼""状告""开庭""审理"等字眼，应当不会是记者报道的失误）。这类案件的诉讼性质令人颇存疑虑。行政诉讼，无行政机关因行使职权而作原告之法理；民事诉讼，则原告与案件并无法律上的利害关系。因此，既于法无据，也与理背离。从行政权行使的性质和特点来看，地方人民政府不必要也不应当向人民法院提起诉讼，要求人民法院判决相对人履行义务教育法规定的义务。而应该直接作出行政决定，责令家长或者监护人履行义务，在义务人不履行行政决定时向人民法院申请强制执行。

其二，行政管理相对人认为行政机关的行为违法或者不当。此类纠纷，行政管理相对人要求撤销该行为，或者要求对该行为造成的损失给予补救。由于其处于行政法关系中受管理、被命令的地位，他只能向有权处理此纠纷的机关提出解决纠纷的请求。如果这种请求是依法提出，即法律上已经有某种解决纠纷的制度，这就形成行政争议。这种争议，在具体的解决程序中被称为行政案件，即当事人因为自己的权益受到行政机关违法的或者不当的行政行为侵害，依照法律规定向有关机关提出，请求其行使国家权力加以制止、撤销该行政行为，或者请求得到赔偿的案件。如果法律上没有某种制度可以解决这种因相对人对行政机关不满而产生的纠纷，则纠纷因不能形成为行政案件，而永远是纠纷，除非行政机关自我纠错。

行政救济是关于行政权力侵犯公民权利给予补救的法律制度。具体而言，行政救济是公民、法人或者其他组织认为行政机关的行政行为造成自己合法权益的损害，请求有关国家机关给予补救的法律制度的总称，包括对违法或者不当的行政行为加以纠正，以及对于因行政行为而遭受的损失给予弥补等多项内容。

现代行政法的一个发展趋势是行政行为和行政救济途径的多元化。在我国当今出现利益主体多元化、行政管理方式多样化、行政纠纷类型复杂化和沟通机制现代化的社会历史背景下，应当建立完整、无漏洞的纠纷解决机制，实现救济对象的完整性、解决途径的全面性、责任方式的适当性和机制运作的可得性。在社会管理创新视野下，既要发挥传统途径解决具体纠纷、化解个案的作用，又要借助新兴手段和媒介，应对行政失当和公共利益保护等新的问题，从而构建一套多元化的行政纠纷解决机制，提高行政救济机制之实效。①

行政救济途径虽有多种，但最主要的是两种，即由行政机关解决行政争议和由司法机关解决行政争议。在我国，曾经有相当长一段时期在立法上缺乏关于解决行政争议的规定，因而对行政机关的行为不服的，无法通过法律途径使这种争议得到及时解决。改革开放以后建立的行政复议制度和行政诉讼制度都是解决行政纠纷的法律制度。而其中以司法途径解决行政争议的行政诉讼制度的建立无疑提供了一种最终的和最有效的解决行政争议的途径。

对行政诉讼加以规范的法律为行政诉讼法。我国行政诉讼法典于1989年4月4日第七届全国人民代表大会第二次会议通过，1990年10月1日起施行（本书以下简称其为"1989年《行政诉讼法》"）。2014年11月1日第十二届全国人民代表大会常务委员会第十一次会议通过"关于修改《中华人民共和国行政诉讼法》的决定"，并规定自2015年5月1日起实施（本书以下在使用"行政诉讼法"一词时表示2014年修改的《行政诉讼法》，即现行行政诉讼法，在表达与1989年《行政诉讼法》相比较或修改时使用

---

① 参见林莉红：《法治国家视野下多元化行政纠纷解决机制论纲》，载《湖北社会科学》2015年第1期，《新华文摘》2015年第7期全文转载。

"2014 年《行政诉讼法》")。①

行政诉讼法学研究的是通过司法途径解决行政争议的程序问题。本书即以此为主题。对于行政复议及其他解决行政纠纷的途径,本书不作专门论述,仅在讨论行政诉讼的有关问题时,为了更好地说明行政诉讼中的问题而有所涉及。

---

① 根据全国人民代表大会常务委员会法制工作委员会《立法技术规范(试行)(一)》(法工委发〔2009〕62号),法律修改形式为法律修正和法律修订两种。第一种是法律修正。法律修正有两种形式,其一为法律修正案,采用修正案形式的,修正案单独公布,公布修正案,一般不重新公布原法律文本。其二为法律修改决定,采用修改决定形式的,根据修改决定,重新公布修改后的法律文本。第二种是法律修订。法律修订需要公布新的法律文本,法律实施日期为修订后的实施日期,修订的法律需要明确规定原相关法律停止施行。2014年《行政诉讼法》修改,采用的是法律修正之法律修改决定的形式。

本书在引用其他规范性文件时也尽量准确表述其版本,包括修改时间和修改形式。

第一章 行政诉讼与行政诉讼法概述

第一节 行政诉讼的概念和特征

一、行政诉讼的概念

行政诉讼是公民、法人或者其他组织认为行政机关的行政行为侵犯了自己的合法权益，依照行政诉讼法的规定向人民法院起诉，人民法院在双方当事人和其他诉讼参与人参加下，审理和解决行政案件的活动，以及在这些活动中所产生的法律关系的总和。

行政诉讼的这一定义包含以下几个要件：

第一，行政诉讼的当事人具有特定性。

行政诉讼的原告是公民、法人和其他组织，在行政法律关系中是行政管理相对人。被告是特定的国家行政机关。行政诉讼法规定可作为行政诉讼被告的有国家行政机关和法律、法规、规章授权的组织，这在行政法学上被称为行政主体。由于依据法律、法规、规章授权行使行政管理权的组织实际上具有行政机关的地位，可被看做行政机关，因此，本书在后面的论述中，除非特别说明，对此不加区分，而称行政机关。

行政诉讼当事人中必定有一方是行使国家行政管理职权的国家行政机关，而且国家行政机关是以被告的身份参加诉讼的；而另一方是受该行政机关管理，与该行政机关所作行政行为有利害关系的公民、法人或者其他组织。这里以原告身份起诉的法人或者其他组织，既包括企事业单位、社会团体，也包括受前一行政机关管理的其他行政机关，如公安局不服规划局的决定，海关不服海洋环境保护机构的处罚，理论上甚至还可以包括其他的国家机关，如不服环境保护机关行政处罚的某一人民法院。在某些情况下，外国人、无国籍人、外国企业和组织，也可在行政诉讼中作原告，如依照《中华人民共和国出入境管理法》（2012年6月30日颁布）的规定，外国人如对我国有关行政主管机关作出的出入境管理行为不服，除由行政机关最终决定的行政行为以外，可以作为原告向人民法院提起行政诉讼。

第二，行政诉讼争议的客体是行政机关的行政行为。

这涉及行政诉讼的审查范围问题。关于行政诉讼争议的客体，我国行政诉讼法曾长期使用具体行政行为这一术语，但对此并无解释。具体行政行为本来是一个学理上的概念。学理上，依据所针对的对象和产生的效力范围的不同，将行政行为分为具体行政行为和抽象行政行为。最高人民法院的司法解释曾定义具体行政行为为国家行政机关和行政机关工作人员，法律、法规授权的组织，行政机关委托的组织和个人在行政管理活动中行使行政职权,针对特定的公民、法人或者其他组织,就特定的具体事项,作出的有关该公民、法人或者其他组织权利义务的单方行为①。该司法解释出台后,针对这个界定,学术界出现不少质疑。② 2000年3月1日实施的《关于执行〈中华人民共和国行政诉讼法〉若干问题的解释》,没有再对具体行政行为进行定义,在规定受案范围时也回避了具体行政行为的提法,而表述为"具有国家行政职权的机关和组织及其工作人员的行政行为"。2014年《行政诉讼法》也不再使用具体行政行为一词,而以行政行为替代。不过,1989年《行政诉讼法》使用具体行政行为一词,在将行政机关的抽象行政行为排除于受案范围的同时,也将行政机关不作为的违法行为、事实行为以及非以"行政处理决定"或者"行政裁决"的形式作出的其他行为包括在受案范围之内。这在我国行政诉讼制度建立之初,对于在某种程度上泛化行政诉讼的受理范围,起到非常重要作用。

在行政法理论中,具体行政行为的概念和范围本身是一个有争议的问题③。1989年《行政诉讼法》实施以来,人民法院受理行政诉讼案件的范围实际上并不仅限于传统行政法理论上所界定的以"意思表示"为重要要素的行政行为。在讨论行政诉讼法修改问题时,有学者提出应当从行政争议角度确定人民法院的受理范围。从保护相对人合法权益和监督行政的目的出发,采用概括的方式确定受案范围,将行政诉讼受案范围的立足点放在行政争议范围而非行政行为范围上,从而解决因行政职权行为侵犯相对人权益引起争议的诸多行为的受案范围问题。如因行政事实行为和准行政行为侵犯相对人合法权益引起的争议,以及因授权行政主体、委托行政主体的行政职权行为引起的争议,甚至可以将因行政职权行为引致的行政主体之间的争议纳入行政诉讼的受案范围。④ 不过,2014年《行政诉讼法》仍然是从行政行为角度规范受理范围,只是不再使用具体行政行为概念。

2014年《行政诉讼法》虽不再使用具体行政行为一词,全部条文将具体行政行为修改为行政行为。但由于行政诉讼法明确规定人民法院不受理公民、法人或者其他组织对行政法规、规章或者行政机关制定、发布的具有普遍约束力的决定、命令不服提起的诉讼,因此,只要承认具体行政行为与抽象行政行为的划分,在我国行政诉讼中,争议的客体仍然只能是行政机关的具体行政行为。故而,重要的不在于使用具体行政行为还是行政行为

---

① 见最高人民法院《关于贯彻〈中华人民共和国行政诉讼法〉若干问题的意见(试行)》,1991年5月29日最高人民法院审判委员会第499次会议讨论通过。

② 参见方世荣著:《论具体行政行为》,武汉大学出版社1996年版,第5~12页;杨解君、温晋锋著:《行政救济法——基本内容与评析》,南京大学出版社1997年版,第197~198页。主要观点是:第一,将具体行政行为仅限于单方行为是不够的;第二,特定与不特定是一个相对的概念,在实践中较难把握;第三,将具体行政行为仅视为行政主体行使职权的行为,而忽视了行政主体履行职责所为的行为和未履行职责的不作为行为;第四,具体一词与日常意义或者哲学意义的具体有明显的区别,已超出了人们日常使用的具体一词的本意,是一种语义学上的缺憾。

③ 概括研究中外立法和学者关于行政行为概念的资料,可参见应松年主编:《当代中国行政法》(上下卷)第11章"行政行为",中国方正出版社2005年版,第501~543页,该章作者为杨海坤。该章认为随着现代社会的发展,行政行为呈现多元化的趋势,行政行为的概念应当是行政机关行使行政职权的行为,其表现形式包括行政法律行为、行政事实行为和准行政行为。

④ 参见林莉红:《论行政诉讼法的修改定位》,载《河南省政法管理干部学院学报》2004年第5期。

一词，而在于对于行政行为概念如何理解。现代行政法视野下，不应当将行政行为理解为传统的法律行为，而应当将其理解为行政主体行使职权的公务行为。这种公务行为，包括法律行为，也包括事实行为，以及可能的其他形式的行为。其违法状态，包括作为形式，也包括不作为形式。

行政诉讼争议的客体是行政机关的行政行为，也表明我国行政诉讼是一种"行为之诉"。既然是行为之诉，争讼双方地位恒定。域外有些行政诉讼制度采取的是争议之诉，则行政诉讼中不仅是"民告官"，而且可能出现"官"告"民"，或"官"告"官"的现象。如德国行政法院法原则规定，"一切未被联邦法律划归属其他法院管辖的非宪法性质的公法上争议，对之均可提起行政诉讼"。德国行政诉讼中，合同履行之诉，就可能出现"官"告"民"的现象，机关诉讼则可能出现"官"告"官"的现象。

第三，行政诉讼是由于原告认为被告侵犯了自己的合法权益而引起的。行政诉讼法不是规定行政行为侵犯了原告的合法权益才能起诉，而是只要原告认为行政行为侵犯了自己的合法权益就可以起诉。使用"认为"一词，表示诉讼的提起是基于原告的主观判断，而非客观上确实侵犯了原告的权利。至于被诉的行政行为究竟如何认定要待法院审理后在裁判中判明。

第四，行政诉讼是一种司法活动。"诉讼"一词，首要的含义是指国家行使审判权审理案件和当事人为保护自己的权益所进行的活动。行政诉讼只能指人民法院作为国家的司法审判机关在当事人和其他诉讼参与人参加下按照一定的程序审理行政案件的活动。

第五，行政诉讼还包括行政诉讼法律关系。行政诉讼不仅指人民法院和诉讼参与人为解决行政案件所进行的活动，而且指在这种活动中，人民法院与诉讼参与人之间发生的诉讼法律关系，即行政诉讼法律关系。不能简单地把行政诉讼看做各种诉讼行为的总和，看做只是进行中的案件审理活动，而应该把行政诉讼作为一个不断发展的整体，研究行政诉讼法律所规定的诉讼参加者的权利和义务以及相互关系，这样才能全面地分析和理解行政诉讼这一概念所包含的内容。

关于行政诉讼的概念，行政诉讼法学界在行政诉讼法颁布以前有不同的看法。争议主要集中在：

第一，行政诉讼是否仅限于相对人对行政机关提起的诉讼？有的学者认为，行政诉讼不应仅限于相对人对行政机关提起的诉讼。在特殊情况下，行政机关也可以对相对人提起诉讼。如相对人不服处罚，而主管行政机关又无必要的强制执行手段时，也可以向人民法院提起诉讼，请求人民法院强制执行。实际上，行政纠纷中，行政机关认为相对人违法的情形，由于行政权的特点，无需向人民法院提起诉讼。而在行政机关无强制执行权的情况下，行政机关向人民法院申请强制执行，只是国家立法为了保证强制执行活动的统一性而采取的措施，并非诉讼。

第二，行政诉讼是否仅指人民法院对行政案件的审理？有的学者认为，诉讼是法院的专职，行政诉讼仅指法院对行政案件的审理。也有的学者则认为，由于行政诉讼的特殊性，行政机关有权处理因自身行政管理所引起的纠纷和案件，因此行政诉讼还应该包括行政机关处理申诉和复议的行为在内。也有人认为，可以把前者称为狭义的行政诉讼，把后者称为广义的行政诉讼，并把行政机关处理申诉和复议案件的活动与人民法院审理行政案件的活动按一定的程序结合起来。《行政诉讼法》的颁布，统一了人们的认识。法学界普遍认为，行政诉讼是指公民、法人或者其他组织认为行政机关的行政行为侵犯其合法权益依法向人民法院提起诉讼，由人民法院进行审理和作出裁判的诉讼制度。

对行政诉讼概念的讨论，有助于科学地理解行政诉讼的含义和特征，从而为行政诉讼的理论研究和实践发展提供一个基本的前提。

二、行政诉讼的特征

行政诉讼，作为一种新的诉讼形式，有其显著特点以区别于其他的司法活动或者准司法活动。

（一）行政诉讼性质具有特殊性

行政诉讼是一种司法上的活动，是由国家独立的司法机关——人民法院主持进行的，作为一种司法活动，它具有司法最终解决的性质。这一特征使之同为解决行政案件的行政复议相区别。行政复议一般是指由实施原行政行为的行政机关的上一级行政机关或者法律、法规规定的行政机关处理、解决行政案件的活动。2014年《行政诉讼法》扩大了受理范围，行政诉讼的受案范围与行政复议受理范围基本相同，但仍然有以下不同。

1. 性质不同

行政复议是行政机关的行政行为，属于行政机关系统内部所设置的对行政管理相对人实施救济和对行政机关依法行使职权进行监督的制度；行政诉讼是人民法院对行政案件进行受理、审理和裁判的司法行为，属于行政机关外部所设置的对已经或者可能受到行政管理行为侵害的人实施救济的制度，是对行政机关行政行为的外部监督和制约。

2. 程序不同

行政复议适用行政程序，一般实行一级复议制，具有及时、简便、快捷的特点；行政诉讼适用司法程序，实行两审终审制，具有严格、规范、全面的特点。

3. 审理权限不同

复议机关对争议对象的审查权比人民法院对争议对象的审查权要大，这主要表现在对不当行政行为和抽象行政行为的审查权上。行政诉讼对行政不当行为的审查权只限于行政处罚和涉及对款额的确定、认定的行政行为，而行政复议针对复议范围内的所有不适当行为都可作出撤销或变更的规定。对抽象行政行为，行政诉讼法仅规定人民法院在审理行政案件的过程中，应原告的请求对是否适用问题进行附带审查，认为行政行为依据的有关规范性文件①不合法的，不作为认定行政行为合法的依据，并向制定机关提出处理建议；而

---

① 关于规范性文件一词的用法，《2018年司法解释》采用了将立法机关、行政机关制定的具有普遍约束力的法律文件，包括法律、法规、规章以及规章以下的文件统称为规范性文件的用法，而将规章以下的规范性文件称之为其他规范性文件。如第2条规定，《行政诉讼法》第13条第2项规定的"具有普遍约束力的决定、命令"，是指行政机关针对不特定对象发布的能反复适用的规范性文件；《行政诉讼法》第13条第4项规定的"法律规定由行政机关最终裁决的行政行为"中的"法律"，是指全国人民代表大会及其常务委员会制定、通过的规范性文件；第100条规定，人民法院审理行政案件，可以在裁判文书中引用合法有效的规章及其他规范性文件；第68条"请求一并审查规章以下规范性文件"等。本书亦一直采用这种用法。

《行政复议法》（2017 年修正）则规定，复议机关审查行政行为时，认为其依据不合法，在其职权范围内有权依法处理。①

4. 审理依据不同

从条文的明确规定来看，行政复议所依据的规范性文件的效力层次比行政诉讼的要低。行政复议除可以依据法律、行政法规、地方性法规、国务院部、委规章和地方人民政府规章以外，上级行政机关依法制定和发布的具有普遍约束力的决定、命令亦是审理依据。而行政诉讼只能以法律、行政法规、地方性法规为依据，参照规章。当然，行政审判中，由于被告行政机关在作出行政行为时，除了依据法律、法规、规章以外，还会依据大量其他规范性文件，因而，法院不可能无视其他规范性文件的存在，也会在某种程度上参照其他规范性文件。

5. 法律关系不同

行政复议中，复议机关是原行政机关的上一级行政机关或者人民政府或者就是原行政机关，复议机关与被申请人虽然在程序上视为两个主体，但本质上是无法分开的，更何况有时根本是一个主体。因此，行政复议中只有一种法律关系，即行政机关与行政管理相对人的关系。行政诉讼中的法律关系则不同，人民法院是分别与原告、被告等诉讼参与人发生法律关系。法院的地位是超脱的，是远离争议的第三人。行政诉讼中，存在法院与原告、被告以及其他诉讼参与人之间的多个法律关系。

6. 裁决法律效力上的不同

法律效力是指法律文书或者法律行为的确定力、约束力和执行力。就这一点来说，由于行政行为的效力先定性，行政行为一经作出，即具有法律效力。但是，行政复议决定在一定的期限内可成为诉讼的标的，受到法院的司法审查，具有可撤销性。也就是说，行政行为的相对人对于行政复议决定拥有一般的法律救济手段。而行政诉讼中，法院的生效判决无一般的法律救济手段，具有不可撤销性，不能成为争议的对象。

从以上分析的情况看，我国行政复议的特点是程序简便，符合效率原则；由精通业务的行政人员作出，适应行政案件的专业性特点；行政机关内部垂直系统的上下级关系便于行政案件的执行等。而行政诉讼的特点是程序规范、严谨；由精通法律并独立于行政机关的司法人员作出，符合公平正义的理念和法治原则的要求。总之，比较行政复议与行政诉讼各自的特点，可以得出结论：发生行政争议后，行政复议是最为直接迅速的解决途径，而行政诉讼是最为客观公正的解决途径。

（二）行政诉讼当事人具有特殊性

行政诉讼中，作为原告的公民、法人或者其他组织与作为被告的国家行政机关之间往

---

① 《行政复议法》（1999 年颁布）第 26 条："申请人在申请行政复议时，一并提出对本法第 7 条所列有关规定的审查申请的，行政复议机关对该规定有权处理的，应当在 30 日内依法处理；无权处理的，应当在 7 日内按照法定程序转送有权处理的行政机关依法处理，有权处理的行政机关应当在 60 日内依法处理。处理期间，中止对行政行为的审查。"第 27 条："行政复议机关在对被申请人作出的行政行为进行审查时，认为其依据不合法，本机关有权处理的，应当在 30 日内依法处理；无权处理的，应当在 7 日内按照法定程序转送有权处理的国家机关依法处理。处理期间，中止对行政行为的审查。"

第一章　行政诉讼与行政诉讼法概述

往有一种行政隶属或者行政管理关系。从行政法的角度看，双方是领导与被领导、管理者与被管理者之间的关系。行政机关的权力与公民的权利是不平等的，这与主体间平等的民事诉讼显然不同。即使强调行政诉讼法律关系中主体地位的平等，这种实体法律关系即行政法关系的不平等仍然是客观存在的。因此，管理者与管理相对人之间的这种诉讼，即形成所谓"民告官"的诉讼，也就决定了当事人双方在诉讼中权利的不同。如由于行政机关对其管理相对人有命令权、强制权，因此行政机关作为一个管理者时没有也无需有起诉权、反诉权。

（三）行政诉讼内容具有特殊性

行政诉讼的内容具有司法监督行政的性质。行政诉讼关系到国家行政权力的行使，其所解决的行政纠纷是在国家行政管理活动中发生的，是在行政机关行使行政管理职权过程中与相对人之间发生的行政法上的权利义务争议，因而带有司法监督行政的性质，这一特征也将决定和影响行政诉讼程序、制度的许多方面。

行政案件的内容是双方当事人争议的行政权利义务关系，这种权利义务关系是有关行政机关依照法律在行使行政管理权时发生的，因此，案件争议的是国家行政权力是否得到正确行使的问题。行政案件是由于行政机关在依法行使其行政管理职权时被管理人表示不服，或者行政机关所作出的行政行为确有违法、不当之处，侵犯了当事人的合法权益因而引起争议的案件。虽然大多数行政案件涉及到公民、法人或者其他组织的经济利益，但是这种经济利益本身，并非行政案件的内容。行政案件争议的内容是行政法上的权利义务关系。这种对行政法上的权利义务关系是否正常，行政权力是否正确行使的审查，就是司法对行政的审查。

行政诉讼是因为行政机关行使行政管理职权而引起的诉讼。不是由于行政机关行使行政管理职权而发生的诉讼，就不是行政诉讼，如行政机关以平等的民事主体的身份与他人发生的诉讼等。

三、行政诉讼与其他诉讼的区别

行政诉讼、民事诉讼、刑事诉讼，是一个国家司法制度中解决不同性质案件的三大诉讼形式。在大陆法系国家，由于其体系长期发展的结果，这三种诉讼制度在审理机构、审判程序上都有明显区别。在英美法系国家，从理论上说三种诉讼都由普通法院受理，并且适用相同的诉讼程序，但实际上也针对不同案件也存在差异性。在我国，这三大诉讼制度之间既有联系又有区别。它们的联系在于：行政诉讼、民事诉讼、刑事诉讼，都是人民法院行使国家审判权，查明事实、适用法律、解决纠纷，惩处违法、犯罪行为，维护当事人合法权益的司法形式。但是由于这三种诉讼形式所处理的案件不同，适用的实体法不同，因而形成了不同的诉讼程序制度。

（一）行政诉讼与刑事诉讼的区别

1. 案件的性质不同

刑事诉讼所审理的案件是刑事犯罪案件，其被告是被起诉认为触犯刑律，应受刑罚处罚的人；行政诉讼审理的是行政争议案件，其被告是在进行行政管理时因其行政行为引起相对人不服的行政机关。

2. 审理的目的和结果不同

审理刑事案件的目的是为了查明犯罪事实，正确适用法律，以惩罚犯罪，保护人民；审理结果是宣告被告无罪或者有罪而处以一定的刑罚。审理行政案件的目的是为了保护公民、法人和其他组织的合法权益，监督和促使行政机关依法行使行政职权；审理结果是维持或者撤销行政机关的行政行为或者令被告作出一定的行政行为，给予或者不给予相对人行政赔偿。

3. 提起诉讼的主体不同

刑事诉讼一般由人民检察院提起公诉，少数自诉案件，由被害人向人民法院提起自诉。行政诉讼由对行政机关的行政行为不服的公民、法人或者其他组织提起诉讼。一些国家有关于检察机关提起行政诉讼的规定，我国法学界在理论上也曾进行过这方面的讨论，但由于没有得到我国行政诉讼法的确认而未形成具体制度。

4. 适用的实体法和程序法不同

刑事诉讼适用刑事实体法，按照刑事诉讼法规定的程序进行；行政诉讼适用行政实体法和行政程序法，按照行政诉讼法规定的程序进行，适用的法律不同。

行政诉讼与刑事诉讼因性质不同而具有以上区别，但实践中也有需要衔接之处。人民法院在审理行政案件过程中，发现被处罚人的行为构成犯罪，应当追究刑事责任的，如果对刑事责任的追究不影响本案审理的，应继续审理，并应及时将有关犯罪材料移送有关机关；如果对刑事责任的追究影响本案审理的，应当中止诉讼，将有关犯罪材料移送有关机关处理，在有关机关作出最终处理后，再恢复诉讼。如果行政案件的审判须以相关刑事案件的审理结果为依据，而相关案件尚未审结的，也应当中止诉讼。

(二) 行政诉讼与民事诉讼的区别

我国法律体系的理论基础是大陆法系公私法划分理论，在司法体制中采取民行分离的二元体制。在民事诉讼和行政诉讼中，人民法院审判的对象和重点不同，行政诉讼主要以行政行为的合法性为审理对象，而民事诉讼着重解决当事人之间民事上的权利义务关系。但由于在行政诉讼与民事诉讼中，双方当事人的地位都是平等的，因此两者有诸多原则、制度是相同或者相通的。我国在行政诉讼法实施以前，对行政案件的审理基本适用民事诉讼程序。但是行政诉讼与民事诉讼仍有许多重大区别。行政诉讼与民事诉讼除了适用的实体法、程序法不同外，还有以下区别：

1. 审理的案件性质不同

民事诉讼审理民事纠纷案件，案件涉及的是当事人之间的人身、财产争议；行政诉讼审理的是行政争议案件，是由于国家行政机关行使行政管理权而引起的。

2. 诉讼当事人不同

民事诉讼的双方当事人都是一般的民事主体，在民事实体法律关系上是平等的；行政诉讼的被告是在行使行政管理职权时为一定行政行为并因而引起其管理相对人不服的行政机关。行政诉讼的许多特征是由被告的特定身份引起的。

3. 提起诉讼的诉前程序不同

诉前程序是指当事人为求行政争议的解决，在向人民法院提起行政诉讼之前必须或者可能经过的一个程序。行政诉讼中，有些行政管理法律、法规要求对某些行政争议提起诉讼，须有行政复议作为必经的诉前程序，民事诉讼则没有这样的要求①。

4. 诉讼中的举证责任不同

民事诉讼中举证责任由双方当事人承担，实行谁主张谁举证的原则，哪一方提出主张，哪一方就要对自己的主张负举证责任；在行政诉讼中，由作为被告的行政机关对行政行为的合法性负举证责任。

5. 当事人的诉权不同

民事诉讼当事人的诉权是相对应的，原告有起诉权，被告有反诉权；在行政诉讼中，被告没有反诉权。

行政诉讼与民事诉讼也有需要衔接之处。

一方面，民事诉讼中可能遇有需确认行政行为的合法性问题，即民事诉讼中双方当事人对某一民事行为或者民事权利据以成立的行政行为的合法性发生争议，而这一争议的解决直接关系到案件的处理结果时如何处理的问题。例如某房屋所有权纠纷中，原告主张其享有房屋所有权，而被告则以自己拥有房产行政主管机关颁发的房屋产权证为理由提出抗辩。案件争议的焦点问题在于行政主管机关颁发的房屋产权证是否合法有效。对此情况如何处理，司法实践中曾有不同的做法②。从行政案件和民事案件的不同性质来看，在民事诉讼中遇有需确认行政行为的合法性问题时，应当遵循"先行政，后民事"的原则，中止民事案件审理程序，由当事人提起行政诉讼，对行政争议进行处理后，再恢复民事诉讼程序，对民事争议进行处理。再如对行政协议案件中民事诉讼与行政诉讼需要衔接的情况，《最高人民法院关于审理行政协议事件若干问题的规定》第8条规定："公民、法人或者其他组织向人民法院提起民事诉讼，生效法律文书以涉案协议属于行政协议为由裁定不予立案或者驳回起诉，当事人又提起行政诉讼的，人民法院应当依法受理。"

另一方面，行政诉讼中，有些案件中也有需要先确认民事权利的情况。《行政诉讼法》第61条规定："在行政诉讼中，人民法院认为行政案件的审理需以民事诉讼的裁判为依据的，可以裁定中止行政诉讼。""在涉及行政许可、登记、征收、征用和行政机关对民事争议所作的裁决的行政诉讼中，当事人申请一并解决相关民事争议的，人民法院可以一并审理。"

不过，由于行政诉讼审理对象和重点是行政行为的合法性，人民法院在此类案件中进行的主要是形式审查，即从被诉行政机关在作出行政行为时是否具有合法性要件的角度进

---

① 对行政复议，多数学者用"前置程序"而不是"诉前程序"。但"置"是放的意思，"前置"，容易使人产生"诉讼中的程序把它往前放"的误解，而行政复议本身不是诉讼中的程序而是属于行政程序。为求准确和科学，本书直观地称其为诉前程序。

② 最高人民法院在《关于审理专利纠纷案件若干问题的解答》第3条中规定："人民法院受理实用新型或外观设计专利侵权案件后，在向被告送达起诉状副本时，应当通知被告如欲请求宣告该项专利权无效，须在答辩期内向复审委员会提出。"最高人民法院在《关于贯彻〈中华人民共和国民法通则〉若干问题的意见》第49条规定："个人合伙或者个体工商户，虽经工商行政管理部门错误地登记为集体所有者企业，但实质为个人合伙或个体工商户的，应当按个人合伙或个体工商户对待。"前一解释实质上是要求先行政确认，后进行民事诉讼，后一解释则是在民事诉讼中由人民法院直接确认。

行审查。仍以主管机关颁发的房屋产权证为例，人民法院的审查只能解决争议的房屋产权证书的颁发是否合法，并不一定能够确定房屋产权归属问题。房屋产权归属问题本身可能仍应通过民事诉讼途径解决。

第二节 行政诉讼法概述

一、行政诉讼法的概念

行政诉讼法是规定行政诉讼的法律，是以行政诉讼作为调整对象的。具体地说，行政诉讼法是规定人民法院和诉讼参与人在审理行政案件中所进行的各种活动，以及由这些诉讼活动所产生的各种诉讼关系的法律规范的总和；是人民法院审理行政案件和诉讼参与人进行诉讼活动所必须遵守的，由国家制定并以国家强制力保证实现的行为规范。

人民法院的审判活动主要是民事审判、刑事审判和行政审判，规定这些审判活动的相应法律，即民事诉讼法、刑事诉讼法和行政诉讼法。这些都是程序法，用以保证实体法在社会生活中的贯彻实施。行政诉讼法是在某种程度上保证行政法在社会生活中贯彻实施的法律。

二、行政诉讼法的特征

行政诉讼法的特征，是指行政诉讼法与其他两部诉讼法相比较而言所具有的特征。体现在以下方面：

第一，行政诉讼法确立的是一种国家权力对另一种国家权力加以监督的制度。这种制度体现为人民法院通过日常的诉讼程序，受理公民、法人或者其他组织对行政机关违法或者不当的行政行为提起的诉讼并加以审查，从而从宏观上监督和促使行政机关依法行使职权。而民事诉讼法规定的是人民法院裁决平等主体间民事纠纷所必须遵循的诉讼程序，刑事诉讼法规定的是人民法院追究刑事犯罪时所必须遵循的程序，因而，民事诉讼和刑事诉讼都只是一般意义的追究违法，并不涉及国家权力机关之间的关系。行政诉讼法则在一定程度上规范了国家行政权和司法权之间的关系。

第二，行政诉讼法调处的是国家利益和个人利益之间的关系。进入诉讼的只能是利益关系，即某种权利义务关系。在我国，国家利益和个人利益在总体上是一致的，但由于法律、政策、资源甚至人性在内的各种原因所导致的行政违法或者行政失当行为侵犯公民权利的现象却是无法回避的。行政诉讼制度正是针对行政权力侵犯公民权利的现象而制定的一项最为重要的救济制度。行政诉讼法的很多具体规定体现了国家利益与个人利益的矛盾统一以及民主与效率的矛盾统一。

第三，行政诉讼法律规范既包括程序规范，也包括实体规范，而实体规范在整部行政诉讼法中居于非常重要的地位。譬如，行政诉讼法关于判决的规定，实际上界定了什么是合法的行政行为，什么是违法的行政行为，其实质是实体规范。属于此类实体规范的还有关于受案范围的规定，以及关于审理依据的规定等。

三、行政诉讼法的地位

行政诉讼法的地位是指行政诉讼法在我国整个法律体系中所处的地位和所起的作用。在我国，行政诉讼法是由国家最高权力机关全国人民代表大会制定的，适用于全国范围的国家基本法律。行政诉讼法作为国家的一个法律部门发挥着独立的部门法所不可缺少的作用。

法理学认为，一个独立法律部门的确立，须具备三个前提：第一，要有相应的社会关系领域；第二，要具有调整该领域社会关系总和的一定的专门方法；第三，统治阶级对于单独调整该领域社会关系具有客观的需要。据此，我国的行政诉讼法是一个独立的法律部门法，有以下几点理由：

第一，行政诉讼法所调整的对象，是人民法院与行政诉讼参与人的一切诉讼活动，以及在诉讼活动中产生的行政诉讼法律关系。这些诉讼活动和诉讼法律关系是完全不同于民事诉讼、刑事诉讼的，也是独立于行政机关处理行政争议案件的活动的，已形成某种特定的社会关系领域。行政诉讼法律关系是与行政法律关系截然不同的一种法律关系，在主体、内容和客体方面均具有不同的特征①。

第二，尽管行政诉讼法与刑、民事诉讼法一样，规定的是人民法院行使审判权应当遵守的诉讼原则和程序，而且它们三者所适用的某些原则与程序是相同或相通的，但是行政诉讼法是以保护公民、法人或者其他组织合法权益，监督行政机关依法行使职权为目的的程序法，在许多程序、制度上有其特点，行政审判中所使用的一些专门方法，是其他程序法所不能代替的。

第三，行政诉讼法的产生有着深刻的社会、历史背景，是顺应时代发展的产物。辩证唯物主义认为，应当从客观的社会关系的角度分析社会现象，正如马克思所言："法的关系正像国家的形式一样，既不能从它们本身来理解，也不能从所谓人类精神的一般发展来理解，相反，它们根源于物质的生活关系。"② 我国行政诉讼制度是自改革开放以来，国家大力发展商品经济，推行经济和政治体制改革，实行民主政治的必然结果。"有权利，必有救济"，因而，从行政权力产生时起，就有对行政权力侵犯公民权利实施救济的需要。然而，在行政权力的行使比较简单，行政职能比较单一的情况下，行政救济制度的建立显得并不十分紧迫。在改革开放的时代背景下，我国行政诉讼制度顺应需要迅速建立起来③。事实已经说明，我们的立法机关认为设立单独的诉讼程序解决行政管理过程中发生的纠纷具有迫切的需要。

第四，行政法因其有独特的调整对象而与刑法、民法一样成为独立的法律部门。那么，行政诉讼法也应同刑事诉讼法、民事诉讼法一样成为独立的法律部门。

---

① 参见本书第三章第一节的有关内容。
② 《马克思恩格斯全集》第13卷，人民出版社1962年版，第8页。
③ 我国行政诉讼制度建立和发展的历史背景和经过，可参见本书第二章第二节的有关内容。

四、行政诉讼法与相邻部门法的关系

（一）行政诉讼法与行政法的关系

一般地表述实体法与诉讼法的关系是，实体法是规定实体权利义务的法律，它规定实体法上的主体可以做什么，应该做什么和不能做什么；诉讼法是保障实体法所规定的权利义务得以实现的程序法。实体法是程序法的基础和前提，程序法是实体法的贯彻和保障。违反了实体法，要通过程序法来追究责任，以实现法律上的权利义务关系。

行政诉讼法与行政法的关系并不是一般意义的诉讼法与实体法的关系。尽管学者们对行政法有多种定义，但行政法以规定国家行政机关在进行行政管理时所具有的职权和职责为主要内容。由于行政权本身是国家权力的一部分，行政机关依据行政权作出的行政行为具有法律效力，基本不需要行政机关以外的力量来强制或者保证其得到贯彻执行，因此行政诉讼法不必要也无须保证行政职权的行使，以及保证以行政职权的行使为内容的行政法在客观社会生活中的贯彻实施。行政诉讼法保证行政法在社会生活中的贯彻实施主要是在促使行政机关依法行政方面。即行政诉讼法所发挥的作用是促使行政机关依法地行使其职权、履行其职责，保护作为行政机关管理相对人的公民、法人或者其他组织的合法权益不受行政机关行使职权行为的侵犯。因此，作为程序法，行政诉讼法对行政法的保证作用主要体现在解决行政活动过程中产生的纠纷，以及促使行政机关依法履行其职责方面。

（二）行政诉讼法和民事诉讼法的关系

行政诉讼法与民事诉讼法的关系体现在两个方面。一方面，行政诉讼法与民事诉讼法各自都是独立的部门法。这种独立性体现为人民法院审理行政案件与审理民事案件的任务和所要达到的目的各不相同，在诉讼原则和程序制度方面亦各有特殊性。另一方面，行政诉讼法与民事诉讼法所适用的一些原则和制度在某些方面又是相同或者相通的。行政诉讼法与民事诉讼法同为程序法，都规定人民法院行使审判权时应当遵守的诉讼原则和程序，特别是行政诉讼与民事诉讼都是在双方当事人诉讼地位平等的基础上进行的诉讼，因此，对于行政诉讼法所没有规定的某些事项，可以适用民事诉讼法的规定。

对于《行政诉讼法》所没有规定的事项，如何适用《民事诉讼法》的规定，是一个在立法时需要解决的技术性问题。

《行政诉讼法》在某些地方做了与《民事诉讼法》完全一样的规定。具体的条文是：第21条关于选择管辖的规定、第22条关于移送管辖的规定、第31条关于委托代理人的规定、第80条关于宣判的规定、第86条关于上诉案件开庭审理与不开庭审理的规定、第93条关于检察机关提起抗诉的规定。

《行政诉讼法》有的地方做了与民事诉讼法类似但表述略有不同的规定，如第28条关于共同诉讼人确定情况下代表人诉讼的规定、第33条关于证据类型的规定、第48条关于起诉期限的耽误和延长的规定、第50条关于递交起诉状和口头起诉的规定、第54条公开审理的规定、第58条按撤诉处理和缺席判决的规定、第89条关于上诉案件的处理的规定、第91条关于当事人申请再审情形、第92条关于再审程序的规定等。

除前述具体列举的条文外，对于民事诉讼法已有规定而行政诉讼法可以适用的某些整体性的制度，行政诉讼法作了一揽子的规定。《行政诉讼法》第101条规定："人民法院审理行政案件,关于期间、送达、财产保全、开庭审理、调解、中止诉讼、终结诉讼、简易程序、执行等,以及人民检察院对行政案件受理、审理、裁判、执行的监督,本法没有规定的,适用《中华人民共和国民事诉讼法》的相关规定。"① 大体来说,这一规定,可以理解为:第一,该条明确列举到的事项,如期间、送达等,以及人民检察院对行政案件受理、审理、裁判、执行的监督,行政诉讼法没有规定的,适用民事诉讼法的相关规定。第二,除明确列举的事项外,该条用"等"字表示民事诉讼法中其他一些适合行政诉讼的规定,在行政诉讼中也可以适用,如果行政诉讼法中对其没有规定。但由于民事诉讼与行政诉讼毕竟是两种不同的诉讼制度,并非行政诉讼法中没有规定的任何内容,都准用民事诉讼法的规定。至于哪些准用,哪些不准用,还要看具体情况,该条并未涉及。

另外,关于行政协议案件的审理,人民法院则可能不仅需要参照适用民事诉讼法的规定,还可能需要参照适用民法的规定。《最高人民法院关于审理行政协议案件若干问题的规定》第 27 条规定:"人民法院审理行政协议案件,应当适用行政诉讼法的规定;行政诉讼法没有规定的,参照适用民事诉讼法的规定。人民法院审理行政协议案件,可以参照适用民事法律规范关于民事合同的相关规定。"

五、行政诉讼法的渊源

行政诉讼法有形式意义上和实质意义上之分。形式意义上的行政诉讼法又称狭义的行政诉讼法,指国家最高权力机关制定发布的统一的行政诉讼法典。实质意义上的行政诉讼法又称广义的行政诉讼法,是指宪法、法律和行政法规、地方性法规等规范性文件中一切有关行政诉讼的法律规范。我国广义的行政诉讼法的渊源主要有:

1. 《中华人民共和国宪法》中有关行政诉讼的规定。
2. 《中华人民共和国行政诉讼法》。《中华人民共和国行政诉讼法》系 1989 年 4 月 4 日第七届全国人民代表大会第二次会议通过,1990 年 10 月 1 日实施。2014 年 11 月 1 日第十二届全国人民代表大会常务委员会第十一次会议通过了"关于修改《中华人民共和国行政诉讼法》的决定",修改后的《行政诉讼法》于 2015 年 5 月 1 日起实施。2017 年 6 月 27 日第十二届全国人民代表大会常务委员会第二十八次会议通过"全国人大常委会关于修改《中华人民共和国民事诉讼法》和《中华人民共和国行政诉讼法》的决定",决定对《中华人民共和国行政诉讼法》作出修改,"第 25 条增加一款,作为第四款",增加了关于检察机关提起行政公益诉讼的规定,该决定自 2017 年 7 月 1 日起施行。
3. 《中华人民共和国民事诉讼法》中有关程序规范。
4. 各种单行法律、法规中有关行政诉讼的规定。这些规定主要是列举行政诉讼的受

---

① 1989 年行政诉讼法没有关于准用民事诉讼法的规定。1999 年 11 月 24 日最高人民法院审判委员会第 1088 次会议通过的《关于执行〈中华人民共和国行政诉讼法〉若干问题的解释(法释〔2000〕8 号)》第 97 条规定:"人民法院审理行政案件,除依照行政诉讼法和本解释外,可以参照民事诉讼的有关规定。"该司法解释将人民法院审理行政案件程序法依据的顺位规定为行政诉讼法、本司法解释、民事诉讼法,在法律位阶上是有问题。2014 年《行政诉讼法》对此进行了明确,有助于避免实践中的混乱。

案范围，以及规定行政复议的诉前程序问题。

5. 正式有效的法律解释。全国人民代表大会常务委员会、最高人民法院、最高人民检察院以及其他有权机关以批复、规定、办法等形式发布的有关行政诉讼的立法解释和司法解释，虽然不是法律，但对于人民法院审理行政案件具有普遍的约束力，也应属于行政诉讼法的渊源。其中，司法解释是行政诉讼中最重要的法律渊源。

1989年《行政诉讼法》颁布后，最高人民法院针对法律实施，制定了若干司法解释。由于相关的司法解释较多，本书将其分为两类，一类是有关行政诉讼法实施的综合性的司法解释，一类是就专门性问题所做的司法解释，以方便了解和掌握。

有关行政诉讼法实施的综合性的司法解释主要有：

（1）《关于贯彻执行〈中华人民共和国行政诉讼法〉若干问题的意见（试行）》（1991年5月29日最高人民法院审判委员会第499次会议讨论通过的。本书以下简称《1991年司法解释》）。该试行意见共115条。

（2）《关于执行〈中华人民共和国行政诉讼法〉若干问题的解释（法释〔2000〕8号）》（1999年11月24日最高人民法院审判委员会第1088次会议通过，本书以下简称《2000年司法解释》）。该司法解释共98条，对行政诉讼中的若干问题作了具体规定。《2000年司法解释》于2000年3月10日起施行，以代替试行了9年的《最高人民法院关于贯彻执行〈中华人民共和国行政诉讼法〉若干问题的意见（试行）》。

（3）《最高人民法院关于适用〈中华人民共和国行政诉讼法〉若干问题的解释》。2014年行政诉讼法修改，吸收了前述司法解释中的很多内容。为配合《行政诉讼法》在2015年5月1日的实施，2015年4月20日最高人民法院审判委员会第1648次会议通过了《最高人民法院关于适用〈中华人民共和国行政诉讼法〉若干问题的解释》（法释〔2015〕9号）（本书以下简称《2015年司法解释》）。该司法解释共27条。第27条规定："最高人民法院以前发布的司法解释与本解释不一致的，以本解释为准。"《2015年司法解释》并未废止之前的司法解释，而只是结合2014年《行政诉讼法》修改中出现的新的规定进行了解释。

（4）《最高人民法院关于适用〈中华人民共和国行政诉讼法〉的解释》（法释〔2018〕1号），2017年11月13日最高人民法院审判委员会第1726次会议通过，自2018年2月8日起施行（本书以下简称为《2018年司法解释》）。2014年《行政诉讼法》和《2015年司法解释》实施一段时间后，根据存在的问题和实践中的需要，最高人民法院出台一个体系完整的司法解释，取代之前的《2000年司法解释》和《2015年司法解释》。该司法解释第163条规定："本解释施行后，《最高人民法院关于执行〈中华人民共和国行政诉讼法〉若干问题的解释》（法释〔2000〕8号）、《最高人民法院关于适用〈中华人民共和国行政诉讼法〉若干问题的解释》（法释〔2015〕9号）同时废止。最高人民法院以前发布的司法解释与本解释不一致的，不再适用。"依此规定，废止的是《2000年司法解释》和《2015年司法解释》，其他司法解释并未废止。对于其他司法解释有规定而2018年司法解释未涉及的某些事项，仍可依其规定。

有关行政诉讼法实施的专门性问题的司法解释主要有：

（1）《最高人民法院关于人民法院执行〈中华人民共和国国家赔偿法〉几个问题的解

释》，法发〔1996〕15 号，1996 年 5 月 6 日由最高人民法院审判委员会第 811 次会议讨论通过，1996 年 5 月 6 日起施行。

（2）《最高人民法院关于审理行政赔偿案件若干问题的规定》，法发〔1997〕10 号，最高人民法院 1997 年 4 月 29 日发布，自 1997 年 4 月 29 日起施行。

（3）《最高人民法院关于民事、行政诉讼中司法赔偿若干问题的解释》，2000 年 9 月 14 日由最高人民法院审判委员会第 1130 次会议通过，自 2000 年 9 月 21 日起施行。

（4）《最高人民法院关于行政诉讼证据若干问题的规定》，2002 年 6 月 4 日最高人民法院审判委员会第 1224 次会议通过，自 2002 年 10 月 1 日起施行。

（5）《最高人民法院关于审理反倾销行政案件应用法律若干问题的规定》，2002 年 9 月 11 日由最高人民法院审判委员会第 1242 次会议通过，自 2003 年 1 月 1 日起施行。

（6）《最高人民法院关于审理反补贴行政案件应用法律若干问题的规定》，2002 年 9 月 11 日由最高人民法院审判委员会第 1242 次会议通过，自 2003 年 1 月 1 日起施行。

（7）《最高人民法院关于规范行政案件案由的通知》，法发〔2004〕2 号，最高人民法院 2004 年 1 月 14 日发布，自 2004 年 1 月 14 日起施行。

（8）《最高人民法院关于行政案件管辖若干问题的规定》，2007 年 12 月 17 日最高人民法院审判委员会第 1441 次会议通过，自 2008 年 2 月 1 日起施行。

（9）《最高人民法院关于行政诉讼撤诉若干问题的规定》，2007 年 12 月 17 日最高人民法院审判委员会第 1441 次会议通过，自 2008 年 2 月 1 日起施行。

（10）《最高人民法院关于审理行政许可案件若干问题的规定》，2009 年 11 月 9 日由最高人民法院审判委员会第 1476 次会议通过，自 2010 年 1 月 4 日起施行。

（11）《最高人民法院关于审理政府信息公开行政案件若干问题的规定》，2010 年 12 月 13 日由最高人民法院审判委员会第 1505 次会议通过，自 2011 年 8 月 13 日起施行。

（12）《最高人民法院关于审理涉及农村集体土地行政案件若干问题的规定》，2011 年 5 月 9 日由最高人民法院审判委员会第 1522 次会议通过，自 2011 年 9 月 5 日起施行。

（13）《最高人民法院关于审理工伤保险行政案件若干问题的规定》，2014 年 4 月 21 日由最高人民法院审判委员会第 1613 次会议通过，自 2014 年 9 月 1 日起施行。

（14）《关于检察公益诉讼案件适用法律若干问题的解释》，2018 年 2 月 23 日最高人民法院审判委员会第 1734 次会议、2018 年 2 月 11 日最高人民检察院第十二届检察委员会第 73 次会议通过，自 2018 年 3 月 2 日起施行。

（15）《最高人民法院关于审理行政协议案件若干问题的规定》（法释〔2019〕17 号）。行政诉讼法首次将行政协议争议纳入行政诉讼的受案范围。随后出台的《2015 年司法解释》从第 11 条至第 16 条，用 6 个条文对行政协议的含义、范围、管辖、适用依据等作了规定。《2018 年司法解释》没有涉及行政协议，而其第 163 条明确废止了《2015 年司法解释》。关于这个问题，在《2018 年司法解释》的发布会上，最高人民法院副院长江必新对此有说明：" 《适用解释》① 中关于行政协议的部分，最高人民法院将制定专项的司法解释，拟在今年出台。在此期间，人民法院审理行政协议案件，可以参照《适用解

---

① 即本书所称《2015 年司法解释》。

释》相关规定的有关内容，在适用法律方面可以援引行政诉讼法、民事诉讼法以及合同法的有关规定。"① 不过，专项的司法解释《最高人民法院关于审理行政协议案件若干问题的规定》（本书以下简称《行政协议司法解释》）直到 2019 年 11 月 12 日才由最高人民法院审判委员会第 1781 次会议通过，自 2020 年 1 月 1 日起施行。

（16）《最高人民法院关于行政机关负责人出庭应诉若干问题的规定》（法释〔2020〕3 号），2020 年 3 月 23 日最高人民法院审判委员会第 1797 次会议通过，自 2020 年 7 月 1 日起施行。

6. 国际条约中有关行政诉讼的规定。这些规定主要是有关国民的同等或者对等待遇问题。

六、行政诉讼法的效力

行政诉讼法的效力是指行政诉讼法在一定时间、一定范围内生效与失效的约束力。其范围是指行政诉讼法在时间上、空间上、对人的范围上和对事的范围上四个方面的效力。

1. 行政诉讼法在时间上的效力

诉讼法在时间上的效力，是指行政诉讼法生效的时间，以及有无溯及力的问题。1989 年《行政诉讼法》是 1989 年 4 月 4 日通过的，规定自 1990 年 10 月 1 日起施行，在立法上规定较长的准备时间。这一方面是为了作好行政诉讼法的普及宣传，让广大人民群众了解自己的诉讼权利，让各级行政机关作好应诉准备；另一方面也是为了让立法、执法机关作好法规清理②、起草配套立法的工作。2014 年《行政诉讼法》规定自 2015 年 5 月 1 日起施行。

关于行政诉讼法有无溯及力的问题，法典没有作出明文规定。从法理看，诉讼法是有溯及力的，即在法律实施之前已经受理但未审理的行政案件，应当按照生效实施的行政诉讼法的规定进行审理、判决。在法律实施之前已经发生但还没有受理的行政案件，如果属于行政诉讼的受案范围且起诉期限未届满，人民法院也应按行政诉讼法的规定予以受理、审理和裁判。如果按行政诉讼法规定的起诉期限已过，则不应予以受理。

《2015 年司法解释》依上述法理对溯及力问题进行了规定。该司法解释第 26 条规定："2015 年 5 月 1 日前起诉期限尚未届满的，适用修改后的行政诉讼法关于起诉期限的规定。2015 年 5 月 1 日前尚未审结案件的审理期限，适用修改前的行政诉讼法关于审理期限的规定。依照修改前的行政诉讼法已经完成的程序事项，仍然有效。对 2015 年 5 月 1 日前发生法律效力的判决、裁定或者行政赔偿调解书不服申请再审，或者人民法院依照审判监督程序再审的，程序性规定适用修改后的行政诉讼法的规定。"

---

① "《最高人民法院关于适用〈中华人民共和国行政诉讼法〉的解释》新闻发布会"，载中国法院网，https：//www.chinacourt.org/article/subjectdetail/id/MzAwNMg0NYABAA%3D%3D.shtml，最后访问时间：2019 年 12 月 16 日。

② 据载，"黑龙江省清理了建国以来省政府颁发的文件，明令失效的有 600 多件。国家工商局对 1979 年至 1989 年制定的 216 件规范性文件进行清理，认定继续有效的 126 件，自行失效和需要废止的有 90 件。"见《行政诉讼法开创依法行政新阶段各方齐动员迎接"民告官"》，载《法制日报》1990 年 9 月 12 日。

2014年《行政诉讼法》实施一段时间以后，溯及力问题不再重要，故《2018年司法解释》未对溯及力问题作出规定，但特别对提起无效行政行为确认之诉的起诉期限作出了规定，该司法解释第162条规定："公民、法人或者其他组织对2015年5月1日之前作出的行政行为提起诉讼，请求确认行政行为无效的，人民法院不予立案。"

2. 行政诉讼法在空间上的效力

行政诉讼法在空间的效力是指行政诉讼法在什么空间范围发生效力。我国行政诉讼法适用于我国的一切领域，包括领土、领空、领海，以及领土的延伸部分，在这些领域内发生和审理的行政案件，都适用我国行政诉讼法的规定。

3. 行政诉讼法对人的效力

行政诉讼法对人的效力，是指行政诉讼法对什么人发生效力。我国行政诉讼法对在我国领域内进行行政诉讼的所有人都发生效力。具体地说，行政诉讼的原告可以是中国公民、法人或者其他组织，也可以是外国人、无国籍人、外国企业和组织，只要是我国行政机关的管理相对人均可；行政诉讼的被告只能是特定的国家行政机关。

4. 行政诉讼法对事的效力

行政诉讼法对事的效力指行政诉讼法对哪些类型的案件发生效力。我国行政诉讼法在对事的效力问题上采取受案范围有限原则，即人民法院并不受理所有的行政纠纷，而只受理由法律明确规定可以受理的案件。具体内容在本书受案范围一章中详述。

第三节 行政诉讼法的立法目的和功能

一、行政诉讼的性质

行政诉讼的性质是指行政诉讼这样一种客观存在的社会制度在本质上的特征。行政诉讼的性质在不同的社会形态、不同的国家中有不同的内容。但总的说来，行政诉讼具有三个方面的性质：第一，解决行政纠纷；第二，实施权利救济；第三，监督行政行为。这三方面的性质在不同国家、不同时期表现在立法或者司法实践中的侧重点是不同的，在判例法国家尤其如此。但无论如何，只要确立了行政诉讼制度，就必然具有这三方面的性质，只不过由于社会现实的不同需要而表现为不同的立法目的。我国的行政诉讼制度同样如此。

二、行政诉讼法的立法目的

（一）立法目的的含义

所谓目的，是与期望、动机、取向、理想、模式等含义相联系的。立法目的应是指立法者在制定法律时主观上期望该部法律在将来的实施中所起的作用。立法目的与法律的性质密切相关，只能在法律的性质之中择其要者追求之。追求某种脱离开该法律性质的所谓目的必然偏离法律的实质，从而可能使得其所制定的法律是彼法而非此法。

（二）研究立法目的的意义

研究行政诉讼法的立法目的，具有极为重要的意义。

第一，在立法时，行政诉讼法的立法目的决定着行政诉讼中一些重大问题的不同解决方式。譬如，人民法院对行政处罚能否变更加重的问题。如果行政诉讼法以保护相对人的合法权益为目的，则人民法院对行政处罚不能变更加重；如行政诉讼法以监督行政机关依法行使职权为目的，则人民法院应实事求是地对行政处罚加以审查，对行政处罚畸重的，应依法减轻；对行政处罚畸轻的，亦应依法加重。

第二，正确理解行政诉讼法的立法目的，对于行政诉讼的顺利进行具有重要意义。任何一部法律的制定，都难免挂一漏万，亦难以对将来发生的事项作出全面的超前规定。对于实施中遇到的法律所未规定的事项，就需要依据立法目的和立法意图加以分析和解决。

（三）关于立法目的的不同观点

在制定行政诉讼法的过程中，对如何表述我国行政诉讼法的立法目的，学者们可谓是仁者见仁，智者见智。除了应具有保证人民法院正确、及时审理行政案件这一诉讼法本身的要求外，关于行政诉讼法的立法目的，归纳起来，主要有以下几种观点①：

第一，行政诉讼法的宗旨和目的是"支持和维护"行政机关行使职权，是行政执法的司法保障。

第二，行政诉讼法的宗旨和目的是"保护"公民、法人或者其他组织的合法权益，离开了保护权益就没有行政诉讼。

第三，行政诉讼法的宗旨和目的是"监督"行政机关依法行使职权，认为保护公民、法人或者其他组织的合法权益是国家法律的共同目的，而行政诉讼法的宗旨和目的仅是监督行政机关。

第四，行政诉讼法应有双重目的，即保护相对人的合法权益与监督和保障行政机关依法行使职权是统一的。但两者中孰重孰轻、孰先孰后，人们也有不同的看法，特别是在制定行政诉讼法的过程中，对于在文字上如何进行表述，争议激烈。

（四）我国行政诉讼法确立的立法目的

1989年《行政诉讼法》第1条对行政诉讼法的立法目的是这样表述的："为保证人民法院正确、及时审理行政案件，保护公民、法人和其他组织的合法权益，维护和监督行政机关依法行使行政职权，根据宪法制定本法。"有学者将此规定阐释为我国行政诉讼法确立的立法目的包括直接目的、微观目的和宏观目的三个方面。行政诉讼法的直接目的是规范人民法院审理行政案件的司法活动；建立行政诉讼制度的微观目的是具体保护受行政违法行为侵害的公民、法人或者其他组织的合法权益；其宏观宗旨是从总体上监督和维护行政机关依法行使行政职权②。将行政诉讼法的立法目的归纳为直接目的、微观目的和宏观目的，有一定的道理。但行政诉讼法的立法目的不应有对行政机关依法行使职权加以维护的内容。行政权本身是国家权力的一部分，行政行为一经作出，即具有公定力、确定力和执行力，无须人民法院通过个案的审理加以维护。行政诉讼法的制定以此为目的，则偏离了行政诉讼所固有的性质。行政诉讼法在保护公民、法人或者其他组织合法权益，监督行政机关依法行使职权的同时，客观上可能会起到维护行政机关依法行使职权的作用，这是行政诉讼法的功能，而不应是立法者在制定行政诉讼法时所追求的目的。

---

① 参见张尚鷟：《走出低谷的中国行政法学》，中国政法大学出版社1991年版，第387~390页。
② 朱维究：《简论我国建立行政诉讼制度的宗旨》，载《法制日报》1990年10月4日。

2014年《行政诉讼法》第1条规定了立法目的："为保证人民法院公正、及时审理行政案件，解决行政争议，保护公民、法人和其他组织的合法权益，监督行政机关依法行使职权，根据宪法，制定本法。"将立法目的表述为四个方面。相比较1989年《行政诉讼法》，有了不少修改。第一，将"保证人民法院正确、及时审理行政案件"修改为"保证人民法院公正、及时审理行政案件"，更加符合诉讼制度的要求。第二，增加了"解决行政争议"的表述。第三，删除了"维护"行政机关依法行使职权的表述。第四，将"根据宪法制定本法"修改为"根据宪法，制定本法"。①

如前所述，2014年《行政诉讼法》修改，将"维护"行政机关依法行使职权之表述去掉，是符合行政诉讼制度性质的本意的。

2014年修改的《行政诉讼法》增加了"解决行政争议"之立法目的。这一立法目的在具体条文中也有若干表现，如行政诉讼受案范围扩大至行政合同等行政管理活动中易出现争议的领域；明确扩大了调解的适用范围；判决形式增加并呈现灵活性，如扩大变更判决的适用范围；在行政机关居间裁决行为被诉的情况下一并解决相关的民事争议等。不过，人民法院公正、及时审理行政案件就是在解决行政争议，增加解决行政争议之表述有可能淡化行政诉讼法监督行政和保护权利之立法目的。

因此，可以认为，我国行政诉讼法的直接目的是规范人民法院审理行政案件的活动，保证人民法院公正、及时地审理行政案件。由于诉讼的特点，其对权益的保护只能是事后的和个别的，因此，行政诉讼法只能以对公民、法人或者其他组织合法权益的保护为微观目的；而行政诉讼虽然也只能是对个案进行的事后的监督，但作为行政法制监督的一个内容，行政诉讼制度通过对个案的审理，可以从宏观上达到监督行政机关依法行使职权的目的。

三、我国行政诉讼法的功能

行政诉讼法的功能是指行政诉讼制度在客观上所发挥的作用。行政诉讼的功能与行政诉讼的性质、行政诉讼法的立法目的，既有联系，又有区别。行政诉讼的性质是指行政诉讼作为不同社会形态都广泛存在的一种可以相互比较的制度在本质上的属性，而行政诉讼法的立法目的是指立法者在制定行政诉讼法时的主观追求。行政诉讼法的功能在很大程度上受到行政诉讼的性质和行政诉讼法立法目的的制约和影响，但又不完全局限于行政诉讼的性质和行政诉讼法立法目的，而表现为行政诉讼法在客观现实生活中所实际发挥的作用。

从我国行政诉讼法实施以来的实际情况看，行政诉讼法具有以下几个方面的功能。

（一）解决行政纠纷

行政权力侵犯公民权利是由于多种原因所导致的一种无法回避的社会现象。国家行政

---

① 理由主要是，第一，本条规定了两部分内容，即制定本法的目的和制定本法的根据。原表述"根据宪法制定本法"似只将立法根据和"制定本法"连接，忽视了立法目的与"制定本法"的连接。第二，我国其他一些基本法，比如《立法法》《民法通则》《刑事诉讼法》等使用的都是"根据宪法，制定本法"，为保持一致，故作以上调整。参照江必新、邵长茂著：《新行政诉讼法修改条文理解与适用》，中国法制出版社2015年版，第19页。

机关在负责组织、领导和管理国家行政事务，行使国家行政管理职权的过程中，根据宪法、法律、行政法规、地方性法规以及行政规章的规定，可以采取行政措施，依职权作出各种行政行为。这些大量的行政行为，不论是合法、适当还是违法、不当，都难免发生行政争议；而且虽然行政机关的行政行为必须依据法律或者在法律规定的范围内作出，但由于各个行政工作人员的品德、知识、能力的不同，在作出行政行为时，未必能尽善尽美，因而也难免有违法或者不当的行政行为发生，从而引起争议。这些争议通过行政程序，在行政部门内部得不到解决时，有必要通过司法程序来处理和解决，这就需要建立行政诉讼制度，通过行政诉讼，由人民法院进行裁判，使争议最终获得解决。

我国宪法确立的国家法律制度的基本原则是在法律面前人人平等。当国家行政机关侵犯公民、法人或者其他组织的合法权益，与公民、法人或者其他组织发生行政争议时，公民、法人或者其他组织将案件提交国家审判机关——人民法院，双方平等地站在法律面前，由人民法院对行政争议进行审理裁判，从而彻底地解决行政纠纷。而且尽管解决行政争议的途径多种多样，但行政诉讼无疑具有其他途径无可比拟的优越性。由于司法裁判的终局性，通过行政诉讼能彻底地解决行政纠纷，且能避免由行政机关处理行政纠纷中的种种弊端，如行政机关作为被告兼为裁判者，难以公正处理案件；即使它能公正地处理，其相对人也极易产生不信任感。总之，行政诉讼制度实施以来，作为一种新的较为完善的纠纷解决机制，在缓和社会矛盾，解决行政纠纷方面，发挥了重要作用。

行政诉讼制度的建立，也在一定程度上落实了我国宪法关于公民申诉、控告的权利。我国《宪法》第4条规定：中华人民共和国公民对于任何国家机关和国家工作人员的违法失职行为，有向有关国家机关提出申诉、控告或者检举的权利。对于公民的申诉、控告或者检举，有关国家机关必须查清事实，负责处理，由于国家机关和国家工作人员侵犯公民权利而受到损失的人，有依照法律规定取得赔偿的权利。尽管我国现行宪法作了规定，而且我国建国后的几部宪法都有类似规定，但是这些毕竟是宪法的原则规定，要真正实现宪法上的这些原则规定，还必须运用其他部门法律，特别是在国家行政管理领域和诉讼领域运用行政法和行政诉讼法，建立起一套比较完整的处理行政纠纷的制度，才能使宪法的原则规定得以实现。国家行政机关在国家机关中是机构最多，工作人员最多，管理范围和涉及领域最广，同公民关系最为密切的机关，在行使职权时也最容易与其相对人发生纠纷。建立行政诉讼制度，对国家行政机关在行使行政管理职权时因行政行为违法或者不当损害公民、法人或者其他组织的合法权益而引起的行政案件，就可以依行政诉讼程序加以处理和解决，从而使得宪法的原则得以实现。

(二) 保护公民权利

行政诉讼法在一定程度上保护了公民权利。行政诉讼是解决行政纠纷、实施权利救济的最为重要的途径。"救济"系补救的意思。权利救济，就是对已经受到损害的权利的一种补救。我国行政诉讼法实施以来，虽然行政案件在法院全部受理案件的绝对数量上占极小的比例，但案件数量总体上保持上升的趋势。行政诉讼法本身以及一定数量案件的处理，就是在维护当事人合法权益，提供公民权利保护的途径。

但是，之所以说"在一定程度上"保护了公民权利，一方面是因为诉讼制度提供的本身就是一种个别的和事后的保护，由于司法的被动性，不可能对所有受到侵害的行政相对人提供救济;另一方面,现实情况是行政诉讼法的实施状况不尽如人意,即使是当事人起诉到法院,受各种因素的影响,法院未必严格依法办案,也使公民权利保护的程度受到影响①。2014年在讨论行政诉讼法修改过程中,全国人大常委会和最高人民法院也承认,行政诉讼法实施中存在"立案难、审理难、执行难"问题。② 总之,由于各种原因,我国行政诉讼法救济权利的功能并未充分发挥。

(三) 监督行政机关

行政诉讼是国家司法机关根据宪法和法律的授权,通过审理个别具体行政案件的形式,监督行政机关依法行使行政职权的重要方式。国家行政机关要对社会实施有效的管理,必须拥有一定范围的处理权和一定程度的自由裁量权。但是,如果没有相应的监督力量与之伴随,便难以纠正它在处理具体事务时可能发生的错误,特别是当某些滥用职权行为发生导致损害公民、法人或者其他组织合法权益时难以及时处理。而行政诉讼正是对行政机关大量作出的行政行为依法实行事后监督的重要方式。通过这种监督,达到促使行政机关依法行政的作用。

我国行政诉讼法实施以来,在相当大的程度上起到了监督和促使行政机关依法行使职权的作用。十几年来,我国行政机关依法行政的观念有了很大的增强,依法行政的水平有了很大的提高,广大执法人员树立并增强了程序意识、证据意识、案卷意识、服务意识,这是有目共睹的。这些虽然不能说都是由于行政诉讼法的实施带来的,但是行政诉讼法的作用是不可忽视的。

虽然从目的角度分析,行政诉讼法不应当有维护行政权行使的目的,但从功能角度说,行政诉讼法在一定程度有维护行政机关依法行政的客观效果。一方面,人民法院通过对案件的审判,不仅对违法、不当的行政行为予以撤销或者变更,而且对于合法、适当的行政行为要予以支持,对于发生法律效力的行政行为还可以给予强制执行,因而客观上可以起到维护行政机关依法行使行政职权的作用。另一方面,行政机关可以通过行政诉讼检验自己的工作,不断总结经验教训,提高依法行政的质量和水平。实践中,一些行政机关因行使职权成为被告,在法院开庭审理案件前,明知自己可能败诉,有的甚至已经撤销引起诉讼的行政行为,却仍然组织本单位的全体工作人员前往法院旁听案件的审理。这无疑说明行政诉讼在促使行政机关依法行政方面具有重要作用。

行政诉讼还通过对行政行为合法性的审查,起到维护国家法律尊严和统一的作用。国

---

① 某省高级人民法院行政审判庭庭长分析,该省行政诉讼案件数量下降的原因:"一方面表明行政机关的执法水平有了明显提高,另一方面缘于一些地方的司法环境较差,即一些行政单位死活不愿当被告,或者成为被告后不能输官司。"《一行政庭庭长的苦恼:土政策拖住"民告官"的腿》,载《中国青年报》2002年7月31日。有的地方,司法局竟然阻止律师办理行政案件,参见《司法局要求查处受理民告官案律师》,2008年03月23日《民主与法制时报》。

② 参见信春鹰:《关于〈中华人民共和国行政诉讼法修正案(草案)〉的说明》。最高人民法院行政审判庭副庭长王振宇2014年11月在介绍行政诉讼法修改的背景时也说:"我国行政诉讼有个特点就是原告的胜诉率即被告的败诉率低。10年前被告败诉率占30%左右,近年来下降到10%以下,有一些省份甚至只有2%。"《中国司法尴尬现状:民告官案原告胜诉率不到10%》,载搜狐网新闻网:http://news.sohu.com/20141105/n405781143.shtml,2014年11月17日访问。

家的法律必须得到全社会的普遍遵守和切实执行。无论什么人、什么机关，即使是代表国家行使行政管理职能的机关，在它违反法律的时候也要受到追究，不合法的要撤销，造成损害的要赔偿，从诉讼法上，保障了行政实体法的贯彻实施。

第四节　行政诉讼法学

一、行政诉讼法学的概念和研究对象

行政诉讼法学是以行政诉讼法为研究对象的一门独立的法学学科，是对行政诉讼法进行的科学阐释和理论概括。行政诉讼法学是否为一个独立的法学学科，与行政诉讼法是否为独立的部门法关系密切。

行政诉讼法学以行政诉讼及相关社会现象为研究对象。行政诉讼法学的研究对象主要是行政诉讼法，包括行政诉讼法的一般原理、行政诉讼法的具体规定、行政诉讼实践中存在的问题、行政诉讼法的历史发展、行政诉讼法的立法完善等内容。除了行政诉讼法以外，行政诉讼法学也研究与行政诉讼法有关的社会现象，如同为对行政权力侵犯公民权利实施救济和对行政行为进行监督的行政复议制度与行政诉讼的关系、司法的特征和作用及对行政诉讼的影响等。

我国行政诉讼法学兴起于20世纪80年代中期，围绕行政诉讼法的制定展开，经过三十余年的发展，已取得长足的进步。行政诉讼法学的发展，典型地反映了部门法学围绕立法过程所分为的立法前的理论准备、立法中的普法宣传和内容阐释以及立法后的理论探讨与立法的修改补充三个阶段①。目前也仍然处于需要深入探讨、不断完善的阶段。

二、行政诉讼法学的内容

从以上行政诉讼法学的概念和研究对象出发，行政诉讼法学应包括以下内容：

1. 行政诉讼法的基本理论

行政诉讼法的基本理论是行政诉讼制度得以建立、发展和完善的基础。其内容应当包括行政诉讼法的性质、地位、作用或者功能、行政诉讼法律关系理论等。

2. 行政诉讼法的具体规定

行政诉讼法的具体规定包括我国现行行政诉讼法的具体规定及立法意图，法律规定的缘由、根据和目的以及立法的背景情况等内容。正由于行政诉讼法的具体规定是行政诉讼法学研究的重要的和主要的内容，本书的体系基本以行政诉讼法的体系为主线加以安排。

3. 对如何完善行政诉讼制度的研究

行政诉讼法实施几年来，在保护公民、法人或者其他组织合法权益，规范行政行为方面，确实起到了积极作用。但随着行政诉讼法的实施，行政诉讼法中的一些问题和不足也越来越多地暴露出来。这种问题和不足出现的情况可分为两种：

其一是行政诉讼法立法的缺陷。立法本身是各种利益权衡和较量的结果，行政诉讼法

---

① 参见林莉红：《行政诉讼法学的研究状况及其发展趋势》，载《法学评论》1998年第3期。

立法过程中更是非常明显地体现了这一点。不同的利益体现为对立法中具体规定的不同观点，不同的观点可能各自都有其理由。当出现两个对立的观点时，立法者采纳其中一个观点，持另一观点的人会认为立法本身存在缺陷。因此，学习和研究行政诉讼法，应了解立法过程中的有关争议。

其二是客观形势的发展所引起的。客观形势是发展的，而立法是相对静止的，因而可能出现相对静止的立法不适应客观形势发展的情况，从而需要对立法进行修改、完善和补充。

4. 对不同法系相关制度的比较研究

对不同法系相关制度的比较研究，是行政诉讼法学的一个重要内容。比较研究的目的主要是为了更为理性地分析我国的制度，探讨如何更好地完善我国现有的制度。

三、学习行政诉讼法的方法

作为我国法律体系中的一个有机的组成部分，行政诉讼法学研究应以马克思主义法学理论为指导，运用辩证唯物主义的方法，对行政诉讼法学的研究对象进行科学的研究和理性的探讨。在此基础上，结合行政诉讼法的特点，注意以下具体的学习方法。

1. 注重基础学科的学习

学好诉讼法学和行政法学是学好行政诉讼法学的基础。行政诉讼法学与诉讼法学和行政法学关系密切。我国行政诉讼法学在产生和发展的过程中，曾有过不短的援用民事诉讼法的历史。至今，行政诉讼的开展仍需要在一定程度上援引民事诉讼法。而如果没有行政实体法，行政诉讼则只能是空中楼阁，因为行政诉讼法要保护相对人的合法权益，监督行政机关依法行使职权，何谓"依法"、何谓"合法权益"？必须由实体法加以规定。因此，行政诉讼法学的学习和研究，必须有比较扎实的诉讼法学特别是民事诉讼法学和行政法学的理论功底，对这两门学科的最新法律规定和发展动态有清楚的认识和了解。

2. 注重理论联系实际

诉讼法学是一门实践性很强的学科。作为诉讼法学的一个分支，行政诉讼法学的研究必须联系司法实际，注重总结实践经验，归纳实践中出现的新情况、新问题，研究新的方法。为此，应注重典型案例的了解和分析，注重亲身参加司法实践活动。

3. 运用比较的方法

我国行政诉讼制度建立的时间较短，实践中经验和教训的积累都不够充分。而有些国家的行政诉讼实践已有相当长的历史，无论在理论上还是实践中都积累了丰富的经验。对我们来说，首要的任务是了解这些国家的有益经验；其次是结合我国的国情进行总结和借鉴。

4. 注重对行政诉讼法特有问题的研究

诉讼法学本身是一个比较成熟的学科。对于诉讼法学的基本理论问题，行政诉讼法学不必过多地加以研究，以免分散精力，而应集中研究行政诉讼法学中的特有问题，从而使这一学科走向成熟和发展。

第二章 行政诉讼制度的历史发展

第一节 外国行政诉讼制度简介

当今世界主要国家的行政诉讼制度分为大陆法系和英美法系两大体系，两个体系最显著的区别在于行政诉讼受理机构不同。

一、大陆法系国家的行政诉讼制度

大陆法系国家普遍采用行政法院制度，这种形式中最典型最著名的是法国行政法院制度。法国行政法院制度经过长期的发展，形成了极具特色的以行政法院为主体的行政诉讼制度。这一制度为大陆法系许多国家所仿效，德国、奥地利、芬兰、意大利、卢森堡、瑞典等国都设置了专门的行政法院。当然，由于各个国家政治、经济、文化的不同，这一制度在实行时也都带有各自国家的特点。

（一）法国的行政诉讼制度

法国是实行三权分立的国家，由于历史的原因，它强调权力的分离，强调司法机关不得干预行政事务，不能审理行政案件，于是在行政机关内部建立了专门审理行政案件的行政法院，由最高行政法院、上诉行政法院、各省的地方行政法庭和一些负责处理某些特殊争议的专门法庭组成。法国现行的行政诉讼制度具有以下特点：

第一，行政诉讼由与普通法院相分离的、独立的行政法院受理。行政法院不属于司法系统，相对于行政机关来说，也具有很大的独立性。因此，在法国存在着普通法院和行政法院两个相互独立、互不隶属的系统。这是法国行政诉讼最突出的特点。

第二，法国行政法院从性质上说是行政机关，其成员不是司法意义上的法官，而是行政官吏。从工作内容上看，它既是政府在制定法律草案和行政管理措施时提供意见的咨询机关，又是审理行政案件的机关。法国行政法院审理两类行政案件，一是对行政行为是否合法进行裁定，可称为"合法性审查"的案件，二是审理有关侵权行为的案件，裁定行政机关及其代理人在执行公务造成损失时赔偿的责任。但行政行为如果涉及民法典的适用或者涉及公民基本自由权利和财产权的案件，则仍归属于普通法院审理。

第三，法国解决行政法院与普通法院在管辖权上冲突的办法是设置权限争议法院。由于法国存在普通法院和行政法院两个相互独立的系统，因而常常发生行政法院同普通法院在案件管辖上的冲突，为此法国成立了以司法部长为院长，由最高法院和最高行政法院法官联合组成的争议法院，以解决普通法院与行政法院之间的冲突。

第四，行政法院处理行政案件适用行政法的原则，行政法院的判例所确定的原则构成法国行政诉讼的基本原则。在法国这样一个典型的制定法国家，其行政法主要是由若干判例所形成的原则构成的。

第五，法国行政法院实行以三审终审为原则，二审终审或者一审终审为例外的行政诉讼审判结构。法国原有的行政诉讼审判结构是，地方行政法庭或者专门行政法庭为初审法院，最高行政法院为上诉审和终审法院，少数重大行政案件由最高行政法院作为初审和终审法院。这种以二审终审为原则，一审终审为例外的审判结构，随着社会和经济的发展，行政纠纷和行政案件数量的增多，已越来越不适应。从20世纪80年代以来，最高行政法院的行政案件积压现象严重，每年平均收案约9 000余件，判决7 000余件，半数以上案件判决时间平均为两年多①。为改变这一局面，1987年12月31日法国国民议会和上议院通过了《行政诉讼改革法》。该法规定在全国各主要地区设立上诉行政法院，其地位位于最高行政法院与地方行政法庭之间，受理部分上诉行政案件。除三类案件外，地方行政法院判决的一切案件的上诉管辖权，都属于上诉行政法院。三类案件，即关于解释及审查行政决定的意义及合法性的上诉案件、关于行政条例的越权之诉的上诉案件、关于市议会和省议会选举诉讼的上诉案件，可直接上诉于最高行政法院，而不由上诉行政法院管辖。对上诉行政法院的判决不服的，还可就法律问题向最高行政法院提起上诉，形成三审终审的制度。

第六，法国除行政法院外，还设立了几种负责处理某些特殊行政争议的专门法院，如财政和预算纪律法院、审计法院、补助金和津贴法院、战争损害赔偿法院等。这些专门法庭除海上捕获法庭之外，全部隶属于行政法院，负责处理某些专业性较强的，特殊类型的行政争议。

（二）德国的行政诉讼制度

德国行政诉讼制度基本仿效法国，行政诉讼由与普通法院相分离的行政法院受理，但两国在行政诉讼制度上有以下差别：

第一，德国行政法院与其他众多专门法院一样，属于司法系统。德国除设立与法国相类似的独立于普通法院的行政法院外，还存在着具有特殊管辖权的专门行政法院，负责审理某些行政领域的特殊的行政事务，如社会法院、财政法院。但这些专门行政法院不属于行政法院系统，而是依据法律成立的，独立的法院系统。②

第二，德国协调行政法院与普通法院对行政案件管辖权上争议的方式不同于法国。法国解决普通法院和行政法院在管辖权上的冲突的办法是设置权限争议法院，而德国则主要是通过立法和各种原则来解决这一问题，在立法上采取先受理的法院先进行裁判的原则。如发生是属于民事诉讼还是行政诉讼问题的争议，如果普通法院先受理，则由它审理，行

---

① 参见王名扬：《法国行政法》，中国政法大学出版社1988年版，第619页。

② 德国的法院除设宪法法院外，另设五个不同体系的法院，即普通法院、行政法院、劳动法院、社会法院和财税法院。每一个法院体系都根据本体系的法院法即法院组织法所构成，各自都有自己的案件管辖范围，实际上都有各自的最高法院。参见周贤奇：《德国劳动、社会保障制度及有关争议案件的处理》，载《中外法学》1998年第4期。另可参见［德］弗立德赫尔穆·胡芬著：《行政诉讼法》，莫光华译，刘飞校，法律出版社2003年版。

政法院不得再行重审,反之亦然。

第三,德国行政法院只限于公民主张某项权利,或者要求撤销某项行政行为的案件,行政法院不受理公民控告行政机关的违宪案件以及公民与行政机关的财产纠纷案件。有关要求行政机关损害赔偿的诉讼,主要是向普通法院提出,由普通法院受理。①

二、英美法系国家的行政诉讼制度

英美法系大多数国家采取普通法院与行政裁判所共同审理行政案件的制度。英美法系国家一般不设行政法院,起初一切案件包括行政案件都由普通法院统一管辖,这样做的根据仍然是三权分立原则,其理由是认为公民对于国家行政机关违法行为的争讼与公民间发生的民事、刑事争讼一样,都应适用相同的诉讼程序,由同一的司法机关审理,这样做符合"在法律面前人人平等"的原则。这种状况在20世纪,特别是第二次世界大战以后有所改变。"二战"以后,随着资本主义国家政治、经济、科技的发展,社会矛盾加剧,福利国家出现,行政权力扩大,行政裁量权也相应有所扩大。英美等国除加强普通法院的行政裁判权外,还迅速建立了各种形式的裁判所。如英国,目前已有2 000多个行政裁判所,其主要任务是作为司法体系的补充,处理国家行政部门之间、企业之间、行政官吏和民众之间的有关行政争执和纠纷。美国目前也有50多个较为重要的行政裁判机关。属于大陆法系国家的日本,在"二战"以后,废除了以前仿效法国建立的行政法院制度,将行政诉讼置于普通法院管辖之下,同时参照英美法系国家,设置某些类似行政裁判所的专门机构行使某些行政案件的管辖权。此外,采取类似制度的还有加拿大、澳大利亚、新西兰等国。

英美法系国家行政诉讼制度具有以下三个特点:

第一,行政案件由普通法院受理。英美法系国家,普通法被认为是一个统一的法律制度,既调整私人之间的纠纷,也调整国家机关包括政府机关作为一方当事人的行政纠纷,因此,普通法院对一切纠纷案件都有管辖权,因行政机关活动的合法性问题引起的纠纷也应由普通法院管辖,行政诉讼只是普通诉讼的一个分支。

在英国,行政机关对于公民权利的侵害,如果构成普通法上的诉讼原因,公民可以提起一般的民事诉讼得到救济。但在行政机关的侵害行为不能纳入一般的诉讼原因时,或者依普通民事诉讼程序不能得到完全的救济时,公民一般可以有另外两种方式向普通法院请求救济:一是依制定法的明文规定向普通法院上诉;二是在没有制定法的规定时,由公民请求高等法院依其对下级法院和行政机关具有的传统的监督权,撤销或者禁止行政机关的越权行为,或者命令行政机关履行法定的义务。后者即是普通法上的司法审查制度(Judicial Review)。因此,英国普通法院受理的相当于我国行政诉讼受案范围的行政案件分为三种类型:

---

① 德国《行政法院法》第40条第2款:"因为公益作出牺牲而生的请求权,因公法上财产保管而生的请求权,不涉及公法合同的因违反公法义务而生的赔偿请求权,均由普通法院管辖。有关公务员法的特别规定,以及因撤销违法行政行为而生的财产上不利的补偿的诉讼途径,不在此限。"将要求行政机关给予损害赔偿的情形区别为民事诉讼与行政诉讼不同的救济途径。

其一，申请司法审查的案件。司法审查是普通法上的一项制度，是根据三权分立原则所形成的普通法院的正常职责，来源于普通法院对行政机关的传统的监督权，因而，普通法院应当受理公民认为行政行为侵权而提起的诉讼。普通法院审理行政案件的类型既包括行政机关所作出的行政行为，也包括行政机关的授权立法行为。普通法院审理司法审查案件，可以适用几乎所有的法律救济手段，如履行义务令（Mandamus）、移审令（Certiorari）、禁止令（Prohibition）、强制令（Injunction）、宣令（Statutory Declaration 或者译法定声明、确认判决）等。

其二，上诉到普通法院的行政案件。上诉和司法审查都是公民通过普通法院行使的救济手段，但两者在法律上的意义不同。上诉是制定法上的救济手段，没有制定法的授权，法院和裁判机关没有当然的上诉管辖权。上诉权是否存在、上诉的条件以及受理上诉的机关，依法律的规定而不同，没有共同的规则。上诉不以普通法院为限，实际上各种行政裁判机构处理的上诉也是此种意义的上诉。司法审查是普通法上的制度，是根据三权分立原则形成的普通法院的职责，不需要制定法上的授权。在管辖上，司法审查案件由高等法院统一管辖，上诉则依制定法的规定而各有不同。

其三，民事赔偿案件。行政行为对公民合法权益造成损害，如行政机关违反契约的行为和侵权行为，公民可依一般的民事诉讼程序追究行政机关的责任，这不属于司法审查的制度，但与我国行政诉讼制度中的行政赔偿诉讼相类似。

第二，行政裁判所行使对某些类型行政案件的管辖权，但同时接受普通法院的司法审查。为适应现代社会行政权力扩大的趋势和审理行政案件专业性的要求，英美法系国家设立了许多行政裁判机构受理某些特殊类型的行政案件。这些行政裁判机构属于行政机关系统，而不像法国的一些专门法庭属于行政法院系统。行政裁判所的出现并不排除普通法院对行政机关的司法监督，普通法院根据普通法的原则对其进行司法审查。特别是在美国，司法审查的范围非常广泛，原则上，行政行为必须接受司法审查，不受审查是应当加以论证的例外，即使是制定排除司法审查的法律条款，通常也不足以证明该行为可以不受审查。因此，普通法院对行政机关活动进行司法审查的范围十分广泛。

第三，普通法院受理行政诉讼案件适用普通法原则。原则上有关行政诉讼案件与民事诉讼案件一样，适用同样的法律原则和一般的民事诉讼程序。同时由于行政诉讼案件的特点，依法律或者依判例，也形成了一些特殊的程序和规则。

第二节 我国行政诉讼制度的历史发展

一、中华人民共和国成立前行政诉讼制度的历史发展

在旧中国，历代统治者为了维护其掌握的政权，通过御史制度的方式，监督各级政府官员的行为，调处政府与百姓之间的关系，解决行政纠纷。从御史监督与弹劾官吏来看，御史制度在一定意义上起着监督行政和解决行政纠纷的作用。但是，这并不是现代意义上的行政诉讼制度。

民国时期，中国正式建立了行政诉讼制度。辛亥革命以后，孙中山领导的南京临时政

府,进行了司法改革,力图建立与西方法律模式相类似的资产阶级法律制度。1912 年 3 月 11 日公布的《中华民国临时约法》,是中国历史上第一部资产阶级共和国性质的宪法,为行政诉讼法律制度的建立确立了宪法依据,该法规定:"法院依法律审判民事诉讼及刑事诉讼,但关于行政诉讼及其他特别诉讼,另以法律定之","人民有陈述于行政官署之权","人民对于官吏违法损害其权利之行为,有陈述于平政院之权。"

1914 年北洋政府相继公布了《平政院编制令》《诉愿法》《行政诉讼法》,正式建立行政诉讼制度。南京国民政府基本上沿袭了北洋政府的行政诉讼模式,颁布了《诉愿法》《行政诉讼法》《行政法院组织法》。其中最重要的是 1933 年开始实施的《行政诉讼法》,该法实施后经过了多次修正。南京国民政府和北洋政府行政诉讼制度基本相同,大致有以下特点:

第一,受理行政诉讼的机构是行政机关而不是普通法院。南京临时政府和北洋政府时期时期受理行政争议案件的机构是平政院,以后南京国民政府受理行政争议案件的机构改为司法院下的行政法院。

第二,行政诉讼的范围采取概括式的规定,即公民认为有关机关之违法行政处分损害其权利,经依诉愿法的规定提起诉愿或者再诉愿后仍不服决定,或者行政机关逾期不作答复,得向行政法院提起行政诉讼。

第三,行政诉讼实行一审终审制,审理行政案件的机构无论是平政院还是行政法院,都是单一的,没有上下级机构之分。在具体程序上,如遇行政诉讼法未规定的准予适用民事诉讼法的规定。

北洋政府时期和南京国民政府时期的行政诉讼制度虽已建立,但实施效果尚待考证。毕竟偌大的中国只有一个行政法院,案件要经过层层诉愿,才能到行政法院进行诉讼。对于普通老百姓来说,到行政法院去打官司,还是一件困难的事情。不过,也有利用行政诉讼制度维护自身权益的例子,鲁迅诉教育部案即是其中一例。①

二、中华人民共和国成立后行政诉讼制度的历史发展

我国行政诉讼制度的历史发展,大致可以分为三个阶段。

(一)萌芽阶段:1949~1958 年

中华人民共和国成立之初,起国家根本法作用的《中国人民政治协商会议共同纲领》第 19 条规定:"人民和人民团体有权向人民监督机关或者人民司法机关控告任何国家机

---

① 1925 年 8 月 12 日,因支持北京女子师范大学学潮,鲁迅先生被段祺瑞临时执政府的司法总长兼教育总长章士钊呈请免除其教育部佥事职务,次日,段祺瑞明令照准。1925 年 8 月 22 日,鲁迅向平政院递交诉状,"提起行政诉讼,控告教育总长章士钊'无故将树人呈请免职',恳请'按律裁决,以保障民权施行'"。1926 年 3 月 23 日,平政院下达裁决令认为,"依据前述事实,被告停办国立女师大学,原告兼任该校教员是否确有反抗部令情事,被告未能证明,纵使属实,涉及文官惩戒条例规定范围,自应交付惩戒,由该委员会依法议决处分,方为合法。被告遂行呈请免职,确与现行法令规定程序不符";"答辩各节并无理由,据此论断,所有被告呈请免职之处分,应予取消。"判决主文曰:"教育部之处分取销之。" 至此,鲁迅先生在此案诉讼中获得全胜。参见吴海勇著:《时为公务员的鲁迅》,广西师范大学出版社 2005 年版,第 241~268 页。

关和任何公务人员的违法失职行为。"1949年12月20日，中央人民政府委员会批准的《最高人民法院试行组织条例》规定，在最高人民法院设立行政审判庭。尽管当时国家没有规定统一的行政诉讼程序，但在当时颁布的单行性的规范性文件中有一些规定，例如1950年《土地法》规定，农民对乡政府、区政府批准评定的成分有不同意见，可以向县人民法院申请，由县人民法院判决。

1954年《宪法》第7条规定："中华人民共和国公民对于任何违法失职的国家机关工作人员，有向各级国家机关提出书面控告或者口头控告的权利。由于国家机关工作人员侵犯公民权利而受到损失的人，有取得赔偿的权利。"宪法的这一规定包含了行政诉讼的内容。这些规定，为我国行政诉讼制度的建立确定了法律基础，有着重要的意义。但是，由于受到历史的原因，行政诉讼制度并没有真正建立起来。

事实上，当时大量的行政争议是由行政机关内部解决，而不是通过诉讼方式解决的。1955年国家成立了监察部，随后颁布了一系列关于监察机关组织、工作的规定，如1957年8月30日公布的《关于国家监察机关处理公民控诉工作的暂行规定》等，依照这些规定，各级监察机关在受理公民的控告和维护社会主义法制和纪律方面发挥了重要作用。除监察机关外，各级党政机关还成立了一些信访机构，负责受理公民申诉、控告和检举的案件。信访部门处理人民来信和接待人民来访，解决某些行政案件，部分地起到了行政复议的作用。

因此，中华人民共和国成立初期只是我国行政诉讼制度的萌芽阶段，在立法上仅有原则性的规定，实践中，行政诉讼制度作为一项诉讼制度并没有建立起来，理论上更是缺乏对行政诉讼的清楚认识。

（二）空白阶段：1958~1979年

这一阶段行政诉讼在立法上几乎是空白，实践中，一般是由行政机关的信访机构来处理行政案件。1959年监察部被撤销，"十年动乱"期间司法机关被"砸烂"。在这种情况下，大量的行政纠纷无法通过正常途径得到解决。

（三）建立和发展阶段：1979年至今

我国的行政诉讼制度是在中国共产党的十一届三中全会以后，随着社会主义商品经济和民主政治的发展而逐步建立起来的。行政诉讼制度的建立，既是顺应时代的需要，也是历史发展的产物，同时还有一个逐步建立和发展的过程。现从以下角度说明行政诉讼制度建立的过程。

1. 行政诉讼制度建立的社会、历史背景

1976年10月，粉碎"四人帮"以后，特别是1978年12月中国共产党的十一届三中全会以后，党和政府积极推行改革，大力发展商品经济，实行党政分开、政企分开、权力下放，各种企业、组织之间的经济利益逐渐独立。在由计划经济向市场经济转化的过程中，政府的职能也发生转变，由对企业的直接领导转变为间接的指导。这种情况的出现，虽然看起来似乎行政权力有所削弱，但实际上，由于市场经济的推行，企业由行政机关的附属物转变为自主经营、自负盈亏的经济实体，在用法律的手段管理经济和规范企业运行的过程中，行政管理的领域有了极大的拓宽。由于行政许可、行政指导、行政合同等新的管理手段的层出不穷，行政的机能已由消极行政、秩序行政转向积极行政、给付行政。行政权力的扩大，行政管理手段和方式的多元化、复杂化，带来的结果就是社会关系的复杂化和行政纠纷数量的增多，使得社会生活主体之间的各种新的矛盾也越来越多地反映出来。经济体制改革和商品经济的发展，计划经济向市场经济的过渡，企业在转变为经济实体的过程中和成为经济实体以后，需要完备的法律制度保护其合法权益，特别是经营自主权和合法承包经营权不受行政机关和主管部门的非法干预，这也需要立法给企业法人在其受到行政机关违法行为侵害时以诉讼权利。

在改革开放的形势下，公民的权利意识、自主意识、平等意识较改革开放以前，发生了质的、飞跃性的变化，在行政权力与公民权利出现矛盾和对立越来越多的情况下，为了保证自己的合法权益不受违法或者不当行为的侵害，公民对于建立和完善行政救济制度的要求日增。而经济独立和民主、法律意识的增强必然使行政机关与被管理的个人之间产生行政争议的数量增多，这也需要有保护人民民主、保障人权，以及加强对行政机关是否依法行使职权进行有效监督的法律制度。

从行政机关内部来说，为适应改革开放的新形势，建立廉洁高效的政府和反对各种腐败现象，需要有一套对行政机关及其工作人员依法行使职权的外部监督机制。而行政诉讼制度正可以通过日常的诉讼程序对那些受到行政机关违法行为侵犯的公民、法人和其他组织提供一个广泛而经常的救济手段，来达到促使行政机关依法行政的目的。

特别应该指出的是，为了健全民主、加强法制，建立完善的社会主义制度，我国经济和政治体制改革的领导者首先意识到行政诉讼制度的重要性。党的"十三大"报告提出："为了巩固机构改革的成果并使行政管理走上法制化道路，必须加强行政立法，为行政活动提供基本的规范和程序"，"要制定行政诉讼法，加强对行政机关和行政人员的监督，追究一切行政人员的失职、渎职和其他违法乱纪行为"。客观的需要、主观的需求与现实的可能相结合，就使得行政诉讼制度在改革开放的形势下得以迅速建立起来。

2. 单行法律、法规初步建立行政诉讼制度的情况

从立法上看，适应行政管理和社会发展的需要，我国的立法机关和行政机关制定、颁布了大量的行政管理法律、法规。从1980年颁布的《中外合资经营企业所得税法》开始，在全国人民代表大会及其常务委员会制定的法律和国务院颁布的行政法规中逐渐出现了当事人对行政机关的行政决定不服可以向人民法院起诉的规定。如1982年《海洋环境保护法》、1985年《外国人入境出境管理法》《中国公民出境入境管理法》、1986年《治安管理处罚条例》等。以后一些地方性法规中也有了这类规定，如1982年《北京市建设拆迁安置办法》。这些法律、法规所确定的行政诉讼的范围逐渐从涉外的立法向对内的立法，从经济行政立法向涉及公民人身权、财产权的立法扩展。实体法上的这类规定，一般都是列举行政诉讼的受案范围以及规定行政复议的诉前程序等内容。到1989年3月28日，"已有130多个法律和行政法规规定了公民、组织对行政案件可以向人民法院起诉"①。

---

① 参见王汉斌在第七届全国人民代表大会第二次会议上所作《关于〈中华人民共和国行政诉讼法（草案）〉的说明》。

除了实体法上的规定外，在程序法上，1982年颁布的《民事诉讼法（试行）》第3条第2款规定："法律规定由人民法院审理的行政案件，适用本法规定。"这一规定表明，人民法院有权依据法律的规定审理行政案件，而且行政案件的审判有了统一遵循的程序。对于民事诉讼法中某些不适合于审理行政案件的规定，最高人民法院发布了一些司法解释，如1985年11月6日发布的《关于人民法院审理经济行政案件不应进行调解的通知》、1986年10月24日发布的《人民法院审理治安行政案件具体应用法律的若干问题的暂行规定》等，这些司法解释在人民法院审理行政案件时具有普遍约束力，构成实质意义的行政诉讼法的内容。

在以上所谈到的法律、法规中，有两个法律对促成行政诉讼法的最终制定起了非常重要的作用：

其一是1982年3月8日颁布，同年10月1日试行的《中华人民共和国民事诉讼法（试行）》。《民事诉讼法（试行）》关于行政诉讼有两条重要规定。该法第3条第2款的规定使行政案件的审理有了程序法的依据，并使立法机关在制定授予相对人行政诉权的单行法律、法规时不再顾虑行政案件的审理没有程序法的依据。该法第30条关于专属管辖的第4项规定："因登记引起的诉讼，由登记机关所在地人民法院管辖。"这一规定为大多数学者所忽视，实际上因登记引起的诉讼，主要是行政诉讼。

其二是1986年9月5日颁布，1987年1月1日施行的《中华人民共和国治安管理处罚条例》①。该条例第39条规定，被裁决受治安管理处罚的人或者被侵害人不服处罚，经复议后对复议裁决仍然不服的可以向当地人民法院起诉。这一规定虽然与其他单行法律、法规关于行政诉权的规定没有本质区别，但由于治安行政案件的特点，该条例的颁布和实施直接产生两个极为广泛的影响：第一，由于治安管理处罚数量远较其他行政处罚的数量为多，因而引起学者们的广泛关注。许多学者认为，随着《治安管理处罚条例》的实施，人民法院受理的行政案件数量将会大量增加，人民法院审理行政案件仍适用民事诉讼法的规定，恐难适应新的情况。因而在《治安管理处罚条例》实施前后，学术界关于应建立独立的行政诉讼制度的呼声尤为高涨。第二，《治安管理处罚条例》颁布以前，有关法律、法规规定人民法院所受理的案件主要是所谓经济行政案件，因而这类案件是由当时的经济审判庭受理的。而治安行政案件显然不属于经济行政案件，由人民法院经济审判庭受理显然不合适，因此，各地人民法院开始设立行政审判庭。

3. 司法实践实验行政诉讼制度情况

从1982年有关法律授予相对人行政诉权时起，行政诉讼制度即进入司法实践的阶段。1986年10月3日，湖北省武汉市中级人民法院建立了全国第一个行政审判庭。② 同月11

---

① 《治安管理处罚条例》虽名为"条例"，但是是由全国人大常务委员会制定的，在位阶上属于法律。该条例已失效，被2005年8月28日公布，自2006年3月1日起实施《中华人民共和国治安管理处罚法》代替。

② 1990年《中国法律年鉴》，第14页。也有报道说是1986年10月6日，司长新：《我国行政诉讼制度在艰难中起步》，载《法制日报》1989年1月28日。

日，湖南省汨罗县人民法院设立全国基层人民法院第一个行政审判庭①。汨罗县法院行政审判庭成立后，即公开开庭审理了全国基层法庭受理的第一起行政诉讼案件，即该院于1985年受理的县药材公司不服县卫生局对其销售假劣药的处罚而提起诉讼的案件，判决维持县卫生局的处罚决定，"当时《法制日报》进行了全面报道，产生了良好的社会反响，开辟了全国基层法院行政审判事业的先河"②。

其后，地方各级人民法院开始陆续设立行政审判庭，专门负责审理行政案件。"到1987年底，全国已有1087个法院建立了行政审判庭，有511个正在筹建，两项约占全国法院总数的50%；全国法院受理一审行政案件5240件，审结4677件。今年上半年受理一审案件3949件。"③ 1988年9月5日，最高人民法院设立行政审判庭，正式开展工作④。行政审判庭的设立，标志着人民法院审理行政案件工作的专业化、经常化和规范化，便于人民法院总结审判工作的经验教训，保证行政案件的公正、及时审理。

4. 法典最终正式确立行政诉讼制度的情况

随着我国经济体制和政治体制改革的深入，行政诉讼法的起草、制定工作提上了全国人民代表大会的议事日程，并加紧进行了有关工作。1986年，全国人民代表大会常务委员会法律工作委员会受委员长会议委托，组织了由有关专家参加的行政立法研究组，研究和起草行政诉讼法，先后拟订了草案试拟稿、草案征求意见稿和行政诉讼法草案。1988年11月2日第七届全国人民代表大会常务委员会第四次会议听取了关于行政诉讼法草案的说明报告，并公布了行政诉讼法草案，交全国人民讨论，并广泛征求社会各界意见。共收到中央各部门、各地方和法院、检察院的意见130多份，公民直接寄送人大常委会法制工作委员会的意见300多份。在根据各方意见对草案科学补充和修改后，1989年4月4日第七届全国人民代表大会第二次会议通过了《中华人民共和国行政诉讼法》，并规定自1990年10月1日起正式实施。行政诉讼法的颁布，是我国社会主义法制建设和民主政治

---

① 2008年9月6日《人民法院报》：《汨罗法院成立行政审判庭背后的故事》，该故事是采访当年当事庭长的记录，应该比较准确。而汨罗市人民法院官方网站汨罗市法院网："汨罗法院历史"的记载也相同，网址：http：//mlsfy.chinacourt.org/public/detail.php? id=117，2012年6月20日访问。关于全国第一个设立行政审判庭的法院和时间，有研究认为，"1986年10月6日，全国第一个中级人民法院行政审判庭在湖北省武汉市中级人民法院成立，同日，湖南省汨罗县也在全国首先成立基层人民法院行政审判庭"。参见田勇军、张辅伦：《湖北省行政审判实证分析》，载《湖北警官学院学报》2011年第1期。这一说法可能来源于2002年3月20日上传于人民法院网的《行政诉讼备忘录》一文 http：//www.chinacourt.org/article/detail/2002/03/id/2370.shtml，但均未见到考证。本文的研究来自汨罗县人民法院官方，当更可信。另据2018年10月在中国法院博物馆举行的"最高人民法院行政庭建庭30周年专题展"上展示的武汉市编制委员会和汨罗县编制委员会文件，武汉市中级人民法院行政审判庭批准设立时间为1986年9月2日，汨罗县人民法院行政审判庭批准设立时间为1986年10月11日。

② 汨罗市法院网："汨罗法院历史"：http：//mlsfy.chinacourt.org/public/detail.php? id=117，2014年9月8日访问。

③ "上述数字，是最高人民法院院长任建新在全国法院工作会议上所作报告中提到的"，记者于新年：《我国现在审判已有良好开端》，载《法制日报》1988年7月20日。相关数据统计亦可参见《中国法律年鉴1989年卷》，中国法律年鉴社1990年版，第784页。

④ 《最高法院行政庭今天正式开展工作》，载《法制日报》1988年9月5日。

建设中的一个重大步骤,也是我国行政诉讼制度历史发展的一个重要里程碑,标志着我国行政诉讼制度的正式确立。

行政诉讼法的实施,需要相关法律、法规与之配套,共同构成完整的制度体系。这些相关法律、法规最直接的是有关行政复议和国家赔偿的立法。1990年12月24日国务院发布《行政复议条例》,该条例自1991年1月1日起施行。1994年5月24日第八届全国人民代表大会常务委员会第七次会议通过《中华人民共和国国家赔偿法》,并规定该法自1995年1月1日起施行。1995年10月28日国务院发布《信访条例》(该条例现已废止。2005年1月10日国务院发布新的《信访条例》并规定自2005年5月1日起实施),1996年3月17日《行政处罚法》出台。1999年4月29日第九届全国人民代表大会常务委员会第九次会议通过《行政复议法》,并规定于1999年10月1日实施。以后还陆续颁布了《行政许可法》《立法法》《治安管理处罚法》《行政强制法》等法律。这些法律的颁布和实施表明中国行政救济制度和监督行政制度的日益完善和发展。

5. 2014年《行政诉讼法》修改

《行政诉讼法》的实施在保障公民权益、推动依法行政、培育宪政理念以及建设法治国家等诸多方面都具有重要意义,但这一制度随着时代的变迁而逐渐凸显出不足。20年来,中国的政治、经济和社会形势发生了很大的变化,行政诉讼法的规定已经不能满足经济快速发展、社会急剧转型所提出的要求。而在诉讼实践展现极其宽广的研究领域和丰富的研究内容的基础上,行政法和行政诉讼法理论研究有了很大的发展。于是修改《行政诉讼法》成为理论和实务界的共同呼声。对此,立法机关从2003年即开始将《行政诉讼法》的修改列入全国人大常委会五年立法规划。① 与此同时,行政诉讼法的修改问题也成为法学界热议的重大课题。在各方共同努力之下,2014年11月1日第十二届全国人民代表大会常务委员会第十一次会议通过"关于修改《中华人民共和国行政诉讼法》的决定"。这是在《行政诉讼法》颁布25年,实施24年之后的首次修改,力图解决实践中存在的"立案难、审理难、执行难"问题,具有一定的针对性。这次修改,涉及的条文众多②,修改的幅度较大,对司法解释的成熟经验进行了总结和提升。不过,由于在理论与立法上的重大突破并不明显,在审判体制机制、受案范围、公益诉讼等内容上较为保守,实施效果尚需结合目前法院进行的司法改革加以考察。

---

① 第十届和第十一届全国人民代表大会常委委员会先后于2003年和2008年两次将行政诉讼法的修改列入其五年立法规划,但都没有完成。第十二届全国人大努力推进这一工作,曾于2013年12月31日和2014年8月30日两次在互联网公布行政诉讼法修正案(草案)的审议稿,公开征求意见,网址:http://www.npc.gov.cn/npc/lfzt/2014/node_22574.htm。

② 《行政诉讼法》原条文75条,修改了47条(其中删除了5条),修改数占原条文数比例为63%。新修改的《行政诉讼法》共103条,保留原来条文的只有28条(其中包括仅将"行政行为"修改为"行政行为"的3条和关于实施时间的最后一条),新增的27条,修改过的48条(包括原来条文一条修改为两条,以及两条合并为一条的情况),所占比例分别为27%、26%、47%。

第三章 行政诉讼法律关系

部门法以一定的社会关系作为自己的调整对象。而一定的客观存在的社会关系,只有经过法律规范的调整,才能成为法律关系。行政诉讼法所调整的是行政诉讼法律关系。

第一节 行政诉讼法律关系的概念和特征

一、行政诉讼法律关系的概念

行政诉讼法律关系,是为行政诉讼法所调整,人民法院与行政诉讼中的诉讼参与人之间发生的以诉讼权利、义务为内容的具体的社会关系。

二、行政诉讼法律关系的特征

第一,行政诉讼法律关系是人民法院与一切诉讼参与人之间存在的一种法律关系。如由于原告起诉,法院与原告发生的关系;由于法院将原告的起诉状副本送达被告,法院因而与被告发生的关系;诉讼代理人、证人、鉴定人员、翻译人员在诉讼进行过程中也要和法院发生关系,这种关系受行政诉讼法调整,因而也是行政诉讼法律关系。在行政诉讼法律关系中,人民法院始终是诉讼法律关系的一方,是每个诉讼法律关系的当然主体。行政诉讼法律关系始终发生在人民法院同某一个诉讼参与人之间。因此,在具体的行政诉讼法律关系中,只有两个主体,其中一个必定是人民法院,另一个是当事人或者其他诉讼参与人。在当事人之间,以及当事人与其他诉讼参与人之间并不发生行政诉讼法律关系。因为从诉讼法的角度看,行政诉讼法并没有规定当事人与其他诉讼参与人之间可以不经过法院而发生诉讼关系。

行政诉讼法律关系的这一特征可以清楚地说明行政诉讼法律关系与行政法律关系是两种不同的法律关系。行政法律关系是作出行政行为的国家行政机关和行政行为所针对的行政管理相对人之间存在的关系,在行政诉讼中则表现为诉讼中的原告和被告之间在诉讼之外存在的一种实体上的法律关系,由实体法律规范确定,受实体法律规范调整。行政诉讼法律关系是法院分别与原告、被告以及其他诉讼参与人发生的关系,受诉讼法调整,在一个已向法院提起诉讼的具体的行政案件中,行政法律关系通常只有一个(案件有第三人的情况,需要另外分析),即原告与被告之间的法律关系,这也是法院在审理行政案件时必须审查、判断的行政法上的权利义务关系。而具体案件中的行政诉讼法律关系则有多个,即法院与原告之间发生的诉讼法律关系,法院与被告之间发生的诉讼法律关系,法院与证人、鉴定人、翻译人员等之间发生的诉讼法律关系。

以上分析也反映出通过司法途径解决行政案件与通过行政途径解决行政案件的主要差异。通过司法途径解决行政案件，人民法院处于不同于原告、被告的第三者地位，行使国家审判权处理当事人之间争议的实体法律关系，与当事人分别发生诉讼法律关系。通过行政途径解决行政案件，处于裁判者地位的是行政复议机关，依照我国《行政复议法》的规定，复议机关是原行政机关的上一级行政机关、同级人民政府，或者就是作出行政行为的行政机关，因此，所发生的法律关系实质上只有一个，即由称自己权利受侵害的公民、法人或者其他组织与被称为侵犯他人权利的行政机关的关系。通过行政途径解决纠纷，并不是由纠纷双方以外的第三者来对纠纷进行处理，从法律关系上分析，难以避免"审判者为自己裁判"之虞。

第二，行政诉讼法律关系是一系列独立的、相互分立而又相互联系、相互制约的关系，即所谓既分立又统一的关系。从分立方面说，人民法院是分别与原告、被告、第三人、证人等发生关系，各个诉讼法律关系是有差异的，这种差异性体现在各种具体的诉讼法律关系所固有的权利、义务，以及诉讼关系产生、终止的主体、根据、时间上各有不同。例如法院同原告的关系，从内容上以及产生的根据及时间上，都不同于那种法院同被告、第三人等的诉讼法律关系。但是，如果不发生法院同原告的关系，就不可能发生法院同被告的关系，从而也就不可能发生法院同第三人、证人、鉴定人、翻译人员之间的关系。因此，具体案件中的行政诉讼法律关系，总是一系列具体法律关系的一定的总和与体系，所谓统一性正体现在这里。统一的基础在于案件参与人的所有诉讼关系，都是由于审理具体行政案件而产生的，并且都是为了同一个目的——公正而及时地审理行政案件。

第三，在诉讼中，存在着主要的诉讼法律关系，即人民法院和当事人之间的诉讼法律关系。人民法院与当事人之间的这种诉讼法律关系是全部诉讼法律关系的基础，其他的诉讼法律关系都是从这一法律关系中派生的。

三、关于行政诉讼法律关系的不同学说

就诉讼中最为重要的三方主体——原告、被告和人民法院在诉讼中的关系而言，诉讼法学界历来就有两面关系说与三面关系说之观点。行政诉讼法中也是如此，两面关系说认为行政诉讼法律关系是一种两面关系，即法院分别与原告、被告发生诉讼法律关系，原告、被告之间不存在诉讼法律关系。三面关系说则主张，在法院与原告、被告的关系问题上，不仅法院与原告、法院与被告之间存在诉讼法律关系，而且原告与被告之间也存在诉讼法律关系①。我们认为，三面关系说不仅不符合我国行政诉讼的基本理论和有关规定，而且不利于行政诉讼的顺利进行。

首先，从法律关系的定义来看，法律关系是指受法律规范所调整的客观存在的社会关系。法律关系是由法律事实所引起的，而法律事实由事件和行为构成。构成法律事实之一

---

① 参见于绍元主编：《实用行政诉讼法学》，群众出版社1991年版，第47~48页；姜明安著：《行政诉讼法学》（第二版），法律出版社2007年版，第105~106页。有点学者甚至认为："行政诉讼法律关系的主体中，必有一方是作为被告的行政机关。"参见朱维究主编：《行政诉讼法原理》，中国政法大学出版社1988年版，第18~19页。

的事件由于其所出现的偶然性而可以不在此论及。法律关系主要是由行为引起的，也就是说法律所规范的行为引起法律关系的发生、变更和消灭。就行为而言，我国行政诉讼法没有任何一个条款规定原告和被告之间可以不经过人民法院而直接进行任何诉讼行为，进而发生任何诉讼法律关系。以起诉状和答辩状的送达为例，原告起诉，是向人民法院递交起诉状，请求人民法院行使国家审判权审理他和被告之间发生的争议，诉讼请求是向人民法院提出的，并不直接向被告提出诉讼请求；起诉状正本也是交给人民法院而不是交给被告的。行政诉讼法规定，人民法院收到起诉状并立案后在一定期限内将起诉状副本发送被告并限期被告提出答辩状，这样的规定是出于人民法院为查明双方争议焦点的需要而要求被告提出答辩状进行书面辩论；被告的答辩状也是交给人民法院而不是交给原告的。此外，在开庭审理、上诉、执行等程序中都没有规定原告、被告可不经过人民法院而直接进行诉讼行为。没有法律事实就不可能发生法律关系。即使客观存在一定的行为，产生一定的社会关系，但这种行为和社会关系没有受到法律规范的调整，或者为法律规范所禁止，也不是法律关系。

其次，认为原告和被告之间可以直接发生诉讼法律关系会导致事实上的私力救济，引起诉讼关系混乱。行政诉讼以行使国家行政管理职权的行政机关和受行政机关管理的相对人为双方当事人，诉讼中的被告与原告之间存在着命令与被命令、管理与被管理的实体法律关系。如果允许原告、被告之间可以直接发生诉讼法律关系，这种实质上不平等的实体法律关系很可能干扰诉讼的正常进行，影响法院的公正审判。

第二节 行政诉讼法律关系的要素

行政诉讼法律关系和其他法律关系一样，也是由主体、内容、客体三个要素构成，只是在这三个要素的具体内容上有其特点。

一、行政诉讼法律关系的主体

行政诉讼法律关系的主体是诉讼权利、义务的承担者。在行政诉讼中，一切享有诉讼权利、承担诉讼义务的主体，都是行政诉讼法律关系的主体。这些主体，一方面是人民法院，另一方面是所有的诉讼参与人。

在诉讼参与人中，有当事人和与当事人诉讼地位相同的人，这在诉讼理论上叫做诉讼参加人。当事人包括原告、被告和第三人。共同诉讼人属于当事人，但并不是能够与原告、被告、第三人并列的单独的一类。因为共同诉讼人在诉讼中要么是共同原告、共同被告，要么是共同第三人，在诉讼中并不存在一个"共同诉讼人"的地位。诉讼代理人由于接受当事人的委托后，可以行使当事人的权限，因此，是与当事人诉讼地位相同的人。诉讼参加人在我国行政诉讼法中有专章加以规定。

诉讼参加人中的当事人，在诉讼中享有诉讼权利，承担诉讼义务，而且他们的诉讼行为与人民法院的诉讼行为结合起来，能够使诉讼程序发生、变更和消灭，具有与其他诉讼参加人不同的性质和地位，又叫诉讼主体。人民法院在诉讼中也能够进行使诉讼程序发生、变更和消灭的行为，也是诉讼主体。

在诉讼参与人中，还有一些人，他们的诉讼行为，对于诉讼程序的发生、变更、消灭不产生直接的影响，与诉讼结果不发生法律上的利害关系，他们参与诉讼，只是协助人民法院和当事人查明案件的事实真相。为了履行职责，他们也享有法律规定的诉讼权利、承担诉讼义务，法律上一般称其为"其他诉讼参与人"。

各个诉讼参与人在诉讼中的关系，可以用下图表示：

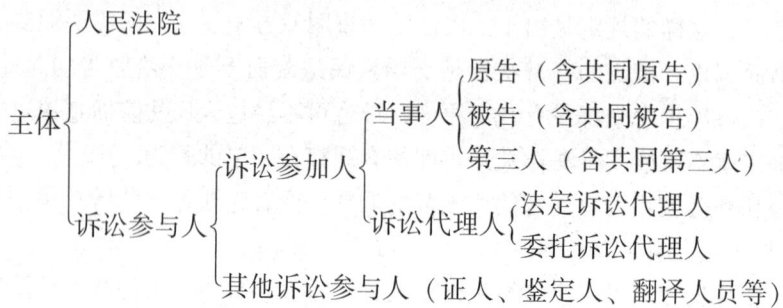

二、行政诉讼法律关系的内容

行政诉讼法律关系的内容是指主体之间由行政诉讼法确认并保证其实现的诉讼权利和诉讼义务。主体不同，享有的诉讼权利和承担的诉讼义务也各不相同。行政诉讼法律关系主体的权利和义务，决定了法律关系主体可以做什么，应当做什么以及不应当做什么，是诉讼法律关系内容的实质和核心。

1. 人民法院的诉讼权利和义务

人民法院的诉讼权利与他们的职能相联系，这些权利同时又是人民法院对国家和社会应尽的义务。对具体案件而言，人民法院享有的诉讼权利，就是审理和裁判行政案件，而其应尽的义务也是依法公正地审理和裁判行政案件。因此，人民法院的诉讼权利和诉讼义务是统一的。依法公正、及时地审理和裁判行政案件，对当事人来说，是人民法院享有的权利；对国家和社会来说，则是人民法院应尽的义务。

2. 当事人的诉讼权利和义务

作为诉讼主体的当事人，享有广泛的诉讼权利，如当事人双方都有权委托代理人、申请回避、提供证据、进行辩论、提起上诉、申请执行等。诉讼权利是以当事人享有的实体权利为基础的，又是维护实体权利的手段，而行政诉讼中的原告、被告在实体权利上存在差异，因此，行政诉讼中双方当事人在诉讼权利上存在差异，如原告有起诉权，但被告没有反诉权。

3. 其他诉讼参与人的诉讼权利和义务

证人、鉴定人、翻译人员等参与诉讼，也享有一定的诉讼权利，承担一定的诉讼义务。如有义务协助人民法院查明案件事实，为人民法院提供认定案件事实的依据或者工作上的便利。同时享有要求人民法院对其参与诉讼提供方便，以及对因参与诉讼而支出的费用或受到的损失予以补偿的权利。

三、行政诉讼法律关系的客体

(一) 行政诉讼法律关系客体的含义和内容

行政诉讼法律关系的客体，是主体之间诉讼权利和诉讼义务所指向的对象。行政诉讼法律关系主体之间存在的诉讼权利和义务不同，其所指向的对象亦有所不同。

人民法院与当事人之间诉讼权利义务所指向的对象，是要查明案件客观真实，解决当事人之间的权益争议。人民法院与证人、鉴定人、翻译人员之间的诉讼权利义务所指向的对象，是查明案件的真实情况。

(二) 行政诉讼法律关系客体与诉讼标的的关系

行政诉讼法律关系的客体和诉讼标的是两个不同的概念。诉讼标的是指当事人之间争议的、请求人民法院裁判的实体法律关系，在行政诉讼中指原告和被告争议的行政行为的合法性或者适当性问题。而行政诉讼法律关系的客体，是从诉讼法律关系的整体上来研究人民法院与一切诉讼参与人的诉讼权利和义务所指向的对象，不仅包括实体法的内容，而且包括程序法的内容，如当事人的资格问题、回避理由问题等。

(三) 行政诉讼法律关系客体与审理对象的关系

行政案件的审理对象是指公民、法人或者其他组织认为行政机关及其工作人员的行政行为侵犯了自己的合法权益而依照行政诉讼法的规定向人民法院提起行政诉讼后，人民法院在审理和裁判行政案件时所应针对的对象。行政案件的审理对象与行政诉讼法律关系的客体虽然在内容上具有一定的联系，但对诉讼现象所作分析的角度是不同的。

行政案件的审理对象即行政诉讼的诉讼标的。但诉讼标的是从诉的角度所分析的诉的一个要素，研究诉讼标的的目的是为了区别此诉与彼诉；审理对象则是从法院审判的角度所分析的一个实践问题，研究审理对象的目的是为了明确人民法院在诉讼中的地位、职权和工作的重点。

当前，一些法院及其法官在审理行政案件时，对行政案件应以什么作为审理对象在认识和做法上存在一些问题。由于我国行政诉讼脱胎于民事诉讼，且至今还在一定程度上依赖于民事诉讼，审判人员也大多来源于民庭，因而一些法官便不顾行政诉讼自身的特殊性，仍然沿用旧的习惯，像审理民事案件一样去审理行政案件，简单地把当事人争议的内容作为审理对象，当事人争议什么就审理什么，从而偏离了行政诉讼的目的和宗旨。有的法官以原告的行为为审理对象，只要原告的行为违法就推论出被告的行政行为不应撤销的结论，以至于在法庭上形成法官和被告共同审原告的现象。结果是行政审判难以实现其保护公民、法人或者其他组织合法权益，监督行政机关依法行使行政职权的目的，在社会上造成了不良的后果。因此，有必要在认识上对行政案件审理对象的含义及其相关的理论与实践问题予以进一步的明确。

《行政诉讼法》第 2 条第 2 款规定："公民、法人或者其他组织认为行政机关和行政机关工作人员的行政行为侵犯其合法权益，有权依照本法向人民法院提起诉讼。"第 6 条规定："人民法院审理行政案件，对行政行为是否合法进行审查。"综合这些规定，行政案件的审理对象是行政机关的行为而不是相对人的行为。行政机关的行为是否合法，与相对人的行为并不具有必然的关系。相对人行为违法，只说明行政机关有作出行政行为的必要性，并不能说明其行为的必然合法性。行政行为是否合法，要从作出行为的主体是否具有相应的权限、是否有事实依据和法律依据，是否遵守法定程序等方面加以判断。因而，行政行为本身是法院审理行政案件的对象。

行政案件的审理对象是行政机关的行为。在复议机关维持原行政行为的情况下，包括原行政行为和复议机关的行为。因此，《2015年司法解释》规定，复议机关决定维持原行政行为的，人民法院应当在审查原行政行为合法性的同时，一并审查复议程序的合法性。不过，该司法解释规定对复议决定的审查，似乎只审查其程序，而不要求复议机关对被诉行政行为在事实和法律上的合法性问题负责，有可能淡化对复议机关的监督。

第三节 研究行政诉讼法律关系的意义

一般来说，研究诉讼法律关系的意义在于明确法院和当事人及其他诉讼参与人在各类诉讼法律关系中享有的权利和承担的义务，使各方主体知道在每个种类的诉讼法律关系中，应该做什么，不应该做什么。对当事人来说，就可以正确地行使诉讼权利，在一定程度上避免滥诉；对法院来说，不仅可以正确地指导诉讼顺利进行，还可以迅速及时地解决当事人之间的纠纷。正确、深刻地理解行政诉讼法律关系，在行政诉讼的理论和实践上，有其重大意义。这些意义体现在以下方面：

1. 只有正确地理解行政诉讼法律关系，才能深刻地理解行政诉讼法的独立部门法地位。行政诉讼法律关系是一种既不同于行政法律关系又不同于民事诉讼法律关系的社会关系。而以一种独立的社会关系作为自己的调整对象，这正是一个部门法得以形成的现实条件。因此，行政诉讼法是一个既不同于行政实体法又不同于民事诉讼法的独立部门法，尽管它与前者有密切联系，与后者有援用部分条文的关系。但是，行政诉讼法援用民事诉讼法是因为民事诉讼法是一个比较成熟的法律部门，其中许多技术性规范是各程序法所通用的。而从各个部门法律所调整的对象上看，它们所调整的法律关系是不同的。

2. 只有正确认识行政诉讼法律关系，才能保证人民法院依法行使国家审判权。人民法院在行政诉讼法律关系中是一方主体，而且是一种主要的起决定作用的主体，这是由人民法院行使国家审判权的性质和职能所决定的。尽管诉讼当事人的诉讼活动能引起行政诉讼法律关系发生、变更或者消灭，但是人民法院的活动对于行政诉讼法律关系的发展、变更、消灭起决定性作用。在行政诉讼过程中，人民法院要指挥和领导诉讼活动的进程，当事人及其他诉讼参与人则必须服从这种指挥和领导。在我国，由于历史的原因，行政权力较大，行政权力对司法机关的活动有一定的干预和影响，例如司法部门的办公经费来自财政拨款。行政机关作为被告，在行政诉讼中要放下架子，听从人民法院审判，这在一定时期内，于思想和行动上都存在一定的困难。全面、深刻地分析行政诉讼法律关系，对于行政机关更好地参与行政诉讼活动，保障人民法院充分地行使审判权，有着重要的意义。

3. 只有正确地认识行政诉讼法律关系，才能使公民、法人及其他组织的诉讼地位受到尊重，诉讼权利得到保障。在行政诉讼中，存在于行政管理相对人与行政机关之间的实体法的"命令与服从"的不平等关系将不起作用，而代之以原告与被告诉讼地位的平等。

双方当事人都分别与法院发生诉讼法律关系,而它们相互间不能发生诉讼法律关系。在行政诉讼中,他们是平等的主体,一方不得对另一方实施强制或者命令。正确认识行政诉讼法律关系,才能自觉地尊重作为原告的公民、法人或者其他组织的诉讼地位,从而保障其诉讼权利得以实现。

第四章 行政诉讼法的基本原则

第一节 行政诉讼法基本原则概述

一、行政诉讼法基本原则的含义

行政诉讼法基本原则,是指在人民法院处理行政案件的全过程中起指导作用的,要求所有行政诉讼法律关系主体在行政诉讼活动中必须遵守的基本准则。它高度概括并集中体现一定诉讼关系的性质和特点,对进行诉讼活动,处理好行政案件具有普遍的指导意义。

行政诉讼法之所以要规定基本原则,是因为行政诉讼在提起诉讼的条件、案件的主管和管辖、起诉期限、举证责任、审理方式,以及判决和裁定的执行等方面均与其他诉讼有显著的区别,程序上的这些特殊之处,源自一些总的原则;而行政诉讼法的基本原则,也有助于诉讼主体对行政诉讼法具体程序和具体制度的正确运用,有助于人民法院公正、及时地审理行政案件和当事人依法参与诉讼,行使诉讼权利。

二、关于行政诉讼法基本原则的讨论

如何确立和归纳我国行政诉讼法的基本原则是行政诉讼法起草过程中众说纷纭、见仁见智的问题。撇开行政诉讼法与民事诉讼法、刑事诉讼法所共有的原则不谈,仅就行政诉讼法所应确立的特殊原则而论,在讨论这一问题时,有学者认为行政诉讼法的基本原则应为不调解原则、效率原则[1];也有学者认为我国行政诉讼法的基本原则应为人民法院特定主管原则、行政机关先行处理原则、着重保障原告一方的合法权益原则、不调解原则、追索行政损害赔偿原则[2];还有学者认为我国行政诉讼法的基本原则应为保障行政机关正确行使职权和保护行政相对人合法权益的原则、依法裁判结案不调解原则、举证责任倒置原则、司法最终裁判原则、一审终审原则、起诉不加重原则[3]。除以上论述的基本原则外,人们提及的特有原则还有分级诉讼原则、诉讼期间不停止行政行为的执行原则、司法变更权原则等。

行政诉讼法制定前后关于行政诉讼法基本原则的讨论,大多结合我国国情对行政诉

---

[1] 参见云乡:《试论行政诉讼》,载《法学评论》1987年第4期。

[2] 参见方世荣、黄建华:《论我国行政诉讼不同于民事诉讼法的诸项基本原则》,载《中国法学》1987年第2期。

[3] 参见金俊银:《我国行政诉讼法的基本原则试探》,载《法学杂志》1987年第5期,第14页。

中的一些特有的问题进行了探讨,这些讨论大大地丰富了人们对行政诉讼的认识。虽然学者们所提出的诸多基本原则中有一些确实应成为行政诉讼法的基本原则,但大多数并不是行政诉讼法的基本原则,而仅仅是行政诉讼法的一些特有内容。在立法上,由于受我国诉讼法基本原则立法模式的制约,行政诉讼法关于基本原则的规定基本上没有走出诉讼法基本原则立法的传统模式①。

三、行政诉讼法的规定

行政诉讼法在总则部分涉及基本原则的内容有以下几个条文:

1. 人民法院依法对行政案件独立行使审判权,不受行政机关、社会团体和个人的干涉;
2. 人民法院审理行政案件,以事实为根据,以法律为准绳;
3. 人民法院审理行政案件,对行政行为是否合法进行审查;
4. 人民法院审理行政案件,依法实行合议、回避、公开审判和两审终审制度;
5. 当事人在行政诉讼中的法律地位平等;
6. 各民族公民都有用本民族语言、文字进行行政诉讼的权利;
7. 当事人在行政诉讼中有权进行辩论;
8. 人民检察院有权对行政诉讼实行法律监督。

行政诉讼法的规定,或者反映行政诉讼法特有的内容,或者规定行政诉讼活动所应遵守的准则,它们对于行政诉讼理论与实践的发展是有一定意义的。但是,这些内容究竟是不是行政诉讼法的基本原则,以及究竟行政诉讼法应确定哪些基本原则,仍有待立法上的探索和理论上的探讨。

本书以行政诉讼法的具体规定为依据,对相关内容进行阐释。但由于合议、回避、公开审判和两审终审明显属于行政审判的制度,此部分内容将在本书第九章详述。

第二节 对行政行为的合法性进行审查原则

一、对行政行为的合法性进行审查原则的含义

《行政诉讼法》第6条规定:"人民法院审理行政案件,对行政行为是否合法进行审查。"该条表述的是对行政行为的合法性进行审查原则。其含义是指人民法院对于行政机关作出的行政行为拥有司法审查权,包括受理、审理和裁判的权力;审查的内容主要是行政行为的合法性,而不是适当性。

正如本书第一章讨论行政行为时所述,行政行为的概念和范围,随着现代行政权作用范围的扩大和作用方式的多元,也已经日益复杂。对行政行为应当采宽泛的理解,即行政机关行使行政职权的行为,除了传统的以意思表示为要素的单方行为外,还包括事实行为、准行政行为等。因此,2014年《行政诉讼法》修改时选择以"行政行为"表述行政

---

① 参见《行政诉讼法》《民事诉讼法》《刑事诉讼法》对基本原则的表述。

案件的审理对象，具有一定的积极意义。但由于行政诉讼法明确抽象行政行为不属于受案范围，因此，如果承认将行政行为分类为具体行政行为和抽象行政行为的行政法理论，那么，从行政诉讼的审理对象来说，完整意义的司法审查所针对的仍然只能是具体行政行为。总之，重要的不在于是使用"具体行政行为"还是"行政行为"一词，而在于对行政行为概念本身要作宽泛理解，承认随着社会的发展和行政机关职权行为的多元化复杂化，行政行为已经突破传统的法律行为的概念，而指称行政机关行使职权的公务行为。

即使在行政协议诉讼中，行政诉讼也是以行政行为为审理对象，受理、审理从行政协议订立、履行到变更、解除等过程中的行政行为。《行政协议司法解释》第11条规定："人民法院审理行政协议案件，应当对被告订立、履行、变更、解除行政协议的行为是否具有法定职权、是否滥用职权、适用法律法规是否正确、是否遵守法定程序、是否明显不当、是否履行相应法定职责进行合法性审查。原告认为被告未依法或者未按照约定履行行政协议的，人民法院应当针对其诉讼请求，对被告是否具有相应义务或者履行相应义务等进行审查。"

二、对行政行为的合法性进行审查原则的内容

（一）人民法院审理行政案件，只对具体行政行为进行审查，一般不审查抽象行政行为

完整意义的司法审查权包括受理、审理和裁判的权力。依照行政诉讼法的规定，人民法院对具体行政行为拥有完整意义的司法审查权。而对抽象行政行为，人民法院只拥有一定程度的审查权，这种审查主要是适用上的审查，不能受理和裁判。

1. 具体行政行为与抽象行政行为的含义

具体行政行为，是指行政机关行使行政职权，针对特定的公民、法人或者其他组织作出的有关其权利义务的单方行为。具体行政行为是行政机关处理具体事件的行为，以特定的社会事实为对象，如征收税款、作出处罚等行为。这些行为是针对具体的人或者事作出的，而且只对具体的人或者事有拘束力。

抽象行政行为，指国家行政机关在进行行政管理时，制定抽象的具有普遍约束力的规范，不对具体事件进行处理的行为。如我国《宪法》第89条规定，国务院根据宪法和法律，规定行政措施，制定行政法规，发布决定和命令；该法第90条规定，国务院各部、各委员会根据法律和国务院的行政法规、决定、命令，在本部门的权限内，发布命令、指示或者规章。这些规定行政措施、制定行政法规、发布决定、命令、指示、规章的行为，就是抽象行政行为。这些抽象行政行为不以具体的人或者事为对象，而是在作出抽象行政行为行政机关的权限范围内具有普遍的约束力。

2. 人民法院审理行政案件，只对具体行政行为进行审查，一般不审查抽象行政行为的原因

一般认为，行政诉讼法规定人民法院审理行政案件，只对具体行政行为进行审查，一般不审查抽象行政行为，是基于以下几方面的原因：

第一，符合我国宪法和有关组织法的规定。我国宪法以及地方各级人民代表大会组织法和地方各级人民政府组织法规定，审查抽象行政行为合法性的权力由各级人民代表大会

和它的常务委员会,以及作出抽象行政行为机关的上级行政机关行使。例如《宪法》第67条规定,全国人大常委会有权"撤销国务院制定的同宪法、法律相抵触的行政法规、决定和命令";第89条规定,国务院有权"改变或者撤销各部、各委员会发布的不适当的命令、指示和规章",有权"改变或者撤销地方各级国家行政机关的不适当的决定和命令"。因此,规定人民法院有权审查行政机关的具体行政行为,是和我国宪法、组织法的有关规定相衔接和适应的。

第二,符合诉讼监督的特点。诉讼监督与其他监督手段相比较,有其独特的优势。依照我国现行制度关于行政法制监督的内容,对行政机关和行政机关工作人员的监督,是由各有关国家机关、民主党派、舆论单位等进行的,他们分工负责、各有权限。如行政监察机关、刑事审判机关监督行政机关工作人员,但他们监督的是行政机关工作人员违反政纪或者违反刑法的案件,而不享有对具体行政行为的司法审查权;各级人大对行政机关拥有全面的监督权,但不可能对具体行政行为进行广泛、经常的监督;上级行政机关对下级行政机关也有全面的监督权,但上级机关容易偏袒下级机关,很难保证客观公正;我国的政协、舆论机构也可以对行政机关进行监督,但他们的监督缺乏法律效力。诉讼的特点是公正性和权威性,通过日常的诉讼活动和个案的审理来监督行政机关依法行使职权。实践表明,由人民法院监督行政机关的具体行政行为,有可能使监督工作做到广泛、经常、公正、有效。

第三,同人民法院的承受能力相适应。就行政诉讼法制定时的情况而言,"行政法还不完备,人民法院行政审判庭还不够健全,行政诉讼法规定'民可以告官',有观念更新问题,有不习惯、不适应问题,也有承受力的问题,因此对受案范围现在还不宜规定太宽,而应逐步扩大,以利于行政诉讼制度的推行"①。《行政诉讼法》颁布和实施二十几年来,情况虽大有改善,法学界也不断有学者提出应将行政机关的抽象行政行为,或者至少是部分的抽象行政行为纳入行政诉讼的受案范围②,但立法时存在的问题毕竟没有发生根本性的变化,因此,目前行政诉讼法并没有扩大受案范围,将行政机关的抽象行政行为纳入人民法院司法审查的内容。

3. 人民法院对规章以及其他规范性文件拥有一定程度的司法审查权

人民法院审理行政案件,一般不审查抽象行政行为,这并不是说人民法院对抽象行政行为没有任何程度的司法审查权。依照行政诉讼法的规定,人民法院对规章以及其他规范性文件拥有一定程度的司法审查权。

(1) 人民法院审理行政案件,参照规章及其他规范性文件

《行政诉讼法》第63条规定,人民法院审理行政案件,参照规章。参照是以审查为前提的,但这不是完整意义的司法审查权,人民法院对规章没有受理、审理、裁判的权力。

从我国的实际情况看,由于立法机构不同,不同的规范性文件有不同的效力层次,按

---

① 王汉斌在第七次全国人民代表大会第二次会议上所作《关于〈中华人民共和国行政诉讼法(草案)〉的说明》。

② 参见本书第五章第二节以及第十一章第一节的论述。

宪法和有关法律的规定，我国规范性文件的效力层次依次是：宪法、法律、行政法规、地方性法规、自治条例和单行条例、行政规章和其他规范性文件①。行政规章分为两种，一是部门规章，指国务院各部门根据法律和国务院的行政法规、决定、命令在本部门权限内按照规定程序所制定的规定、办法、实施细则、规则等规范性文件的总称；二是地方人民政府规章，指由省、自治区、直辖市以及省、自治区人民政府所在地的市和经国务院批准的较大的市的人民政府，根据法律和行政法规按照规定程序所制定的普遍适用于本地区行政管理工作的规定、办法、实施细则、规则等规范性文件的总称。

人民法院对规章的审查主要是对其在适用上的审查，即审查行政机关作出行政行为所依据的规章是否与较高效力层次的规范性文件相抵触。具体地说，人民法院对规章拥有的审查权力是：第一，人民法院认为该规章同宪法、法律、行政法规等没有抵触，同其他规章也没有不一致的，有权决定参照；第二，人民法院认为该规章同宪法、法律、行政法规等有抵触，有权不予参照，而是根据宪法、法律、行政法规等作出判决；第三，人民法院认为作出行政行为根据的规章是违法的，不能直接判决规章违法，但可以判决根据此项规章作出的行政行为违法；第四，人民法院认为该规章与其他规章不一致，可以提请国务院作出解释或者裁决，有权暂不予参照。因此，为解决人民法院对规章是否参照审理的问题，行政诉讼法规定人民法院对规章有一定程度的审查权。

人民法院审理行政案件，也参照合法有效的其他规范性文件。其他规范性文件在行政诉讼中如何对待，有两方面的问题需要明确。其一，能否作为人民法院审理行政案件的实体法依据。这一问题作为人民法院裁判依据，将在本书第十一章第一节"行政诉讼中的法律适用"之三"其他规范性文件在行政诉讼中的适用问题"讨论。其二，能否对此进行合法性审查。对此，2014年《行政诉讼法》已经明确作为人民法院对具体行政行为进行审查时一并审理的对象，人民法院可对其进行附带审查。《2018年司法解释》专门用一个部分，共计七个条文对如何进行审查作了规定，本书除下文略有论及外，将在第十一章第三节"关于行政诉讼判决的几个问题"之五"规范性文件的一并审查"部分讨论。

（2）人民法院对其他规范性文件可以进行附带审查

《行政诉讼法》第53条规定："公民、法人或者其他组织认为行政行为所依据的国务院部门和地方人民政府及其部门制定的规范性文件不合法，在对行政行为提起诉讼时，可以一并请求对该规范性文件进行审查。前款规定的规范性文件不含规章。"

关于规范性文件审查的结果，《行政诉讼法》第64条规定："人民法院在审理行政案件中，经审查认为本法第五十三条规定的规范性文件不合法的，不作为认定行政行为合法的依据，并向制定机关提出处理建议。"《2018年司法解释》第149条第1款规定："人民法院经审查认为行政行为所依据的规范性文件合法的，应当作为认定行政行为合法的依据；经审查认为规范性文件不合法的，不作为人民法院认定行政行为合法的依据，并在裁判理由中予以阐明。作出生效裁判的人民法院应当向规范性文件的制定机关提出处理建议，并可以抄送制定机关的同级人民政府、上一级行政机关、监察机关以及规范性文件的

---

① 关于地方性法规与部门行政规章之间的效力关系，参见本书第十一章第一节"规范性文件冲突的选择适用规则"部分对立法法相关条文的引用。

第二节 对行政行为的合法性进行审查原则

备案机关。"从行政诉讼法的规定看，人民法院对其他规范性文件并无受理和裁判的权力，所能够进行的仍然是适用上的审查，认为规范性文件不合法的，只是向制定机关提出处理的建议。不过，司法解释明确，人民法院认为规范性文件不合法的，可以在裁判理由中予以阐明，这一规定有利于强化人民法院的司法审查，规范行政立法行为，在行政审查的范围上还是有所拓展的。

(二) 人民法院审理行政案件，主要对具体行政行为的合法性进行审查，一般不审查适当性问题

人民法院审理行政案件，主要是对被诉行政行为进行合法性审查。对属于受案范围的行政行为，如果仅存在合理性瑕疵，人民法院一般不做审查。我国《行政诉讼法》规定人民法院仅对一定范围的不当行为拥有司法审查权。《行政诉讼法》第77条第1款规定的："行政处罚明显不当，或者其他行政行为涉及对款额的确定、认定确有错误的，人民法院可以判决变更。"《行政诉讼法》第70条第6项规定撤销判决的情形之一为"明显不当"也涉及合理性问题。

1. 行政行为的合法性与适当性问题的由来

行政机关行政行为的合法性与适当性问题来源于行政机关在行使行政管理职权时拥有的两种不同的权限：自由裁量权和羁束裁量权。在行政机关拥有自由裁量权的情况下，行政机关的行政行为一经作出，就既有合法性问题，又有适当性问题；在行政机关只有羁束裁量权限的情况下，行政机关行政行为的作出，只有合法性问题，没有适当性问题。

自由裁量权指法律只有原则规定，行政机关在规定的原则和范围内可以根据情况作出机动灵活处理的权限。如《治安管理处罚法》(2012年修正) 规定处罚的种类有警告、罚款、行政拘留、吊销公安机关发放的许可证，以及对违反治安管理的外国人附加适用限期出境或者驱逐出境。在处罚的幅度上，拘留是15日以下；根据不同的违反治安管理的行为，罚款的幅度分别是500元、1 000元、2 000元、3 000元和5 000元以下。公安机关对于违反治安管理的特定相对人可以在规定的处罚种类和幅度内根据相对人违法行为的情节等因素作出处罚。我国有关行政管理的法律法规在授权行政机关作出行政处罚时，大多赋予了行政机关自由裁量权。行政机关在自由裁量权限范围内作出的行为一般是合法行为，但存在是否恰当的问题。超出自由裁量权限作出的行政行为，则构成违法。

羁束裁量权指法律明确规定了条件以及在这种条件出现时行政机关必须采取一定措施的权限。如税法关于征税额的一些规定。行政机关根据羁束裁量权作出的行政行为没有适当性问题，只有合法性问题。如税务机关按法定比例征税，受到法律的拘束是严格的，没有灵活的余地，因此，征税的行政行为一经作出，要么合法，要么不合法。

行政机关在行使职权时有自由裁量和羁束裁量两种权限，因此，行政机关作出的每一行政行为都有是否合法的问题。在行政机关拥有自由裁量权的情况下，行政行为还有是否适当的问题。

2. 人民法院只审查合法性，一般不审查适当性的原因

第一，法院审查行政行为的合法性符合诉讼的特征。

诉讼的基本含义是解决纠纷。依司法最终解决原则，所有的纠纷，都应该或者可以通过司法途径得到解决。行政纠纷也不应例外。否则，就违背了法律面前人人平等的原则。

因此，人民法院应有对行政纠纷的裁决权，应有权审查行政机关所作行为的合法性。

第二，行政行为的适当性问题交由行政机关解决更为合适。

人民法院长期从事审判工作，对适用法律最有经验，对法律问题最能作出客观、公正的判断；而行政机关长期从事行政管理活动，对在法律范围内如何实施行政行为最具经验，因此，适当性问题适宜交由行政机关解决。而且，从司法权和行政权行使的实际情况看，所有的行政纠纷，无论是合法性的争议，还是适当性的争议，都交由法院进行审查，则有可能导致行政效率低下，甚至瘫痪。

3. 审查的标准

关于行政机关的行政行为是否合法，行政诉讼法在判决部分，特别是第70条关于撤销判决的规定部分做了明确的规定。对行政机关作为的行为，即行政机关的积极行政行为，从六个方面进行审查：第一，主要证据是否充分；第二，适用法律、法规是否错误；第三，是否违反法定程序；第四，是否超越职权；第五，是否滥用职权；第六，是否明显不当。行政机关不作为的行为，即行政机关的消极行政行为，在不履行或者拖延履行法定职责的情况下构成违法。在这里必须注意，消极行为不同于行政机关的否定行为，前者如对申请营业执照的人不予理睬，后者如驳回营业执照的申请。否定行为仍是积极行为，应以积极行为的六项标准予以审查。

关于不当行政行为，由于行政诉讼法并未明确规定何为"明显不当"，其标准尚有待司法实践开展后在理论上进行归纳和总结。

第三节　当事人双方诉讼地位平等原则

一、当事人双方诉讼地位平等原则的含义

《行政诉讼法》第8条规定："当事人在行政诉讼中的法律地位平等。"这一规定是指在人民法院审理行政案件的过程中，当事人双方平等地行使诉讼权利，不允许一方的诉讼地位高于另一方，也不允许任何一方有超越法律的特权。

二、当事人双方诉讼地位平等原则的内容

1. 当事人在行政诉讼中的法律地位平等

当事人双方诉讼地位平等是相对于在实体法律关系中公民、法人或者其他组织与行政机关的地位不平等而言的。行政权力属于国家权力，本身即具有权威性，而行政活动是行政机关行使行政权力作出行政命令或者进行管理的活动，公民、法人或者其他组织处于服从和接受管理的地位。因此，在行政活动中，公民、法人或者其他组织与行政机关的地位是不平等的。而在行政诉讼中当事人双方的法律地位是平等的。

之所以出现这种情况，是因为在行政实体法律关系中，行政机关与行政管理相对人是某一行政法律关系的双方主体，一方对另一方有管理权、命令权；而在行政诉讼法律关系中，行政机关与其行政管理相对人不再是同一法律关系中的双方主体，而是都与人民法院发生诉讼法律关系，成为在与人民法院的诉讼法律关系中，与人民法院相对应的主体。人民法院作为国家的法律裁判机关，处于第三者的地位，居于高于原告、被告的地位，对当事人之间的纠纷进行裁判。所以，行政诉讼法规定当事人在行政诉讼中的法律地位平等。

2. 当事人在诉讼中应享有平等的诉讼权利、履行平等的诉讼义务

当事人双方同样地接受人民法院的审理，服从和执行人民法院的裁判，任何一方都不享有超出于法律规定的特权，也不允许一方对另一方的诉讼活动加以干涉和影响。

3. 人民法院应当保证当事人双方平等地行使诉讼权利、履行诉讼义务

在行政诉讼中，人民法院要告知双方当事人他们各自享有的诉讼权利，公平地听取双方的陈述，公正地审查、判断他们各自提出的主张和证据，并且应该不受影响地根据事实和法律处理案件。

4. 当事人双方诉讼地位平等，并不是指当事人双方诉讼权利、义务完全相同、对等

在民事诉讼中，双方当事人的诉讼权利是相同和对应的。对民事争议，双方都有起诉权；原告起诉以后，被告有反诉权；在举证责任问题上，遵循"谁主张，谁举证"的原则等。行政诉讼中，起诉权只能由作为行政管理相对人的公民、法人或者其他组织行使，而被告没有，也不必要有反诉权；对行政行为的举证责任则主要由被告承担等。当事人双方在诉讼权利、义务上的不对等性是由行政法律关系的特点所决定的，而这种不对等性正是保障当事人双方诉讼地位平等的需要。

三、当事人双方诉讼地位平等原则的意义

行政诉讼法规定当事人双方诉讼地位平等原则，对于人民法院依法审判行政案件和当事人依法行使诉讼权利，保证行政诉讼的顺利进行，使行政案件得到公正、及时的处理，具有重要意义。行政诉讼是由于行政机关行使行政管理职权而引起的，审理的对象是行政机关的行政行为，但大多数涉及公民、法人或者其他组织的民事、经济权利。原告将案件提交法院，是要求人民法院以国家裁判者的身份，审查判断他们之间的法律关系，解决他们之间的争执。人民法院则是以高于原告和被告的地位，以第三者的身份，运用国家审判权对案件进行审理判决的，案件当事人双方的诉讼地位应该是平等的。否则，就会使诉讼关系陷入混乱，不利于案件的顺利解决。

第四节 人民检察院对行政诉讼实行法律监督原则

一、人民检察院对行政诉讼实行法律监督的必要性

我国宪法规定，人民检察院是国家的法律监督机关。作为专门的法律监督机关，人民检察院对人民法院和当事人的行政诉讼活动实行监督，参与行政诉讼，是行使法律监督权的一项重要内容。行政诉讼法将其规定为一项基本原则，这对于健全法制，保障人民法院对行政案件审判权的公正行使，保护公民、法人或者其他组织的合法权益，具有重要意义。

因此，《行政诉讼法》第 11 条规定："人民检察院有权对行政诉讼实行法律监督。"第 93 条规定人民检察院对人民法院已经发生法律效力的判决、裁定和调解书，发现违反

法律、法规规定，或损害国家利益、社会公共利益的，有权按照审判监督程序提出抗诉。

二、人民检察院对行政诉讼实行法律监督原则的内容

根据我国行政诉讼法的规定，人民检察院对行政诉讼实行法律监督原则，包括以下两方面的内容：

（一）人民检察院有权对行政诉讼活动的合法进行实行法律监督

人民检察院有权对行政诉讼活动的合法进行实行法律监督，这一内容包括以下含义：

1. 这里的"有权"，表明人民检察院可以对任何行政诉讼案件进行法律监督，而不是要求人民检察院必须对所有的行政诉讼案件进行法律监督。这是原则性与灵活性相结合的体现，有利于人民检察机关集中精力参与那些重大、复杂的案件，更好地实施对行政诉讼活动的法律监督职能。

2. 人民检察院监督的对象是"行政诉讼"。诉讼一词，既包括人民法院的审判活动，又包括当事人的诉讼活动，因此，人民检察院既要对人民法院的行政审判活动是否合法实行法律监督，也要对当事人的诉讼活动是否合法实行法律监督。行政诉讼当事人既包括公民、法人或者其他组织，也包括行政机关，因此，人民检察院对行政机关在诉讼中的活动也要进行法律监督。在诉讼中，当事人的诉讼活动和人民法院的审判活动是彼此联系、互相交织在一起的，如果只监督人民法院的审判活动，不过问当事人的诉讼活动，就不可能对人民法院的审判活动实行有效的监督。

3. 人民检察院监督的内容是"法律监督"。即对人民法院的审判活动和当事人的诉讼活动是否合法进行监督。这里的"法律"，既包括实体法，也包括程序法，也就是说人民检察院监督的内容非常广泛，既对人民法院和当事人的诉讼活动是否符合诉讼程序进行监督，又对适用实体法律规定作出的裁判进行监督，还可以对诉讼法律关系主体违反刑事法律的行为实行监督。

（二）人民检察院有权提起抗诉

人民检察院对人民法院已经发生法律效力的判决、裁定，发现违反法律、法规规定的，有权按照审判监督程序提出抗诉。2014年《行政诉讼法》修改，完善了关于检察机关提起抗诉的规定，采取了与民事诉讼法关于检察机关抗诉相同的表述①。即《行政诉讼法》第93条："最高人民检察院对各级人民法院已经发生法律效力的判决、裁定，上级人民检察院对下级人民法院已经发生法律效力的判决、裁定，发现有本法第91条规定情形之一，或者发现调解书损害国家利益、社会公共利益的，应当提出抗诉。地方各级人民检察院对同级人民法院已经发生法律效力的判决、裁定，发现有本法第91条规定情形之一，或者发现调解书损害国家利益、社会公共利益的，可以向同级人民法院提出检察建议，并报上级人民检察院备案；也可以提请上级人民检察院向同级人民法院提出抗诉。各级人民检察院对审判监督程序以外的其他审判程序中审判人员的违法行为，有权向同级人民法院提出检察建议。"

《行政诉讼法》第91条明确规定了再审的情形："当事人的申请符合下列情形之一

---

① 《民事诉讼法》（2017年修正）第208条。

的，人民法院应当再审：（一）不予立案或者驳回起诉确有错误的；（二）有新的证据，足以推翻原判决、裁定的；（三）原判决、裁定认定事实的主要证据不足、未经质证或者系伪造的；（四）原判决、裁定适用法律、法规确有错误的；（五）违反法律规定的诉讼程序，可能影响公正审判的；（六）原判决、裁定遗漏诉讼请求的；（七）据以作出原判决、裁定的法律文书被撤销或者变更的；（八）审判人员在审理该案件时有贪污受贿、徇私舞弊、枉法裁判行为的。"

2017年6月27日第十二届全国人民代表大会常务委员会第二十八次会议通过"关于修改《中华人民共和国民事诉讼法》和《中华人民共和国行政诉讼法》的决定"，在《民事诉讼法》第55条和行政诉讼法第25条分别增加一款，将检察机关提起公益诉讼明确写入这两部法律，以立法形式确立了检察机关提起公益诉讼制度。不过，检察机关提起行政公益诉讼，是对行政机关依法行政的监督，而非对人民法院行政诉讼活动进行监督，故并不属于本原则涵盖的内容。关于检察机关提起行政公益诉讼的原告资格问题，参见本书第七章第二节之五"关于公益诉讼"的论述。而检察机关提起行政公益诉讼的有关程序问题，如诉前程序、证据等，则在相关章节进行介绍和分析。

第五节 行政诉讼的其他原则

一、行政审判权独立行使原则

《行政诉讼法》第4条第1款规定："人民法院依法对行政案件独立行使审判权，不受行政机关、社会团体和个人的干涉。"这一原则包含以下三方面的内容：

1. 人民法院对行政案件独立行使审判权，是指人民法院作为一个整体在行使审判权时是独立的。人民法院在对具体案件进行审判时，是以人民法院的名义对外进行的，而不是审判员独立审判，或者合议庭独立审判，也不是人民法庭（人民法院的固定派出机构）或者巡回法庭独立审判。在人民法院内部，要遵循一定的工作关系，如审判员、合议庭遇有重大问题，要向庭长、院长请示；对于审判中的一些重大问题，还要由院长提交审判委员会讨论决定，审判委员会的决定必须执行。人民法院独立行使审判权还意味着，人民法院系统内部各个法院之间各自具有独立性，上下级人民法院之间是监督关系，而非领导关系。

为解决立案难问题，保证人民法院独立行使审判权，排除干扰，2014年《行政诉讼法》第3条第1款、第2款规定："人民法院应当保障公民、法人和其他组织的起诉权利，对应当受理的行政案件依法受理。行政机关及其工作人员不得干预、阻碍人民法院受理行政案件。"

2. 人民法院对行政案件独立进行审判，必须依照法律规定。人民法院的行政审判权是宪法和法律赋予的，人民法院对审判权的行使也必须严格依据宪法和法律的规定进行，这是人民法院审理行政案件的根本准则。这里所说的法律规定，既包括实体法，也包括程序法。人民法院审理行政案件时，从最初的起诉与受理、开庭审理，到作出裁判，都必须严格按照法律规定的程序进行，同时必须依据实体法的规定作出裁判，在作出任何一个诉讼行为时都不能违背法律，否则，就是对行政审判权独立行使原则的滥用。

3. 人民法院独立审判行政案件，不受行政机关、社会团体和个人的干涉。这是就人民法院的外部关系而言的。行政诉讼被告的特殊性决定了行政诉讼中实行行政审判权独立行使原则时会遇到比其他诉讼领域更大的困难，只有排除来自行政机关、社会团体和个人的干涉，才能保证行政审判权独立行使原则的贯彻。这就要求行政机关、社会团体和个人充分认识行政审判的意义和作用，认识到干涉人民法院行使审判权是违法行为。同时对于干涉法院独立行使审判权的单位和个人要给予法律制裁。随着行政诉讼制度的健全和全社会法律意识增强，行政审判权由人民法院独立行使这一原则，必将会得到更好的贯彻。

实际上，审判权独立是三大诉讼的共同特征和要求。从司法的性质以及其独立的应然状态来说，不仅要求审判权独立于立法、行政，还要最终走向法官独立。但从其发展过程来说，一般要经过法院系统独立、法院独立这两个过渡过程，再到法官独立。实际上，我国 2001 年 10 月 18 日通过的《中华人民共和国法官职业道德基本准则》对此即有明确规定，其中第 13 条、第 14 条第 1 款已经具有法官独立的表述①，只不过这种独立是行使司法职权过程的法官独立，而非最终意义的司法判决权行使的法官独立。

二、以事实为根据，以法律为准绳原则

行政诉讼法规定，人民法院审理行政案件，以事实为根据，以法律为准绳。这一原则的基本要求是，人民法院审理行政案件，应当依照法定程序，在查清案件事实真相的基础上，正确适用法律，作出符合案件事实和法律的裁判。

以事实为根据，以法律为准绳，是我国三部诉讼法所共有的基本原则。但这一原则适用于行政诉讼时有自己的特点。

第一，在审查事实方面，行政案件的审理对象是被诉的行政行为，因而，应以行政行为的作出是否有事实依据为审查的重点。

行政诉讼以行使国家行政管理权的行政机关为被告。行政机关在作出行政行为时也要遵循以事实为根据，以法律为准绳的原则。因此，作出行政行为的事实和法律，是在行政程序中行政机关就应当查清的。在行政诉讼中，人民法院的审理对象是行政机关的行为，应以行政机关作出行政行为是否有事实依据作为审查的重点。

第二，在适用法律方面，人民法院在作出裁判时，应区别依据的规范性文件和参照的规范性文件。

人民法院在审理行政案件时，应当以国家的全部法律规范作为审理案件的标准，不能违反法律的规定。以事实为根据，以法律为准绳，其中的"法律"，是广义的法律，即国家有权机关所制定的具有普遍约束力的行为规范，而不是指狭义的仅由全国人民代表大会

---

① 参见《中华人民共和国法官职业道德基本准则》第 13 条 "法官应当尊重其他法官对审判职权的独立行使，并做到：（一）除非基于履行审判职责或者通过恰当的程序，不得对其他法官正在审理的案件发表评论，不得对与自己有利害关系的案件提出处理建议和意见；（二）不得擅自过问或者干预下级人民法院正在审理的案件；（三）不得向上级人民法院就二审案件提出个人的处理建议和意见"。第 14 条第 1 款 "法官除履行审判职责或管理职责外，不得探询其他法官承办案件的审理情况和有关信息"。

制定的规范性文件；既包括实体性规范，也包括程序性规范。但行政诉讼中，由于行政诉讼被告的特殊性，人民法院对行政案件进行审理后，在查清案件事实的基础上作出裁判时，应当区分依据的规范性文件和参照的规范性文件，并对规范性文件的合法性进行适用上的审查。

三、适用民族语言文字原则

行政诉讼法规定，各民族公民都有用本民族语言、文字进行行政诉讼的权利。在少数民族聚居或者多民族共同居住的地区，人民法院应当用当地民族通用的语言、文字进行审理和发布法律文书。人民法院应当对不通晓当地通用的民族语言、文字的诉讼参与人提供翻译。这就是适用民族语言文字原则的要求。

适用民族语言文字原则，是我国各民族平等的宪法原则在行政诉讼中的具体体现。贯彻这一制度，可以保证我国各民族的公民，不致因语言文字的障碍，而影响正确行使自己的诉讼权利，从而尽可能全面地保障当事人诉讼权利和实体权利的实现。

四、辩论原则

辩论原则，是指行政诉讼的当事人在诉讼进行中，在人民法院审判人员的主持下，有权对案件事实、争议的问题和适用的法律，进行辩驳和论证，以维持自己合法权益的诉讼法律原则。

辩论原则是社会主义民主原则在行政诉讼中的具体体现。辩论是当事人的一项重要的诉讼权利，同时，当事人的辩论，又有助于审判人员查明案情，公正、及时解决纠纷，因此，人民法院应当保障当事人平等地进行辩论。

行政诉讼实行辩论原则，是由行政诉讼双方当事人地位平等所决定的，它和刑事诉讼中的辩护制度不同。刑事诉讼实行辩护制度，是因为刑事被告人处于被控告和受审判的地位，只能就自己是否犯罪和罪行轻重进行辩护。行政诉讼中双方当事人在诉讼中的地位是平等的，因而可以在平等的基础上互相进行反驳、争辩、论证。

行政诉讼法规定，当事人有权在行政诉讼中进行辩论。由此我们将其归纳、表述为辩论原则。我国民事诉讼法、行政诉讼法中的辩论原则不同于大陆法系的辩论主义，后者主要是指当事人在诉讼中所提出的事实，必须经过辩论才能作为法院裁判的依据。我国诉讼法中的辩论原则主要是调整当事人在诉讼中的关系，而非调整法院与当事人的关系，因而未规定当事人辩论的内容对法院是否有拘束力、法院的裁判是否应当以当事人辩论的内容为基础等。这就使得当事人的辩论作为一项权利，在某种程度上，特别是辩论的实质后果上，缺乏义务主体与之对应，实践中甚至出现"你辩你的，我判我的"的情况。对此，可能需要在弱化职权主义诉讼模式的制度改革中逐步探索适合我国情况的制度和相关规定。

第五章 行政诉讼受案范围

第一节 行政诉讼受案范围概述

一、行政诉讼受案范围的含义和意义

（一）行政诉讼受案范围的含义

行政诉讼的受案范围，又称行政诉讼主管，是指人民法院受理一定范围行政争议案件的权限，即确定人民法院与其他国家机关之间在解决行政争议案件上的分工。每一国家机关都有一定范围的主管事务。国家机关之间的分工，总的原则由宪法确定，具体的分工，由国家的其他法律来确定。我国宪法规定人民法院是国家的审判机关，行政案件的审判权，应由人民法院统一行使，但是行政纠纷案件数量大、种类多，没有必要也不可能都由人民法院受理。大量的行政案件，仍由行政机关内部处理，有些行政案件由其他国家机关处理，这样就产生人民法院与行政机关及其他国家机关在受理行政案件权限上的分工问题。从行政诉讼法的角度，就是人民法院行政审判庭受理行政诉讼案件的范围问题。

行政诉讼的受案范围要由法律、法规作出明确规定，这是行政诉讼的特点，也是行政诉讼法与民事诉讼法的区别之一。民事诉讼中，只要符合民事诉讼法规定的起诉条件，无论是什么性质的民事纠纷，争议标的大小，人民法院都应受理。而行政诉讼则不同，不是所有的行政纠纷都可以向人民法院起诉，可以向人民法院起诉的行政案件的范围，要由法律、法规作出明确规定。

（二）明确行政诉讼受案范围的意义

受案范围的重要性在于其确定了我国司法权对行政权监督和制约的范围，确定了公民、法人或者其他组织行政诉权的范围，同时也确定了行政终局裁决权的范围。[1] 因此，如何概括人民法院受理行政诉讼案件的范围是行政诉讼立法时争议最为激烈的问题之一。

明确人民法院受理的行政案件的范围，具有以下几方面的意义：

第一，使公民、法人或者其他组织明确可以向人民法院提起行政诉讼的争议范围，便于当事人进行诉讼，有效地运用行政诉讼这一手段来维护自己的合法权益。

第二，使行政机关明确可能使自己成为行政诉讼被告的行政行为的范围，可以促使行政机关谨慎地依据事实和法律作出这类行政行为，从而达到促使行政机关依法行使职权的目的。

---

[1] 江必新：《行政诉讼问题研究》，中国人民公安大学出版社1989年版，第56~62页。

第三,使人民法院明确自己主管的行政诉讼案件的范围,便于人民法院审查决定案件的受理,保证收案的准确性,防止人民法院与其他机关因主管不明而出现争议,有利于公正、及时地处理行政争议。

二、确定受案范围的立法方式

确定受案范围的立法方式,从世界各国的情况看主要有三种。

(一) 概括式

概括式是指依法律或者判例,概括地确定行政案件由法院受理的方式。这种方式,一般都笼统地规定公民在其合法权益受到行政机关行政行为侵犯或与行政机关发生争议时,可以向法院起诉。

德国《行政法院法》第40条:"1. 一切未被联邦法律划归为属其他法院管辖的非宪法性质的公法上争议,对之均可提起行政诉讼。州法律范畴的公法争议,也可由州法律划归其他法院管辖。2. 因为公益作出牺牲而生的请求权,因公法上财产保管而生的请求权,不涉及公法合同的因违反公法义务而生的赔偿请求权,均由普通法院管辖。"① 德国行政法院法规定行政法院受理的是公法上的争议,而行政赔偿仍由普通法院受理。

《美国联邦行政程序法》第702条规定:"因行政行为而致使其法定权利受到不法侵害或者损害的人,均有权诉诸司法复审。"在美国,司法复审被认为是纠正不法行为的基本措施,受到行政裁决或者其他行政行为侵害的人可以就这些行政裁决或者行政处分的合法性问题向法院提起诉讼。在美国,连立法行为也要受到法院的司法审查,因此人们认为司法复审行政行为是恰当的。尽管美国联邦行政程序法规定了司法复审的两个例外:"不适用于:1. 法律规定不予司法复审的行政行为,2. 法律授权行政机关自行决定的行政行为。"但是,由于美国实行三权分立的原则,负责监督实施法定授权限制职责的是司法机关,"如果国会通过一项法律,授权行政机关从事某种政府活动,这些行政机关的权利则应以所授之权为限"②,如果行政机关越出了法定权限,法院就要干预。因此,在美国,从最高法院的判例来看,几乎所有的行政案件都可以进行司法复审,"事实上,司法复审行政行为是原则,不予复审是应当加以论证的例外"③。使用概括式的确定办法,法院受理的行政诉讼案件的范围较大,有利于保护相对人的权益。

我国台湾地区"行政诉讼法"也采概括式规定。该法第2条概括规定:"公法上之争议,除法律别有规定外,得依本法提起行政诉讼。"

(二) 列举式

列举式是指由不同法律明确规定哪些行政案件归法院主管的方式。这种方式是由单行法律、法规逐个列举可以向法院起诉的行政案件,因此,只有法律、法规明文规定相对人

---

① 参见[德]平特纳:《德国普通行政法》,朱林译,中国政法大学出版社1999年版,第268页,中译本附录部分。

② 《美国最高法院判例汇编》第321卷,第288、309页,转引自[美]伯纳德·施瓦茨著,徐炳译:《行政法》,群众出版社1986年版,第396页。

③ 《美国最高法院判例汇编》第397卷,第166页,转引同上。

与行政机关发生行政争议时可以向法院起诉，法院才受理，否则法院不予受理。我国在行政诉讼法实施以前就是采用这种方式确定受案范围的。

列举式的确定办法具有简单明了的特点，但不足之处也很明显。采用列举式的确定办法，对哪些行政纠纷可以起诉，哪些行政纠纷不能起诉，法律规定明确，相对人和受诉法院都很好掌握。但也存在许多问题。就我国的情况看，在《行政诉讼法》生效以前，对行政诉讼受案范围加以列举的法律文件，有全国人民代表大会及其常务委员会通过的法律；国务院发布的和由国务院批准的行政法规；国务院各部、委发布的行政规章；有立法权的地方人民代表大会及常委会通过的地方性法规和地方人民政府制定的行政规章。分析起来，当时的列举式规定办法存在以下问题：

1. 受理范围不平衡。在《行政诉讼法》施行以前，由于单行法律、法规颁布的时间先后不同，对同一案件可否向法院起诉的规定也不一致，出现有些先期制定的法律、法规没有规定诉权，而后期制定的法律、法规规定诉权的情况。如1979年颁布的环境保护领域总则性的法律《中华人民共和国环境保护法》没有规定诉权，而1982年制定的《海洋环境保护法》和1984年颁布的《水污染防治法》则分别规定了当事人对行政处罚和行政处理决定不服可以向人民法院起诉。由于具体起草和制定法律、法规的部门不同，同样是行政处罚，有的法律、法规规定当事人可以提起行政诉讼，而有的法律、法规则规定当事人不能提起行政诉讼，甚至出现较轻的行政处罚可由人民法院受理，而较重的行政处罚反而不能由法院受理的情况。由于对行政诉讼的认识不同，各地人民法院受理行政诉讼案件的范围也不尽一致。有的地方不以行政规章的规定作为受理案件的依据，有的地方则以行政规章作为受理案件的依据，从而出现实践中人民法院受理行政案件的混乱状况。

2. 受理范围过于狭窄。只有法律、法规列举到的案件才属于行政诉讼的受案范围，而法律、法规的列举是有限的，难免挂一漏万，从而使一些宜由人民法院受理的行政案件因未被列举而不属于行政诉讼的受理范围。

3. 立法上比较繁琐。从发展趋势上看，行政案件的类型、数量都会增加，把所有的行政案件一一列举是不可能的，也是不必要的。

由于列举式规定办法有以上弊端，因此，放弃列举式规定办法，采用适合自己国情的概括式规定，已成为一种世界性趋势。如第二次世界大战前的联邦德国、日本多采用列举式规定，战后则采用概括式规定。从采用限制性的列举规定，转变为采用保障权利的概括式规定，这一过程，反映了民主与法制的发展。我国行政诉讼立法，可以说，在一定程度上也反映了这种发展。

（三）综合式

综合式指综合概括式和列举式确定办法的方式。一般是在法律条文中先作肯定的概括，再对具体案件的类型加以列举，而法院实际受理案件的范围以具体列举为限。我国1989年《行政诉讼法》对受案范围的规定采取的是这一方式。2014年《行政诉讼法》在受案范围的规定方式上完全沿用1989年《行政诉讼法》，采取的是综合式。

行政诉讼法是保障民主，健全法制的产物，而民主制度的建立和发展是一个渐进的过程，要随着社会政治、经济、文化的发展而逐步完善。《行政诉讼法》颁布和实施以来，我国社会发生了很大的变化，扩大行政诉讼受案范围已经成为社会发展的需要。2014年

《行政诉讼法》在沿用1989年《行政诉讼法》关于受案范围立法方式的基础上，对受案范围的具体内容有所扩大。

三、确立我国行政诉讼受案范围的原则

行政诉讼受案范围，是行政诉讼法立法过程中争议较大的问题之一。如何在行政诉讼法中规定出人民法院受理行政诉讼案件的范围，学者们从不同角度提出了自己的想法①。受案范围问题，本身要涉及很多因素，如法院的承受能力、审判人员的素质等，然而最重要的、具有决定意义的因素还在于保护公民权益的范围如何与监督行政机关依法行政的范围取得协调。

行政诉讼的受案范围受多种因素影响，如何对待这些因素，立法上确定一定的原则非常重要。行政诉讼法立法时，主要根据以下原则确定行政诉讼受案范围：第一，从保障公民、法人或者其他组织的合法权益出发，适当扩大人民法院现行受理行政案件范围的原则；第二，正确处理审判权和行政权的关系原则；第三，考虑我国目前的实际情况原则。②

尽管对确定受案范围基本原则的表述各不相同，但逐步适当扩大行政诉讼受案范围则被公认为是一个基本的发展趋势。这是时代发展和社会进步的必然。但是，这里必须指出，受案范围逐步扩大，是一项立法原则而不是司法原则或者执法原则。现行行政诉讼法所明确规定的受案范围，是应当遵守而不是逐步扩大的问题。不能以行政诉讼受案范围应当逐步扩大为由而不严格实施现行法律的规定，从而客观上缩小行政诉讼的受案范围③。

第二节　行政诉讼受案范围的具体规定

我国《行政诉讼法》第2条规定："公民、法人或者其他组织认为行政机关和行政机关工作人员的行政行为侵犯其合法权益，有权依照本法向人民法院提起诉讼。前款所称行政行为，包括法律、法规、规章授权的组织作出的行政行为。"这是一项概括的规定。同时，《行政诉讼法》第二章对行政诉讼的受案范围问题作了明确具体的规定，从总体上规定行政机关侵犯公民、法人或者其他组织的人身权、财产权等合法权益的行政行为属于人

---

① 参见罗豪才、应松年主编：《行政诉讼法学》，中国政法大学出版社1990年版，第105页；于绍元、李学宽主编：《实用行政诉讼法学》，群众出版社1991年版，第120~121页。

② 参见王汉斌在第七次全国人民代表大会第二次会议上所作《关于〈中华人民共和国行政诉讼法（草案）〉的说明》。

③ 实践中最明显的例子是关于计划生育行政管理活动中行政行为的可诉性问题。《最高人民法院关于贯彻〈中华人民共和国行政诉讼法〉若干问题的意见（试行）》（1991年试行）曾经规定："公民对计划生育主管部门作出的征收超生费、罚款的行政处罚不服的，可以向人民法院提起行政诉讼。"由于计划生育行政管理中所作出的行政行为并不限于征收超生费、罚款的行政处罚，将计划生育行政诉讼的范围局限于征收超生费、罚款的行政处罚，而将大量的违法行为排除于受案范围的做法是错误的。根据行政诉讼法和最高人民法院的现行规定，计划生育行政管理活动中侵犯公民人身权、财产权的行政行为，都应当属于人民法院行政诉讼的受案范围。

民法院受理行政诉讼案件的范围。具体地说,《行政诉讼法》作了三个层次的规定。

一、概括列举

《行政诉讼法》第 12 条第 1 款规定,"人民法院受理公民、法人或者其他组织提起的下列诉讼",并在第 1 项到第 11 项概括列举了 11 类由人民法院受理的行政案件。这 11 项的每一项都概括的是一类案件,因此,对于这 11 类案件来说,其确定方式是概括式的。但是从确定行政诉讼法受案范围的整体方式看,还不是真正的概括式,而只是将单行法律、法规列举式转变为行政诉讼法统一列举。当然,这样的列举相比较单行法律、法规的列举,人民法院对行政案件的受案范围有显著扩大,这对于保护公民、法人或者其他组织的合法权益具有重要的意义。

《行政诉讼法》规定的 11 类案件主要是公民、法人或者其他组织认为行政机关的行政行为侵犯其人身权、财产权等合法权益的案件。

（一）行政处罚案件

《行政诉讼法》第 12 条第 1 款规定,人民法院受理公民、法人或者其他组织提起的下列诉讼：对行政拘留、暂扣或者吊销许可证和执照、责令停产停业、没收违法所得、没收非法财物、罚款、警告等行政处罚不服的。

1. 行政处罚的含义

行政处罚是指国家行政机关依法惩戒违反行政法律规范的行政管理相对人的行为。它通过对违法者的人身或财产施以直接的限制,使其承担某种义务或者使其财产受到某种损失来达到制裁违法者的目的。

2. 行政处罚的特征

"行政处罚是国家法律责任制度（包括刑事责任、民事责任、行政责任）的重要组成部分,是行政机关依法行政的手段之一。"① 从行政处罚的实施情况看,较其他行政行为而言,其有三个特点：

第一,依法有权实施行政处罚的行政机关多。几乎所有的行政机关都有行政处罚权,如工商、公安、税务、环保、卫生、计量、海关、城建等行政机关都普遍拥有行政处罚权。随着现代行政管理日趋复杂化、多元化,有些过去没有行政处罚权的行政机关现在也能行使处罚权,如教育行政主管机关、档案管理机关、统计机关等,而形成几乎所有的行政机关都有行政处罚权的情况。

第二,行政处罚的种类多。除《行政诉讼法》明确列举的前述拘留、罚款等处罚方式外,还有警告、责令限期治理、责令停产停业、没收非法所得,对外国人还可以限期出境或者驱逐出境等。行政处罚的分类有警戒性处罚、财产性处罚、对人身的处罚和对行为的处罚。《行政诉讼法》列举了几种较为常见的行政处罚,并通过助词"等"表示列举未尽,将所有的行政处罚都纳入行政诉讼的受案范围。

第三,实施行政处罚的数量多。行政处罚已经被行政机关作为其进行行政管理的一个

---

① 曹志在第八届全国人民代表大会第四次会议上所作"《关于〈中华人民共和国行政处罚法（草案）〉的说明》"。

极为重要的手段,行政机关每年要作出大量的行政处罚。①

3. 关于对条文"等"的理解

从词义上看,"等"字在列举后作助词可作两种解释,一是表示列举后煞尾,二是表示列举未尽。这里应表示列举未尽。《行政处罚法》(2017年修正)也明确规定了公民、法人或者其他组织对所有的行政处罚都可以向人民法院起诉。

4. 规定行政处罚属于受案范围的意义

行政处罚是对相对人权利的剥夺。行政机关实施行政处罚是否合法,同公民、法人或者其他组织的人身权、财产权关系非常密切。从行政审判实践看,在人民法院审理的行政案件中,大量的是对行政处罚不服的案件。依照《行政诉讼法》的规定,凡是对行政处罚不服的,都可以提起诉讼。这是扩大公民、法人和其他组织的诉权,扩大人民法院受案范围的重要表现。

(二) 行政强制案件

《行政诉讼法》第12条第1款规定,人民法院受理公民、法人或者其他组织提起的下列诉讼:……对限制人身自由或者对财产的查封、扣押、冻结等行政强制措施和行政强制执行不服的。我国《中华人民共和国行政强制法》由第十一届全国人民代表大会常务委员会第二十一次会议于2011年6月30日通过,自2012年1月1日起施行。该法所称行政强制,包括行政强制措施和行政强制执行。《行政强制法》第8条规定:"公民、法人或者其他组织对行政机关实施行政强制,享有陈述权、申辩权;有权依法申请行政复议或者提起行政诉讼;因行政机关违法实施行政强制受到损害的,有权依法要求赔偿。公民、法人或者其他组织因人民法院在强制执行中有违法行为或者扩大强制执行范围受到损害的,有权依法要求赔偿。"

1. 对行政强制措施的分析

(1) 行政强制措施的含义

《行政强制法》(2011年颁布)第2条规定:行政强制措施,是指行政机关在行政管理过程中,为制止违法行为、防止证据损毁、避免危害发生、控制危险扩大等情形,依法对公民的人身自由实施暂时性限制,或者对公民、法人或者其他组织的财物实施暂时性控制的行为。行政强制法对行政强制措施的设定、种类、实施程序和法律责任都做了规定,对于规范行政强制措施行为,保障相对人合法权益具有重要意义。

(2) 行政强制措施的形式

根据行政强制措施针对客体的不同,可以将其分为两大类。

其一,限制人身自由的行政强制措施。限制人身自由的行政强制措施,即行政机关采

---

① 关于行政机关作出行政处罚的数量情况,很难找到全国的统计数据。从一些部门或地方公布的零星统计中可见一斑。如据国家知识产权局发布的《2007年中国知识产权保护状况》,2007年,全国各级工商行政管理机关共查处各类商标违法案件50 318件,共收缴和消除违法商标标识2 817万件(套),罚款4.18亿元;全国各级版权行政管理部门共检查经营单位548 646家,取缔违法经营单位13 170家,行政处罚9 816起。据杭州市政府法制办消息,2008年1~6月,杭州市各级行政机关共承办行政处罚案件1 373 656件,办结案件1 325 330件,罚没款总额超过7.8亿元,参见《上半年我市行政处罚总额近8亿》,杭州市政府门户网站"中国杭州"http://www.hangzhou.gov.cn,2008年7月24日访问。

取强制手段暂时限制公民的人身自由的行政行为。如《治安管理处罚法》（2012年修正）第15条第2款："醉酒的人在醉酒状态中，对本人有危险或者对他人的人身、财产或者公共安全有威胁的，应当对其采取保护性措施约束至酒醒。"《道路交通安全法》（2011年修改）第91条规定："醉酒驾驶机动车的，由公安机关交通管理部门约束至酒醒。"其中的"约束"行政强制措施。《海关法》（2017年修正）第6条："对有走私嫌疑的运输工具、货物、物品和走私犯罪嫌疑人，经直属海关关长或者其授权的隶属海关关长批准，可以扣留。"其中的"扣留"行政强制措施。《国境卫生检疫法》（2018年修正）第12条第1款："国境卫生检疫机关对检疫传染病染疫人必须立即将其隔离，隔离期限根据医学检查结果确定；对检疫传染病染疫嫌疑人应当将其留验，留验期限根据该传染病的潜伏期确定。"其中的"隔离"和"留验"。我国现行法律中规定对人身自由采取的行政强制措施还有：《传染病防治法》（2013年修正）第12条规定的疾病预防控制机构、医疗机构对有关传染病的调查、检验、采集样本、隔离治疗等预防、控制措施；第39条对拒绝隔离治疗或者隔离期未满擅自脱离隔离治疗的，公安机关协助医疗机构采取的强制隔离治疗措施；《集会游行示威法》（2009年修正）第27条规定发生骚乱时对闹事者采取的"带离现场"措施。

其二，限制财产权的强制措施。限制财产权的强制措施，是指行政机关采取强制手段暂时限制公民、法人或者其他组织的财产流转的行政行为，包括查封场所、设施或者财物；扣押财物；冻结存款、汇款等。如《海关法》（2017年修正）规定的"扣留"运输工具、货物、物品措施，《道路交通安全法》（2011年修正）规定的"暂扣"和"扣留"有关证照、车辆措施等。

（3）行政处罚和行政强制措施的联系和区别

行政处罚和行政强制措施都是行政机关进行行政管理的重要手段，虽然两者都属于行政诉讼的受案范围，但行政诉讼法对行政处罚和行政强制措施在管辖和判决部分有不同规定，因此，应注意行政处罚与行政强制措施的联系和区别。行政处罚与行政强制措施的相同点在于，两者都是对相对人的人身和财产施以一定的强制，使其不能自由处分。两者的区别在于：

第一，性质上，行政处罚是一种处罚，是对违法者的惩戒，其实质是剥夺相对人的某种权利；行政强制措施是在紧急或者特殊情况下，出于维护社会公共利益和行政管理的需要，为防止和制止违法而作出的，其实质是限制相对人的某种权利。

第二，效果上，行政处罚是结论性的，是对相对人权利的最终处分；行政强制措施是临时性的，是对相对人权利的暂时限制。

第三，对象上，行政处罚只能针对违法者；行政强制措施可以针对违法者，也可以针对违法的嫌疑者即暂时还不能确定是否违法的公民、法人或者其他组织，甚至还可以针对明知没有违法的当事人，如对传染病染疫人所采取的"隔离"措施。

第四，种类上，行政处罚的种类有人身处罚、财产处罚、行为处罚和警戒性处罚；行政强制措施只有对人身和财产采取的措施。

第五，程序上，行政处罚的程序较为严格；行政强制措施的程序相对简单，即时性强。

《行政诉讼法》除了在受案范围部分对行政处罚和行政强制措施作了分别列举之外，对行政处罚与行政强制措施还有两个不同规定：

其一，在变更判决的适用上，对行政处罚可以进行合理性审查，可以判决变更；对行政强制措施只能进行合法性审查，不能判决变更。

其二，在管辖上，对行政处罚提起的诉讼，只能由被告所在地人民法院管辖；对限制人身自由的行政强制措施提起的诉讼，可以由原告选择原告所在地或者被告所在地法院管辖。《行政诉讼法》第19条规定："对限制人身自由的行政强制措施不服提起的诉讼，由被告所在地或者原告所在地人民法院管辖。"对行政处罚案件的管辖，并未作出特殊规定，那么对于限制人身自由的行政处罚不服提起诉讼的案件，仍然遵循地域管辖的一般规定，即《行政诉讼法》第18条的规定："行政案件由最初作出行政行为的行政机关所在地人民法院管辖。经复议的案件，也可以由复议机关所在地人民法院管辖。经最高人民法院批准，高级人民法院可以根据审判工作的实际情况，确定若干人民法院跨行政区域管辖行政案件。"从立法意图上看，规定原告可以选择管辖，是为了保护人身自由这样一项最为重要的权利，方便原告在人身自由受到侵犯时提起诉讼，便于原告行使诉权。那么，对限制人身自由的行政处罚也应由原告选择管辖。《行政诉讼法》在三处涉及行政处罚与行政强制措施，在受案范围部分和判决部分都是将行政处罚与行政强制措施区别对待的，应当理解为他们确实是两种不同的行政行为。但是在涉及人身自由行政行为的管辖上，实际上是不必要加以区别对待的。《行政诉讼法》仅规定对限制人身自由的行政强制措施可以由原告选择管辖，应当说是一种立法的疏漏。因此，如果严格而机械地适用法律，则对限制人身自由的行政处罚不能由原告选择管辖；但如果从立法意图上分析，则对限制人身自由的行政处罚可以由原告选择管辖。①

（4）将行政强制措施纳入受案范围的意义

行政强制措施虽然不是行政机关对公民、法人或者其他组织人身权、财产权的最终处分，但它作为行政机关在行政管理过程中广泛适用的一种强制手段，直接影响到公民、法人或者其他组织人身权、财产权的行使，因此，行政诉讼法将其纳入受案范围，对于保护公民、法人或者其他组织的合法权益，规范行政机关行政强制措施行为，具有重要作用。

2. 对行政强制执行的分析

行政强制执行，是指行政机关或者行政机关申请人民法院，对不履行行政决定的公民、法人或者其他组织，依法强制履行义务的行为。属于行政诉讼受案范围的行政强制执行，是指依照行政强制法的规定，行政机关依法作出行政决定后，当事人在行政机关决定的期限内不履行义务的，具有行政强制执行权的行政机关作出的强制执行。依司法解释，行政机关根据人民法院的生效裁判、协助执行通知书作出的执行行为不属于人民法院行政诉讼的受案范围，但行政机关扩大执行范围或者采取违法方式实施的除外。

依行政强制法的规定，行政强制执行的方式有：（1）加处罚款或者滞纳金；（2）划拨存款、汇款；（3）拍卖或者依法处理查封、扣押的场所、设施或者财物；（4）排除妨碍、恢复原状；（5）代履行；（6）其他强制执行方式。对于行政机关违法作出的行政强

---

① 参见本书管辖部分的相关论述。

制执行行为，当事人可以提起行政诉讼。需要说明的是，可以提起行政诉讼的只限于强制执行行为，而非强制执行所依据的行政决定。强制执行所依据的行政决定一般来说本身属于行政诉讼的受案范围，但行政机关得以强制执行，是因为该行政决定已经超过了起诉期限而当事人没有提起诉讼，行政机关获得强制执行权的情况。

将行政强制执行纳入行政诉讼受案范围，有利于监督行政机关的强制执行行为，保障被执行人的合法权益。

（三）行政许可案件

《行政诉讼法》第12条第1款规定，人民法院受理公民、法人或者其他组织提起的下列诉讼：（三）申请行政许可，行政机关拒绝或者在法定期限内不予答复，或者对行政机关作出的有关行政许可的其他决定不服的。

1. 许可许可的含义和表现形式

按照《行政许可法》（2003年颁布）的规定，行政许可是指行政机关根据公民、法人或者其他组织的申请，经依法审查，准予其从事特定活动的行为。该法第39条所规定的行政许可证件，可看作是对行政许可形式的规定，依此规定，行政许可包括许可证、执照或者其他许可证书；资格证、资质证或者其他合格证书；行政机关的批准文件或者证明文件；法律、法规规定的其他行政许可证件；以及行政机关实施检验、检测、检疫的，在检验、检测、检疫合格的设备、设施、产品、物品上加贴的标签或者加盖检验、检测、检疫印章。因此，一些法律、法规规定公民、法人或者其他组织从事某种活动必须取得行政机关的"许可"，并没有要求行政机关颁发书面的证书，这种许可行为，也应属于国家许可证制度的范围。

2. 对行政机关违法状态的分析

根据行政诉讼法的规定，行政机关的违法状态有两种：

第一，公民、法人或者其他组织认为符合法定条件申请行政机关颁布许可证和执照，行政机关拒绝颁发，即行政机关明确表示不同意。这是行政机关作为的行政行为，即积极的行政行为。对于当事人申请不符合法定条件，行政机关拒绝颁发行为合法的，人民法院要判决驳回原告的诉讼请求。对于当事人申请符合法定条件，行政机关拒绝颁发没有事实依据和法律依据的，被告确实没有履行法定职责的，依《行政诉讼法》第72条的规定，直接判决被告在一定期限内履行。

第二，公民、法人或者其他组织认为符合法定条件申请行政机关颁发许可证和执照，行政机关不予答复。行政机关不予答复，指行政机关既不表示同意，也不表示不同意，而是一直处于"研究研究"的不确定状态，包括行政机关表示同意而拖延不办。行政机关这种不履行、拖延履行法定职责的状态，属于不作为的违法。在这种情况下，人民法院要判决行政机关在一定期限内履行，或者作出同意表示而给公民、法人或者其他组织颁发许可证和执照；或者明确表示不同意，不发给许可证和执照，并说明理由。行政诉讼法将行政机关不作为的违法行为纳入受案范围，不仅有利于保护公民、法人或者其他组织的合法权益，而且对于行政机关克服官僚主义，改进工作作风，提高办事效率，具有重要作用。

3. 将许可证和执照案件纳入受案范围的意义

行政机关颁发许可证和执照是准予申请人从事某种活动的行政行为，这些行为直接决定着提出申请的公民、法人或者其他组织能否从事生产、经营等方面的活动，直接影响着他们的合法权益。针对实践中行政许可存在的一些问题，① 全国人大于 2003 年 8 月 27 日通过《中华人民共和国行政许可法》，并规定自 2004 年 7 月 1 日起施行。《行政许可法》全面地规定了行政许可的设定、实施机关、实施程序、费用、监督检查和法律责任，对于规范行政许可行为，起到非常重要的作用。根据《行政许可法》的规定，对行政机关的所有许可行为，公民、法人或其他组织都可提起行政诉讼，这对于保护相对人合法权益，促进廉政建设，培养良好的社会风气，克服官僚主义，都有着重要作用。

（四）行政确权案件

《行政诉讼法》第 12 条第 1 款规定，人民法院受理公民、法人或者其他组织提起的下列诉讼：（四）对行政机关作出的关于确认土地、矿藏、水流、森林、山岭、草原、荒地、滩涂、海域等自然资源的所有权或者使用权的决定不服的。

1. 行政确权的含义

行政确权是指行政机关在其主管的行政管理的领域内，以第三者的身份对平等民事主体之间的权属关系进行确认、处理的活动。如《草原法》（2013 年修正）第 16 条规定，草原所有权、使用权的争议，由当事人协商解决；协商不成的，由有关人民政府处理。当事人对有关人民政府的处理决定不服的，可以依法向人民法院起诉。《土地管理法》（2019 年修正）第 14 条、《森林法》（2009 年修正）第 17 条等也作了类似规定。

行政机关在其主管的行政管理的某一领域，以第三者的身份对民事主体之间的权属争议进行调解或者仲裁，不属于这里所说的行政确权。

从我国行政立法情况看，行政机关关于平等主体之间权属关系的确认行为，除了针对自然资源外，还有有关知识产权权属的确认决定。如《专利法》（2008 年修正）所规定的专利复审委员会的复审决定、专利复审委员会宣告专利权无效或者维持专利权的决定、是否给予实施该发明专利或者实用新型专利的强制许可决定等。《商标法》（2013 年修正）规定的商标评审委员会的评审决定等。这些规定，也可能引起争议，也应当属于行政诉讼的受案范围。

2. 行政确权行为纳入行政诉讼受案范围的意义

行政确权行为对当事人权益影响甚大。2014 年 10 月 23 日中国共产党第十八届中央委员会第四次全体会议通过的《中共中央关于全面推进依法治国若干重大问题的决定》指出，要"健全行政裁决制度，强化行政机关解决同行政管理活动密切相关的民事纠纷

---

① 国务院法制办公室主任杨景宇 2002 年 8 月 23 日在第九届全国人民代表大会常务委员会第二十九次会议上所作的《关于中华人民共和国〈行政许可法（草案）〉的说明"》中说，行政许可的问题是过多、过滥，究其主要原因：一是，行政许可设定权不明确，有些乡政府、县政府在设，有些行政机关内设机关也在设。二是，设定行政许可的事项不规范，一讲行政管理，就要审批。三是，实施行政许可环节过多、手续繁琐、时限过长、"暗箱操作"，老百姓办事很难。四是，重许可、轻监管或者只许可、不监管的现象比较普遍，市场进入很难，而一旦进入却又缺乏监管。五是，有些行政机关把行政许可作为权力"寻租"的一个手段。不少企业、个人为了取得行政许可，还要给好处、托关系，助长了腐败现象的蔓延。在一定意义上，可以说行政许可已经成为一个腐败源。六是，行政机关实施行政许可，往往只有权力、没有责任，缺乏公开、有效的监督制约机制。

功能"。随着国家经济社会形势的发展,行政机关对平等主体之间民事争议处理的介入领域可能还会进一步扩大,行政裁决数量将会增多,将其纳入行政诉讼受案范围,对于保护公民权利具有非常重要的意义。①

(五)行政征收、征用及补偿决定案件

《行政诉讼法》第12条第1款规定,人民法院受理公民、法人或者其他组织提起的下列诉讼:……对征收、征用决定及其补偿决定不服的。

传统的行政征收概念,是指行政主体凭借国家行政权,根据国家和社会公共利益的需要,依法向行政相对人强制地、无偿地征收税、费或者实物的行政行为。② 依这一概念,行政征收以强制性、无偿性为特征,主要是指税、费的征收。由于税、费的征收不具有补偿性,征收行为如果违法,构成违法要求履行义务,故应适用《行政诉讼法》第12条第1款第9项的规定。本项所说的行政征收和征用,主要是指当国家基于公共利益的需要,在强制性地取得公民的财产时,以对公民的特别牺牲予以补偿为特征的行政行为。

我国《宪法》(2018年修正)第10条第3款规定了对土地的征收和征用制度:"国家为了公共利益的需要,可以依照法律规定对土地实行征收或者征用并给予补偿。"第13条第3款规定了一般征收和征用制度:"国家为了公共利益的需要,可以依照法律规定对公民的私有财产实行征收或者征用并给予补偿。"征收和征用具有共同的特点:(1)对象主要是土地、房屋等不动产,或者运输工具如汽车、轮船;(2)目的是为了公共利益,特别是公路、铁路等基础设施建设工程,以及紧急情况;(4)以完全补偿要件,而且大多是事先补偿。征收和征用的区别在于,征收一般是指对公民财产所有权的限制或剥夺,而征用仅是指对公民财产使用权的暂时剥夺(用完之后还要归还),征用大多适用于紧急状态或者军事、战争等特殊紧急情况下。

行政征收主要针对农村土地和城乡房屋等不动产。适用的实体法有《土地管理法》、《城乡规划法》、《国有土地上房屋征收与补偿条例》。土地征收补偿是指政府依法征收农村集体所有的土地所给予的补偿。根据土地管理法的规定,征收土地的,按照被征收土地的原用途给予补偿,该法还规定了补偿的项目和标准。房屋征收补偿是行政机关征收国有或者集体所有的土地上的房屋所给予的补偿,根据《国有土地上房屋征收与补偿条例》(2011年颁布),可以采取订立协议的方式,由房屋征收部门与被征收人就补偿方式、补偿金额和支付期限、用于产权调换房屋的地点和面积、搬迁费、临时安置费或者周转用房、停产停业损失、搬迁期限、过渡方式和过渡期限等事项,订立补偿协议(第25条)。达不成协议的,由房屋征收部门报请作出房屋征收决定的市、县级人民政府依照条例的规定,按照征收补偿方案作出补偿决定(第26条)。该补偿决定是行政行为,对其不服的,可以提起行政诉讼。

行政征用主要针对车辆、船舶等动产。我国多个行政法律规定了行政征用,如《国防法》(2009年修正)第48条:"国家根据动员需要,可以依法征收、征用组织和个人

---

① 此部分还可参见本章第三节关于居间裁决的有关内容。
② 姜明安主编:《行政法与行政诉讼法》,北京大学出版社、高等教育出版社2007年版,第306页。

的设备设施、交通工具和其他物资。县级以上人民政府对被征收、征用者因征收、征用所造成的直接经济损失，按照国家有关规定给予适当补偿。"《传染病防治法》（2013年修正）第45条："传染病暴发、流行时，根据传染病疫情控制的需要，国务院有权在全国范围或者跨省、自治区、直辖市范围内，县级以上地方人民政府有权在本行政区域内紧急调集人员或者调用储备物资，临时征用房屋、交通工具以及相关设施、设备。紧急调集人员的，应当按照规定给予合理报酬。临时征用房屋、交通工具以及相关设施、设备的，应当依法给予补偿；能返还的，应当及时返还。"此外，《反间谍法》（2014年颁布）、《军事设施保护法》（2014年修正）、《草原法》（2013年修正）、《国防动员法》（2010年颁布）、《突发事件应对法》（2007年颁布）等法律也有关于行政征用的规定。

行政征用有时也不一定使用"征用"一词。如《防洪法》（2016年修正）第45条规定的是"调用"："在紧急防汛期，防汛指挥机构根据防汛抗洪的需要，有权在其管辖范围内调用物资、设备、交通运输工具和人力，决定采取取土占地、砍伐林木、清除阻水障碍物和其他必要的紧急措施；必要时，公安、交通等有关部门按照防汛指挥机构的决定，依法实施陆地和水面交通管制。依照前款规定调用的物资、设备、交通运输工具等，在汛期结束后应当及时归还；造成损坏或者无法归还的，按照国务院有关规定给予适当补偿或者作其他处理。取土占地、砍伐林木的，在汛期结束后依法向有关部门补办手续；有关地方人民政府对取土后的土地组织复垦，对砍伐的林木组织补种。"

2014年《行政诉讼法》规定公民、法人和其他组织对行政机关征收、征用决定及其补偿决定不服的可以提起行政诉讼的规定，对于落实宪法关于公民财产权益保护的规定，保护当事人的财产权利，具有重要意义。

（六）申请履行保护人身权、财产权的法定职责案件

《行政诉讼法》第12条第1款规定，人民法院受理公民、法人或者其他组织提起的下列诉讼：……申请行政机关履行保护人身权、财产权等合法权益的法定职责，行政机关拒绝履行或者不予答复的。

1. 人身权和财产权及其遭受侵害的形式

人身权是指与自然人的人身和法人或者其他组织实体不可分离的无直接财产内容的权利，它包括公民享有的生命权、健康权、人身自由权、姓名权、名誉权、肖像权等；法人和其他组织享有的名称权、名誉权、荣誉权等。财产权指涉及财产内容的民事权利，包括财产所有权、债权、继承权，与财产有关的使用权、经营权等。

人身权、财产权遭受侵害的情形主要有三种：其一，人身权、财产权正遭受被侵害的威胁，如被某工厂除名的职工扬言要报复厂长并正在为此准备凶器；其二，第二，人身权、财产权正在遭受不法侵害，如鱼塘、农田正遭受化工厂废水污染，妇女、儿童正在被人贩子拐卖；其三，不法侵害已经结束，被侵害人要求行政机关保护，如因医疗事故死亡的病员的家属要求卫生局处理医疗事故，某渔农承包的鱼塘被哄抢要求有关机关处理等。

2. 应注意的问题

全面理解《行政诉讼法》的这一规定，应当注意两点：

第一，属于《行政诉讼法》受案范围的，必须是法律明确规定属于行政机关及其工作人员的职责，即必须明确规定在组织法和有关法律、法规之中的职责，才能依法追究其

行政违法或者行政失职责任。

第二，行政机关违法的情况有拒绝履行和不予答复两种，这两种状态分属作为与不作为的违法，不能将其混为一谈。

3. 实践中存在的问题

《行政诉讼法》的实施，在很大程度上依赖于行政实体法的完善。目前，人民法院受理和审理公民、法人或者其他组织申请行政机关履行法定职责案件，遇到的问题是有些实体法律、法规对行政机关履行职责的条件、期限等内容缺乏明确的规定，给人民法院的审判工作带来一定的困难。一个很简单的道理，没有法律也就没有违法。实体法上如果缺乏明确的规定，人民法院就无法进行所谓合法性审查，司法审查可能成为空中楼阁。

有鉴于此，《行政诉讼法》第47条规定："公民、法人或者其他组织申请行政机关履行保护其人身权、财产权等合法权益的法定职责，行政机关在接到申请之日起两个月内不履行的，公民、法人或者其他组织可以向人民法院提起诉讼。法律、法规对行政机关履行职责的期限另有规定的，从其规定。公民、法人或者其他组织在紧急情况下请求行政机关履行保护其人身权、财产权等合法权益的法定职责，行政机关不履行的，提起诉讼不受前款规定期限的限制。"这一规定从字面上看是规范当事人的诉权，而实际上对行政机关履行职责的法定期限间接作出了规定，从而在一定程度上弥补了实体法规定的不足。①

4. 将此类案件纳入受案范围的意义

人身权、财产权是宪法赋予公民、法人或者其他组织的基本权利。保护公民、法人或其他组织的人身权和财产权不受非法行为侵犯是行政机关应尽的职责。如果行政机关负有保护的法定职责，而置公民、法人或者其他组织的申请于不顾，拒绝履行法定职责或者不予答复，公民、法人或者其他组织可以向人民法院提起行政诉讼，人民法院可依法判决有关行政机关在规定期限内履行法定职责，或者应相对人的申请确认该行政行为违法并判决行政机关作出相应赔偿。行政诉讼法的这一规定，有利于加强行政机关及其工作人员的责任感，促使行政机关自觉地履行法定职责，更好地保护公民、法人或者其他组织的合法权益。

（七）侵犯经营自主权案件

《行政诉讼法》第12条第1款规定，人民法院受理公民、法人或者其他组织提起的下列诉讼：……认为行政机关侵犯其经营自主权或者农村土地承包经营权、农村土地经营权的。

1. 经营自主权的含义

经营自主权是指企业或者其他经济组织依法享有的自主使用自己的人、财、物，自行组织产、供、销等方面的权利。根据有关法律规定，经营自主权的范围很广泛，包括生产计划权、产品销售权、物资选购权、产品劳务定价权、进出口权、投资决策权、留用资金支配权、资产处置权、联营兼并权、劳动用工权、人事管理权、工资奖金分配权、内部机

---

① 两个月为行政机关作出行政行为的最长期限，其规定来自于行政复议法。《行政复议法》第31条要求，除特殊情况外，行政复议机关应当自受理申请之日起60日内作出行政复议决定，但是法律规定的行政复议期限少于60日的除外。

构设置权、拒绝摊派权等。城乡各种形式的承包经营权也属于经营自主权。经营自主权的核心是企业独立自主决定其经营事务的权利。

农村土地承包经营权是指农村土地承包人对其依法承包的土地享有占有、使用、收益和一定处分的权利。《农村土地承包法》（2018年修正）第3条规定，"国家实行农村土地承包经营制度。农村土地承包采取农村集体经济组织内部的家庭承包方式，不宜采取家庭承包方式的荒山、荒沟、荒丘、荒滩等农村土地，可以采取招标、拍卖、公开协商等方式承包。""国家保护集体土地所有者的合法权益，保护承包方的土地承包经营权，任何组织和个人不得侵犯。"（第8条）"国家保护承包方依法、自愿、有偿流转土地经营权，保护土地经营权人的合法权益，任何组织和个人不得侵犯。"（第10条）农村土地承包经营制度是由农村集体经济组织作为发包方与承包方签订民事合同的方式进行的，对其进行干预，则侵犯了当事人的权利。

农村土地经营权是从农村土地承包经营权中分离出的一项权利，指集体经济组织的承包农户将其承包的土地流转出去，由其他组织或个人经营，其他组织和个人所取得的土地经营权。《农村土地承包法》（2018年修正）第32条规定："承包方可以自主决定依法采取出租（转包）、入股或者其他方式向他人流转土地经营权，并向发包方备案。"接受农村土地流转的一方所享有的农村土地经营权收到行政机关行政行为的侵犯，也可以提起行政诉讼。这对于深化农村土地制度的改革，保护承包各方的合法权益，具有重要意义。

2. 对侵犯经营自主权案件提起行政诉讼的条件

对这类案件起诉，除应具备提起行政诉讼的一般条件外，还要注意：

（1）可以提起行政诉讼的，必须是属于行政机关侵犯经营自主权和农村土地承包经营权的行为，不包括其他国家机关或者党派、团体、组织侵犯经营自主权和农村土地经营权的行为或者上级企业侵犯下级企业经营自主权的行为。

（2）必须是侵犯企业或者其他经济组织依法享有的经营自主权和承包经营权，即经营自主权必须是法律、法规所明确规定的。例如《全民所有制工业企业法》（2009年修正）第22~第33条规定的全民所有制工业企业的各项经营自主权。《农村土地承包法》规定的承包双方的各项权利。《公司法》（2018年修正）、《合伙企业法》（2006年修订）、《个人独资企业法》（1999年颁布）等法律虽然主要规范不同组织形式的企业的设立、组织管理、形式变化和社会责任等内容，但其中也都有关于企业经营自主权的内容。

3. 将经营自主权和承包经营权纳入受案范围的意义

行政机关侵犯法律规定的经营自主权，指行政机关采用行政手段限制或者剥夺企业的合法经营自主权，或者干预农村集体经济组织的承包经营活动。将这类案件规定在行政诉讼受案范围中，当企业或者其他经济组织依法享有的经营自主权受到行政机关行政行为侵犯时，就可以通过行政诉讼得到救济，有利于企业和其他经济组织从事合法的生产、经营活动，实现政企分开，深化改革。

（八）排除或限制竞争案件

《行政诉讼法》第12条第1款规定，人民法院受理公民、法人或者其他组织提起的下列诉讼：（八）认为行政机关滥用行政权力排除或者限制竞争的。

《反垄断法》（2007年颁布）第8条规定："行政机关和法律、法规授权的具有管理公共事务职能的组织不得滥用行政权力，排除、限制竞争。"该法第五章以专章规定了滥用行政权力排除、限制竞争的行为，规定行政机关和法律、法规授权的具有管理公共事务职能的组织不得滥用行政权力，限定或者变相限定单位或者个人经营、购买、使用其指定的经营者提供的商品（第32条）；对外地商品设定歧视性收费项目、实行歧视性收费标准，或者规定歧视性价格；对外地商品规定与本地同类商品不同的技术要求、检验标准，或者对外地商品采取重复检验、重复认证等歧视性技术措施，限制外地商品进入本地市场；采取专门针对外地商品的行政许可，限制外地商品进入本地市场；设置关卡或者采取其他手段，阻碍外地商品进入或者本地商品运出等妨碍商品在地区之间的自由流通（第33条）；以设定歧视性资质要求、评审标准或者不依法发布信息等方式，排斥或者限制外地经营者参加本地的招标投标活动（第34条）；采取与本地经营者不平等待遇等方式，排斥或者限制外地经营者在本地投资或者设立分支机构（第35条）；强制经营者从事本法规定的垄断行为（第36条）；行政机关不得滥用行政权力，制定含有排除、限制竞争内容的规定（第37条）。

公平竞争权是市场经济下市场主体依照法律规定享有的在公平环境下竞争，以实现自己经济利益的权利。对于行政机关侵犯公平竞争权的行为，可以提起行政诉讼，有利于保护当事人的合法权益，维护良好的公平竞争环境。

（九）违法要求履行义务案件

《行政诉讼法》第12条第1款规定，人民法院受理公民、法人或者其他组织提起的下列诉讼：……认为行政机关违法集资、摊派费用或者违法要求履行其他义务的。

1. 含义

行政机关违法要求履行义务，是指行政机关违反法律、法规的规定要求公民、法人或者其他组织履行某种义务的行政行为。这里的违法，主要指实体违法，如行政机关要求公民、法人或者其他组织履行法律、法规未规定的义务，或者履行已经免除了的义务，或者已经履行了义务再次要求履行的等多种情况；有时也指程序违法。履行的义务包括给付财、物，也包括给付一定的行为。实践中行政机关违法要求履行义务比较常见的是违法集资、摊派费用等，争议较多的为征收税费行为。

2. 将此类案件纳入受案范围的意义

对于法定义务，公民、法人或者其他组织应当履行，但公民、法人或者其他组织也只应履行法定义务，行政机关无权要求公民、法人或者其他组织在履行法定义务之外再承担义务，否则就是对公民、法人或者其他组织合法权益的侵犯。此项规定，对防止和纠正行政机关滥用职权，制止乱摊派、乱收费歪风，稳定社会经济秩序，具有积极意义。

（十）申请行政给付案件

《行政诉讼法》第12条第1款规定，人民法院受理公民、法人或者其他组织提起的下列诉讼：……认为行政机关没有依法支付抚恤金、最低生活保障待遇或者社会保险待遇的。

《行政诉讼法》此项规定对应广义的行政给付概念，是指行政机关对公民在年老、疾病或丧失劳动能力等情况下，依照有关法律、法规规定，赋予其一定的物质权益或与物质有关的权益的行政行为。依法支付抚恤金、最低生活保障待遇和社会保险待遇是现代社会里福利行政增多,行政职能转变情况下行政给付行为的主要形式。

1. 行政给付的范围

我国 1989 年《行政诉讼法》规定的行政给付形式只限于抚恤金。抚恤金是指由国家依法发给因公伤残或者牺牲的军人、国家机关工作人员、参战民兵、民工等伤残者本人或者死者家属的费用。有革命残废军人残废金,革命军人牺牲、病故抚恤金,职工伤亡抚恤金。对抚恤金不应作狭义的、字面意义的理解,而应当将其理解为国家基于公民的物质帮助权而单方面给付的所有物质权益以及与物质相关的权益。在行政诉讼法制定之初,国家基于物质帮助权而进行的给付,其形式比较单一,主要就是抚恤金。随着社会的发展,社会保障制度逐渐完善,获得物质帮助成为公民的法定权利,行政给付的概念开始出现。① 目前,属于行政给付制度最典型的形式是最低生活保障和法律援助。作为社会保障制度的内容之一,社会保险金的支付也属于广义的行政给付范围。灾害救助、收容安置等行政行为都是法律要求行政机关单方面做出给付行为的,属于社会救助制度的范畴而纳入行政给付范围。我国行政复议法也是把抚恤金、社会保险金及最低生活保障费一同纳入行政复议范围的,对于行政机关拒绝或者拖延给予的,也可以提起行政诉讼。

2. 应注意的问题

依据行政诉讼法规定,公民对此提起行政诉讼必须注意两点:

其一,必须是法律、法规明确规定应当依法发给的抚恤金以及其他费用。例如国务院、中央军事委员会《军人抚恤优待条例》(2019 年修正)规定:"现役军人死亡,根据其死亡性质和死亡时的月工资标准,由县级人民政府民政部门发给其遗属一次性抚恤金"。《城市居民最低生活保障条例》(1999 年颁布)规定:"持有非农业户口的城市居民,凡共同生活的家庭成员人均收入低于当地城市居民最低生活保障标准的,均有从当地人民政府获得基本生活物质帮助的权利。"《法律援助条例》(2003 年颁布)规定:"符合本条例规定的公民,可以依照本条例获得法律咨询、代理、刑事辩护等无偿法律服务。"

其二,必须是行政机关没有依法发给抚恤金或其他费用的行为,不包括企业、事业单位等应当发给而没有发给的行为。

3. 行政机关的违法状态

公民申请发给抚恤金,行政机关的违法状态有三种:拒绝发给公民抚恤金;没有依法发给公民抚恤金;拖延发给或者对公民的申请不予答复。针对不同的违法状态以及当事人的诉讼请求,法院的审查角度和判决也可能不同。

4. 将此类案件纳入受案范围的意义

物质帮助权是我国宪法规定的公民权利。近年来,基于人权保障和服务行政的需要,国家加强了这方面的立法,使得公民的这项宪法权利逐渐转化为法定权利。作为法定权利,获得行政机关的给付是公民的权利,依法给付是行政机关的义务。行政机关不依法作出行政给付行为,则侵犯了相对人的权利。将这些行为规定在人民法院受理行政案件的范围内,是为了保证宪法和法律赋予公民获取物质帮助权利的实现。

---

① 关于行政给付,参见林莉红、孔繁华:《行政给付研究》,载《珞珈法学论坛》第 2 卷,武汉大学出版社 2002 年版。

（十一）行政协议案件

《行政诉讼法》第 12 条第 1 款规定，人民法院受理公民、法人或者其他组织提起的下列诉讼：……认为行政机关不依法履行、未按照约定履行或者违法变更、解除政府特许经营协议、土地房屋征收补偿协议等协议的。行政诉讼法首次将行政协议争议纳入行政诉讼的受案范围。为此，最高人民法院专门出台《最高人民法院关于审理行政协议案件若干问题的规定》（2019 年 11 月 12 日最高人民法院审判委员会第 1781 次会议通过，自 2020 年 1 月 1 日起施行），即本书所称的《行政协议司法解释》。

1. 行政协议的界定

《行政协议司法解释》规定，行政机关为了实现行政管理或者公共服务目标，与公民、法人或者其他组织协商订立的具有行政法上权利义务内容的协议，属于《行政诉讼法》第 12 条第 1 款第 11 项规定的行政协议。依此，行政协议包括四个要素：一是主体要素，即必须一方当事人为行政机关；二是目的要素，即必须是为了实现行政管理或者公共服务目标；三是内容要素，协议内容必须具有行政法上的权利义务内容；四是意思要素，即协议双方当事人必须协商一致。

行政协议争议是因行政协议的订立、履行、变更、终止等发生的纠纷。大致包括两类，一类是由于行政机关行使行政优益权作出单方面变更、解除行政协议等行为而引起的争议，另一类是公民、法人和其他组织一方认为行政机关未依法或者未按照约定履行行政协议而产生的争议。作为协议争议，其中也可能包括对行政协议是否成立，是否有效，以及撤销、终止行政协议而产生的纠纷。

司法解释明确，人民法院受理的行政协议争议，是指公民、法人或者其他组织作为原告，以行政机关为被告而提起的行政诉讼。人民法院受理行政协议案件后，被告就该协议的订立、履行、变更、终止等提起反诉的，人民法院不予准许。即行政诉讼法只解决行政机关一方不履行或未按照协议规定履行义务的情况，没有将相对人一方不履行协议义务纳入行政诉讼法解决。"主要原因，一是因为这类争议主要是由行政机关一方不履行或者未按照约定履行协议引起的。二是行政相对人一方不履行合同，行政机关一方可以通过其他途径解决。如对特许经营者不按照协议约定提供公共服务的，行政机关可以取消特许经营，这也是行政合同区别于民事合同的重要之处。三是如果规定行政机关可以作原告，与行政诉讼法的性质不符合，与行政诉讼法的规定也不相适应。因此，本法修改只规定了行政相对人可以起诉行政机关。"[1]

对于相对人一方不履行协议义务的，基于行政诉讼"民告官"的定位，《行政协议司法解释》一方面延续行政诉讼法以行政行为为审理对象的整体思路，以行政管理活动中行政机关作出相应行政行为为解决方案，针对行政行为确定相应的救济途径，另一方面也规定行政机关认为行政相对人既不履行协议义务，又不申请救济的，可以根据行政诉讼法和行政强制法的规定，向人民法院申请强制执行。《行政协议司法解释》第 24 条规定："公民、法人或者其他组织未按照行政协议约定履行义务，经催告后不履行，行政机关可以作出要求其履行协议的书面决定。公民、法人或者其他组织收到书面决定后在法定期限

---

[1] 袁杰主编：《中华人民共和国行政诉讼法解读》，中国法制出版社 2014 年版，第 44 页。

内未申请行政复议或者提起行政诉讼,且仍不履行,协议内容具有可执行性的,行政机关可以向人民法院申请强制执行。法律、行政法规规定行政机关对行政协议享有监督协议履行的职权,公民、法人或者其他组织未按照约定履行义务,经催告后不履行,行政机关可以依法作出处理决定。公民、法人或者其他组织在收到该处理决定后在法定期限内未申请行政复议或者提起行政诉讼,且仍不履行,协议内容具有可执行性的,行政机关可以向人民法院申请强制执行。"此条前款规定的是行政机关作为行政协议当事人的情况,后款规定的是行政机关非行政协议的当事人而是享有监督协议履行职责的情况。但都是针对公民、法人和其他组织一方不履行行政协议约定义务的情形而作出行政行为。对其的救济和执行,依行政行为的救济与执行程序。

另外,基于行政协议的"行政性",《行政协议司法解释》原则上不允许将行政协议争议提交民事仲裁,该司法解释第26条规定:"行政协议约定仲裁条款的,人民法院应当确认该条款无效,但法律、行政法规或者我国缔结、参加的国际条约另有规定的除外。"

2. 行政协议的种类

依《行政协议司法解释》的规定,人民法院应当依法受理的行政协议包括:政府特许经营协议;土地、房屋等征收征用补偿协议;矿业权等国有自然资源使用权出让协议;政府投资的保障性住房的租赁、买卖等协议;符合前述行政协议四要素的政府与社会资本合作协议;其他行政协议。行政机关之间因公务协助等事由而订立的协议;行政机关与其工作人员订立的劳动人事协议,不属于人民法院行政诉讼的受案范围。

政府特许经营协议是政府通过招标等公平竞争方式,许可特定经营者经营某项公共产品或者提供某项公共服务而签订的协议。政府特许经营广泛存在于城市供水、供气、供热、污水处理、垃圾处理、城市公共交通等公用事业领域,一般采取协议的方式约定双方的权利义务。

土地征收补偿协议是指政府依法征收农村集体所有的土地所给予补偿而签订的协议。根据土地管理法的规定,征收土地的,按照被征收土地的原用途给予补偿,该法还规定了补偿的项目和标准。虽然该法没有规定土地征收补偿采取协议的方式,但实践中一般以协议方式确定补偿。

房屋征收补偿协议是行政机关征收国有或者集体所有的土地上的房屋所给予补偿而签订的协议。《国有土地上房屋征收与补偿条例》第25条规定:"房屋征收部门与被征收人依照本条例的规定,就补偿方式、补偿金额和支付期限、用于产权调换房屋的地点和面积、搬迁费、临时安置费或者周转用房、停产停业损失、搬迁期限、过渡方式和过渡期限等事项,订立补偿协议。补偿协议订立后,一方当事人不履行补偿协议约定的义务的,另一方当事人可以依法提起诉讼。"

矿业权等国有自然资源使用权出让协议是指行政机关依照法律规定出让矿产、森林、水流等自然资源的使用权而与受让人签订的协议。

政府投资的保障性住房的租赁、买卖等协议是政府为了推行福利政策与相对人签订的由政府投资建设的一些保障性住房的租赁和买卖协议,包括经济适用房的租赁买卖协议、廉租房以及其他保障性住房协议等。这类行政协议的目的在于保障低收入人群的住房权益，具有很强的福利行政的性质。

政府与社会资本合作协议，是行政机关利用社会资本进行相关的基础设施等投资合作的协议，包括公私合作协议、PPP 合作协议等。这类协议是否属于行政协议还有争议，司法解释明确规定，对于符合本司法解释规定的行政协议四要素的政府与社会资本合作协议、PPP 协议是属于行政协议的范围。希望通过对这类协议的审理，达到有利于保障国家利益和社会公众利益，保障社会资本方参与公私合作的积极性和安全感，营造公平、公正的竞争环境的目的。

3. 将此案案件纳入受案范围的意义

随着市场经济发展，政府职能转变、服务行政兴起、公众参与水平提高，行政机关在行政管理活动中采取行政协议的方式越来越多。行政协议兼具"行政性"和"协议性"两方面的特征，以合同的形式表现。由于行政诉讼与民事诉讼的审理原则有所差异，将这类案件纳入行政诉讼的受案范围，有利于对行政机关在行政协议签订、履行过程中行使行政职权的行为进行合法性审查，有利于行政机关更好地实现行政管理和公共服务目标，也有利于完善政府守信践诺机制，推进法治政府和诚信政府建设。

（十二）认为行政机关侵犯其他人身权、财产权的案件

《行政诉讼法》第 12 条第 1 款规定，人民法院受理公民、法人或者其他组织提起的下列诉讼：……认为行政机关侵犯其他人身权、财产权等合法权益的。

这是一个兜底规定，在前述十一项列举了多类案件的情形下，规定"其他"类型案件也属于行政诉讼的受案范围。但问题是这个"其他"是指称其他人身权财产权还是其他合法权益？

1989 年《行政诉讼法》在受案范围部分兜底规定指称的是人身权和财产权。当时的行政诉讼法第 11 条第 1 款第 1~7 项概括列举了可以向法院提起行政诉讼的案件类型后，规定公民、法人或者其他组织"认为行政机关侵犯其他人身权、财产权的案件"，可以提起行政诉讼。对此，有两点需要在此说明。第一，普遍认为，这是一个兜底条款，指除上述 7 类案件以外，只要属于行政机关侵犯公民、法人或者其他组织人身权、财产权的行为，均在人民法院受案范围之内。人身权、财产权的范围很广，上述 7 项列举了人身权、财产权的主要内容，但难以列举齐全，例如人身权方面还有生命权、健康权、姓名权、名称权、肖像权、荣誉权、名誉权、婚姻自由权等；财产权方面还有物权（包括所有权、地上权、地役权、抵押权、质权、留置权、典权等）、债权、继承权、专利权、商标权、著作权等。兜底条款的作用就使得这些权利受到行政行为侵犯的，都可以向法院提起行政诉讼。这一理解在行政诉讼法学理论和实践中均已达成共识。第二，当时《行政诉讼法》第 11 条第 1 款第 1~7 项主要列举的是人身权、财产权的内容，但不限于此，而实际上超出了人身权、财产权的范围。如有关行政许可行为属于受案范围的规定，涉及集会、游行、示威的许可和社团登记的内容，而按照我国宪法对公民权利的划分，这类权利属于政治权利。对超出人身权、财产权范围的这类权利是否属于行政诉讼的受案范围，法学界则由于对第 11 条第 1 款第 8 项的理解不同而有两种截然不同的观点。一种观点认为，第 8 项的规定包括了所有的人身权、财产权的内容，也表示只包括人身权、财产权的内容，第 1~7 项列举中涉及的人身权、财产权以外的内容，不应属于行政诉讼的受案范围。也即

第二节 行政诉讼受案范围的具体规定

"相对一方人身权、财产权以外的权利,在我国是通过其他渠道,由其他法律制度予以保护,而不纳入行政诉讼制度的司法保护范围"①。另一种观点认为,第8项的规定只有兜底的意思,只表示行政诉讼受案范围包括所有的人身权、财产权,并不表示排除前第1~7项所包含的人身权、财产权以外的内容。因而,如果前第1~7项的列举中涉及了人身权、财产权以外的内容,亦应属于行政诉讼的受案范围。也即"前述7项行政行为,无论涉及相对人什么权益,均是可诉的,均为行政诉讼受案范围。而前述7项行为以外的行政行为,则只有涉及人身权、财产权时方可起诉"②。这一争论由于《行政许可法》的颁布而尘埃落定③,但争论本身是有意义的。

如何理解新行政诉讼法的这一规定?显然,行政诉讼法这一兜底的规定,可以将凡是侵犯相对人人身权、财产权的行政行为都归入受案范围,既突出了前面所列的内容,又避免了具体列举方式挂一漏万的弊端,体现了行政诉讼法对公民、法人或者其他组织的人身权、财产权的充分保护。譬如无论如何对"抚恤金""最低生活保障待遇"等作扩大解释,都难以将公民从社会取得物质帮助的权利全部包括在受案范围之中,此项规定则可以将其他单行法律、法规所具体规定的公民从社会取得物质帮助的权利都包括在受案范围之中。又如无论怎样对许可证作扩大解释,都难以将实践中出现的公民要求行政机关进行婚姻登记、更改户籍年龄、转粮油关系等案件包括进去,此项规定也可以将这类案件包括在受案范围之中。

但是,这个兜底条款是否能如《行政复议法》所规定的一样,指称"合法权益"?④从表述上看,似乎还有疑问。一些权威人士的解释也语焉不详,如全国人大常委会法制工作委员会行政法室主任袁杰担任主编,行政法室副主任董卫东担任副主编的"权威读本"《中华人民共和国行政诉讼法解读》对此认为:"本项是兜底规定。公民、法人和其他组织的人身权、财产权的内容极其广泛。除上述列举外,还有一些财产权,如股权、债权、企业产权等,没有列举。还有一些人身权,如姓名权、隐私权等,也没有列举。此外,人身权、财产权以外的其他合法权益,有的法律、法规已有规定,本条也没有列举,为避免遗漏,弥补列举的不足,本条保留了原法的兜底规定,并作了相应修改。"⑤实际上,人身权、财产权以及已有其他法律、法规规定属于行政诉讼的受案范围的人身权、财产权以外的其他权益,并不需要这里的"兜底"来规定,需要"兜底"的恰恰是尚未被行政诉

---

① 罗豪才主编:《行政诉讼法学》,中国政法大学出版社1990年版,第112页。
② 姜明安著:《行政诉讼法学》,北京大学出版社1993年版,第123~124页。
③ 行政许可法规定对行政机关的所有行政许可行为都可提起行政诉讼,不再需要区分权利类型,对于超出人身权财产权范围的权利类型,而适用行政诉讼法"补充列举"的规定。参见林莉红:《论行政许可法对行政诉讼制度的影响》,载《湖北警官学院学报》2005年第3期,中国人民大学复印报刊资料《宪法学 行政法学》2005年第10期全文转载。本书后文对此有论述。
④ 《行政复议法》(1999年颁布)第5条规定,"有下列情形之一的,公民、法人或者其他组织可以依照本法申请行政复议:……(十一)认为行政机关的其他具体行政为侵犯其合法权益的"。这个表述含义是明确的,即行政行为侵犯相对人"合法权益"的,都可以提起行政复议,所兜底的为"合法权益"。
⑤ 袁杰主编:《中华人民共和国行政诉讼法解读》,中国法制出版社2014年版,第45页。

讼法和其他法律、法规列举到的权益类型。因此，也有另外的观点认为，"由于行政机关在实践中侵犯行政相对人合法权益的形态难以通过列举的方式穷尽，因此依照本项的规定，除前几项外，凡属于合法权益受侵犯的都可以提起行政诉讼。可以说，这是本次修法的一个重大突破。原法只规定了'人身权、财产权'，事实上限缩了本法第二条所规定的《行政诉讼法》的适用范围。随着各方面条件的成熟和具备，此次修改《行政诉讼法》取消了限缩。这是积极贯彻党的十八届三中全会、四中全会关于加强人权司法保障要求的实际行动"。①

不同的观点来自于条文规定的不明确。而条文规定的不明确恐怕是立法者的有意为之，期望留有余地。实际上，中国行政诉讼发展到今天，受案范围拓展到对公民合法权益的保护，既有现实需要，客观上也有可能，多年来的行政立法提供了实体法的依据，而人民法院也完全有能力应对相应增多的案件。因此，应当将这里的兜底条款理解为不仅仅是人身权、财产权，而是所有的合法权益。

二、间接列举

（一）行政诉讼法的规定

《行政诉讼法》第 12 条第 2 款规定："除前款规定外，人民法院受理法律、法规规定可以提起行政诉讼的其他行政案件。"这一规定肯定了单行法律、法规对前述列举案件以外的其他案件属于受案范围的规定，因而是对《行政诉讼法》第 12 条第 1 款概括列举的补充。从行政诉讼法关于受案范围的总的规定看，是一种间接的列举。

一般认为这一规定包括两层含义：

其一是追认性。承认行政诉讼法制定或修改时有关单行法律、法规对上述案件以外的行政案件的列举。即行政诉讼法实施或修改以前，单行法律、法规规定相对人对除上述第 1 款规定范围以外的行政案件可以提起行政诉讼，则其规定仍然有效。依此规定，行政诉讼法实施时法律、法规规定当事人对行政机关作出的涉及人身权、财产权以外的其他权利的行政行为不服，可以向人民法院起诉，人民法院应予受理。

其二是授权性。以后制定的法律、法规可以列举现行行政诉讼法受案范围以外的行政案件。依此规定，行政诉讼的受案范围可以随着新的法律、法规的颁布而在现有基础上扩大，即突破行政诉讼法立法时的范围，从而适应逐步扩大人民法院受案范围的需要。

间接列举的规定与前述对《行政诉讼法》第 12 条第 1 款第 12 项兜底规定的讨论相关。根据我国宪法的规定，公民的基本权利除人身权和财产权外，还有选举权、被选举权；集会、游行、示威、言论、结社、出版等政治权利；有宗教信仰自由；有受教育的权利、劳动的权利和休息的权利，等等。对这些权利，国家通过多种途径加以保护。是否属于行政诉讼的受案范围，涉及对前述《行政诉讼法》第 12 条第 1 款第 12 项兜底规定的理解。如果将前述兜底规定理解为"合法权益"，则此间接列举规定无甚意义。

如果将前述兜底规定理解为只包括人身权和财产权，则对于行政机关侵犯相对人人身

---

① 江必新、邵长茂：《新行政诉讼法修改条文理解与适用》，中国法制出版社 2015 年版，第 57 页。

权、财产权以外的权利的行政行为，除《行政诉讼法》第 12 条第 1 款（1）~（11）项列举的以外，需要单行法律、法规明确规定可以提起行政诉讼，方属于行政诉讼的受案范围。如认为教育行政主管部门剥夺了公民受教育的权利，当事人不能向法院起诉；但如果对教育行政主管部门收费或者行政处罚的行政行为不服的，则当事人可以向人民法院提起行政诉讼。又如当事人根据集会游行示威法的规定向主管机关申请举行集会、游行、示威而未获许可，如果没有《行政许可法》的规定，其提起行政诉讼法院不应受理；但如果当事人获得许可，在举行集会、游行、示威时有违法行为而受到行政机关处罚的，则对行政处罚可以向人民法院起诉。总之，争议的焦点在于是否必须有法律、法规明确规定行政机关侵犯这些权利的行为可以向人民法院提起行政诉讼，还是只需法律、法规赋予相对人这些权利，或者仅规定对侵犯这些权利的行为可以向人民法院提起诉讼。

（二）有关立法例

正如前述，关于涉及公民政治权利的许可事项是否属于行政诉讼的受案范围，是一个长期争论的问题。以前的争论主要集中在对 1989 年《行政诉讼法》第 11 条第 1 款第 8 项规定的理解上。随着 2004 年 7 月 1 日《行政许可法》的实施，这个问题的争论应当可以尘埃落定。《行政许可法》规定所有的许可事项都可以向人民法院提起行政诉讼，意味着将涉及公民政治权利的许可事项也纳入受案范围，可以视为适用《行政诉讼法》间接列举授权性规定的立法例。

《行政许可法》第 12 条规定对直接涉及国家安全、公共安全的事项可以设定行政许可，同时确认其他法律、行政法规可以设定行政许可。很显然，涉及公民集会、游行、示威和结社权利的事项，属于行政许可的范围。同时，行政许可法"总则"和"行政许可的实施程序"等章中在多处规定了相对人的行政诉权。如《行政许可法》第 7 条规定："公民、法人或者其他组织对行政机关实施行政许可，享有陈述权、申辩权；有权依法申请行政复议或者提起行政诉讼；其合法权益因行政机关违法实施行政许可受到损害的，有权依法要求赔偿。"第 38 条第 2 款："行政机关依法作出不予行政许可的书面决定的，应当说明理由，并告知申请人享有依法申请行政复议或者提起行政诉讼的权利。"第 53 条第 4 款对行政机关违反招标、拍卖等程序时的诉权也做了规定。这些规定表明，相对人对行政机关作出的所有有关行政许可的行政行为，都有权提起行政诉讼。

由于行政许可法的规定，对涉及公民集会、游行、示威和结社权利的事项，即使不按照《行政诉讼法》概括列举规定，不涉及对《行政诉讼法》第 12 条第 1 款第 12 项兜底规定理解之争议，也可以依照《行政诉讼法》第 12 条第 2 款间接列举的规定，将其纳入行政诉讼之受理范围。依学界之通说，1989 年《行政诉讼法》第 11 条第 2 款的规定具有追认性和授权性之双重含义①。而经过考察，我们尚没有发现，在《行政诉讼法》颁布实施之前，有"其他法律、法规"对行政机关侵犯相对人人身权、财产权以外权利属于行政诉讼受案范围进行列举的规定。因此，其所谓追认性之含义只具有形式上的意义。但是行政许可法的规定，使得《行政诉讼法》这一规定授权性的特点有了加以适用的具体

---

① 罗豪才主编：《中国司法审查制度》，北京大学出版社 1993 年版，第 53~54 页；杨解军主编：《行政诉讼法学》，法律出版社 2000 年版，第 78~79 页。

立法例，可以视为国家立法机关因应时代发展，拓展行政诉讼受案范围的具体表现。①

人民法院司法审查范围，可以从审查对象、所保护的权利范围、原告资格范围等多个不同角度加以表述。争议案件涉及的公民权利范围，是关涉行政诉讼受案范围大小的重要因素之一。关于涉及公民政治权利的案件，实践中人民法院曾经审理过因基层行政机关干涉村民自治选举而产生的行政案件。这类案件因涉及公民的选举权和被选举权问题而实际上已经将政治权利之争议纳入行政诉讼的受理范围。但尚未见到关于人民法院审理涉及集会、游行、示威和结社自由权利案件的报道。《行政许可法》的规定，将这类案件纳入行政诉讼的受案范围，既应当引起公安、民政等行政主管机关的重视，也对人民法院审理行政案件提出更高的要求。

三、排除列举

《行政诉讼法》第13条对于某些不属于人民法院受案范围的行政案件作了明确的排除式规定。对于行政诉讼受案范围以外的案件，行政机关实际上是拥有终局裁决权的，因此行政诉讼法本无必要再作此排除规定。《行政诉讼法》作此规定，一方面，是为了更进一步明确不属于行政诉讼受案范围的内容；另一方面，也是为了对于少数依前述概括列举和补充列举规定属于行政诉讼受案范围的案件，加以排除。依行政诉讼法规定，人民法院不受理公民、法人或者其他组织对下列事项提起的诉讼：

1. 国防、外交等国家行为

《2018年司法解释》第2条第1款明确，《行政诉讼法》第13条第1项规定的"国家行为"，是指国务院、中央军事委员会、国防部、外交部等根据宪法和法律的授权，以国家的名义实施的有关国防和外交事务的行为，以及经宪法和法律授权的国家机关宣布紧急状态等行为。

国家行为是指政府以国家名义作出的，不涉及特定的个人和组织的有关国与国之间的关系、国家安全，以及国家利益和重大公共利益的行为。如战争、军事演习、与外国建交、断交、签订国际条约等行为。国家行为主要包括两类，一类是有关国防的国家行为，另一类是有关外交的国家行为。根据《宪法》第89条第16项的规定，国务院有权决定在省、自治区、直辖市的范围内部分地区实行戒严，这种行为关系国家重大利益，也属国家行为。国家行为具有保密、迅速等特点，为保障行政机关有效地行使职权，更好地维护国家利益，《行政诉讼法》将其排除于受案范围。

将这类行为排除于受案范围，是指不能对之提起行政诉讼，不能由人民法院进行合法性审查。如果该行为在实施中侵犯了当事人的合法权利，应可以依相关规定申请行政补偿。

2. 行政法规、规章或者行政机关制定、发布的具有普遍约束力的决定、命令

此项规定涉及行政机关的抽象行政行为能否纳入行政诉讼受案范围的问题。行政法学理上将行政机关的行政行为分为具体行政行为和抽象行政行为。行政诉讼法明确行政机关

---

① 参见林莉红：《论行政许可法对行政诉讼制度的影响》，载《湖北警官学院学报》2005年第3期。中国人民大学复印报刊资料《宪法学 行政法学》2005年第10期全文转载。

的抽象行政行为不属于行政诉讼的受案范围,直接针对行政机关抽象行政行为提起的诉讼仍然排除在行政诉讼的受案范围。

(1) 抽象行政行为的含义

《2018年司法解释》明确,《行政诉讼法》第13条第2项规定的"具有普遍约束力的决定、命令",是指行政机关针对不特定对象发布的能反复适用的规范性文件。这是指行政机关作出的抽象行政行为。行政机关的抽象行政行为是行政机关针对将来要发生的,不以特定的人或者事为对象的,具有普遍约束力的行为。

行政机关的抽象行政行为可以由上至国务院,下至乡镇人民政府的不同层级的行政机关做出,但行政诉讼法、行政复议法涉及可能进行合法性审查的抽象行政行为主要是《行政复议法》第7条规定的三类。《行政复议法》(2017年修正)第7条规定:"公民、法人或者其他组织认为行政机关的行政行为所依据的下列规定不合法,在对行政行为申请行政复议时,可以一并向行政复议机关提出对该规定的审查申请:(一)国务院部门的规定;(二)县级以上地方各级人民政府及其工作部门的规定;(三)乡、镇人民政府的规定。前款所列规定不含国务院部、委员会规章和地方人民政府规章。规章的审查依照法律、行政法规办理。"

(2) 有关抽象行政行为应否纳入行政诉讼受案范围的争议

公民、法人和其他组织对抽象行政行为不服能否向人民法院起诉,在行政诉讼法立法时是一个有争议的问题,在行政诉讼法颁布实施后也仍然有不同意见。

否定将抽象行政行为纳入受案范围的理由是:

第一,抽象行政行为的结果是具有法律效力的有普遍约束力的规范性文件,具有较多的政策性成分和自由裁量因素,反映行政机关的主观意志。由于法律不具有可诉的性质,因而对抽象行政行为不能提起诉讼。

第二,我国宪法、组织法规定,对抽象行政行为的审查、批准和撤销的权限归各级人大和制定规范性文件的行政机关的上级机关,并没有将此种权限赋予人民法院。因此,法院不能审查抽象行政行为的合法性。

第三,从实践层面上看,抽象行政行为涉及不特定相对人的利益,人数众多而又难以确定,不便于诉讼。即使通过集团诉讼解决这一问题,执行也会遇到困难①。

认为应将抽象行政行为纳入受案范围的理由是:

第一,抽象行政行为与行政行为的区别仅在于时间的先后和对象的多寡,没有本质的区别。如果仅审查行政行为而不审查抽象行政行为,势必会产生以下几个问题:其一,当某一抽象行政行为严重违法时,法院只能"放马后炮",而不能防患于未然,不利于减少行政违法行为,也不利于减少诉讼程序。其二,当公民对行政机关的某一行政行为不服而准备向人民法院起诉时,行政机关可以马上将这一行政行为上升为抽象行政行为,使当事人丧失诉权,或者行政机关借抽象行政行为之名行行政行为之实以规避司法审查。其三,在许多场合,抽象行政行为与行政行为紧密相连,有时甚至难以区分,将会给诉讼带来不

---

① 参见张尚鷟:《走出低谷的中国行政法学》,中国政法大学出版社1991年版,第428页。

必要的管辖上的争议①。

第二，在我国实行的人民代表大会的体制下，法院不能审查人大制定法律的合宪性，但这种体制并不排除法院审查行政机关抽象行政行为的合法性。②

第三，从司法实践来看，法院无审查抽象行政行为之权，便无从审查行政案件。因为在我国行政机关作出行政决定大都要援引行政机关的抽象行政行为，如果不审查抽象行政行为的合法性，就难以判断行政行为的合法性。

虽然《行政诉讼法》对抽象行政行为的可诉性作出了否定性的规定，但争论并未结束。近年来，关于这一问题的争论主要是将抽象行政行为区分为不同的层次，对规章及规章以下效力层次的规范性文件的可诉性进行讨论，多数意见认为对规章以下效力层次的规范性文件应可以提起行政诉讼。也有的学者撰文提出应将行政规章正式纳入人民法院的受案范围，并对如何操作提出了自己的设想③。

（3）行政诉讼法的规定

根据我国宪法、有关组织法的规定，审查行政机关抽象行政行为是否合法的权限，属于全国人民代表大会常务委员会、地方各级人民代表大会和作出抽象行政行为的行政机关的上级行政机关。例如《宪法》第67条第7项规定，全国人民代表大会常务委员会有权"撤销国务院制定的同宪法、法律相抵触的行政法规、决定和命令"。《行政诉讼法》作了与宪法和有关组织法相一致的规定，明确人民法院不受理对抽象行政行为提起的诉讼。尽管在理论界对抽象行政行为应否纳入行政诉讼受案范围存在争议，2014年修改的《行政诉讼法》仍然保留对行政机关抽象行政行为排除出受案范围的规定。但规定了对一定范围的抽象行政行为的附带审查。即《行政诉讼法》第53条规定的："公民、法人或者其他组织认为行政行为所依据的国务院部门和地方人民政府及其部门制定的规范性文件不合法，在对行政行为提起诉讼时，可以一并请求对该规范性文件进行审查。前款规定的规范性文件不含规章。"这一规定与《行政复议法》第7条关于行政复议机关对规范性文件的附带审查是一致的。④

3. 行政机关对行政机关工作人员的奖惩、任免等决定

行政机关对行政机关工作人员进行奖惩、任免，是行政机关为完成一定的行政工作任务、提高行政工作效率，在对其工作人员进行内部管理时所采取的行政措施和手段，属于行政机关的内部行政行为。行政机关的内部行政行为，是指行政机关作用于内部、作用于下级行政机关之间以及与其有隶属关系的行政工作人员的行政行为。行政机关内部行政行

---

① 譬如乡镇人民政府关于农民负担的文件是抽象行政行为还是行政行为，就有不同的观点。参见余辛文：《关于农民负担的行政诉讼案件的几个问题》，载《法学研究》1997年第2期（第19卷第2期）。

② 参见张尚鷟：《走出低谷的中国行政法学》，中国政法大学出版社1991年版，第427页。

③ 参见崔卓兰：《行政规章可诉性之探讨》，载《法学研究》1996年第1期；高鸿：《抽象行政行为可诉性研究》，载《法律科学》1997年第4期。

④ 关于规范性文件的附带审查问题，参见本书第十一章第三节的相关论述。

为是否可诉，受德国行政法上特别权力关系理论的影响，而有不同观点。① 依我国《行政诉讼法》的规定，行政机关工作人员不服有关行政机关奖惩、任免等决定，是按行政程序，通过向上级行政机关或者监察部门、人事部门提出申诉解决的。行政诉讼法将行政机关的内部行政行为与作用于公民、法人或者其他组织的外部行政行为加以区别，明确将其排除于受案范围。

《2018年司法解释》明确，《行政诉讼法》第13条第3项规定的"对行政机关工作人员的奖惩、任免等决定"，是指行政机关作出的涉及行政机关工作人员公务员权利义务的决定。这一规定将不可向人民法院提起行政诉讼的内部行政行为范围进一步明确为，第一，只限于公务员。行政机关内部，除了有具有公务员身份的工作人员，还有不具有公务员身份的工作人员，如聘用人员、临时工作人员等。第二，只限于涉及公务员这一特定身份的权利义务事项。即使是公务员，也有公务员身份之外的权利义务，公务员身份之外的权利义务事项应当还是依据《行政诉讼法》的规定来确定是否属于受案范围。

4. 法律规定由行政机关最终裁决的行政行为

《行政诉讼法》的受案范围采取立法加以明确规定的方式，则《行政诉讼法》受案范围以外的行政行为，公民、法人或者其他组织不能向人民法院起诉，行政机关实际上拥有最终裁决的权力，无须《行政诉讼法》再加以规定。法律规定由行政机关最终裁决的行政行为是指本属于行政诉讼受案范围而由单行法律作排除列举，明确由行政机关作最终裁决的行为。《行政诉讼法》的这一规定是对这些单行法律规定的确认。

行政终局裁决权只能由法律加以规定，行政机关自己不能设定行政终局裁决权。② 由于行政终局裁决权的特别规定涉及对公民、法人或者其他组织行政起诉权的限制或者剥夺，而此项行政诉权是由全国人民代表大会制定的基本法律——《行政诉讼法》所明确授予的，因此，对行政诉讼受案范围内的行政行为，只有法律才能规定行政机关有终局裁决权。这里的法律仅指全国人民代表大会及其常务委员会按立法程序制定、通过和颁布的规范性文件。行政法规、规章等不能作出终局裁决权的规定，行政机关不得自行规定终局裁决权以剥夺相对人的起诉权。因此，法规或者规章规定行政机关对某些事项可以作"最终裁决"，公民、法人或者其他组织不服行政机关依据这些法规或者规章作出的"最终裁决"，依法向人民法院提起诉讼的，人民法院应予受理。

法律规定由行政机关最终裁决某些行政行为，或者是由于这些行政行为的专业性特点，或者是由于即时性要求，或者是由于作出这些行政行为主体的特殊性，而在立法上明确排除人民法院对这些行政行为的司法审查权。目前，我国仅有三部法律五个条款规定了行政机关最终裁决权。

---

① 参见翁岳生：《论特别权力关系之新趋势》，载翁岳生著：《行政法与现代法治国家》，台湾大学法学丛书编辑委员会1990年版，第132页；陈清秀：《行政法上法律关系与特别权力关系》，载翁岳生主编《行政法（1998）》（上下册），翰芦图书出版有限公司1998年版，第239页；法治斌：《行政法律关系与特别权力关系》，载翁岳生主编《行政法（2000）》（上下删），中国法制出版社2002年版，第271页以下；陈新民著：《中国行政法学原理》，中国政法大学出版社2002年版，第63页以下。

② 参见本章第三节的有关内容。

(1)《行政复议法》(2017年修正)第14条规定:"对国务院部门或者省、自治区、直辖市人民政府的行政行为不服的,向作出该行政行为的国务院部门或者省、自治区、直辖市人民政府申请行政复议。对行政复议决定不服的,可以向人民法院提起行政诉讼;也可以向国务院申请裁决,国务院依照本法的规定作出最终裁决。"

(2)《行政复议法》(2017年修正)第30条规定:"公民、法人或者其他组织认为行政机关的行政行为侵犯其已经依法取得的土地、矿藏、水流、森林、山岭、草原、荒地、滩涂、海域等自然资源的所有权或者使用权的,应当先申请行政复议;对行政复议决定不服的,可以依法向人民法院提起行政诉讼。根据国务院或者省、自治区、直辖市人民政府对行政区划的勘定、调整或者征用土地的决定,省、自治区、直辖市人民政府确认土地、矿藏、水流、森林、山岭、草原、荒地、滩涂、海域等自然资源的所有权或者使用权的行政复议决定为最终裁决。"依此规定,在涉及自然资源的所有权或者使用权纠纷时,如果该自然资源的所有权或者使用权在纠纷发生之前就已经有行政机关行政行为的确认,则当事人可以申请行政复议,对行政复议不服时可以提起行政诉讼。如果基于国务院或者省、自治区、直辖市人民政府对行政区划的勘定、调整或者征用土地的决定而产生的纠纷,则省、自治区、直辖市人民政府确认自然资源的所有权或者使用权的行政复议决定为最终裁决,当事人不服时不能提起行政诉讼。

(3)《出境入境管理法》(2012年颁布)有三条关于行政机关最终决定的规定。分别是:第36条:"公安机关出入境管理机构作出的不予办理普通签证延期、换发、补发,不予办理外国人停居留证件、不予延长居留期限的决定为最终决定。"第64条:"外国人对依照本法规定对其实施的继续盘问、拘留审查、限制活动范围、遣送出境措施不服的,可以依法申请行政复议,该行政复议决定为最终决定。其他境外人员对依照本法规定对其实施的遣送出境措施不服,申请行政复议的,适用前款规定。"第81条:"外国人从事与停留居留事由不相符的活动,或者有其他违反中国法律、法规规定,不适宜在中国境内继续停留居留情形的,可以处限期出境。外国人违反本法规定,情节严重,尚不构成犯罪的,公安部可以处驱逐出境。公安部的处罚决定为最终决定。被驱逐出境的外国人,自被驱逐出境之日起十年内不准入境。"

除了《行政诉讼法》的规定外,《2018年司法解释》进一步明确了十种不予受理的情形。该司法解释第1条规定,公民、法人或者其他组织对行政机关及其工作人员的行政行为不服,依法提起诉讼的,属于人民法院行政诉讼的受案范围。下列行为不属于人民法院行政诉讼的受案范围:

(1)公安、国家安全等机关依照刑事诉讼法的明确授权实施的行为;
(2)调解行为以及法律规定的仲裁行为;
(3)行政指导行为;
(4)驳回当事人对行政行为提起申诉的重复处理行为;
(5)行政机关作出的不产生外部法律效力的行为;
(6)行政机关为作出行政行为而实施的准备、论证、研究、层报、咨询等过程性行为;
(7)行政机关根据人民法院的生效裁判、协助执行通知书作出的执行行为,但行政机关扩大执行范围或者采取违法方式实施的除外；

（8）上级行政机关基于内部层级监督关系对下级行政机关作出的听取报告、执法检查、督促履责等行为；

（9）行政机关针对信访事项作出的登记、受理、交办、转送、复查、复核意见等行为；

（10）对公民、法人或者其他组织权利义务不产生实际影响的行为。

这十种行为，有些本来就不属于行政行为，有些不合适由人民法院受理和审理，因而排除出行政诉讼法的受案范围。

第三节 关于受案范围的几个问题

一、关于行政终局裁决权

（一）概念

行政终局裁决权是指行政机关对一定范围的事项拥有的作出最终决定，不受司法审查的权力。行政终局裁决权是一个与行政诉讼受案范围密切相关的行政法问题。法律设定行政终局裁决权的大小，一方面受制于《行政诉讼法》的规定，另一方面又影响着人民法院受案范围的大小。同时行政终局裁决权只意味着不受人民法院的司法审查，并不意味着不受其他机关如权力机关的监督。

行政诉讼的受案范围是从人民法院审判权的角度出发进行研究的。从行政机关的角度看，人民法院受案范围以外的行政行为，行政机关拥有终局裁决权。

（二）我国目前行政终局裁决权的范围

1. 不属于受案范围的行政行为。不属于受案范围的行政行为，意味着不受法院的司法审查，因而行政机关实际拥有终局裁决权。如《行政诉讼法》规定行政诉讼受案范围是行政主体的行政行为，则抽象行政行为不属于行政诉讼受案范围。

2. 依照现行法律规定属于受案范围内的事项，由单行法律作排除规定，明确由行政机关终局裁决的行政行为。依照《行政诉讼法》第13条第4项的规定，目前有三个法律四个条款规定了行政终局裁决权，即《中国公民出境入境管理法》《外国人入境出境管理法》《行政复议法》。

（三）设定行政终局裁决权的原则①

将所有的行政行为都纳入行政诉讼的受案范围是不可能的。从世界各国的情况看，目前尚没有发现一个国家允许所有的行政行为都接受法院的司法审查。各国行政诉讼立法都有行政终局裁决权的规定，虽然范围不同，但有以下共同原则：

1. 行政终局裁决权的范围不能由行政机关自己设定，而必须依立法或依判例确定。

---

① 此部分的内容参见江必新：《行政诉讼问题研究》，中国人民公安大学出版社1989年版，第56~62页。

2. 行政终局裁决权的范围原则上只限于"涉及国家安全的行为"或机构内部的行为。当然，各国对国家安全和机构内部行为的理解不一致。

3. 只要涉及公民个人的权利义务，原则上就不能设定行政终局裁决权。根据公民的权利在任何时候都不能限制或剥夺的宪法原则，现代法制国家在设定行政终局裁决权时，一般以是否影响公民权利义务为设定标准。

4. 如果一个行政行为涉及公民的权利义务，而又要求保留有行政终局裁决权，必须有充分的正当理由。理由一般是：

第一，某一类行政行为涉及国家重要机密，一旦进入诉讼，将会严重危害国家利益；

第二，某一类行政行为不可能或极少可能侵犯公民的利益；

第三，某一类行政行为专业性极强，且非常复杂，以至于使法官的审查徒具形式；

第四，某一类行政行为已有近乎司法程序的行政程序作保障，行政系统内已有能够确保公正的救济手段；

第五，因不可抗力事件使得司法救济不可能。

（四）不断缩小行政终局裁决权的范围是一个世界性的趋势

由于行政终局裁决权与行政诉讼受案范围之间的反比例关系，从加强对公民权利的保护和监督行政机关依法行政出发，各国或通过立法或通过判例，不断地缩小了行政终局裁决权的范围。起初不少国家在立法上都有类似最终裁决的规定，但随着其行政诉讼实践的发展，"最终裁决"的含义有了一些变化。

法国法律曾规定关于发放执照之权力机构的裁决"应不受任何行政或者司法的审查"，但法国行政法院将这一规定解释为并不排斥对合法性原则的尊重而进行的审查[①]。

美国最高法院判例认为，应把"最终""理解为行政程序的终结，而不是全部或者部分地取消获得司法复审的权利"[②]。

曾担任英国上诉法院院长 20 年（1962—1982 年）之久的丹宁法官在其所著《法律的训诫》一书中也指出："救济不能以下述事实予以排除，即根据法令，委员会的判决已成'终审'。国会只是以依法判决为条件才给予委员会的判决以终审的效力。"假如他们违反法律，那么就越出了它们被授予的权限，因而其判决是无效的。它有正确判决的司法权，而没有错误判决的司法权。在该书中作者还列举了一个医疗上诉案件的案例："国会的政策是，医疗问题须由医务人员判决，而且他们的判决应该是'终审'。该法令明确规定，裁判所的判决将是'终审'的。一位工人在一次工作事故中瞎了一只眼睛。19 年后，由于这次工作事故，他又瞎了另一只眼睛。医疗上诉裁判所裁定，该工人的残废属于'单眼'案，但是他们应当裁定该工人的案子属于'双眼'案。"该工人向普通法院起诉被一审法院以医疗上诉裁判所的裁判是终审裁判为由予以驳回。该工人向上诉法院上诉，上诉法院受理了他的请求，撤销了裁判所的裁决。该案在英国国内也开创了一个先例，表

---

① 参见江必新：《行政诉讼问题研究》，中国人民公安大学出版社 1989 年版，第 61 页。
② 《美国最高法院判例》第 349 卷，第 48 页，转引自［美］伯纳德·施瓦茨：《行政法》，群众出版社 1986 年版，第 404 页。

明法律不能以"终审裁决"的规定排除法院对行政行为的司法审查权①。

二、关于行政机关居间裁决行为的受案范围问题

(一) 行政机关居间裁决的含义和种类

行政机关居间裁决是指行政机关在其主管的行政管理的某一领域,以第三者的身份对民事争议进行裁决、处理的活动。如《土地管理法》(2019年修正)第14条第1款规定:"土地所有权和使用权争议,由当事人协商解决;协商不成的,由人民政府处理。"通常情况下居间裁决有行政机关的裁定或者决定。对于有执行内容的裁决,可能产生强制执行的后果,由作出裁决的机关主动或者申请人民法院强制执行。

行政机关在其主管的行政管理的某一领域,以第三者的身份对民事争议进行调解或者仲裁,不属于这里所说的居间裁决。如《海上交通安全法》(2016年修正)第46条规定:"因海上交通事故引起的民事纠纷,可以由主管机关调解处理,不愿意调解或调解不成的,当事人可以向人民法院起诉;涉外案件的当事人,还可以根据书面协议提交仲裁机构仲裁。"《农村土地承包法》(2018年修正)第55条规定:"因土地承包经营发生纠纷的,双方当事人可以通过协商解决,也可以请求村民委员会、乡(镇)人民政府等调解解决。当事人不愿协商、调解或者协商、调解不成的,可以向农村土地承包仲裁机构申请仲裁,也可以直接向人民法院起诉。"

居间裁决也不同于行政机关所做的征收、征用及行政补偿决定。如《国有土地上房屋征收与补偿条例》(2011年颁布)第26条规定:"房屋征收部门与被征收人在征收补偿方案确定的签约期限内达不成补偿协议,或者被征收房屋所有权人不明确的,由房屋征收部门报请作出房屋征收决定的市、县级人民政府依照本条例的规定,按照征收补偿方案作出补偿决定,并在房屋征收范围内予以公告。"

按现代社会对国家权力的划分及我国宪法的规定,对民事案件的审判权由人民法院行使,行政机关对民事争议的居间裁决权须来自法律的授权。目前,我国法律、法规授权行政机关居间裁决民事争议的情形有:

(1) 人民政府或者其主管部门有关土地、矿产、森林等自然资源的所有权或者使用权归属的处理决定。如《草原法》(2013年修正)第16条、《土地管理法》(2019年修正)第14条、《森林法》(2009年修正)第17条的规定。

(2) 有关知识产权权属的确认决定。如《专利法》(2008年修正)所规定的专利复审委员会的复审决定、专利复审委员会宣告专利权无效或者维持专利权的决定、是否给予实施该发明专利或者实用新型专利的强制许可决定等。《商标法》(2013年修正)规定的商标评审委员会的评审决定等。

(3) 行政主管机关对某些合同关系所作的裁决。如《专利法》(2008年修正)第57

---

① [英]丹宁:《法律的训诫》,杨百揆、刘庸安、丁健译,群众出版社1985年版,第62~64页;法律出版社1999年版,第80~82页。

条规定："取得实施强制许可的单位或者个人应当付给专利权人合理的使用费，或者依照中华人民共和国参加的有关国际条约的规定处理使用费问题。付给使用费的，其数额由双方协商；双方不能达成协议的，由国务院专利行政部门裁决。"第58条规定："专利权人对国务院专利行政部门关于实施强制许可的决定不服的，专利权人和取得实施强制许可的单位或者个人对国务院专利行政部门关于实施强制许可的使用费的裁决不服的，可以自收到通知之日起三个月内向人民法院起诉。"

（4）基层人民政府对民间纠纷所作的处理决定。根据《人民调解委员会组织条例》的有关规定，司法部于1990年制定《民间纠纷处理办法》。其中规定，所谓民间纠纷，即公民之间有关人身、财产权益和其他日常生活中发生的纠纷。该办法规定："基层人民政府处理民间纠纷，可以决定由责任一方按照《中华人民共和国民法通则》第134条第1款所列举的方式承担民事责任，但不得给予人身或者财产处罚。""经过调解后，仍达不成协议的纠纷，基层人民政府可以作出处理决定。"

（5）有关工资、经济补偿的裁决。《劳动法》（2009年修正）第91条规定："用人单位有下列侵害劳动者合法权益情形之一的，由劳动行政部门责令支付劳动者的工资报酬、经济补偿，并可以责令支付赔偿金：（一）克扣或者无故拖欠劳动者工资的；（二）拒不支付劳动者延长工作时间工资报酬的；（三）低于当地最低工资标准支付劳动者工资的；（四）解除劳动合同后，未依照本法规定给予劳动者经济补偿的。"

我国早年制定的行政管理法律法规里，还有授权行政机关对平等主体之间的损害赔偿纠纷进行居间处理的规定。近年来在法律修改时都取消了这样的规定。如1984年制定的《水污染防治法》第41条第1款第2款规定："造成水污染危害的单位，有责任排除危害，并对直接受到损害的单位或个人赔偿损失。""赔偿责任和赔偿金额的纠纷，可以根据当事人的请求，由环保部门或交通部门的航政机关处理；当事人对处理决定不服的，可以向人民法院起诉。当事人也可以直接向人民法院起诉。"2008年修订的《水污染防治法》对此进行了修改，其第86条规定："因水污染引起的损害赔偿责任和赔偿金额的纠纷，可以根据当事人的请求，由环境保护主管部门或者海事管理机构、渔业主管部门按照职责分工调解处理；调解不成的，当事人可以向人民法院提起诉讼。当事人也可以直接向人民法院提起诉讼。"《水污染防治法》于2017年进行了修正，仍保留该条规定，条文数为第97条。

1986年制定的《土地管理法》第53条第1款规定："侵犯土地的所有权或者使用权的，由县级以上地方人民政府土地管理部门责令停止侵犯，赔偿损失。"1998年《土地管理法》修订，取消关于行政机关就土地侵权纠纷赔偿问题进行处理的规定，仅保留了对土地所有权、使用权纠纷的确权处理。2019年《土地管理法》最新修正，确权处理的范围依旧限于"土地所有权和使用权争议"。

（二）行政机关居间裁决案件的诉讼性质

在我国司法实践中，对行政机关居间裁决案件的诉讼性质，曾有过不同的做法。2014年《行政诉讼法》修改之前，依最高人民法院"关于执行《中华人民共和国行政诉讼法》

若干问题的解释"（2000年施行），行政机关居间裁决案件一般是作为行政诉讼案件受理和审理，但对于民间纠纷，则是以原纠纷双方作为当事人，作为民事诉讼案件处理①。而民间纠纷的性质和范围在立法上并不明确，从而给实际操作带来困难。2014年《行政诉讼法》未对居间裁决诉讼性质直接加以规定，但在第61条第1款规定："在涉及行政许可、登记、征收、征用和行政机关对民事争议所作的裁决的行政诉讼中，当事人申请一并解决相关民事争议的，人民法院可以一并审理。"从这个规定可以看出，当事人对行政机关所做的居间裁决不服的，可以提起行政诉讼。

从《行政诉讼法》的立法目的和居间裁决案件的特点分析，行政机关居间裁决案件应统一作为行政案件纳入行政诉讼的受案范围。理由可简述如下：

1. 行政诉讼的根本目的是保护公民、法人或者其他组织的合法权益，我国行政诉讼法也原则规定公民、法人或者其他组织对行政机关侵犯其人身权、财产权的行为可以提起行政诉讼，那么当行政机关的某类行政行为直接影响或者可能侵犯到相对人的人身权和财产权时，就应当纳入行政诉讼的受案范围。行政机关的居间裁决行为属于行政行为，一经作出即确定了当事人之间的权利义务关系，有可能侵犯一方当事人的合法权益，给相对人的人身权、财产权造成损害。而且，一些法律、法规还授权行政机关在作出这种裁决时可以采取强制措施或者保全措施，甚至赋予行政机关对这些裁决的强制执行权，因此，对相对人权益的影响很大，应当将其纳入行政诉讼的受案范围，以使受到该类行为侵害的合法权益获得救济。

2. 居间裁决是由国家行政机关运用行政权作出的行政行为，具有法律效力，只有该行政机关或者比它更有权威的上级行政机关或者人民法院才能将其撤销或者改变。在依法定程序将其撤销或者改变以前，该裁决是具有法律效力的裁决。如果将此类案件作为民事案件依民事诉讼程序处理，虽然可以解决双方当事人之间的纠纷，但不能撤销行政裁决，从而出现行政裁决与司法判决并存的局面，造成法律效力上的冲突和双方当事人各执一词的情况，有可能使纠纷更加激化。而将行政机关居间裁决纳入行政诉讼的受案范围，由人民法院对裁决的合法性进行审查和判决，就能够从根本上解决这一问题，彻底解决当事人之间的纠纷。②

三、关于公安机关强制措施的受案范围问题

（一）我国公安机关的性质和职能

我国公安机关具有双重性质和职能。一方面，我国公安机关是国家的行政管理机关，行使治安管理、户籍管理、出入境管理、道路交通秩序管理等职能；另一方面，我国公安

---

① 《民间纠纷处理办法》第21条："基层人民政府作出的处理决定，当事人必须执行。如有异议的，可以在处理决定作出后，就原纠纷向人民法院起诉。超过十五天不起诉又不执行的，基层人民政府根据当事人一方的申请，可以在其职权范围内，采取必要的措施予以执行。"

② 此部分内容参见林莉红：《关于行政机关居间裁决诉讼性质的研讨》，载《法商研究》1997年第4期。因应立法变化，在此更新了部分内容。

机关又是国家的司法侦查机关，行使《宪法》（2018年修正）第140条赋予的人民法院、人民检察院和公安机关分工负责、互相配合、互相制约，办理刑事案件的职能，即行使刑事侦查职能。因此，公安机关可分别作出行政行为与刑事侦查行为。公安机关作出的行政行为中有行政处罚行为、行政强制措施行为、行政调处行为。公安机关作出的侦查行动中，涉及相对人权益的主要是刑事侦查措施，包括刑事强制措施行为以及勘验、检查、搜查、扣押行为等侦查措施。公安机关的行为涉及行政诉讼受案范围的主要是行政强制措施行为和刑事侦查措施行为在实践中不易区分的问题。

由于两类行为具有不同的性质、特征，法律所规定的救济手段亦有所不同。不同的救济途径本身是根据行为的不同特性设置的，具有与被审查行为相适应的程序、制度。认为公安机关行政行为违法时的救济手段是提起行政复议和行政诉讼，行政复议和行政诉讼的提起不以权利受到损害为前提，只要相对人认为行政行为违法即可。认为公安机关采取刑事侦查措施违法时的救济手段是申请国家赔偿中的刑事赔偿。申请国家赔偿以确认侦查行为违法和造成了损害事实为前提。因此，在公安机关作出某一个行为或措施时，有必要区分其是行政强制措施行为还是刑事侦查措施行为。

分清公安机关两类措施的性质，即有利于相对人请求救济时"对号入座"，也有利于有关救济制度的有效运作，以实现设立这些制度保护合法权益，促使依法行政的目的。混淆公安机关两类措施的性质，错误地实施救济手段，不仅使立法目的难以实现，还会造成一些难以解决的困难。如不将公安机关的行政强制措施作为行政行为实施救济，则使当事人丧失直接受到司法保护的权利。而将公安机关的侦查措施当作行政措施实施救济，则会因侦查行为的某些特性使救济程序无法展开或干扰侦查活动的进行，因此，必须严格区分公安机关的行政强制措施行为与刑事侦查措施行为，从而对不同的行为实施不同的救济手段，使人民法院可以对属于行政诉讼受案范围的行为予以立案，以保护当事人的合法权益；对不属于行政诉讼法受案范围的刑事侦查措施，尊重公安机关办理刑事案件的活动，并在确认刑事侦查措施违法的情况下给予国家赔偿。

（二）行政强制措施与刑事侦查措施的区别

刑事侦查措施是指刑事诉讼法所规定的侦查机关在办理刑事案件中对犯罪嫌疑人、被告人的人身自由或财产采取的各种限制性措施，包括刑事强制措施，也包括刑事诉讼法所规定的其他侦查措施，如扣押物证、书证、冻结存款、汇款等。

行政强制措施与刑事侦查措施具有以下共同点：第一，二者的实质都在于限制相对人的权利，而不是取消相对人的权利；其二，二者都是在案件查处过程中采取的暂时性手段，而不是对案件当事人作出的最终结论，都不属于惩戒性处理；第三，从对象上看，二者都是既可以针对违法者，也可以针对暂时还不能确定是否违法的公民。

行政强制措施与刑事侦查措施区别如下：

第一，依据的法律、法规不同。行政强制措施依据的是行政管理的法律、法规。就公安机关而言，如依据的是《治安管理处罚法》《行政处罚法》等，刑事强制措施依据的是刑事诉讼法及相关法律、法规。

第二，针对对象不同。前者是针对违反行政管理法规或有违反行政管理法规嫌疑的人，如强制检查相对人是否携带危险物品，行政主体甚至可以针对没有任何违法行为的人采取行政强制措施,如为了防止传染病蔓延而隔离染疫人。而刑事强制措施针对的对象是可能违反刑事法律的犯罪嫌疑人或刑事被告人。

第三,适用的目的不同。从公安机关行为的目的看,司法行为的目的是追究有关人员的刑事责任,全部侦查活动都是围绕嫌疑人是否有犯罪行为、有何证据证明犯罪行为、犯罪行为情节轻重所展开的,采取的有关扣押、冻结措施均围绕证明犯罪进行,法律规定的侦查措施中与证明犯罪联系最远的也是关于对赃款、赃物所采取的措施。行政强制措施的目的则出于行政管理的需要而各有不同,如维护社会的安定、团结、平安,行政管理的有序以及保护相对人的合法权利和利益等,都不可能与追究刑事责任、证明犯罪相联系。

第四,强制手段的严厉程度不同。行政强制措施一般时间较短,程度较轻,限制较少;刑事强制措施的时间较长,限制人身自由的程度较重,立法上比较规范,程序要求严,限制较多。公安机关行政强制措施与刑事侦查措施所采取的具体措施和手段不同。《刑事诉讼法》规定的刑事侦查措施有对人身自由加以限制的取保候审、监视居住、拘传、拘留、逮捕,对财产权加以限制的扣押物证、书证,冻结存款、汇款等。依据行政管理法律的有关规定,公安机关可以采取的行政强制措施有《治安管理处罚法》(2012年修正)规定的对醉酒的人采取"约束"措施,对无正当理由不接受传唤或逃避传唤者采取的"强制传唤"措施,《道路交通安全法》(2011年修正)规定的"暂扣"和"扣留"有关证照、车辆措施等。在行政管理活动中,公安机关一般不得对相对人的财产采取直接的强制措施。

第五,立案程序不同。公安机关办理刑事案件应遵循严格的立案程序。"立案是刑事诉讼的开端。"① 公安机关在立案以后才能采取刑事侦查措施。是否办理刑事立案手续是审查公安机关所采取之措施是否为刑事侦查措施的重要标准,而立案应遵循严格的程序。《刑事诉讼法》(2012年修正)第107条规定:"公安机关或者人民检察院发现犯罪事实或者犯罪嫌疑人,应当按照管辖范围,立案侦查。"第110条规定:"人民法院、人民检察院或者公安机关对于报案、控告、举报和自首的材料,应当按照管辖范围,迅速进行审查,认为有犯罪事实需要追究刑事责任的时候,应当立案。"可见立案有以下法定条件:发现犯罪事实或犯罪嫌疑人,或者有报案、控告、举报、自首的材料,即有立案依据;必须遵循管辖的规定,即遵循刑事诉讼法关于职能管辖和地域管辖的规定;必须经过审查后认为有犯罪事实需要追究刑事责任。按公安机关内部办案程式,决定立案或者不立案都必须制作相应的法律文书。立案应填写立案报告表,报请有关领导批准,重大案件并应呈报上级领导机关备案。公安机关严格遵循刑事案件立案程序立案后,所采取的侦查措施一般应认为是司法行为,即使立案后经过侦查认为嫌疑人不构成犯罪或在侦查过程中有越权或违法行为,也不应将其看做行政行为。

第六,内部各部门职能分工不同。公安机关作为一个整体具有行政管理和刑事司法双重职能,但公安机关内部各职能部门仍然是有所分工的。刑侦部门如刑侦大队、刑侦科不可能具有治安管理、户籍管理、出入境管理的职能;治安部门则主要履行治安管理的职能,一般不能侦查刑事案件。审查公安机关的行为是行政行为还是司法行为,其内部职能

---

① 杨连峰主编:《中国刑事诉讼法学》,武汉大学出版社1994年版,第448页。

分工也是一个重要参考标准。

应该说,从以上不同的角度对公安机关行政强制措施与刑事侦查措施所作出的分析足以将两者区分开来。在公安机关依法正常行使职权的情况下,区分行政强制措施与刑事侦查措施并非难事,将行政强制措施纳入受案范围亦无争议。然而,实践中,涉及行政诉讼受案范围的争议却屡屡发生,主要是公安机关越权插手和干预经济纠纷引发的问题。

(三) 公安机关越权插手经济纠纷的特征和诉讼性质

公安机关越权插手经济纠纷一般具有以下特征:

1. 其做法一般是以诈骗罪、走私罪等为名查封、扣押、变卖债务人的财产,或以诈骗罪、走私罪等为名对债务人采取限制人身自由的刑事强制措施。在债务人履行债务后,即解除有关措施,如发还被其扣押的物品或释放关押的债务人。也有的公安机关或公安机关工作人员乘机对债务人进行勒索或强占扣押物,将扣押物据为己有等,这些违法违纪甚至构成犯罪的行为已经不属于这里讨论的内容了。

2. 一般都没有办理刑事案件的合法立案手续,但却实施了办理刑事案件的侦查手段,其所采取的措施明显属于刑事侦查措施。在采取这些措施时,公安机关的行为不是围绕揭露犯罪、证明犯罪展开,而是围绕财产的占有、支配、流转展开,或者对与犯罪无关的财产予以扣押,或者非法关押人质,采取"拿钱放人"的态度。

3. 公安机关实施这些行为的目的既不是为了揭露、证明犯罪,也不是为了行政管理的职能需要,而是出于一些不合法的目的。如出于地方保护主义保护本地企业、个人利益,或出于个人的私利,如办理"人情案""关系案"等。

总之,这些行为的违法性是没有疑义的,公安部也发布了严禁各级公安机关越权插手经济纠纷的通知①。那么,相对人对这些行为申请救济的途径是什么?我们认为,这类行为实质上是公安机关借刑事侦查之名,采取非法手段,干预经济纠纷的解决和处理,是超越公安机关职权范围的违法行为。这些行为从事实上、法律上都不属于刑事诉讼法所规定的刑事侦查措施,应认定为行政行为,适用行政复议、行政诉讼的救济手段。我国最高人民法院的判决亦持以上观点②。

---

① 公安部 1993 年 4 月 20 日发布《关于严禁公安机关插手经济纠纷违法抓人的通知》。

② 《违规干预扣船"翻船"依法告"官"财去财还》,载《法制日报》1996 年 12 月 21 日。

第六章 行政诉讼管辖

第一节 管辖概述

主管明确人民法院和其他国家机关之间受理行政争议案件的分工。人民法院系统内部,各人民法院之间审理案件的具体分工,则由管辖来确定。管辖是指各级人民法院之间或者同级人民法院之间受理第一审行政案件的分工和权限。我国地域广大,行政区划复杂,人民法院建制与行政区划基本相关联。而在人民法院系统内部,案件实行的是四级两审制。因此,每一行政案件,都必须从纵向和横向两个方面来确定案件的管辖,即级别管辖和地域管辖。《行政诉讼法》规定了级别管辖和地域管辖,同时对确定具体行政案件的管辖时可能遇到的问题也作了规定。

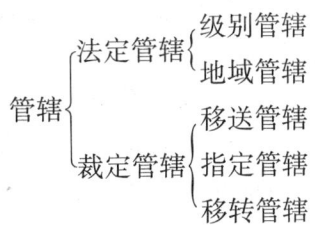

管辖问题还涉及人民法院系统内部地方各级人民法院与专门法院之间受理行政案件的分工。对此,《行政诉讼法》第4条第2款规定:"人民法院设行政审判庭,审理行政案件。"我国法律制度的基本理论借鉴的是大陆法系民行二元的体制,但并未采取大多数大陆法系国家在普通法院之外单独设立行政法院的做法,而是在普通法院内设行政审判庭审理行政案件。为了排除受理和审理行政案件中可能的不当干扰,行政诉讼法修改过程中,行政法院的方案屡次被提及。但从整个司法体制设置角度综合考虑,决策者最终并未采纳行政法院的做法,而是探索在现有体制下渐进式地推进行政审判体制改革。2014年10月23日中国共产党第十八届中央委员会第四次全体会议通过《中共中央关于全面推进依法治国若干重大问题的决定》,其中提出:"探索设立跨行政区划的人民法院和人民检察院,办理跨地区案件。完善行政诉讼体制机制,合理调整行政诉讼案件管辖制度,切实解决行政诉讼立案难、审理难、执行难等突出问题。"

为解决专门人民法院受理、审理行政案件的管辖问题,推行跨地区集中管辖制度,

第六章 行政诉讼管辖

《行政诉讼法》第 18 条第 2 款规定："经最高人民法院批准，高级人民法院可以根据审判工作的实际情况，确定若干人民法院跨行政区域管辖行政案件。"《2018 年司法解释》第 3 条规定，"各级人民法院行政审判庭审理行政案件和审查行政机关申请执行其行政行为的案件。专门人民法院、人民法庭不审理行政案件，也不审查和执行行政机关申请执行其行政行为的案件。铁路运输法院等专门人民法院审理行政案件，应当执行行政诉讼法第 18 条第 2 款的规定。"

铁路运输法院等专门人民法院管辖行政案件，主要是出于完善行政审判体制机制，排除某些干预的考虑。2014 年《行政诉讼法》修正通过后，各地开展了跨行政区域管辖行政案件的尝试。同时，利用专门法院受理和审理行政案件也是 2014 年《行政诉讼法》修改以后人民法院进行的新尝试，此举主要涉及铁路运输法院和海事法院。

2014 年 12 月 28 日，上海市第三中级人民法院、上海知识产权法院和上海市人民检察院第三分院正式成立。这是中国首个跨行政区划的人民法院和人民检察院。按照"审判独立、行政（党务）合署"的原则，上海市第三中级人民法院依托上海铁路运输中级法院设立，同时组建上海知识产权法院，与上海市第三中级人民法院合署办公，实行"三块牌子一个机构"。自 2015 年 1 月 1 日起，上海三中院依法管辖以市级人民政府为被告的一审行政案件，以市级行政机关为上诉人、被上诉人的二审行政案件（不包括知识产权行政案件）。① 继上海之后，广州市也在探索依托铁路运输法院实行行政诉讼集中管辖的做法②。2015 年 12 月 25 日广东省高级人民法院正式启动"铁路法院集中管辖广州市行政案件"改革，从 2016 年元旦起，广州两级法院不再受理行政案件。广州铁路运输中级法院在受理原有铁路案件的基础上，集中受理广州市二审行政案件，以及法定应当由中级法院审理的一审行政案件、非诉行政案件审查。广州铁路运输法院更名为广州铁路运输第一法院，在受理原有铁路案件的基础上，集中受理广州市一审行政案件和非诉行政案件审查。广州市中级人民法院及所属各区基层法院行政审判庭的机构、编制、职责相应整体划入广州铁路运输中级法院和广州铁路运输第一法院。③

依最高人民法院司法解释的规定，海事法院管辖海事行政案件。关于海事法院是否受

---

① 参见《我国首个跨行政区划法院——上海市三中院揭牌》，2014 年 12 月 28 日，新华网。
② 在 2015 年 2 月召开的广州市十四届人民代表大会第五次会议上，广州市人大代表、广州市中级法院院长刘年夫接受了记者采访称："广州两级法院将撤销行政审判庭，所有行政诉讼案件将转到广州铁路运输基层法院、广州铁路运输中级法院管辖，可能会在今年下半年开始试点。"刘年夫告诉记者，目前广州市两级法院的行政诉讼案件，每年大概在六千到七千件之间，将来一审和二审的行政诉讼案件都会转到铁路法院管辖，并且选调广州两级法院的行政法官到铁路法院。改革后的铁路法院不会改变名字，试点的范围是广州地区。参见《下半年两级法院或撤行政审判庭 行政案件由铁路法院管辖》，载《羊城晚报》2015 年 2 月 3 日。
③ 记者马晓澄、毛一竹：《广州行政案件将统一由铁路法院受理》，2015 年 12 月 25 日，新华网。2018 年 7 月 12 日访问。

理和审理行政案件，实践中曾有过反复。① 2016 年 2 月 24 日最高人民法院公布《最高人民法院关于海事法院受理案件范围的规定》（法释〔2016〕4 号），规定海事法院受理案件的范围包括海事侵权纠纷案件、海商合同纠纷案件、海洋及通海可航水域开发利用与环境保护相关纠纷案件、其他海事海商纠纷案件、海事行政案件、海事特别程序案件，据此，海事法院再次开始受理和审理海事行政诉讼案件。同日，最高人民法院还发布《关于海事诉讼管辖问题的规定》（法释〔2016〕2 号）。该司法解释规定，"海事法院审理第一审海事行政案件。海事法院所在地的高级人民法院审理海事行政上诉案件，由行政审判庭负责审理"。依《最高人民法院关于海事法院受理案件范围的规定》，海事行政案件包括："79. 因不服海事行政机关作出的涉及海上、通海可航水域或者港口内的船舶、货物、设备设施、海运集装箱等财产的行政行为而提起的行政诉讼案件；80. 因不服海事行政机关作出的涉及海上、通海可航水域运输经营及相关辅助性经营、货运代理、船员适任与上船服务等方面资质资格与合法性事项的行政行为而提起的行政诉讼案件；81. 因不服海事行政机关作出的涉及海洋、通海可航水域开发利用、渔业、环境与生态资源保护等活动的行政行为而提起的行政诉讼案件；82. 以有关海事行政机关拒绝履行上述第 79 项至第 81 项所涉行政管理职责或者不予答复而提起的行政诉讼案件。83. 以有关海事行政机关及其工作人员作出上述第 79 项至第 81 项行政行为或者行使相关行政管理职权损害合法权益为由，请求有关行政机关承担国家赔偿责任的案件；84. 以有关海事行政机关及其工作人员作出上述第 79 项至第 81 项行政行为或者行使相关行政管理职权影响合法权益为由，请求有关行政机关承担国家补偿责任的案件；85. 有关海事行政机关作出上述第 79 项至第 81 项行政行为而依法申请强制执行的案件。"

　　管辖本身是一个技术性问题，只是将案件在人民法院内部做合理分工即可。法院内部级别的设置主要应考虑上下级法院之间在事实审与法律审问题上的分工。但由于行政诉讼以行使行政权的行政机关为被告，特别是在我国，考虑到强大的行政权可能对人民法院审理行政案件产生的影响，管辖成为行政审判实践中一个重要的问题。

---

① 关于海事法院是否管辖行政案件的问题，最高人民法院 2001 年 9 月 11 日发布的《关于海事法院受理案件范围的若干规定》中明确规定海事法院的收案范围为 63 项，其中包括海事行政案件和海事行政赔偿案件。以后，最高人民法院于 2002 年 1 月 30 日下发《关于海关行政处罚案件诉讼管辖问题的解释》，其中规定，"相对人不服海关作出的行政处罚决定提起诉讼的案件，由有管辖权的地方人民法院依照《中华人民共和国行政诉讼法》的有关规定审理。相对人向海事法院提起诉讼的，海事法院不予受理。"这两个规定是有矛盾的。依据新法优于旧法的原则，海事法院不受理行政处罚案件。但是，海事行政案件并不仅仅只限于行政处罚案件，还包括其他的行政案件，如船籍登记、船员管理、资格认定等。这些案件是由海事法院管辖还是由地方法院管辖不甚明确。为此，2003 年 8 月 11 日最高人民法院办公厅下达《关于海事行政案件管辖问题的通知》。该通知规定，根据审判委员会第 1282 次会议决定，第一，行政案件、行政赔偿案件和审查行政机关申请执行其行政行为的案件仍由各级人民法院行政审判庭审理。海事等专门人民法院不审理行政案件、行政赔偿案件，亦不审查和执行行政机关申请执行其行政行为的案件。第二，本通知下发之前，海事法院已经受理的海事行政案件、行政赔偿案件，继续由海事法院审理；海事法院已作出的生效行政判决或者行政裁定的法律效力不受影响。

第二节 级别管辖

一、级别管辖的概念

划分上下级人民法院之间审理第一审行政案件的分工和权限，叫做级别管辖。我国《行政诉讼法》规定的级别管辖是划分各级人民法院之间审理第一审行政案件的分工，确定哪些案件由基层人民法院审理，哪些案件由中级人民法院、高级人民法院、最高人民法院审理的依据。

二、划分级别管辖的标准

我国行政诉讼法采用综合性标准确定行政案件的级别管辖，主要是将我国人民法院通常划分案件管辖的标准，如案件的性质、简繁程度、影响大小与被告的级别综合起来确定级别管辖。

在行政诉讼法的立法过程中，有学者提出以被告的级别作为人民法院确定管辖的标准，主张由与被告同级的人民法院管辖。被告是基层人民政府及其所属机构的，由基层人民法院管辖；被告是市级人民政府及其所属机构的，由中级人民法院管辖；被告是省、自治区、直辖市人民政府及其所属机构的，由高级人民法院管辖；被告是国务院及其所属各部、委、局的，由最高人民法院管辖。认为这样可以保证人民法院审理案件时的权威性和人民法院作出判决的权威性，便于摆脱地方保护主义及关系网的束缚，有利于公正审判。反对者也认为，以当事人的级别作为确定级别管辖的标准，有与法律面前人人平等原则不相符之虞。从行政诉讼法实施以来的实际情况看，在确定级别管辖时，确有考虑被告身份的必要。不过，在我国普通法院系统四级法院的建制下，高级人民法院和最高人民法院的任务主要是对下级人民法院的审判工作进行监督和指导，一般不宜受理过多的一审案件，因此，即便考虑被告的级别来确定管辖法院，也主要是改变一审案件主要由基层人民法院受理的做法，增加中级人民法院受理行政案件的数量。

以被告行政机关的级别作为确定法院级别管辖的标准，这在国外的立法中，是可以找到实例的。如法国最高行政法院的初审管辖权以法律明文规定为限。"最高行政法院初审管辖的重大行政案件包括：（1）撤销总统和部长会议的命令的诉讼，包括普遍性的条例和具体性的处理在内。（2）总统任命的高级公务员个人地位有关的诉讼。（3）撤销部长制定的行政条例的诉讼，但由该条例所产生的损害赔偿之诉的初审管辖权，属于行政法庭。（4）撤销部长必须咨询最高行政法院所采取的具体行政决定的诉讼，例如撤销承认某个团体为公益法人的诉讼。（5）欧洲议会和大区议会的选举的诉讼。"[①]

---

① 王名扬：《法国行政法》，中国政法大学出版社1988年版，第615页。

三、关于级别管辖的具体规定

（一）基层人民法院管辖的第一审行政案件

基层人民法院是我国审判机关的最基层单位，主要任务是审判案件。基层人民法院分布在全国各个地方，与行政区划基本一致，分布均衡。基层人民法院是确定级别管辖的基础。因此，除行政诉讼法另有规定的以外，一般行政案件由基层人民法院作为第一审法院。基层人民检察院提起的第一审行政公益诉讼案件，由被诉行政机关所在地基层人民法院管辖。

（二）中级人民法院管辖的第一审行政案件

中级人民法院的主要任务是对基层人民法院的审判工作进行监督指导和审理不服基层人民法院判决、裁定的上诉案件。由于行政诉讼的特点，中级人民法院是审理行政案件的重要一环。行政诉讼法规定将一些影响较大、案情复杂的案件交由中级人民法院作为第一审法院审理。具体地说，中级人民法院管辖下列第一审行政案件：

1. 对国务院部门或者县级以上地方人民政府所作的行政行为提起诉讼的案件

对国务院各部门或者县级以上地方人民政府所作的行政行为不服提起诉讼的案件，可分为两种类型：一种是对国务院各部门和县级以上人民政府直接作出的行政行为提起诉讼的案件；另一种是对他们所作出的复议决定提起诉讼的案件。这类案件一般都是在中级人民法院辖区内有重大影响或者是复杂疑难的案件，为保证办案质量，减少可能出现的干扰，应由中级人民法院管辖。

2. 海关处理的案件

海关处理的案件，一般属于专业技术性较强的复杂、疑难案件，而且海关的设置也都在大中城市，故由中级人民法院作为第一审法院。

3. 本辖区内重大、复杂的案件

这是一项灵活性的规定，可以由人民法院根据案件的具体情况确定。不过，《2018年司法解释》第5条规定，有下列情形之一的，属于《行政诉讼法》第15条第3项规定的"本辖区内重大、复杂的案件"：（1）社会影响重大的共同诉讼案件；（2）涉外或者涉及香港特别行政区、澳门特别行政区、台湾地区的案件；（3）其他重大、复杂案件。

按照最高人民法院的有关司法解释，下列四类案件属于中级人民法院管辖，也可适用本辖区内重大、复杂的案件之规定。

（1）2002年10月1日起施行《最高人民法院关于审理国际贸易行政案件若干问题的规定》第5条规定，第一审国际贸易行政案件由具有管辖权的中级以上人民法院管辖。

（2）2003年1月1日起施行《最高人民法院关于审理反倾销行政案件应用法律若干问题的规定》第5条规定，第一审反倾销行政案件由下列人民法院管辖：被告所在地高级人民法院指定的中级人民法院；被告所在地高级人民法院。

（3）2003年1月1日起施行《最高人民法院关于审理反补贴行政案件应用法律若干问题的规定》第5条规定，第一审反补贴行政案件由下列人民法院管辖：被告所在地高级人民法院指定的中级人民法院；被告所在地高级人民法院。

（4）2005年1月31日起施行《最高人民法院关于对与证券交易所监管职能相关的诉

讼案件管辖与受理问题的规定》规定，根据《中华人民共和国民事诉讼法》第 37 条和《中华人民共和国行政诉讼法》第 22 条的有关规定，指定上海证券交易所和深圳证券交易所所在地的中级人民法院分别管辖以上海证券交易所和深圳证券交易所为被告或第三人的与证券交易所监管职能相关的第一审民事和行政案件。

4. 其他法律规定由中级人民法院管辖的案件

2014 年 8 月 31 日第十二届全国人民代表大会常务委员会第十次会议通过"全国人民代表大会常务委员会关于在北京、上海、广州设立知识产权法院的决定"，这是一个法律性质的规范性文件。决定规定，在北京、上海、广州设立知识产权法院。知识产权法院属于中级人民法院。知识产权法院管辖有关专利、植物新品种、集成电路布图设计、技术秘密等专业技术性较强的第一审知识产权民事和行政案件以及不服国务院行政部门裁定或者决定而提起的第一审知识产权授权确权行政案件。当然，不服国务院行政部门裁定或者决定而提起的案件，按照前述第一项规定，本身也属于中级人民法院管辖。

（三）高级人民法院管辖的第一审行政案件

高级人民法院管辖的本辖区内重大、复杂的第一审行政案件。高级人民法院是地方各级人民法院中最高一级的审判机关。它的任务主要是对本辖区内的中级人民法院的审判工作进行监督指导，审理不服中级人民法院判决的上诉案件，因此，行政诉讼法规定高级人民法院管辖本辖区内重大、复杂的第一审行政案件。这里所说的"重大、复杂的案件"，从审判实践看，主要是指以下案件：对国务院作出的行政行为提起诉讼的案件，在高级人民法院辖区内人民群众有强烈反应的案件或者有关重大公共利益的案件。

（四）最高人民法院管辖的第一审行政案件

最高人民法院管辖的全国范围内重大、复杂的第一审行政案件。最高人民法院是我国的最高审判机关，它的任务主要是对全国各级人民法院的审判工作进行监督和指导，一般不审理一审行政案件。由它管辖的第一审行政案件，只能是在全国范围内有重大影响或者极为复杂的行政案件，比如在全国范围内人民群众有强烈反响的案件，有必要作出司法解释的案件等。

（五）共同被告情况下的级别管辖

《行政诉讼法》规定，经复议的案件，复议机关决定维持原行政行为的，作出原行政行为的行政机关和复议机关是共同被告，这就涉及共同被告级别不同，可能管辖法院不同的情况。如县人民政府作为复议机关，与作出原行政行为的某一行政机关作为共同被告。根据《行政诉讼法》第 15 条对县级以上地方人民政府所作的行政行为提起诉讼的案件由中级人民法院管辖的规定，县人民政府作为共同被告的案件，如以县人民政府来确定级别管辖，应该由中级人民法院管辖。但是，可能考虑到这类案件多，中级人民法院出现应接不暇的情况，《2018 年司法解释》第 134 条第 3 款特别规定："复议机关作共同被告的案件，以作出原行政行为的行政机关确定案件的级别管辖。"在这里，《2018 年司法解释》第 134 条第 3 款与《行政诉讼法》第 15 条是有一定矛盾的。

第三节 地 域 管 辖

同级人民法院之间，特别是同级基层人民法院之间审理第一审行政案件的分工和权限，叫地域管辖。地域管辖一般是按人民法院的辖区和行政案件的隶属关系来划分的。行政诉讼中的地域管辖分为一般地域管辖和特殊地域管辖。

一、一般地域管辖

（一）一般地域管辖的一般规定

一般地域管辖是指按照被告所在地划分案件管辖法院的管辖方式。遵循的是诉讼法中确定地域管辖"原告就被告"的一般原则。《行政诉讼法》第18条第1款规定："行政案件由最初作出行政行为的行政机关所在地人民法院管辖。经复议的案件，也可以由复议机关所在地人民法院管辖。"此规定表明，直接向人民法院起诉而未经过行政复议的行政案件，由最初作出行政行为的行政机关所在地人民法院管辖；经过复议的案件，由于《行政诉讼法》规定由复议机关作被告或复议机关与最初作出行政行为的机关作共同被告，如果最初作出行政行为的机关和复议机关不在同一法院辖区的，由原告选择两机关所在地中的其中一个人民法院管辖。

（二）一般地域管辖的特别规定

《行政诉讼法》第18条第2款规定："经最高人民法院批准，高级人民法院可以根据审判工作的实际情况，确定若干人民法院跨行政区域管辖行政案件。"这一规定主要是为司法改革中探索专门法院审理行政案件留有余地。依此规定，可能跨区域管辖行政案件的法院，既可以是基层人民法院，也可以是中级人民法院。

二、特殊地域管辖

特殊地域管辖，是指根据某些特殊行政法律关系来确定案件管辖法院的管辖方式。《行政诉讼法》规定了两种特殊地域管辖。

1. 对限制人身自由的行政强制措施不服提起的诉讼，由被告所在地或者原告所在地人民法院管辖

人身自由是宪法和法律赋予公民的一项最基本的权利。为了充分保护公民的人身自由，《行政诉讼法》规定，当公民的人身自由受到行政机关行政强制措施侵犯时，可由原告选择方便其进行诉讼的原告所在地或者被告所在地人民法院管辖。这里所说的原告所在地是指原告的住所地、经常居住地和被限制人身自由地。按这一规定，当原告所在地和被告所在地不一致时，大多数原告会选择便于其进行诉讼的原告所在地人民法院管辖，这将会出现不利于行政机关参加诉讼的情况，如受公安机关行政强制措施对待的人分布在全国各地，若发生纠纷都到原告所在地应诉，费时费事，非常不便。而且也会给人民法院勘验现场、搜集和核查证据等工作带来一定的困难。然而，《行政诉讼法》作出这一规定的目的是为了便于原告进行诉讼。这是因为，一方面，行政机关在财力、人力上的承受能力要比公民一方强；另一方面，原告是行政诉讼的主要参加人，不便于原告参加诉讼会给人民法院的审判工作带来更大困难。所以，《行政诉讼法》对不服限制人身自由的行政强制措施提起诉讼的行政案件的管辖作出了特殊规定。

《行政诉讼法》做此规定的立法意图是为了保护公民的人身权这一基本权利，便于公民在这一基本权利受到侵犯时寻求司法保护。由于《行政诉讼法》在受案范围和判决部

分对行政处罚和行政强制措施都作了明确的不同规定,因而可以理解为《行政诉讼法》对行政处罚和行政强制措施有所区别。那么此规定是否适用于限制人身自由的行政处罚？如果机械地理解法律,则这一规定不适用于限制人身自由的行政处罚。但从立法意图看,立法者作此规定的目的是为了对公民的人身自由提供特别保护,而行政处罚和行政强制措施都是对公民的人身自由加以限制或者剥夺,因此,应该认为限制人身自由的行政处罚和行政强制措施都可以由原告选择管辖。对此,《2018年司法解释》第8条规定:"行政诉讼法第19条规定的'原告所在地',包括原告的户籍所在地、经常居住地和被限制人身自由地。对行政机关基于同一事实,既采取限制公民人身自由的行政强制措施,又采取其他行政强制措施或者行政处罚不服的,由被告所在地或者原告所在地的人民法院管辖。"这一规定实际上扩大了原告选择管辖的范围,原告对某些限制人身自由的行政处罚案件也可以选择管辖。

2. 因不动产提起的行政诉讼,由不动产所在地人民法院管辖

不动产是指土地包括滩涂、草原、山岭、荒地等及其附着物。附着物是指自然的或者人工的附在土地之上或者土地之中的物体,如建筑物、山林、水流等。因不动产引起的诉讼由不动产所在地法院管辖,便于进行调查、勘验；便于法院对案件作出公正、及时的处理。一般来说,因不动产提起的行政诉讼,包括公民、法人或者其他组织对行政机关作出的有关不动产所有权或者使用权的行政行为不服,而向人民法院提起的诉讼；以及因涉及到不动产的侵权行为而引起的诉讼。《2018年司法解释》对因不动产提起的行政诉讼做了限缩的解释,其第9条规定:"行政诉讼法第20条规定的'因不动产提起的行政诉讼'是指因行政行为导致不动产物权变动而提起的诉讼。不动产已登记的,以不动产登记簿记载的所在地为不动产所在地；不动产未登记的,以不动产实际所在地为不动产所在地。"该司法解释所规定以外的争议,仍然遵循地域管辖的一般规定。

三、协议管辖

行政诉讼中协议管辖只在行政协议案件中有规定。《行政协议司法解释》第7条规定:"当事人书面协议约定选择被告所在地、原告所在地、协议履行地、协议订立地、标的物所在地等与争议有实际联系地点的人民法院管辖的,人民法院从其约定,但违反级别管辖和专属管辖的除外。"允许行政协议案件约定管辖,体现了行政协议案件的特点,便利当事人进行诉讼,是对当事人意志的尊重。

四、共同管辖和选择管辖

共同管辖是指对同一诉讼,两个或者两个以上的人民法院都有管辖权而确定的管辖。如对限制人身自由的行政强制措施不服提起的诉讼,原告所在地或者被告所在地人民法院都有管辖权。又如因不动产引起的诉讼如果该不动产跨两个以上辖区和经复议的案件,都有可能出现共同管辖。

选择管辖是指在法律规定共同管辖的情况下,原告可以选择其中一个人民法院作为管辖法院而确定的管辖。共同管辖和选择管辖,既不是一种管辖的两个不同称谓,也不是两种不同的管辖方式,而是一个事物的两个方面。从管辖权角度讲,是共同管辖；从当事人

有权确定具体管辖法院角度讲，是选择管辖。《行政诉讼法》第21条规定，两个以上的人民法院都有管辖权的案件，原告可以选择其中一个人民法院提起诉讼。原告向两个以上有管辖权的人民法院提起诉讼的，由最先立案的人民法院管辖。《行政诉讼法》的这一规定，与民事诉讼法的规定完全一致，主要是为了避免人民法院之间在受理案件时因管辖权问题发生互相推诿的情况。

五、合并管辖

合并管辖又称牵连管辖，是指对某个案件有管辖权的人民法院，可以管辖与此案件有牵连的其他案件。合并管辖主要出现于受理本案的人民法院对有牵连的案件没有管辖权而又需要合并审理的情况。依司法解释的规定，对行政机关基于同一事实，既采取限制公民人身自由的行政强制措施，又采取其他行政强制措施或者行政处罚不服的，如果当事人对这几种行政行为均不服，向有管辖权的人民法院提起诉讼，该人民法院可以将当事人的诉讼请求合并审理。

第四节 裁定管辖

由人民法院作出一个裁定或者决定来确定案件管辖法院的方式，叫裁定管辖。《行政诉讼法》规定的裁定管辖有三种：移送管辖、指定管辖和移转管辖。

一、移送管辖

《行政诉讼法》第22条规定："人民法院发现受理的案件不属于本院管辖的，应当移送有管辖权的人民法院，受移送的人民法院应当受理。受移送的人民法院认为受移送的案件按照规定不属于本院管辖的，应当报请上级人民法院指定管辖，不得再自行移送。"依此规定，人民法院在作出移送管辖应当同时具备三个条件：第一，人民法院已经受理了案件；第二，移送的法院对此案无管辖权；第三，接受移送的法院对此案有管辖权。移送法院的移送裁定，对接受移送的人民法院具有约束力，该法院既不能退回移送的人民法院，也不得再自行移送其他人民法院。如果确实认为移送错误或者审理确有困难的，应说明理由报请上级人民法院指定管辖。

二、指定管辖

对某一案件，上级人民法院以裁定的方式，指定某一个下级人民法院管辖，称为指定管辖。《行政诉讼法》第23条规定，对两种情况要由上级人民法院指定管辖。

1. 有管辖权的人民法院由于特殊原因不能行使管辖权的，如由于自然灾害、战争、意外事故或者法律规定等其他原因，致使有管辖权的人民法院无法审理案件，要由上级人民法院指定其他人民法院管辖。

2. 人民法院对管辖权发生争议，由争议双方协商解决。协商不成的，报它们的共同上级人民法院决定。

《行政诉讼法》第24条还规定，下级人民法院对其管辖的第一审行政案件，认为需要由上级人民法院审理或者指定管辖的，可以报请上级人民法院决定。这一规定里的认为需要由上级人民法院指定管辖，并不是指第23条规定的由于特别原因不能行使管辖权，而应该是指下级人民法院认为的任何不需要说出理由的原因。

总体来说，指定管辖是在管辖权的归属或者行使产生疑问或出现问题的情况下，由上级人民法院决定某一个法院行使具体案件的管辖权。

三、移转管辖

移转管辖，又叫管辖权的转移，是指由上级人民法院决定或者同意，把有管辖权的案件，由下级人民法院移送上级人民法院审判。移转管辖是在上下级人民法院之间，将案件由有管辖权的人民法院移转给没有管辖权的人民法院，以便根据行政案件的具体情况，由适当的人民法院审判。《行政诉讼法》第24条规定："上级人民法院有权审理下级人民法院管辖的第一审行政案件。下级人民法院对其管辖的第一审行政案件，认为需要由上级人民法院审理或者指定管辖的，可以报请上级人民法院决定。"

2014年《行政诉讼法》修改，取消了移转管辖中，上级人民法院决定或者同意，将案件由上级人民法院移交下级人民法院审判的规定。也就是说移转管辖中，案件的管辖权只能上移，而不能下移，保证行政案件的管辖级别不至于太低，从而避免可能的干扰。

鉴于司法实践中有当事人要求提高受诉法院管辖级别以及立案困难等情况，《2018年司法解释》第6条规定："当事人以案件重大复杂为由，认为有管辖权的基层人民法院不宜行使管辖权或者根据行政诉讼法第52条的规定，①向中级人民法院起诉，中级人民法院应当根据不同情况在七日内分别作出以下处理：（一）决定自行审理；（二）指定本辖区其他基层人民法院管辖；（三）书面告知当事人向有管辖权的基层人民法院起诉。"这一规定，授权中级人民法院根据案件的实际需要和自己的具体情况作出决定，既有移转管辖，也有指定管辖，还可能仍然要求有管辖权的基层人民法院审理。

而针对基层人民法院有管辖权但有可能面临较大干扰而需要移转管辖等情况，《2018年司法解释》第7条规定："基层人民法院对其管辖的第一审行政案件，认为需要由中级人民法院审理或者指定管辖的，可以报请中级人民法院决定。中级人民法院应当根据不同情况在七日内分别作出以下处理：（一）决定自行审理；（二）指定本辖区其他基层人民法院管辖；（三）决定由报请的人民法院审理。"

四、管辖异议的处理

《行政诉讼法》条文未涉及当事人对管辖异议的处理问题。对此，应当可以准用《民事诉讼法》的规定。《民事诉讼法》第127条规定："人民法院受理案件后，当事人对管辖权有异议的，应当在提交答辩状期间提出。人民法院对当事人提出的异议，应当审查。异议成立的，裁定将案件移送有管辖权的人民法院；异议不成立的，裁定驳回。当事人未

---

① 《行政诉讼法》第52条："人民法院既不立案，又不作出不予立案裁定的，当事人可以向上一级人民法院起诉。上一级人民法院认为符合起诉条件的，应当立案、审理，也可以指定其他下级人民法院立案、审理。"

提出管辖异议,并应诉答辩的,视为受诉人民法院有管辖权,但违反级别管辖和专属管辖规定的除外。"

《2018年司法解释》对此也做了进一步的解释。该司法解释第10条规定:"人民法院受理案件后,被告提出管辖异议的,应当在收到起诉状副本之日起十五日内提出。对当事人提出的管辖异议,人民法院应当进行审查。异议成立的,裁定将案件移送有管辖权的人民法院;异议不成立的,裁定驳回。人民法院对管辖异议审查后确定有管辖权的,不因当事人增加或者变更诉讼请求等改变管辖,但违反级别管辖、专属管辖规定的除外。"第11条规定:"有下列情形之一的,人民法院不予审查:(一)人民法院发回重审或者按第一审程序再审的案件,当事人提出管辖异议的;(二)当事人在第一审程序中未按照法律规定的期限和形式提出管辖异议,在第二审程序中提出的。"

管辖权异议的处理不同于管辖恒定。诉讼法中有一个概念叫做管辖恒定原则,是指确定案件管辖权后,起诉时对案件享有管辖权的法院,不因确定管辖的事实如当事人增加或变更诉讼请求,在诉讼过程中发生变化而影响其管辖权。《2018年司法解释》第4条即是管辖恒定的规定:"立案后,受诉人民法院的管辖权不受当事人住所地改变、追加被告等事实和法律状态变更的影响。"管辖权异议的处理是人民法院受理案件后,当事人提出了异议,这也就意味着管辖权尚未明确,这时需要受理的人民法院对异议进行处理,以确定本案的管辖权。

第七章　行政诉讼参加人

诉讼参加人，是指当事人和与当事人诉讼地位相同的人。行政诉讼法第四章专章规定了诉讼参加人，包括行政诉讼的原告、被告、诉讼中的共同诉讼人、第三人和诉讼代理人。

第一节　当事人概述

一、当事人的概念和特征

行政诉讼中的当事人，是指在国家行政机关实施行政管理的活动中，因行政机关的行政行为发生争议，依照《行政诉讼法》的规定，以自己的名义到人民法院进行诉讼，并受人民法院裁判约束的有利害关系的公民、法人和其他组织以及行政机关。

当事人有广义和狭义的理解。狭义的当事人指单一诉讼（一个原告和一个被告的诉讼）中的原告和被告，广义的当事人还包括共同诉讼人和第三人。

行政诉讼中的当事人具有以下特征：

1. 行政诉讼当事人是以自己的名义进行诉讼的人。如果在诉讼中不是以自己的名义，而是以他人名义进行诉讼，就不是行政诉讼的当事人，如诉讼代理人。

2. 行政诉讼当事人要受人民法院裁判的约束，与案件有利害关系。人民法院的裁判是为了解决当事人之间的纠纷而作出的，对当事人具有约束力。

3. 行政诉讼当事人只能是行政法律关系的主体，是行政法律关系中发生争执的双方。不是因行政法律关系发生的争执，不是行政案件，即使起诉，也不是行政诉讼，因而争执的双方也不是行政诉讼的当事人。

4. 行政诉讼当事人中，原告可以是公民，也可以是国家机关、企业事业单位、社会团体及其他组织，被告只能是特定的国家行政机关，以及法律、法规、规章授权的组织。

一般而言，当事人必须具有当事人资格。这个问题在诉讼法理上，就原告来说，一般被称为原告资格问题；而就被告而言，则以被告是否适格为角度进行分析和研究。

二、当事人的称谓

依《行政诉讼法》的规定，行政诉讼的当事人在一审程序中叫原告和被告。在二审程序和审判监督程序中的称谓，行政诉讼法没有规定，实践中，依照《民事诉讼法》的规定，在二审程序中叫上诉人、被上诉人，在审判监督程序中，叫原审原告、原审被告或者原上诉人、原被上诉人。

依司法解释,检察机关提起公益诉讼,其身份为公益诉讼起诉人。

当事人的称谓本是一个极易解决的问题,因为从语义学的角度来说,称谓只是一个符号,关键是这一符号所包含的内容。然而,在残存着等级名分观念的我国,在《行政诉讼法》的起草过程中,如何对当事人进行称谓,却引起了不少的争议。争议的内容主要是对行政诉讼中被诉的行政机关应如何称谓。《行政诉讼法》确定了"原告""被告"的称谓,否定了"起诉人"、"应诉人"或者"被诉人"等类似提法,体现了法律面前人人平等原则。

就被告的本意来说,被告即"被人所告",并无贬义。法律之所以设定被告这一角色,目的就在于为其设置一定的诉讼地位,赋予其一定的诉讼权利和义务,以便有秩序地进行诉讼活动,最终达到查明案件事实,解决争议的目的,而并不意味着被告就一定违法。在诉讼法中,被告作为一个特定的角色,其用语已为人们所熟悉,在民事诉讼和刑事诉讼中基本相同[1]。而如果在行政诉讼中重新适用一个新的称谓,不仅不利于法律用语的规范性、稳定性,而且极易造成混乱,为某些行政机关在行政诉讼中寻找特权留下口实,也可能增加相对人对行政诉讼的不信任感。

三、当事人能力

当事人能力又称诉讼权利能力,是指作为行政诉讼当事人的法律资格,即当事人在行政诉讼中能够享有诉讼权利承担诉讼义务的能力。《行政诉讼法》对这个问题没有明确规定,但根据《民事诉讼法》的有关规定,有诉讼权利能力的人可以作为行政诉讼当事人。

行政诉讼当事人中的公民、法人、其他组织和行政机关在诉讼权利能力上各有特点。公民的诉讼权利能力和实体权利能力一样,始于人的出生,终于人的死亡。行政机关及其他法人组织的诉讼权利能力从其成立时开始具备,到其撤销、解散时消灭。"其他组织"在行政诉讼法中一般指不具备法人条件,没有取得法人资格的社会组织或者经济组织,行政诉讼法确认它们是独立的主体,具有权利能力。

与当事人诉讼权利能力相对应,诉讼行为能力指当事人能够以自己的行为行使诉讼权利、履行诉讼义务的能力,简单地说,就是当事人亲自进行诉讼活动的能力。法人和其他组织以及行政机关的诉讼行为能力和权利能力一致,从它们成立时开始,至它们撤销、解散时终止。公民的诉讼行为能力略为复杂,在实体法中,公民的行为能力主要表现为承担行政违法行为责任的能力[2]。依照有关法律的规定,精神病人和不满14岁的未成年人不负行政违法责任;已满14岁,未满18岁的人应承担行政违法责任,但可以减轻或者从轻。诉讼行为能力在法律上则只能是有或者无,因此公民的诉讼行为能力应从成年开始,到死亡时消灭。未满18岁的公民因对行政行为不服而要进行行政诉讼的,应由他的法定代理人代为诉讼行为。

---

[1] 细微差别在于,我国《民事诉讼法》中称为被告,《刑事诉讼法》中称为被告人。
[2] 当然也表现为独立承担行政法上义务的能力,如服兵役的义务、纳税的义务等。

第二节 行政诉讼中的原告

一、原告的含义

行政诉讼中的原告,是认为行政机关的行政行为侵犯了自己的合法权益,经依法定程序提起行政复议后,对复议决定仍然不服而向人民法院提起诉讼,或者依法直接向人民法院提起诉讼,请求人民法院对行政行为予以撤销、变更或确认违法等处理的公民、法人或者其他组织。

在确定行政诉讼的原告时,应注意以下两个情况:

其一,行政诉讼中的原告既可以是行政机关所作出的行政行为的直接相对人,也可以是其他与行政行为有利害关系的公民、法人或者其他组织。由于行政机关针对他人作出的行政行为而造成自己合法权益损害的人,也可以成为行政诉讼的原告。例如认为国家专利机关授予他人专利权的行为侵犯了自己的专利权,就可以作为原告向人民法院起诉。

其二,行政诉讼中的原告一般是提起行政复议而对行政复议决定仍然不服的人,但是也不限于此。没有提起行政复议,但认为复议决定侵害自己合法权益的人,也可以提起行政诉讼。如受治安管理处罚的人对裁决不服提起复议,上一级公安机关改变或者撤销原裁决,被裁决受处罚的人不再提出异议,而被侵害人对上一级公安机关改变原裁决的行为不服的,也可以作为原告向人民法院起诉。

总的来说,行政诉讼的原告必须与某一行政行为有利害关系,即某一行政行为必须直接或间接地侵害到了他的合法权利或者利益,该项行为的实施或者生效,给其带来合法权益的损害,才可以作为原告起诉。如果没有法律上的利害关系,就不能以原告的身份起诉,这是由我国立法时的实际情况决定的。随着时代进步、社会发展,原告与案件的利害关系的要求也可能发生变化。

关于利害关系,有些国家的立法和实践对其有不同的理解。如英国,尽管立法规定原告起诉要有利益关系,但司法实践认为,如果一个政府部门或者公共权力机关违背法律或者将要违背法律,任何一个受到行政行为不利影响的普通公民都有"充分的利益"到法院起诉,请求法院对这种情况予以制止。著名的丹宁法官在其所著《法律的训诫》一书中列举了几个这样的案例。他认为:"任何有责任感的公民,在他认为法律没有得到应有的执行时,都有充分的利益要求法院审理他提诉的案件。""尽管法院不会接待一个干涉与己无关事情的好事者,但是它会接待一位到法院来要求法律得到申明和得到实施的普通公民,即使这位普通公民只是成百、成千或者成万名受到不利影响的人之一。因此,作为新秩序的结果,我希望我可以这样说,在英国,我们有了一种为全体公众利益,每个普通公民都可以运用它使法律得到实施的公众起诉权,以此与未履行其法定职责的公共权力机关抗衡。"① 对原告与案件之间利害关系的要求,在诉讼理论上就是原告资格问题。

---

① [英]丹宁著:《法律的训诫》,群众出版社1985年版,第108~113页。

二、原告资格

(一) 原告资格的含义和意义

原告资格又称为"起诉资格"。这一概念涉及个人是否能够将特定的案件提交法院审判的问题。诉讼法上设定起诉资格的目的,是为了防止滥诉和无效诉讼,避免司法资源和社会资源浪费。按照传统诉讼模式,原告必须是与案件有着直接利害关系的、特定的个人(公民和法人),并且为了他自身的利益而起诉,方具有成为正当当事人的资格。在传统民事诉讼中,并未对原告资格的概念进行特别关注和强调,一般以当事人资格来称呼。我国民诉界的传统观点往往笼而统之称"民事诉讼中的当事人,是指因民事上的权利义务发生纠纷,以自己名义进行诉讼,并受人民法院裁判拘束的直接利害关系人"。我国《民事诉讼法》虽然经历了2007年、2012年和2017年几次修改,但关于原告的规定一直都是"公民、法人和其他组织可以作为民事诉讼的当事人"(《民事诉讼法》2017年修正第48条第1款)。传统民事诉讼由于涉及的是私法关系,原告资格问题并不突出,如果正当当事人出现问题,讨论的往往是当事人的更换问题。当然,正如前述,法院不会接待一个干涉与己无关事情的好事者。所以任何诉讼中,都存在原告资格问题,区别只是是否予以特别强调以及问题表现是否突出。

行政诉讼中"原告资格"是一个非常重要的问题。这是因为在行政诉讼中,起诉资格不仅仅具有防止滥诉、避免司法资源浪费的意义;而且由于行政诉讼涉及公共利益和对行政行为的监督,具有了决定司法审查的范围,决定监督权力的权利范围的意义。特别是随着社会的发展,伴随社会转型出现了利益多元化、权利多样化的格局,而某一个行政行为对社会的影响往往并不限于行政行为的直接相对人。也就是说,在行政诉讼中,起诉资格问题的提出,不仅需要具有防止滥诉、避免司法资源和社会资源浪费的功能,而且需要考虑满足公民参与行政管理活动,对行政行为进行监督和维护社会公共利益的要求。行政诉讼中的原告资格涉及非常复杂的利益衡量。原告资格过于宽泛,司法审查过于频繁,可能挫伤行政机关的积极性,破坏行政的稳定性和连贯性;原告资格过于严格,则不利于保护相对人的权利,以及实现对行政的监督。

从各国行政诉讼制度的历史发展看,原告资格都经历了一个从被害人到利益相关人诉讼的阶段。我国行政诉讼制度的发展也表现出这样的脉络。1989年《行政诉讼法》第2条规定,公民、法人或者其他组织认为行政机关和行政机关工作人员的具体行政行为侵犯其合法权益,有权依照本法向人民法院提起诉讼。第27条规定,同提起诉讼的具体行政行为有利害关系的其他公民、法人或者其他组织,可以作为第三人申请参加诉讼,或者由人民法院通知参加诉讼。1989年《行政诉讼法》颁布后不久,最高人民法院1991年6月11日印发《关于贯彻执行〈中华人民共和国行政诉讼法〉若干问题的意见(试行)》的司法解释,其中进一步明确,《行政诉讼法》第27条中的"同提起诉讼的行政行为有利害关系",是指与被诉行政行为有法律上的权利义务关系。一般认为,这个规定,是要求原告的资格条件是其合法权益直接受到行政行为"侵犯",是行政行为的直接相对人,或直接受害人。而2000年施行的《最高人民法院关于执行〈中华人民共和国行政诉讼法〉若干问题的解释》则通过"对公民、法人或者其他组织权利义务不产生实际影响的行为"

不属于受案范围的规定,将行政诉讼中原告与案件的利害关系要求从"侵犯"权利扩展到了"影响"权利,并通过将相邻权、公平竞争权等权利纳入受案范围的规定,进一步明确原告的资格范围为权利受到"实际影响"。现行《行政诉讼法》第2条和第25条对原告资格加以规定,明确与行政行为有利害关系的公民、法人或者其他组织,有权提起诉讼;检察机关有权提起行政公益诉讼。

(二) 行政诉讼法关于原告资格的规定

《行政诉讼法》第2条规定:"公民、法人或者其他组织认为行政机关和行政机关工作人员的行政行为侵犯其合法权益,有权依照本法向人民法院提起诉讼。"第25条第1款规定:"行政行为的相对人以及其他与行政行为有利害关系的公民、法人或者其他组织,有权提起诉讼。"关于"利害关系",《2018年司法解释》以列举的方式作出了规定,其第12条规定,有下列情形之一的,属于行政诉讼法第25条第1款规定的"与行政行为有利害关系":(1) 被诉的行政行为涉及其相邻权或者公平竞争权的;(2) 在行政复议等行政程序中被追加为第三人的;(3) 要求行政机关依法追究加害人法律责任的;(4) 撤销或者变更行政行为涉及其合法权益的;(5) 为维护自身合法权益向行政机关投诉,具有处理投诉职责的行政机关作出或者未作出处理的;(6) 其他与行政行为有利害关系的情形。

关于前述六项所规定的情况,有两点需要作出进一步说明。

前述第三项和第五项是有关联的,涉及非直接相对人的原告资格,需要进一步分析。

其一,关于"要求行政机关依法追究加害人法律责任的"的理解。这项规定表述的应当是行政处罚案件中的被侵害人的原告资格问题。这里的被侵害人是指受被行政处罚之违法行为侵害的人,并非指受到行政机关行政行为的侵害。某行为人(加害人)作出了行政法上的违法行为,造成被侵害人损害,被侵害人能否对行政机关作出行政处罚以及如何作出行政处罚提出自己的请求?在行政机关对加害人给予行政处罚的案件中,受处罚人可以提起行政诉讼,这是没有争议的。但是如果被侵害人认为行政机关应当对加害人给予行政处罚而没有给予行政处罚,以及认为行政机关给予加害人的行政处罚过轻,要求加重处罚,受侵害人能否对行政机关提起行政诉讼?对此,有两种不同的观点。一种意见认为,依法理和有关规定,被侵害人应具有原告资格。因为有关法律已明确规定受害人有权起诉,如《治安管理处罚条例》(1986年颁布,1994年修正,现已失效)的规定①;而且"行政诉讼法承认权利主体在其合法权益受到侵犯时向主管行政机关的要求保护是一种合法权利,即受保护权"。如《行政诉讼法》(1989年)第11条第1款第5项的规定,"实际上就是全面承认受害人的原告资格而不是仅限于治安处罚领域"②。另一种意见认为,被侵害人不是行政行为所针对的对象,不是所争议的行政法律关系的主体。被侵害

---

① 1986年《治安管理处罚条例》第39条规定:"被裁决受治安管理处罚的人或者被侵害人不服公安机关或者乡(镇)人民政府裁决的,在接到通知后五日内,可以向上一级公安机关提出申诉,由上一级公安机关在接到申诉后五日内作出裁决;不服上一级公安机关裁决的,可以在接到通知后五日内向当地人民法院提起诉讼。"1994年修正的《治安管理处罚条例》未对此条进行修改。

② 应松年主编:《行政诉讼法学》,中国政法大学出版社1994年版,第115页。

一般情况下与行政处罚这一行政行为没有利害关系。只有在单行法律、法规规定可以起诉的情况下，被侵害人才具有原告资格，如前述《治安管理处罚条例》规定被侵害人可以对行政处罚不服提起诉讼。而环境行政案件中的被侵害人则不能对行政处罚提起诉讼，因为在环境行政案件中，被侵害人不是争议的行政法律关系的主体，没有权利对行政机关所作出的行政处罚提出异议。新的《治安管理处罚法》也没有再保留这一规定，意味着立法者认为在行政程序中行政机关与被侵害人不再发生行政法律关系，被侵害人不具有行政法上的权利①。基于充分地保护公民、法人和其他组织的合法权益，保证被侵害人的参与权的考虑，最高人民法院"关于执行《中华人民共和国行政诉讼法》若干问题的解释"（2000年施行）即已规定公民、法人或者其他组织"要求主管行政机关依法追究加害人法律责任的"，可以依法提起行政诉讼，《2018年司法解释》亦保留了这一规定，但与第五项"为维护自身合法权益向行政机关投诉，具有处理投诉职责的行政机关作出或者未作出处理的"的规定结合起来看，仍需要单行法律、法规等规范性文件明确当事人具有行政法上的请求权。我国最高人民法院的审判实践也是这么认为的，"法律、法规或者规章规定的投诉请求权，在于促使行政机关对于投诉事项发动行政权。如果行政机关发动了行政权，并将调查处理结果告知投诉人，就属履行了法定职责。如果投诉人对调查处理结果不服，其提起诉讼的目的是想为第三人施加负担，例如要求作成或者加重对于第三人的处罚，则应依赖于法律、法规或者规章是否规定了为第三人施加负担的请求权。"②

其二，关于投诉控告人的原告资格问题。《2018年司法解释》规定，为维护自身合法权益向行政机关投诉，具有处理投诉职责的行政机关作出或者未作出处理的，当事人与被诉的行政行为具有利害关系而具有原告资格。这里，该规定强调原告须是为维护自身合法权益而向行政机关投诉，如果不是为了维护自身合法权益，而是他人或者社会公共利益而向行政机关投诉，不被认为具有利害关系。我国最高人民法院的审判实践认为，"公民、法人或者其他组织可以就何种事项向哪个行政机关投诉举报，取决于法律、法规或者规章的具体规定；与此相应，能否就投诉举报事项提起行政诉讼，也需要根据法律、法规或者规章对于投诉举报请求权的具体规定作出判断。通常情况下，对是否具备原告资格的判断，取决于以下方面：第一、法律、法规或者规章是否规定了投诉举报的请求权；第二、该投诉举报请求权的规范目的是否在于保障投诉举报人自身的合法权益"③。最高人民法院判决的基本观点来自大陆法系行政法上的保护规范理论。保护规范理论起源于德国，亦

---

① 《治安管理处罚法》（2012年修正）已经取消了这一规定。该法第97条："公安机关应当向被处罚人宣告治安管理处罚决定书，并当场交付被处罚人；无法当场向被处罚人宣告的，应当在二日内送达被处罚人。决定给予行政拘留处罚的，应当及时通知被处罚人的家属。有被侵害人的，公安机关应当将决定书副本抄送被侵害人。"第101条第1款："当场作出治安管理处罚决定的，人民警察应当向违反治安管理行为人出示工作证件，并填写处罚决定书。处罚决定书应当当场交付被处罚人；有被侵害人的，并将决定书副本抄送被侵害人。"关于诉权，该法第102条规定："被处罚人对治安管理处罚决定不服的，可以依法申请行政复议或者提起行政诉讼。"依《治安管理处罚法》的规定，行政处罚决定并非直接送达被侵害人，而是"抄送"，并且未规定被侵害人可以对行政处罚决定提起诉讼。

② 〔2017〕最高法行申281号行政裁定书。

③ 〔2017〕最高法行申281号行政裁定书。

为我国台湾地区行政法学界之主流见解。认为人民是否因公法规定而享有权利,应从法律规定的旨趣予以探求,基本遵循两项步骤:其一,系争法规是否规定行政机关必须为特定之行政任务?其二,该特定任务是否针对特定之事项(事之要素),且该事务旨在保护一定范围人民的个人利益(人之要素)。①

我国最高人民法院司法解释运用保护规范理论确定原告资格的另外一个例子是《2018年司法解释》第13条的规定:"债权人以行政机关对债务人所作的行政行为损害债权实现为由提起行政诉讼的,人民法院应当告知其就民事争议提起民事诉讼,但行政机关作出行政行为时依法应予保护或者应予考虑的除外。"也就是说,如果法律、法规等规范性文件规定行政机关作出行政行为时应当考虑相对人以外的第三人的权益而行政机关未予考虑时,该第三人具有原告资格,可以对行政机关提起行政诉讼。而在未有法律、法规等规范性文件规定的情况下,行政机关的行政行为即便影响到行政行为相对人以外的第三人债权的实现,该第三人也因与行政行为没有直接的利害关系而不具有行政诉讼的原告资格,其救济权利的方式是对民事法律关系中的债务人提起民事诉讼。

(三) 行政协议争议中利害关系人的原告资格

作为行政协议当事人的公民、法人和其他组织当然具有原告资格,与行政协议有利害关系的其他主体是否具有原告资格?对此,《行政协议司法解释》规定,下列与行政协议有利害关系的公民、法人或者其他组织提起行政诉讼的,人民法院应当依法受理:

(1) 参与招标、拍卖、挂牌等竞争性活动,认为行政机关应当依法与其订立行政协议但行政机关拒绝订立,或者认为行政机关与他人订立行政协议损害其合法权益的公民、法人或者其他组织;

(2) 认为征收征用补偿协议损害其合法权益的被征收征用土地、房屋等不动产的用益物权人、公房承租人;

(3) 其他认为行政协议的订立、履行、变更、终止等行为损害其合法权益的公民、法人或者其他组织。

司法解释的这一规定,解决了实践中长期存在的行政协议利害关系人的权益保护问题,如房屋征收拆迁的行政法规只规定有关房屋所有权人的权利,而没有明确用益物权人等的权利,也是对行政诉讼原告资格内容的丰富。

三、原告范围

行政诉讼中原告的范围很广。社会生活中所有的主体,都是行政机关的管理相对人,因而,都可以按照《行政诉讼法》的规定,作为行政诉讼的原告提起诉讼。《行政诉讼法》将原告的范围界定为"公民、法人或者其他组织"。其中,"其他组织"是指不具备法人条件,没有取得法人资格,但又经有关主管部门批准,依法可以从事某种活动的社会或者经济组织,如某些合伙组织、处于筹备阶段的组织以及外国机构在我国开办的某些尚未取得法人地位的组织。外国企业、团体和个人,依照有关规定,也可以是行政诉讼中的当事人。

---

① 参见李建良:《行政法基本十讲》,台湾元照出版有限公司2013年版,第290页。

在原告范围问题上，还有以下几个问题应予明确：

1. 原告资格的转移。原告资格的转移涉及公民和组织。《行政诉讼法》规定，有权提起诉讼的公民死亡，其近亲属可以作为原告提起诉讼。有权提起诉讼的法人或者其他组织终止，承受其权利的法人或者其他组织可以充当原告提起诉讼。《2018年司法解释》第14条规定，《行政诉讼法》第25条第2款规定的"近亲属"，包括配偶、父母、子女、兄弟姐妹、祖父母、外祖父母、孙子女、外孙子女和其他具有扶养、赡养关系的亲属。

2. 公民因被限制人身自由而不能提起诉讼的，其近亲属可以依其口头或者书面委托以该公民的名义提起诉讼。《2018年司法解释》第14条规定，近亲属起诉时无法与被限制人身自由的公民取得联系，近亲属可以先行起诉，并在诉讼中补充提交委托证明。这一规定主要是针对当事人被有关行政机关限制人身自由，假定当事人欲提起诉讼，而其亲属无法取得委托手续的情况。如果当事人确实不愿意提起诉讼，可以在诉讼中取消委托。

3. 国家机关包括国家行政机关在一定情况下可以作为原告起诉。国家机关在履行其管理职责时或者为了履行其职责，需要进行一些民事活动及其他活动，进行这些活动要受到其他行政机关的管理。也就是说，每一个国家机关，既可以是管理者，也可以是被管理者。当国家机关作为被管理者，不服某一行政机关的行政行为时，便依法享有提起行政诉讼的权利。例如，某行政机关不服海洋环境保护机关对其因船舶污染海域而给予的处罚，可依据海洋环境保护法的规定向人民法院起诉。又如城市规划部门认为某国家机关建造办公用房违反城市规划而给予行政处罚，受处罚者不服时，也可以作为原告向人民法院起诉。

4. 外国人、无国籍人、外国企业和组织可以作为原告起诉。行政法是公法，实行严格的属地主义，外国人在中国，必须遵守中国行政法。中国的行政主管机关对其应依中国行政法进行管理；根据条约或者互惠原则，也可以或者应该给予国民待遇。因此，外国人如果认为中国的行政机关在进行行政管理的过程中作出的行政行为侵犯了其合法权益，也应享有提起行政诉讼的权利，这既是对外国人的权利实施行政救济的需要，也是对我国的行政机关进行监督的需要。如在我国的外国公司、企业因违反税务、环保等法规，受到我国有关行政主管机关的处罚，对处罚不服的，可以依法向人民法院起诉；外国公民因违反出入国境的规定，或者违反治安管理的规定等，受到有关行政主管机关的处罚，对处罚不服，亦可向人民法院起诉。

四、原告确定的特殊情形

随着我国经济体制改革的深化和市场经济体系的建立，社会关系日益呈现出复杂化的趋势，行政管理的对象不再是单一的主体而日渐复杂，因而需要解决在具有原告资格的情况下由哪一个主体作为合适的原告的问题。《行政诉讼法》对如何确定原告并未做出详细规定，针对这一情况，因应社会发展的需要，最高人民法院的多个司法解释都做了进一步明确的解释。《2018年司法解释》对此也有以下规定：

1. 合伙企业向人民法院提起诉讼的，应当以核准登记的字号为原告。未依法登记领取营业执照的个人合伙的全体合伙人为共同原告;全体合伙人可以推选代表人,被推选的代表人,应当由全体合伙人出具推选书。

2. 个体工商户向人民法院提起诉讼的,以营业执照上登记的经营者为原告。有字号的,以营业执照上登记的字号为原告,并应当注明该字号经营者的基本信息。

3. 股份制企业的股东大会、股东会、董事会等认为行政机关作出的行政行为侵犯企业经营自主权的,可以企业名义提起诉讼。

4. 联营企业、中外合资或者合作企业的联营、合资、合作各方,认为联营、合资、合作企业权益或者自己一方合法权益受行政行为侵害的,可以自己的名义提起诉讼。

5. 非国有企业被行政机关注销、撤销、合并、强令兼并、出售、分立或者改变企业隶属关系的,该企业或者其法定代表人可以提起诉讼。

6. 事业单位、社会团体、基金会、社会服务机构等非营利法人的出资人、设立人认为行政行为损害法人合法权益的,可以自己的名义提起诉讼。

7. 业主委员会对于行政机关作出的涉及业主共有利益的行政行为,可以自己的名义提起诉讼。业主委员会不起诉的,专有部分占建筑物总面积过半数或者总户数过半数的业主可以提起诉讼。

五、关于公益诉讼

公益诉讼是近年来理论界和实务界都非常关注的一个概念,也是一种法律现象。运用法社会学研究视角,从广泛的社会参与的角度对公益诉讼进行考察,现今中国开展的公益诉讼具有参与主体多元、涉及领域宽泛、提出主体深刻等特点,关注社会转型时期之利益多元化背景下尚未被主流意识关注的问题,强调案件对于社会的影响,基本理念是公共利益、人权保护、社会变革和公众参与。从提起公益诉讼的主体看,有自益形式、他益形式和法律援助形式,检察机关、行政机关和社会组织都有作为公益诉讼原告的情况。在诉讼法上,公益诉讼也有诸多问题需要解决,如诉讼请求与处分权问题、司法审查的力度问题、诉讼费用问题、激励机制以及滥诉的预防机制问题等。① 其中最重要最突出的是起诉资格问题。正如前述,起诉资格问题实际上是一个涉及不同主体之间利益衡量的问题。在行政诉讼中,由于事涉政府权力行使的领域,起诉资格条件的合理运用,一方面需要考虑阻止法院受理无利害关系的当事人提起的诉讼,来保护行政权免受法院的任意干涉;另一方面也是顾及给予普通民众监督权力的权利,实现司法民主,以此与滥用行政权力的行政机关相抗衡②。显然,从社会发展的需要来说,行政诉讼中的起诉资格应当进一步放宽至公益诉讼。借鉴域外主观诉讼与客观诉讼区分理论,遵循客观诉讼的法理和精神,可以建构我国的行政公益诉讼,并丰富我国行政诉讼类型。不过,立法上和实践中如何对待起诉

---

① 参见林莉红:《法社会学视野下的中国公益诉讼》,载《学习与探索》2008年第1期。
② 在美国,最高法院对待司法审查的态度在19世纪以来的若干判例中有明显的表现,并体现了适应时代发展的变化轨迹。参见王名扬:《美国行政法》第十五章第二节"合格的当事人"部分的论述,中国法制出版社1995年版,第616~640页。

资格问题,是一个需要理论探讨与制度设计的问题。比如公益诉讼中原告起诉资格放宽到何种程度?是对特定类型案件还是对特定主体允许提起公益诉讼?是否需要设置一个可以过滤或筛选一部分案件的诉前程序?需要立法作出明确规定。

继《民事诉讼法》《环境保护法》规定公益诉讼之后,我国检察机关自2015年7月开始公益诉讼试点工作。在检察机关试点工作开展两年之后,2017年6月27日第十二届全国人民代表大会常务委员会第二十八次会议通过《全国人大常委会关于修改〈中华人民共和国民事诉讼法〉和〈中华人民共和国行政诉讼法〉的决定》,决定在《民事诉讼法》和《行政诉讼法》中各增加一款,授权检察机关提起公益诉讼。关于行政公益诉讼,决定《行政诉讼法》"第25条增加一款,作为第4款",其内容为:"人民检察院在履行职责中发现生态环境和资源保护、食品药品安全、国有财产保护、国有土地使用权出让等领域负有监督管理职责的行政机关违法行使职权或者不作为,致使国家利益或者社会公共利益受到侵害的,应当向行政机关提出检察建议,督促其依法履行职责。行政机关不依法履行职责的,人民检察院依法向人民法院提起诉讼。"自此,开启了我国行政公益诉讼的新时期。

为落实全国人大常委会的这一规定,2018年2月23日最高人民法院审判委员会第1734次会议、2018年2月11日最高人民检察院第十二届检察委员会第73次会议通过《关于检察公益诉讼案件适用法律若干问题的解释》,规定自2018年3月2日起施行。该司法解释规定人民检察院以公益诉讼起诉人身份提起公益诉讼,依照《民事诉讼法》《行政诉讼法》享有相应的诉讼权利,履行相应的诉讼义务。

《行政诉讼法》关于公益诉讼的规定,在授权检察机关提起行政公益诉讼的同时,也排除了其他主体提起行政公益诉讼的可能性。确实,行政公益诉讼在我国尚属初创阶段,不应过度扩张,起诉资格应以法律有特别规定为限。但是否宜由检察机关垄断则尚可进一步研究。从原告资格角度考虑,一方面应当避免起诉资格过于宽广而造成全民诉讼的立法风险,另一方面也应为行政公益诉讼的进一步拓展预留空间。而诉权设计上似可采取多元的启动模式,诉讼类型应限制为非财产给付诉讼。①

域外也有检察机关提起行政诉讼的规定。如德国行政法院法规定了"公共利益代表人制度"。德国最高检察官作为联邦公共利益代表人,州高等检察官和地方检察官分别作为州和地方的公共利益代表人,参与联邦最高行政法院、州、地方行政法院的行政诉讼。他们是诉讼参加人,参加行政诉讼的审理活动,既不代表原告,也不代表被告,而是依法代表社会公共利益。在南斯拉夫,检察机关有权对虽未直接侵害公民或者法人的合法权益,但侵犯了国家或者社会公共利益的行政文件,向行政法院提起行政诉讼,要求行政法院撤销不合法的行政文件。在英国,对涉及公共利益的行政诉讼,必须有检察长参加;经过检察长同意,私人或者地方机关可以假借检察长的名义提起诉讼。

---

① 参见林莉红、马立群:《作为客观诉讼的行政公益诉讼》,载《行政法学研究》2011年第4期。

第三节 行政诉讼中的被告

一、被告的概念和特征

(一) 被告的概念

行政诉讼中的被告,是被原告指控侵犯其权益或者与之发生行政争议,而由人民法院通知应诉的行政机关。

(二) 行政诉讼被告的特征

1. 行政诉讼被告须是行政主体。即被告须是行使国家行政职能,依法享有并行使行政职权的国家行政机关和法律、法规、规章授权的组织。

《行政诉讼法》第 2 条规定:"公民、法人或者其他组织认为行政机关和行政机关工作人员的行政行为侵犯其合法权益,有权依照本法向人民法院提起诉讼。前款所称行政行为,包括法律、法规、规章授权的组织作出的行政行为。"依我国行政法律规定和行政法理论,法律、法规、规章授权非行政机关的组织作出某种行政行为,该组织即具有行政主体资格。法律、法规、规章授权作出行政行为的组织本身不是行政机关,只是由于法律、法规、规章的授权而具有行政机关的某种属性,取得"准行政机关"的性质。因此,当该组织依据法律、法规、规章的授权而作出相应的行政行为时,其后果由该组织承担。换言之,非行政机关的组织,由于有了法律、法规、规章的授权,具有了行政机关的属性,类似准行政机关,因而应当独立承担法律责任。其所作出的行政行为被诉,应当由该组织作为被告。①

2. 行政诉讼被告须是作出被诉行政行为的主体。行政主体很多,而作为行政诉讼被告的主体则是由于作出了一个侵害相对人权利的行政行为,被相对人起诉才能成为被告。这一行政行为是该行政主体以自己的名义独立作出并独立承担法律责任的。

3. 行政诉讼被告须是被指控并被人民法院通知应诉的行政主体。行政诉讼实行不告不理的原则,诉讼须由原告提起。但人民法院在受理原告的起诉时也要进行审查,以确定被告是否合适、恰当。经过原告起诉和法院受理两方面行为的结合方能确定行政诉讼的被告。因此,最高人民法院规定,"原告所起诉的被告不适格,人民法院应当告知原告变更被告;原告不同意变更的,裁定驳回起诉。应当追加被告而原告不同意追加的,人民法院应当通知其以第三人的身份参加诉讼,但行政复议机关作共同被告的除外"(《2018 年司法解释》第 26 条)。

---

① "授权"有时也可以指法律、法规、规章授权行政主体行使某项新的行政职能。即被授权的组织本身是行政机关,法律、法规、规章授权其具有某些新的职能。如《行政强制法》(2011 年制定)第 17 条第 2 款规定,依据《中华人民共和国行政处罚法》的规定行使相对集中行政处罚权的行政机关,可以实施法律、法规规定的与行政处罚权有关的行政强制措施。此即授权行使相对集中行政处罚权的行政机关有权实施法律、法规规定的与行政处罚有关的行政强制措施。这一意义的授权不涉及行政主体资格问题,而是行政主体的权限问题。

二、被告的确定

实践中，国家行政管理的面很广，行政管理法规数量繁多，牵涉到的行政执法部门十分复杂，如何确定哪一个具体的行政机关作被告，也是一个十分复杂的问题。对此，司法解释从多个角度作出了规定。

1. 直接起诉情况下的被告确定

所谓直接起诉，是指行政机关的行政行为作出后，当事人未提起行政复议而是直接向人民法院提起行政诉讼的情况。《行政诉讼法》规定，公民、法人或者其他组织直接向人民法院提起诉讼的，作出行政行为的行政机关是被告。

依照《行政诉讼法》的规定，如果单行的行政实体法律、法规规定应当先向行政机关申请复议，对复议决定不服再向人民法院提起诉讼的，当事人应依单行法律、法规的规定申请复议，不得直接向人民法院起诉。对属于人民法院受案范围内的行政案件，如果没有单行法律、法规规定必须申请复议，对复议不服再向人民法院起诉的，则公民、法人或者其他组织可以先向上一级行政机关或者法律、法规规定的行政机关申请复议，对复议不服的，再向人民法院提起诉讼，也可以直接向人民法院提起诉讼。在这种选择性的情况下，如果当事人选择了直接向人民法院起诉的途径，则作出行政行为的行政机关是被告。

有时候，行政决定在行政机关内部经过了一定的审批程序，这种审批有可能是某一个行政机关内部进行的，也有可能是依法由上级行政机关批准的，但行政决定以最终作出的机关为负责任的机关。一个简单的判断标准就是对外发生法律效力的文书上的署名机关。对此，《2018年司法解释》予以明确，"当事人不服经上级行政机关批准的行政行为，向人民法院提起诉讼的，以在对外发生法律效力的文书上署名的机关为被告。"

2. 复议情况下的被告确定

《2018年司法解释》多个条文涉及复议情况下的被告确定，而对复议机关作共同被告的相关问题，则专门用一个部分，四个条文作出了进一步的规定。①

（1）复议机关决定维持原行政行为时的被告

《行政诉讼法》规定，"经复议的案件，复议机关决定维持原行政行为的，作出原行政行为的行政机关和复议机关是共同被告。"此即复议维持双被告制。《2018年司法解释》第133条规定，《行政诉讼法》第26条第2款规定的"复议机关决定维持原行政行为"，包括复议机关驳回复议申请或者复议请求的情形，但以复议申请不符合受理条件为由驳回的除外。复议机关决定维持原行政行为的，作出原行政行为的行政机关和复议机关是共同被告。

关于规定复议维持双被告制的原因，1989年《行政诉讼法》规定，经复议的案件，复议机关决定维持原行政行为的，作出原行政行为的行政机关是被告。主要是因为行政案件中，上级行政机关与下级行政机关具有不可分割的联系。如何确定行政诉讼的被告，主要应考虑怎样便于案件的审理，便于被告举证、说明其作出行政行为的依据。行政复议既然已维持原行政行为，那么原行政行为依然存在，当事人所不服的也仍然是原行政行为，

---

① 有些内容涉及审判程序和判决的其他问题，本书将在相应的部分予以介绍和分析。

以作出原行政行为的行政机关为被告,能更好地进行诉讼中的答辩,说明其作出决定的理由,以利人民法院对案件的审理。因此,以实际作出行政行为的行政机关为被告,不至于使案件的当事人复杂化。但是,由于改变原行政行为则由复议机关作被告,实践中,复议机关为了避免在行政诉讼法作被告,往往不加区别地对原行政行为作出维持的复议决定,导致复议机关被人称之为"维持会"。因此,2014年《行政诉讼法》对复议情况下复议机关维持原行政行为时的被告进行了修改。舆论普遍认为:"这一修改有利于加强、促进复议机关履行法律职责、干预纠错,对该撤销的应该撤销,该变更的应该变更。同时有利于改变长期以来行政复议因许多地方和部门复议机关做'维持会'而导致复议公信力严重下降的现实困境。"①

应当适用复议维持双被告制的情况下,如果原告只起诉其中一个被告,人民法院应当追加被告。《2018年司法解释》第134条规定,原告只起诉作出原行政行为的行政机关或者复议机关的,人民法院应当告知原告追加被告。原告不同意追加的,人民法院应当将另一机关列为共同被告。

(2) 复议决定改变原行政行为时的被告

《行政诉讼法》规定,"复议机关改变原行政行为的,复议机关是被告。"如果行政复议改变(撤销或者变更)了原行政行为,那么,当事人所不服的就是复议机关的行政行为,此时应将复议机关作为被告,以便在诉讼中更好地说明改变原行政行为的理由。

《2018年司法解释》第22条规定,《行政诉讼法》第26条第2款规定的"复议机关改变原行政行为",是指复议机关改变原行政行为的处理结果。复议机关改变原行政行为所认定的主要事实和证据、改变原行政行为所适用的规范依据,但未改变原行政行为处理结果的,视为复议机关维持原行政行为。复议机关确认原行政行为无效,属于改变原行政行为。复议机关确认原行政行为违法,属于改变原行政行为,但复议机关以违反法定程序为由确认原行政行为违法的除外。

(3) 复议机关在法定期限内未作出复议决定时的被告确定

《行政诉讼法》规定:"复议机关在法定期限内未作出复议决定,公民、法人或者其他组织起诉原行政行为的,作出原行政行为的行政机关是被告;起诉复议机关不作为的,复议机关是被告。"

3. 共同作出行政行为时的被告确定

《行政诉讼法》规定:"两个以上行政机关作出同一行政行为的,共同作出行政行为的行政机关是共同被告。"

两个以上行政机关作出同一行政行为,是指行政机关联合执法而又没有组成新的专门机构的情况。其特征是:第一,主体是两个以上具有独立主体资格的行政机关;第二,客观上行政行为只有一个。其表现形式一般是两个以上行政机关在使用一个文号的一份行政决定书上共同署名盖章。如城建机关和公安机关共同作出令某单位撤除违章建筑,保障道路畅通的决定。又如工商、税务、物价部门在联合进行市场管理中,对某一违法者的一种

---

① 殷泓:《"民告官"迈入2.0时代——解读新修改的行政诉讼法十大亮点》,载《光明日报》2014年11月6日。

或多种违法行为同时给予处罚，共同作出一个处罚决定。在这种情况下，两个以上共同作出行政行为的行政机关便是共同被告。

4. 规范性文件授权与行政机关委托情况下的被告确定

（1）关于规范性文件授权的规定

《行政诉讼法》第2条规定："公民、法人或者其他组织认为行政机关和行政机关工作人员的行政行为侵犯其合法权益，有权依照本法向人民法院提起诉讼。前款所称行政行为，包括法律、法规、规章授权的组织作出的行政行为。"该第2款即是对法律、法规、规章授权的组织的被告适格问题作出的规定，明确在有法律、法规、规章授权的情况下，非行政机关的组织作为行政主体，可能成为行政诉讼的被告。需要说明的是，《行政诉讼法》在第2条作此规定，不仅表明规范性文件授权的组织可以作为被告，更重要的是明确了其行政主体资格。当然，这里作出授权的规范性文件只限于法律、法规和规章，规章以下的规范性文件作出的所谓授权，虽然可能使用了"授权"一词，仍然不属于这里所说的"授权"，不能认为被授权的组织具有行政主体资格，而属于下文所说的行政委托。

（2）关于行政委托的规定

关于行政委托，《行政诉讼法》规定，"由行政机关委托的组织所作的行政行为，委托的行政机关是被告"。《行政协议司法解释》规定，"因行政机关委托的组织订立的行政协议发生纠纷的，委托的行政机关是被告。"这是行政诉讼法对行政委托的规定，即某一行政机关委托另一行政机关或者非行政机关的组织作出某种行政行为。委托实际上是一种代理关系，按照代理关系的一般原理，代理人在被代理人所授予的代理权限内所为的一切行为，其后果直接由被代理人承担。因此，行政机关委托的组织所作的行政行为引起相对人不服而起诉时，应由委托的行政机关做被告。

行政委托分为以下两种情形：

其一，有权的行政机关将自己的某项职权委托给另一行政机关行使。例如《行政许可法》（2019年修正）第24条第1款规定："行政机关在其法定职权范围内，依照法律、法规、规章的规定，可以委托其他行政机关实施行政许可。委托机关应当将受委托行政机关和受委托实施行政许可的内容予以公告。"在这种情况下，受委托的行政机关必须有为此项行政行为的法定职权，或者虽然受委托的行政机关无此项职权，但法律、法规规定可以为此项委托。否则，受委托的行政机关所作出的行政行为受"越权无效"的原则制约而无效。前者如甲市公安局委托乙市公安局代为取证，后者如《治安管理处罚条例》（1986年颁布，1994年修正，现已失效）第33条规定："对违反治安管理行为的处罚，由县、市公安局、公安分局或者相当于县一级的公安机关裁决。警告、50元以下的罚款，可以由公安派出所裁决；在农村，没有公安派出所的地方，可以由公安机关委托乡（镇）人民政府裁决。"此处"在农村，没有公安派出所的地方，可以由公安机关委托乡（镇）人民政府裁决"的规定，即是一项"可以为此项委托的"规定。这一规定并不意味着所有的乡（镇）人民政府都具有治安管理处罚权，而是表示符合条件（在农村，没有公安派出所的地方）时，公安机关可以作出此项委托。受委托的行政机关本身并没有作出委托事项的权力，或者超出了委托范围，则其作出的行为是超越职权的无效行为。根据谁行为谁负责的原理，应由受委托的行政机关为被告。

其二，有权的行政机关将自己的某项行政职权委托给非行政机关的某一组织。按代理关系的一般原理，受行政机关委托的组织所作的行政行为，如果发生争议，被提起诉讼，应由委托的行政机关作被告。如乡政府委托村民委员会就土地行政管理所作的行政行为，不能以村民委员会作被告，而应以乡政府作被告。又如公安局委托民兵联防组织处理交通违章行为，发生纠纷，应以公安局为被告。

行政机关委托非行政机关的组织作出行政行为，某些行政法律、法规要求被委托的组织具有一定的执法条件。如《行政处罚法》（2017年修正）规定行政机关依照法律、法规或者规章的规定，可以在其法定权限内委托符合规定条件的组织实施行政处罚。行政机关不得委托其他组织或者个人实施行政处罚。受委托的组织必须符合以下条件：第一，依法成立的管理公共事务的事业单位；第二，具有熟悉有关法律、法规、规章和业务的工作人员；第三，对违法行为需要进行技术检查或者技术鉴定的，应当有条件组织进行相应的技术检查和技术鉴定。

有的法律还明确规定不得委托，如《行政强制法》（2011年制定）第17条规定，行政强制措施由法律、法规规定的行政机关在法定职权范围内实施。行政强制措施权不得委托。行政强制措施应当由行政机关具备资格的行政执法人员实施，其他人员不得实施。

(3) 规范性文件授权与行政委托的关系

法律、法规、规章等规范性文件授权意味着被授权的组织具有行政主体资格，对外独立承担责任。行政委托则是一种代理关系，依代理关系的一般原理，代理人在被代理人所授权的权限范围内的活动，其后果由被代理人承担。需要说明的是，代理关系中本身就包含有授权，所谓代理都是一定范围内的授权。实践中，在行政机关委托非行政机关的组织行使行政职权的情况下，由于有权的行政机关与非行政机关的组织之间往往存在行政隶属关系或者行政管理关系，往往习惯使用"授权"一词而不是"委托"。实际上在任何一个委托关系中，在明确委托权限时都必须授权，即授权该组织在一定范围内行使所委托的行政职权。例如计量行政管理部门委托某一大型企业的计量管理机构对本企业的产品进行计量管理和监督，在实践中是由计量管理部门出具授权书而不是委托书。但是，不能把这里的"授权"一词当做行政诉讼法所规定的授权，而应当看做是委托关系中所必然发生的对委托范围的授权。因此，如果该企业的计量管理机构在所授权限范围内作出的管理行为引起行政诉讼，应由授权的计量行政管理部门作被告，而不是由该企业或者该企业的计量管理机构作被告。

受行政机关委托的非行政机关的组织超越委托权限所作的行为，应构成假象行政行为。不过，学理上似乎可以再探讨，将其区分为两种情形：其一，受委托组织超越委托权限，但未超越委托机关自身权限；其二，受托组织不仅超越委托权限，甚至超越委托机关自身权限。前一种情形应以委托机关为被告，提起行政诉讼，理由是委托机关的监督职责无法免除。后一种情形应看作是假象行政行为，不具有行政行为的效力。根据谁行为谁负责的原理，应由该组织作为被告，相对一方当事人可以对其提起民事诉讼。

(4) 运用实例

《2018年司法解释》专门对村民委员会、居民委员会以及高等学校等事业单位、行业协会等的授权与委托做了规定。

有法律、法规、规章授权的，该组织是被告。"当事人对村民委员会或者居民委员会依据法律、法规、规章的授权履行行政管理职责的行为不服提起诉讼的，以村民委员会或者居民委员会为被告。""当事人对高等学校等事业单位以及律师协会、注册会计师协会等行业协会依据法律、法规、规章的授权实施的行政行为不服提起诉讼的，以该事业单位、行业协会为被告。"

没有法律、法规、规章授权，而是受行政机关委托的，以委托的行政机关为被告。"当事人对村民委员会、居民委员会受行政机关委托作出的行为不服提起诉讼的，以委托的行政机关为被告。""当事人对高等学校等事业单位以及律师协会、注册会计师协会等行业协会受行政机关委托作出的行为不服提起诉讼的，以委托的行政机关为被告。""市、县级人民政府确定的房屋征收部门组织实施房屋征收与补偿工作过程中作出行政行为，被征收人不服提起诉讼的，以房屋征收部门为被告。征收实施单位受房屋征收部门委托，在委托范围内从事的行为，被征收人不服提起诉讼的，应当以房屋征收部门为被告。"

5. 行政机关被撤销或者职权变更情况下的被告确定

《行政诉讼法》规定："行政机关被撤销或者职权变更的，继续行使其职权的行政机关是被告。"继续行使其职权的行政机关是指新的或者合并其职能的其他行政机关。在作出行政行为的行政机关被撤销的情况下，由继续行使其职权的行政机关作被告。如果没有继续行使其职权的行政机关，《2018年司法解释》规定，以其所属的人民政府为被告；实行垂直领导的，以垂直领导的上一级行政机关为被告。

应作为被告的行政机关被撤销一般发生于两种场合，一是作出行政行为以后，在原告尚未提起诉讼时被撤销，在这种情况下，原告应对继续行使其职权的机关或者组织提起诉讼，否则，法院可以不予受理或者驳回起诉；二是在诉讼过程中，法院未作出裁判时被撤销，此时，法院应更换被告，通知新的被告应诉。

6. 行政机关内设机构、派出机构的被告确定

《2018年司法解释》第20条第1款规定："行政机关组建并赋予行政管理职能但不具有独立承担法律责任能力的机构，以自己的名义作出行政行为，当事人不服提起诉讼的，应当以组建该机构的行政机关为被告。"这是行政机关内设机构是否是适格被告的问题。行政机关自己组建的机构，虽然被赋予了行政管理职能，但不具有独立承担法律责任的能力，仍然属于行政机关的内设机构，不能成为适格被告，应由设立、组建该机构的行政机关作为被告。

《2018年司法解释》第20条第2款规定："法律、法规或者规章授权行使行政职权的行政机关内设机构、派出机构或者其他组织，超出法定授权范围实施行政行为，当事人不服提起诉讼的，应当以实施该行为的机构或者组织为被告。"行政机关内设机构、派出机构的法律地位与规范性文件授权的原理相同，如果有法律、法规、规章的授权，则由所授权的机构作为被告。法律、法规或者规章授权行使行政职权的行政机关的内设机构、派出机构或者组织，由于有了法律、法规和规章的授权，在行政法上被看作是独立承担法律责任的行政主体，其作出的行政行为，无论超出授权范围与否，都应当由其自己承担责任。

理论界比较普遍的观点是将行政机关的派出机关与派出机构相区别，认为"派出机关是指根据宪法和地方组织法而设立的派出机关"，"派出机构则是人民政府的工作部门

根据法律与需要而设立的派出机构"。① 实际上，区分派出机关还是派出机构并无实际意义。就行政诉讼的情况而言，对于行政机关根据工作需要设立的某一个派出的工作部门，关键是看其是否有法律、法规授权其从事某种行政管理的职权。目前，实践中行政机关设立的派出机构中较常见的是街道办事处和公安派出所②，这两个机构都有法律、法规的授权。街道办事处由《地方各级人民代表大会和地方各级人民政府组织法》和《城市街道办事处组织条例》授权。如《地方各级人民代表大会和地方各级人民政府组织法》（2015年修正）第68条规定："市辖区、不设区的市的人民政府，经上一级人民政府批准，可以设立若干街道办事处，作为它的派出机关。"《城市街道办事处组织条例》（1954年颁布，现已失效）第1条规定："为了加强城市的居民工作，密切政府和居民的联系，市辖区、不设区的市的人民委员会可以按照工作需要设立街道办事处，作为它的派出机关。"公安派出所由《治安管理处罚法》授权。《治安管理处罚法》（2012年修正）第91条规定："治安管理处罚由县级以上人民政府公安机关决定；其中警告、500元以下的罚款可以由公安派出所决定。"但实践中，街道办事处和公安派出所在行使职权的过程中往往超出了法律、法规的授权。如《治安管理处罚法》规定公安派出所的处罚权是警告和500元以下的罚款。而《城市街道办事处组织条例》对街道办事处的授权是：办理市、市辖区人民政府交办的有关居民工作的事项；指导所属居民委员会的工作；反映居民的意见和要求。对于派出机构或者派出机关超出授权作出行政行为，应当以实施该行为的机构为被告。

《2018年司法解释》第20条第3款规定："没有法律、法规或者规章规定，行政机关授权其内设机构、派出机构或者其他组织行使行政职权的，属于《行政诉讼法》第26条规定的委托。当事人不服提起诉讼的，应当以该行政机关为被告。"分析起来，无法律、法规或者规章授权，而是由行政机关授权其内设机构、派出机构作出行政行为，确实应由该行政机关作被告，但其原理并非行政委托，而属于该司法解释第20条第1款规定的情形，类似行政机关内设机构非适格被告。而行政机关授权其他组织行使行政职权，属于《行政诉讼法》第26条规定的委托，由委托的行政机关作被告。

7. 开发区管理机构的被告确定

关于开发区管理机关的被告确定，是《2018年司法解释》新增加的。该司法解释第21条规定："当事人对由国务院、省级人民政府批准设立的开发区管理机构作出的行政行为不服提起诉讼的，以该开发区管理机构为被告；对由国务院、省级人民政府批准设立的开发区管理机构所属职能部门作出的行政行为不服提起诉讼的，以其职能部门为被告；对其他开发区管理机构所属职能部门作出的行政行为不服提起诉讼的，以开发区管理机构为被告；开发区管理机构没有行政主体资格的，以设立该机构的地方人民政府为被告。"

8. 公民、法人或者其他组织对行政机关与非行政机关共同署名作出的处理决定不服

---

① 应松年主编：《行政诉讼法学》，中国政法大学出版社1994年版，第122页。
② 中华人民共和国成立后曾长期存在的省、自治区的人民政府设立的地区行政公署，县、自治县的人民政府设立的区公所，在体制改革中已逐渐取消，在此不再论及。

时的被告确定

公民、法人或者其他组织对行政机关与非行政机关共同署名作出的处理决定不服，向人民法院提起行政诉讼的，应以作出决定的行政机关为被告，非行政机关不能作被告。但侵犯公民、法人或者其他组织合法权益，需要进行赔偿的，人民法院可以通知非行政机关作为第三人参加诉讼。

三、确定被告时应注意的问题

在确定行政诉讼中的被告时，应注意以下问题：

1. 以行政机关为被告的诉讼未必是行政诉讼

行政机关在行使其职权过程中以及为了行使其职权，要参与不同的法律关系，成为不同的法律关系的主体。在行政法律关系中，行政机关行使行政职权，是行政主体，若发生纠纷，参与诉讼，成为被告，就是行政诉讼。如果行政机关以民事主体的身份作出法律行为，这时发生的法律关系是民事法律关系，参与诉讼虽然也可作被告，但这不是行政诉讼而是民事诉讼。如某城建局为盖一办公大楼与建筑施工单位发生纠纷，建筑施工单位以该城建局为被告提起的诉讼就是民事诉讼而非行政诉讼。

2. 国家行政机关工作人员不能成为行政诉讼的被告

虽然行政机关实施行政管理活动是通过其行政工作人员来实现的，但必须明确的是，在我国，当国家行政工作人员履行公务时，其行为不属于个人行为，而是行政机关的行为，他不过是在执行行政机关的意志。正因为如此，行政工作人员执行公务行为的法律后果应由其所代表的行政机关承担。只要行政机关工作人员的公务行为是行政行为，不服其行政行为的当事人只能对行政机关提起行政诉讼；如果他的行为属于与公务无关的个人行为，那他就没有行政处理权，就不会发生不服行政行为而提起诉讼的问题。当然，如果公务人员在执行公务时有过错或者有犯罪行为，则由有权的行政机关或者司法机关追究其行政的或者刑事的责任，这也并不导致行政诉讼当事人的转移。

在我国，国家行政机关工作人员不能成为行政诉讼的被告。但由于依据的理论不同，在有的国家，如英国、美国等，行政机关工作人员，特别是部门首长，常常成为行政诉讼中的被告。英国普通法上的一个重要原则，是行政人员由于职务上的违法行为侵害公民的权利时，必须按照一般的法律原则负担赔偿责任，这种责任只在法律上对某类人员或者某些行为有例外的规定时才能免除。行政人员甚至不能主张服从上级命令而免除自己的责任，因为行政人员没有服从违法命令的义务。如果上级官吏由于指挥行为而直接参与下级官吏违法行为之中，应与下级官吏负连带责任。除上述情况外，上级人员对下级人员的违法行为不负责任①。由于实体法的这些规定，在诉讼中行政工作人员可以作为被告。

3. 被告的诉讼活动由其法定代表人代表进行

行政诉讼的被告，是行政机关本身，而不是行政机关的工作人员，但是，在进行诉讼

---

① 参见王名扬：《英国行政法》，中国政法大学出版社1989年版，第216、233、236页。

时，必须以该行政机关的主要行政负责人作为法定代表人来进行诉讼行为。法定代表人所进行的诉讼活动，就是该单位的诉讼活动，对该单位发生法律效力。正因为法定代表人是代表所在单位从事诉讼活动的，因此，在诉讼进行中，如果法定代表人更换，也只是执行代表职务的具体人的更换，而不是当事人的更换，原法定代表人的诉讼活动，对新的法定代表人仍然有拘束力。

4. 关于假象行政行为与表见代理问题

假象行政行为又称假行政行为或者行政行为不存在，是指缺乏行政行为的成立要件，具有行政行为的某些类似特征的非行政行为。如企业事业单位、个人冒充国家机关和国家机关工作人员实施的行为；对某一事项行政机关已经给予批准或者许可而又重复批准或者许可的行为；"政党组织超越其党务范围而越权作出的所谓'行政行为'"①；受行政机关委托的非行政机关的组织所为的超越委托权限的行为等。假象行政行为不具备完整的行政行为的成立要件②，不是行政行为。因此，假象行政行为不具有行政行为的效力，一般情况下，不能作为行政诉讼的诉讼标的。对于假象行政行为造成相对一方损失的，相对一方当事人应当可以提起民事诉讼。

假行政行为并非行政行为，因而不产生行政法上的效果。但是，不具有行政权能或行政权力的人，由于与某行政机关之间具有特殊关系或表面上存在特别联系，使行政相对人产生信赖，相信其作出的行为是经过了行政主体的委托，为保障相对人的信赖，应当推定其为经委托而作出的行政行为。这对于解决某些情况下行政责任的承担，保护公民合法权利是具有一定意义的。此即需要将民法上表见代理的理论运用于行政法领域。

表见代理是指"无权代理人的代理行为虽无代理权而有使第三人相信其为有代理权之事由，依法应由被代理人直接承受其后果的无权代理。表见代理实质上仍是一种无权代理，而为保护第三人的利益可视之为有权代理"。③ 表见代理是一种法律上的推定，需要法律加以明确规定。我国目前仅在合同法中规定了表见代理。④ 基于更有效地保护公民权利，监督行政，以及信赖利益保护的需要，考虑中国行政执法实践中的实际情况，在行政法领域也应当确立表见代理制度。⑤

---

① 引自杨解君、温晋锋《行政救济法——基本内容与评析》，南京大学出版社1997年版，第220页。但该书作者认为此种情况仍属于行政诉讼，由该政党组织作为行政诉讼的被告。

② 一般认为，行政行为的成立要件是：行为主体具备行政职能；行为主体在客观上运用行政权；行为主体实施的行为直接或者间接导致行政法律关系的产生、变更和消灭，或者依据法律规定能引起法律后果；行为主体具有意思表示或者行为体现行为主体的意识。参见张树义主编：《行政法学新论》，时事出版社1991年版；罗豪才主编：《行政法学》，北京大学出版社1996年版；王连昌主编：《行政法学》，中国政法大学出版社1994年版。

③ 余能斌、马俊驹主编：《现代民法学》，武汉大学出版社1995年版，第283页。

④ 《合同法》（1999年颁布）第49条规定："行为人没有代理权、超越代理权或者代理权终止后以被代理人名义订立合同，相对人有理由相信行为人有代理权的，该代理行为有效。"

⑤ 参见林莉红、黄启辉：《论表见代理在行政法领域之导入与适用》，载《行政法学研究》2006年第3期。

第四节 共同诉讼和第三人

一、共同诉讼

（一）共同诉讼的概念和意义

共同诉讼是指当事人一方或者双方为两人以上，因同一行政行为发生的行政案件，或者因同类的行政行为发生的行政案件、人民法院认为可以并经当事人同意而合并审理的诉讼。在通常情况下行政诉讼中一个案件只有一个原告，一个被告，但在特殊情况下也会发生行政案件的原告是两个以上的公民、法人或者其他组织，被告是两个以上行政机关的情况，这就会产生共同诉讼。原告为两人以上，为共同原告，被告为两人以上，为共同被告。这种当事人，为共同诉讼人。

共同诉讼是诉的主体合并，行政诉讼法规定共同诉讼制度，其意义在于，通过这一制度，人民法院可以一并彻底解决与本案有关的人所发生的纠纷，从而简化诉讼程序，节省时间和费用，避免人民法院在同一事件上作出相互矛盾的判决，既便利当事人进行诉讼，也便利人民法院审判。

根据《行政诉讼法》第 27 条的规定，可以把行政诉讼中的共同诉讼分为两种，即必要的共同诉讼和普通的共同诉讼。

（二）必要共同诉讼

1. 必要共同诉讼的含义

必要共同诉讼是指当事人一方或者双方为两人以上，因同一行政行为发生的行政案件，人民法院必须合并审理的诉讼。必要共同诉讼是由行政机关的一个行政行为引起的，实质上是一个案件，一个诉讼标的，只不过诉讼当事人是多数而已。如两个以上行政机关作出同一行政行为，其相对人不服而提起诉讼，或者两个以上公民、法人或者其他组织对行政机关的同一行政处罚行为不服而提起的诉讼，都是必要的共同诉讼。

依据《行政诉讼法》及相关司法解释的规定，必须共同进行诉讼的当事人没有参加诉讼的，人民法院应当依法通知其参加；当事人也可以向人民法院申请参加。人民法院应当对当事人提出的申请进行审查，申请理由不成立的，裁定驳回；申请理由成立的，书面通知其参加诉讼。人民法院追加共同诉讼的当事人时，应当通知其他当事人。应当追加的原告，已明确表示放弃实体权利的，可不予追加；既不愿意参加诉讼，又不放弃实体权利的，应追加为第三人，其不参加诉讼，不能阻碍人民法院对案件的审理和裁判。

2. 必要共同诉讼的特征

（1）诉讼标的的同一性

必要共同诉讼中诉讼标的是同一行政行为。同一行政行为并不是指对不同的行政管理相对人所作出的行政行为完全一致。行政行为的同一性，取决于下列两种情况：第一，该行为指向的是在法律事实上不可分割的两个以上的管理相对人，或者该行为针对的是同一违法事实；第二，该行为是两个以上行政机关的共同行为。因此，同一行政行为是指共同诉讼人都受到该行为的约束，与该行为有直接的利害关系。

(2) 审理上的不可分割性

必要的共同诉讼是一种不可分之诉，人民法院应该合并审理。由于必要共同诉讼中争议法律关系的权利或者义务是相同的，因此，当事人应一同起诉、应诉。如果应当一同起诉或者应诉的原告或者被告没有起诉、应诉，人民法院应当进行补正。

3. 必要共同诉讼的产生

根据司法实践的总结，必要共同诉讼产生于以下几种情况：

（1）两人以上共同违反行政管理法规，被行政机关在同一处罚决定中分别处罚，受处罚人均提起诉讼的；

（2）法人或者其他组织有行政违法行为，行政机关根据有关法律、法规的规定，对该法人、组织及其法定代表人、直接责任人员同时在一个行政处罚决定书中给予处罚，受到处罚的单位和个人均不服，而提起诉讼的；

（3）治安行政案件中，两个以上的共同被侵害人不服公安机关的行政行为而提起诉讼的；

（4）两个以上的行政机关针对同一被管理人联合作出行政行为，被管理人不服而向人民法院起诉的。

（三）普通共同诉讼

1. 普通共同诉讼的含义

普通共同诉讼是指当事人一方或者双方为两人以上，因同类的行政行为发生的行政案件，人民法院认为可以合并审理并经当事人同意的诉讼。如几个公民都认为自己符合条件申请公安机关颁发驾驶证，因公安机关不予颁发而向人民法院起诉；或者几个公民、法人、组织都因行政机关命令其拆除违章建筑不服而向人民法院起诉，如果这些人属于同一人民法院辖区，人民法院就可以作为共同诉讼来处理。

依司法实践，人民法院可以合并审理的普通共同诉讼有以下情形：（1）两个以上行政机关分别依据不同的法律、法规对同一事实作出行政行为，公民、法人或者其他组织不服向同一人民法院起诉的；（2）行政机关就同一事实对若干公民、法人或者其他组织分别作出行政行为，公民、法人或者其他组织不服分别向同一人民法院起诉的；（3）人民法院认为可以合并审理的其他情形。

2. 普通共同诉讼的特征

（1）诉讼标的的同类性

普通共同诉讼中当事人争议的法律关系不是同一的，而是同一种类的，实际上是几个案件的合并审理，每个案件都有自己独立的诉讼标的，各个诉讼标的之间并无法律上的必然的联系，只是各个诉讼标的都具有相同的性质，属于同种类型。

（2）审理上的可分性

普通共同诉讼因当事人之间并不存在共同的权利义务关系，因而是一种可分之诉。对此类诉讼，可以合并审理，也可以分别审理。

（3）形成上的选择性

普通共同诉讼在形成时带有人民法院的意志并要经当事人同意。人民法院对这类案件，如果认为合并审理，可以简化诉讼程序，使案件得到迅速处理的，就可以作为共同诉讼合并审理。如果合并审理达不到共同诉讼的目的，则可以分案审理。分案审理，就不是共同诉讼，而分别是独立的案件。

2014年《行政诉讼法》规定普通共同诉讼的形成，除了人民法院认为可以合并审理外，还需要经当事人同意。从共同诉讼的必要性和可行性角度考虑，尊重当事人的意见，可能更加有利于案件的迅速处理，符合共同诉讼的目的。

3. 普通共同诉讼形成的条件

普通共同诉讼的形成，除当事人一方或双方为两人以上外，还应当具备以下条件：

(1) 两个以上的诉讼标的是同种类型的行政行为；
(2) 同类的诉讼标的和诉讼请求针对同一被告或者出自同一原告；
(3) 属于同一人民法院管辖；
(4) 人民法院认为合并审理有利于简化诉讼程序，提高诉讼效率；
(5) 经当事人同意。

二、代表人诉讼

现代社会，人们的联系与交往日益频繁和复杂，一个行为可能影响相同情况下一大批人的利益。我国民事诉讼法对共同诉讼人确定情况下的代表人诉讼和共同诉讼人不确定情况下的代表人诉讼分别做了规定。《民事诉讼法》（2017年修正）第53条规定："当事人一方人数众多的共同诉讼，可以由当事人推选代表人进行诉讼。代表人的诉讼行为对其所代表的当事人发生效力，但代表人变更、放弃诉讼请求或者承认对方当事人的诉讼请求，进行和解，必须经被代表的当事人同意。"这是对共同诉讼人确定情况下诉讼代表人的规定。《民事诉讼法》第54条对当事人一方人数众多在起诉时尚未确定的情况做了规定。该条规定："诉讼标的是同一种类、当事人一方人数众多在起诉时人数尚未确定的，人民法院可以发出公告，说明案件情况和诉讼请求，通知权利人在一定期间向人民法院登记。向人民法院登记的权利人可以推选代表人进行诉讼；推选不出代表人的，人民法院可以与参加登记的权利人商定代表人。代表人的诉讼行为对其所代表的当事人发生效力，但代表人变更、放弃诉讼请求或者承认对方当事人的诉讼请求，进行和解，必须经被代表的当事人同意。人民法院作出的判决、裁定，对参加登记的全体权利人发生效力。未参加登记的权利人在诉讼时效期间提起诉讼的，适用该判决、裁定。"

2014年《行政诉讼法》修改采用了民事诉讼法关于共同诉讼人确定情况下的代表人诉讼的规定，在第28条做了与《民事诉讼法》第53条基本一致的规定。即"当事人一方人数众多的共同诉讼，可以由当事人推选代表人进行诉讼。代表人的诉讼行为对其所代表的当事人发生效力，但代表人变更、放弃诉讼请求或者承认对方当事人的诉讼请求，应当经被代表的当事人同意"。《2018年司法解释》规定，《行政诉讼法》第28条规定的"人数众多"，一般指十人以上。根据《行政诉讼法》第28条的规定，当事人一方人数众多的，由当事人推选代表人。当事人推选不出的，可以由人民法院在起诉的当事人中指定代表人。《行政诉讼法》第28条规定的代表人为二至五人。代表人可以委托一至二人作为诉讼代理人。

对于当事人一方人数众多，在起诉时人数尚未确定情况下，可否采用代表人诉讼，

《行政诉讼法》未加以规定。随着司法实践的发展，行政诉讼中也可能出现这种情况。虽然《行政诉讼法》第101条规定："人民法院审理行政案件，关于期间、送达、财产保全、开庭审理、调解、中止诉讼、终结诉讼、简易程序、执行等，以及人民检察院对行政案件受理、审理、裁判、执行的监督，本法没有规定的，适用《中华人民共和国民事诉讼法》的相关规定。"其中有表示列举未定的"等"，但是否可适用民事诉讼法的规定，可能还需要观察司法实践的发展。

当事人一方人数众多，起诉时人数难以确定，也可以借鉴域外集团诉讼的规定①。集团诉讼是指当事人一方为一个庞大集团的诉讼。即有相同利益的众多当事人，为保护其利益而构成一个临时性的诉讼集团，由其中一人或者数人作为代表进行的诉讼。集团诉讼实质上是共同诉讼制度和诉讼代理制度的结合，它是在共同诉讼的基础上，吸收诉讼代理的某些特征而形成的一种新的诉讼形式。集团诉讼具有共同诉讼的某些特征。在诉讼主体上，当事人一方由多人构成，属于诉的主体合并。在诉讼客体上，集团诉讼人是基于同一的事实问题或者法律问题，而对诉讼标的具有共同的利益，或者是对同一种类的诉讼标的存在相同的诉讼请求，这是与共同诉讼相类似的。集团诉讼与共同诉讼所不同的是，集团诉讼中一方当事人不受数量的限制，而共同诉讼人的容量实际上是有限的。在这一点上，可以说集团诉讼是对共同诉讼主体数量限制性的一种弥补。集团诉讼具有诉讼代理的某些特征。集团诉讼由一个或者数个代表人受他人委托（也可能未受正式委托）而进行诉讼，以其诉讼行为维护被代表人的利益。集团诉讼中的代表人与代理人不同的是，代表人具有双重身份。代表人是代理人，是集团内其他人利益的代表；同时代表人本身又是当事人，是实体权利义务的享有者或者承担者。而诉讼代理人不是当事人，仅仅是为了当事人的利益而代理诉讼的人。

集团诉讼作为解决相同情况下一大批人权益受损案件的诉讼形式，对于提高效率，简化程序，具有积极意义。从行政诉讼法实施的情况看，由于行政行为影响的广泛性，这类案件时有发生②。人民法院对这类案件的审理和判决，可以降低诉讼成本，提高诉讼效率，顺应市场经济发展对行政审判的新的需求。在我国行政诉讼立法与实践中，也应当进行尝试和探讨。从现有的实体法律、法规的规定和行政管理的实际看，我国行政诉讼实践中，在很多情况下都可能出现当事人人数众多的案件。分析起来，可能有以下情况：因行政机关违法要求履行义务行为而引起的纠纷，如税收管理领域、城市建设管理领域等；因行政机关的失职行为而引起的纠纷，在公共安全、环境保护、食品卫生及交通管理等领域，在相对人申请履行保护人身权、财产权的法定职责，行政机关拒绝履行或拖延履行的情况下，有可能产生多数人诉讼的情况；因有关土地、矿产、森林等的所有权或者使用权

---

① 行政诉讼法虽未规定集团诉讼，但以前的司法解释有所提及，如2000年《最高人民法院关于执行〈中华人民共和国行政诉讼法〉若干问题的解释》第8条解释行政诉讼法规定的"本辖区内重大、复杂的案件"之一为"社会影响重大的共同诉讼、集团诉讼案件"。

② 如516个个体户状告青岛市工商局案，参见段超：《从即墨路说开去》，载《中国律师报》1995年1月7日；又如全国首例计划生育集团诉讼案，参见《143名农民状告乡政府终审胜诉》，载《法制日报》1995年2月13日。1998年4月19日《法制日报》一版刊登记者张生华的报道《榆林中院审结一"农负"案——众乡亲依法护权胜诉了》，其中原告人数达12688名。

归属问题所作的居间裁决行为而引起的纠纷;因行政机关的强制性补偿决定而引起的纠纷,城市建设拆迁、安置的补偿决定;因侵犯合伙组织、联营组织的经营自主权而引起的纠纷,如果该合伙组织或者联营组织人数众多而又不具备法人条件,则应以该组织的成员为诉讼当事人;因行政合同引起的纠纷,行政合同是在市场经济形势下行政机关行使行政管理职权的一种新的形式,是一种特殊的行政行为。某些情况下,行政机关与多个相对人签订同一类型的行政合同,由于这种行政合同牵涉到的人数众多,易引起群体性诉讼。

三、第三人

(一) 第三人的含义

《行政诉讼法》第 29 条第 1 款规定:"公民、法人或者其他组织同被诉行政行为有利害关系但没有提起诉讼,或者同案件处理结果有利害关系的,可以作为第三人申请参加诉讼,或者由人民法院通知参加诉讼。"

依此规定,行政诉讼中的第三人,指对于他人所提起的行政诉讼,认为同被诉的行政行为有利害关系,或者同案件的处理结果有利害关系,而申请参加诉讼或者由法院通知参加诉讼的人。所谓"同提起诉讼的行政行为有利害关系"是指同被诉的行政行为有法律上的权利义务关系。例如在治安行政案件中,被侵害人不服治安管理处罚而起诉,案件处理结果可能牵涉到被处罚人,被处罚人就要参加诉讼;如果被处罚人不服治安处罚而起诉的,案件处理结果可能牵涉到被侵害人,被侵害人就要参加诉讼,此时,被处罚人或者被侵害人,就是诉讼中的第三人。2014 年《行政诉讼法》修改,扩大了第三人的范围,规定不仅是同提起诉讼的行政行为有利害关系,而且与案件的处理结果具有利害关系的人也可以作为第三人参加诉讼。

同行政行为的利害关系与同案件结果的利害关系有所不同。同行政行为的利害关系的范围较小,同案件的处理结果的利害关系范围要大一些,既包括同行政行为的利害关系,也还包括其他一些情形。如某些与行政机关被处罚的对象有民事关系的人,可能与案件的处理结果有利害关系,但与行政行为没有利害关系。如甲借乙的物品从事某种活动,被主管机关认为违法而予以没收,甲对没收决定不服而提起诉讼,乙显然与案件的处理结果有利害关系,但与主管机关所作出的"没收"这一行政行为并没有利害关系。乙参加诉讼,对于说明被诉行政行为是否合法没有任何作用,因此,《行政诉讼法》并无必要规定乙作为第三人参加诉讼。又如,甲的房屋被行政机关决定拆除因而提起行政诉讼,而乙是该房屋的抵押权人,乙与案件的处理结果有利害关系,但与被诉的行政行为没有利害关系。2014 年《行政诉讼法》修改,将与案件的处理结果有利害关系的人纳入行政诉讼第三人的范围,是希望扩大第三人的范围,使更多的当事人可以通过行政诉讼维护自己的合法权益。但实际上,这与行政诉讼以被诉的行政行为为审理对象的主旨并不一致。

行政诉讼中的第三人与民事诉讼中的第三人不同。民事诉讼中的第三人有有独立请求权的第三人与无独立请求权的第三人之分。前者是指对于他人之间争议的诉讼标的,不论全部或者一部,以独立实体权利人的资格提出诉讼请求而参加诉讼的人。后者对于他人之间争议的诉讼标的,没有独立的实体权利,只是参加到当事人一方进行诉讼,以维护自己的利益。在行政诉讼中,由于原告和被告之间争议的是行政法律关系,当事人不可能对诉讼标的有独立的请求权。行政诉讼中不存在这样的第三人，他既不同意原告的诉讼请求，也不同意被告的诉讼请求，而是把本诉中的原告、被告都作为被告，重新提出一个独立的诉讼请求。因此，行政诉讼中的第三人在性质上类似于民事诉讼中无独立请求权的第三人。

（二）行政诉讼第三人的特征

1. 同提起诉讼的行政行为，或者案件的处理结果有利害关系

第三人对于原告、被告之间争议的诉讼标的——被诉行政行为有着法律上的权利义务关系，人民法院对案件的处理结果，是维持、撤销还是变更原行政行为会影响到他的权益，或者使他的权利被剥夺或者加以新的义务。

2. 参加到他人已经开始但尚未终结的诉讼中来

如果他人之间的诉讼并未开始，当然不存在第三人参加诉讼的问题；如果他人之间的诉讼已经终结，也不可能以第三人的身份参加诉讼。诉讼中的第三人必须是参加到他人已经开始尚未终结的诉讼中来。

3. 第三人具有当事人的诉讼地位

第三人参加诉讼是为了维护自己的合法权益，有着一定的诉讼地位。行政诉讼中，由于第三人与被诉的行政行为有着法律上的利害关系，因此，第三人具有当事人的诉讼地位，如有权提出与本案有关的诉讼主张，人民法院可以对第三人直接作出判决。对人民法院的一审判决不服，第三人也有权提出上诉、申请执行等。

2014年《行政诉讼法》在多处增加了第三人的表述，明确了第三人在诉讼中的权利。

（1）第三人可以提起上诉。《行政诉讼法》第29条第2款规定："人民法院判决第三人承担义务或者减损第三人权益的，第三人有权依法提起上诉。"《2018年司法解释》还规定，人民法院判决其承担义务或者减损其权益的第三人，有权提出上诉或者申请再审。

（2）第三人可以申请再审

《2018年司法解释》规定，《行政诉讼法》第29条规定的第三人，因不能归责于本人的事由未参加诉讼，但有证据证明发生法律效力的判决、裁定、调解书损害其合法权益的，可以依照《行政诉讼法》第90条的规定，自知道或者应当知道其合法权益受到损害之日起六个月内，向上一级人民法院申请再审。

（3）第三人可以在诉讼中提供证据。《行政诉讼法》第34条规定："被告对作出的行政行为负有举证责任，应当提供作出该行政行为的证据和所依据的规范性文件。被告不提供或者无正当理由逾期提供证据，视为没有相应证据。但是，被诉行政行为涉及第三人合法权益，第三人提供证据的除外。"依照《行政诉讼法》和该条规定，被诉行政机关应当在法律规定的答辩期提供证据和所依据的规范性文件，逾期提供的，视为没有相应证据。但是，司法实践中，被诉行政机关逾期提供证据的情况时有发生。特别是在一些行政裁决案件中，在不服裁决的一方当事人提起行政诉讼的情况下，被诉行政机关由于在争议事件中并不具有直接利害关系，疏于应诉，结果导致第三人利益受损①。赋予第三人在诉讼中提供相应证据的权利实有必要。

---

① 胡金龙：《谁为行政诉讼中被告的过错买单》，载《中国劳动》2006年第6期。

(4) 第三人可以申请法院调取证据。《行政诉讼法》第41条规定："与本案有关的下列证据，原告或者第三人不能自行收集的，可以申请人民法院调取：（一）由国家机关保存而须由人民法院调取的证据；（二）涉及国家秘密、商业秘密和个人隐私的证据；（三）确因客观原因不能自行收集的其他证据。"

(5) 第三人可以申请法院强制执行。《行政诉讼法》第95条规定："公民、法人或者其他组织拒绝履行判决、裁定、调解书的，行政机关或者第三人可以向第一审人民法院申请强制执行，或者由行政机关依法强制执行。"

（三）行政诉讼第三人参加诉讼的方式

行政诉讼第三人参加诉讼的方式有两种，一是主动申请参加；二是由人民法院通知参加。如依照有关规定，行政机关就同一违法事实处罚了两个以上共同违法的人，其中一部分人对处罚决定不服，向人民法院起诉的，人民法院发现没有起诉的其他被处罚人与被诉行政行为有法律上的利害关系，应当通知他们作为第三人参加诉讼。

（四）第三人参加诉讼的情形

根据司法实践，以下情况有可能出现第三人。

1. 应当追加被告而原告不同意追加的，人民法院应当通知其以第三人的身份参加诉讼，但行政复议机关作共同被告的除外。

2. 行政机关的同一行政行为涉及两个以上的利害关系人，其中一部分利害关系人对行政行为不服提起诉讼，人民法院应当通知没有起诉的其他利害关系人作为第三人参加诉讼。如受行政机关同一行政行为对待的数人中，有人接受该行政行为，有人不接受该行政行为，在不同意该行政行为的当事人提起诉讼的情况下，同意裁决的一方当事人可以作第三人。

3. 治安行政案件中的受处罚人或者受侵害人。治安行政案件中，由于受处罚人和受侵害人都有权对行政处罚行为提起行政诉讼，在受处罚人不服处罚而提起诉讼的情况下，受侵害人可以作为第三人参加诉讼；反之亦然。

4. 确权行政案件中主张权利的人，即行政机关对土地、矿产、森林等的所有权或者使用权归属问题所作的居间裁决中，在不服居间裁决的一方当事人起诉的情况下，同意裁决的一方可以作第三人。

5. 行政机关居间对民事损害赔偿作出裁决，决定一方赔偿另一方经济损失，在不同意裁决的一方提起诉讼的情况下，同意裁决的一方当事人可以作第三人。

6. 当事人认为行政机关对他人的批准或者许可行为导致自己合法权益的损害，对批准或者许可行为提起诉讼，法院受理后，接受批准行为的相对人可以作为第三人参加诉讼。目前，司法实践中已经出现此类案件①。

7. 两个行政机关作出了相互冲突的行政行为，相对人对作出后一行政行为的行政机关提起诉讼，作出前一行政行为的行政机关应当作为第三人参加诉讼。如原告受处罚的行为是另一个行政机关所批准的，在原告对行政处罚不服而提起诉讼的情况下，批准原告行为的机关应当作为第三人参加诉讼。因为相对人所从事的某种受到处罚机关处罚的行为，

---

① 参见娄银生：《荷花池畔起风波》，载《法制日报》1997年3月6日。

是事先得到批准机关所批准的。批准行为合法,则处罚行为违法;处罚行为合法,则批准行为违法。法院判决维持处罚行为,则相对人应当可以向批准机关提出赔偿请求,因此,批准机关与被诉的行政行为具有法律上的利害关系,应当作为第三人参加诉讼。

8. 与行政机关共同作出行政行为的非行政机关的组织。公民、法人或者其他组织对行政机关与非行政机关共同署名作出的处理决定不服,向人民法院提起行政诉讼的,由于非行政机关的组织不具有行政主体资格,不能作被告,因此,只能以作出决定的行政机关为被告,非行政机关不能当被告。但是,由于行政机关与非行政机关共同作出的行政行为侵犯或者可能侵犯公民、法人或者其他组织合法权益,需要进行赔偿的,人民法院可以通知非行政机关作为第三人参加诉讼。

(五) 第三人参加诉讼的意义

第三人参加诉讼的意义表现为,一方面,第三人参加诉讼活动,有利于人民法院听取各方面的意见,全面查清案情,正确解决争议;另一方面,可以避免第三人因未参加诉讼而提起新的诉讼,造成人力、物力的浪费,使案件久拖不决,还有可能造成前后两个裁判矛盾的情况。因此,第三人参加诉讼,有利于行政案件公正、及时、合法地处理。

从我们对我国行政诉讼法实施状况进行的实证研究情况看,行政诉讼中第三人出现的现象极为普遍,一审中出现第三人的案件占全部案件数的49.2%①,二审中有第三人的案件占60.3%②,第三人一般出现在资源、城建、劳动社会保障等领域中因行政确认和行政登记行为而引起案件中。2014年《行政诉讼法》加强了对第三人的规定,应当说是顺应了司法实践的要求。

第五节 诉讼代理

一、诉讼代理的一般概念

根据法律规定、法院指定或者当事人委托的权限范围,代理一方当事人,并以他的名义进行诉讼行为,称为诉讼代理。现代社会中,各国诉讼制度普遍认可当事人的代理权。诉讼代理是在诉讼中维护被代理人的合法权益,保证诉讼顺利进行的一项重要的诉讼制度。

我国行政诉讼法也一般性地确认当事人有权委托代理人进行诉讼。不过,由于行政诉讼中被诉行政行为涉及公共利益的特殊性,也对代理权有一定的限制。比如,《2018年司法解释》就规定,人民法院认为有必要的,可以要求当事人本人或者行政机关执法人员到庭,就案件有关事实接受询问。要求当事人本人出庭,就意味着限制了当事人的代理权。而关于被告负责人出庭的规定,更是对被告代理权的明确限制。在公共利益和当事人

---

① 黄启辉:《行政诉讼一审审判状况调查报告》,载林莉红主编:《行政法治的理想与现实——行政诉讼法实施状况实证研究报告》,北京大学出版社2014年版,第129页。

② 朱春华:《行政诉讼二审审判状况调查报告》,载林莉红主编:《行政法治的理想与现实——行政诉讼法实施状况实证研究报告》,北京大学出版社2014年版,第149页。

诉讼权利之间的这种选择体现立法者的一种价值衡量。

二、行政诉讼中原告的代理

行政诉讼中诉讼代理的法律特征、分类与民事诉讼类似，代理人与被代理人之间的关系仍是民事法律关系。行政诉讼中原告的代理分为法定代理和委托代理，即原告可以根据法律规定或者自己的委托，由诉讼代理人代为诉讼行为。①

《行政诉讼法》第 30 条对法定代理作了规定："没有诉讼行为能力的公民，由其法定代理人代为诉讼。法定代理人互相推诿代理责任的，由人民法院指定其中一人代为诉讼。"

《行政诉讼法》第 31 条对委托代理作了规定："当事人、法定代理人，可以委托一至二人作为诉讼代理人。下列人员可以被委托为诉讼代理人：（一）律师、基层法律服务工作者；（二）当事人的近亲属或者工作人员；（三）当事人所在社区、单位以及有关社会团体推荐的公民。"2014 年《行政诉讼法》修改后的这一规定，与《民事诉讼法》完全一样（《民事诉讼法》第 58 条）。

相比较 1989 年《行政诉讼法》的规定，2014 年《行政诉讼法》关于委托代理人的规定，限缩了代理人的范围②。对此进行三点分析。

第一，取消了公民代理的规定，1989 年《行政诉讼法》关于委托代理的规定是"当事人、法定代理人，可以委托一至二人代为诉讼。律师、社会团体、提起诉讼的公民的近亲属或者所在单位推荐的人，以及经人民法院许可的其他公民，可以受委托为诉讼代理人。"其中"经人民法院许可的其他公民"代理当事人进行诉讼的，被称之为公民代理。此条规定，取消了所谓公民代理，保留了有关社会团体推荐的公民可以代理诉讼的规定。

第二，关于"当事人所在社区、单位以及有关社会团体推荐的公民"中使用社会团体一词有误。这一问题可能来自《民事诉讼法》修改中的失误。1982 年《民事诉讼法（试行）》第 50 条规定："当事人、法定代表人、法定代理人，都可以委托一至二人代为诉讼。当事人的近亲属、律师、社会团体和当事人所在单位推荐的人，以及经人民法院许可的其他公民，都可以被委托为诉讼代理人。"其中规定社会团体推荐的公民可以被委托为诉讼代理人。1989 年《行政诉讼法》与此一致。其后，《民事诉讼法》在 1991 年正式颁布施行并在 2007 年进行了修改，都保留有这一规定。但是，《民事诉讼法》在 1982 年试行和 1991 年正式颁布时，我国的民间组织只有社会团体一种，所说的社会团体就指民

---

① 我国 1982 年颁布的《民事诉讼法（试行）》中，曾将诉讼代理人分为法定代理人、指定代理人和委托代理人三种，并规定"没有法定代理人的，由人民法院指定代理人"。即指定诉讼代理人适用于当事人没有法定代理人的情况。现行《民事诉讼法》第 57 条规定："无诉讼行为能力人由他的监护人作为法定代理人代为诉讼。"由于依《民法通则》的规定，监护人的范围十分广泛，几乎不存在无行为能力的未成年人和精神病人没有监护人的情况。因此，现行民事诉讼法中没有再规定指定诉讼代理人，而只是规定法定代理人之间互相推诿代理责任的，由人民法院指定其中一人代为诉讼。

② 1989 年《行政诉讼法》关于委托代理的规定是"当事人、法定代理人，可以委托一至二人代为诉讼。律师、社会团体、提起诉讼的公民的近亲属或者所在单位推荐的人，以及经人民法院许可的其他公民，可以受委托为诉讼代理人"。

间组织。但是，自1998年，特别是2004年后，民间组织的概念演进为包含社会团体、民办非企业单位和基金会三种。按照登记管理规定，社会团体实行会员制，而民办非企业单位是非会员制的，属于民办事业单位。2007年《民事诉讼法》关于代理的规定没有修改，与1991年通过的《民事诉讼法》完全一样，都是在第58条规定："当事人、法定代理人可以委托一至二人作为诉讼代理人。律师、当事人的近亲属、有关的社会团体或者所在单位推荐的人、经人民法院许可的其他公民，都可以被委托为诉讼代理人。"也就是说，2007年《民事诉讼法》没有变动社会团体的用词，而此时，社会团体的概念外延已经与1991年不一样了。2012年《民事诉讼法》在2007年的基础上修改，仍然没有变动社会团体的用词。2014年修改《行政诉讼法》时又直接沿用了《民事诉讼法》的规定。其结果是，从字面上看，《民事诉讼法》和《行政诉讼法》规定的"有关社会团体推荐的公民"可以代理诉讼，并未包括民办非企业单位。而实际上，真正需要并有可能派出工作人员代理诉讼的主要是民办非企业单位。比如法律援助类民间组织如果去民政部门登记，是被归类为民办非企业单位的。这一问题是由于参与民事诉讼立法的人没有注意到我国民间组织管理上发生的变化而引起的。应当认为此处表示的社会团体就是民间组织。尽管如此，但《2018年司法解释》仍然依行政诉讼法字面规定理解并作出进一步的明确，总体来说，对诉讼代理人的范围采取限制和谨慎的态度。

第三，《2018年司法解释》的规定

关于当事人所在单位的理解，司法解释规定，依照《行政诉讼法》第31条第2款第2项规定，与当事人有合法劳动人事关系的职工，可以当事人工作人员的名义作为诉讼代理人。以当事人的工作人员身份参加诉讼活动，应当提交以下证据之一加以证明：（1）缴纳社会保险记录凭证；（2）领取工资凭证；（3）其他能够证明其为当事人工作人员身份的证据。

关于社会团体推荐公民的理解，司法解释规定，根据《行政诉讼法》第31条第2款第3项规定，有关社会团体推荐公民担任诉讼代理人的，应当符合下列条件：（1）社会团体属于依法登记设立或者依法免予登记设立的非营利性法人组织；（2）被代理人属于该社会团体的成员，或者当事人一方住所地位于该社会团体的活动地域；（3）代理事务属于该社会团体章程载明的业务范围；（4）被推荐的公民是该社会团体的负责人或者与该社会团体有合法劳动人事关系的工作人员。专利代理人经中华全国专利代理人协会推荐，可以在专利行政案件中担任诉讼代理人。

三、行政诉讼中被告的代理

行政诉讼中被告的代理只有委托代理。行政诉讼被告的代理亦适用《行政诉讼法》第31条关于委托代理的规定，即当事人可以委托一至二人作为诉讼代理人。由于国家行政机关不可能发生无行为能力问题，因而行政诉讼被告不可能出现法定代理的情况。

《行政诉讼法》第3条第3款规定："被诉行政机关负责人应当出庭应诉。不能出庭的，应当委托行政机关相应的工作人员出庭。"2014年《行政诉讼法》的这一规定，限制了被诉行政机关委托代理的权限，要求被诉行政机关负责人依法在第一审、第二审、再审等诉讼程序中出庭参加诉讼,将改变过去民告官不见官的状况,因而获得广泛好评。"(过去)来出庭的都是作为行政机关代理人的律师,他们既不了解具体工作,又什么都做不了主,老是要回去商量,反复开庭,浪费司法资源,也让起诉的老百姓怨声载道。"舆论普遍认为,这"一方面可以缓解官民矛盾,另一方面也有利于案件的解决"。①

行政诉讼法在这里没有使用法定代表人一词,而使用行政机关负责人。法定代表人是一个具有明确含义的法律概念,行政机关负责人不等同于行政机关法定代表人。行政机关法定代表人只有一人,通俗地说,是行政机关的行政一把手。要求每个案件行政机关的法定代表人都出庭应诉不太现实。因此,行政诉讼法规定被诉行政机关负责人应当出庭应诉。行政机关负责人可以是法定代表人,也可以是非法定代表人的其他负责人。被诉行政机关法定代表人以外的其他负责人出庭应诉,需得到法定代表人的委托,实际上是以委托代理人的身份出庭的。另外,《2018年司法解释》规定,行政机关负责人出庭应诉的,可以另行委托一至二名诉讼代理人。行政机关负责人不能出庭的,应当委托行政机关相应的工作人员出庭,不得仅委托律师。

为落实被诉行政机关负责人出庭应诉制度,2018年司法解释用了一个部分,五个条文对行政机关负责人出庭应诉以及委托行政机关工作人员出庭作出了具体规定。2020年3月23日最高人民法院审判委员会第1797次会议讨论通过《最高人民法院关于行政机关负责人出庭应诉若干问题的规定》,这是为规范被诉行政机关负责人出庭应诉而专门出台的司法解释,由此,被诉行政机关负责人出庭应诉已成为行政诉讼中一项重要制度。关于这一制度的具体内容,本书将在第九章行政审判的制度第一节中予以详细介绍。

1. 行政机关负责人应当出庭的情况

司法解释规定,涉及重大公共利益、社会高度关注或者可能引发群体性事件等案件以及人民法院书面建议行政机关负责人出庭的案件,被诉行政机关负责人应当出庭。

行政机关负责人有正当理由不能出庭应诉的,应当向人民法院提交情况说明,并加盖行政机关印章或者由该机关主要负责人签字认可。行政机关拒绝说明理由的,不发生阻止案件审理的效果,人民法院可以向监察机关、上一级行政机关提出司法建议。

行政机关负责人和行政机关相应的工作人员均不出庭,仅委托律师出庭的或者人民法院书面建议行政机关负责人出庭应诉,行政机关负责人不出庭应诉的,人民法院应当记录在案和在裁判文书中载明,并可以建议有关机关依法作出处理。

2. 相关程序规定

被诉行政机关负责人出庭应诉的,应当在当事人及其诉讼代理人基本情况、案件由来部分予以列明。

行政机关负责人出庭应诉的,应当向人民法院提交能够证明该行政机关负责人职务的材料。行政机关委托相应的工作人员出庭应诉的,应当向人民法院提交加盖行政机关印章的授权委托书,并载明工作人员的姓名、职务和代理权限。

---

① 殷泓:《"民告官"迈入2.0时代——解读新修改的行政诉讼法十大亮点》载《光明日报》2014年11月6日。

四、代理人的权限

《行政诉讼法》第 32 条规定:"代理诉讼的律师,有权按照规定查阅、复制本案有关材料,有权向有关组织和公民调查,收集与本案有关的证据。对涉及国家秘密、商业秘密和个人隐私的材料,应当依照法律规定保密。当事人和其他诉讼代理人有权按照规定查阅、复制本案庭审材料,但涉及国家秘密、商业秘密和个人隐私的内容除外。"

一般来说,当事人委托诉讼代理人,应当向人民法院提交由委托人签名或者盖章的授权委托书。委托书应当载明委托事项和具体权限。公民在特殊情况下无法书面委托的,也可以由他人代书,并由自己捺印等方式确认,人民法院应当核实并记录在卷;被诉行政机关或者其他有义务协助的机关拒绝人民法院向被限制人身自由的公民核实的,视为委托成立。当事人解除或者变更委托的,应当书面报告人民法院。

第八章 行政诉讼证据

诉讼的过程,就是人民法院通过对诉讼证据进行审查,来判断当事人的请求是否能够得到法律认可的过程。诉讼证据对案件的审理结果有着直接的影响,因此,诉讼证据是诉讼法中的重要问题。行政诉讼证据亦是如此。

世界各国行政诉讼证据制度的表现形式有所不同。有的以单独法典的形式,规定适用一切类型案件的证据规则,如美国1975年7月1日生效的《联邦证据法典》,调整联邦法院所有诉讼,包括刑事诉讼、民事诉讼和行政诉讼中的证据问题[①]。有的国家把证据制度分别规定在民事诉讼法、刑事诉讼法和行政诉讼法中,制定有单独的行政诉讼法典,对有关行政诉讼证据的特殊部分加以规定,其余部分则适用民事诉讼法,如日本。我国采取各部诉讼法分别规定各自证据制度的做法,在行政诉讼法中设专章,规定行政诉讼中的证据。

第一节 行政诉讼证据的概念和特征

一、行政诉讼证据的概念

关于什么是证据,历来学说不一,各国法典规定也不尽相同。在我国的法律中,只有《刑事诉讼法》明确规定,证明案件真实情况的一切事实,都是证据。民事诉讼法、行政诉讼法都只规定了证据的外延,即证据的表现形式,而没有规定证据的内涵。

依证据理论,参照刑事诉讼法的规定,可以将行政诉讼中的证据定义为:证明行政案件真实情况的一切事实,都是行政诉讼证据。凡是能直接或者间接地证明当事人所争执的行政法律关系存在或者不存在,行政机关作出的行政行为合法或者不合法,以及它们的范围、产生、发展和变更的所有客观事实都是证据。

在分析诉讼证据的概念之时,还必须明确证据和证据材料的区别。我国有关证据立法在两个意义上使用证据一词。如《刑事诉讼法》(2018年修正)第50条第1款规定:"可以用于证明案件事实的材料,都是证据。"《行政诉讼法》第69条规定:"行政行为证据确凿,适用法律、法规正确,符合法定程序的,或者原告申请被告履行法定职责或者给付义务理由不成立的,人民法院判决驳回原告的诉讼请求。"此两处所指的"证据"是指据以定案的根据。而《行政诉讼法》第33条第2款规定的:"以上证据经法庭审查属实,

---

[①] "《联邦证据规则》不仅仅适用于联邦法院,而且被38个州奉为蓝本,制定出自己的证据规则。"何家弘主编:《外国证据法》,法律出版社2003年版,第155页。

才能作为认定案件事实的根据。"① 此处所说的"证据"是指那些尚未被确定为"定案的根据"的事实材料。为避免概念上的混淆,对后者,可称其为证据材料。证据和证据材料,本身应当具有不同的含义,证据是指据以定案的根据,证据材料是指尚未被确认为可以用作定案根据的材料。不过,在实践中要对证据和证据材料详加界定显然既是困难的也不必要的。因为,虽然从法官的角度,可以说某些是当事人提交的证据材料,某些是已经查证属实的证据。但是,在当事人看来,他所提交的证据材料就是证据,应当作为定案的根据。从文字上看,立法似乎也只能规定当事人"有权提交证据"而不宜规定当事人有权提交"证据材料"。因此,此分析只是为了说明,当我们使用证据一词时,应当意识到,我们所说的证据,可能是定案的根据,也可能是尚未被确定为定案根据的材料。

人民法院确认争议当事人之间的法律关系,解决权利义务之争,必须以案件事实为依据。而案件事实,不论是行政法律关系发生、变更、消灭的事实,还是当事人双方发生争议的事实(即行政机关的行政行为是否合法的事实),都是发生在行政诉讼之前,而不是诉讼之中,承办具体案件的审判人员既不能事先了解,也不能靠主观臆断,只能通过在诉讼中对当事人所提供的证据材料进行审查、判断,来揭示案件的客观真实。因此,诉讼上的证据,是当事人用来证明其诉讼请求或者答辩的主要手段,也是人民法院用来查明案件,作出裁判的主要手段和依据。当事人只有提供了充分的证据,才能获得胜诉;人民法院只有掌握与案件相关联的必要的证据,才能保证行政案件的公正及时处理。

二、行政诉讼证据的特征

行政诉讼证据具有客观性、相关性和合法性之三性。司法解释也确认,"能够反映案件真实情况、与待证事实相关联、来源和形式符合法律规定的证据,应当作为认定案件事实的根据"。

(一) 行政诉讼证据的客观性

行政行为总是在一定的时间、空间和条件下进行的,因此必然作用于客观外界事物并引起外界的变化,而通过收集证据材料,即收集反映外界变化的客观情况,才能够查明案件的客观真实。证据的客观性要求作为证明案件事实的证据,必须是对案件事实的客观反映和真实记载,不能有任何主观随意性,不能为任何人的主观意志所左右。

(二) 行政诉讼证据的相关性

并不是所有客观存在的事实都是行政诉讼证据,作为证据的事实必须与案件的待证事实相关联。作为证据的事实所证明的主张与本案无关或者不能证明本案的就不是证据,只有那些在一定程度上有助于调查案情,证明案情的才是证据。相关性这一原则,几乎为世界所有国家的证据立法所采用。在我国,强调证据必须是证明案件真实情况的事实,证据必须查证属实才能作为定案的根据,就包含了相关性的内容。

诉讼证据的相关性,表现为两种情况:一是作为证据的事实材料本身就是待证事实的组成部分;二是作为证据的事实材料虽然不是待证事实的组成部分,但与待证的事实有直

---

① 《刑事诉讼法》第50条第3款与此类似,规定:"证据必须经过查证属实,才能作为定案的根据。"

接或者间接的联系，并能够为待证事实提供证明情况。行政诉讼证据的这种相关性，具体表现在作为证据的事实材料与行政行为的关系上。行政诉讼证据，或者本身是行政行为的组成部分，或者是作出行政行为所依据的事实、法律，或者是能够证明行政行为有关情况的材料，如原告起诉时提出行政机关的行政行为使本人或者本单位的合法权益受到某种影响或者损害的事实、行政机关的行政行为违法或者证据不充分的事实；被告举出的证明原告有违法行为，行政行为有事实依据和法律依据的事实等。

（三）行政诉讼证据的合法性

1. 合法性的含义

诉讼证据的合法性，是指行政诉讼证据的形式、来源等合乎法律的规定而具有证明的能力。诉讼证据的合法性主要包括以下内容：

第一，证据的来源合法，如证人证言出自合格的证人，被告人、被害人的陈述出自被告人、被害人本人，鉴定结论出自法定的鉴定机关等。

第二，证据的收集方式合法，即证据材料是由法定人员按照法定程序收集或者提供的。如证据材料不得通过刑讯逼供或者欺骗、利诱、威胁方式收集或者取得；法律明确规定不得收集证据的人员或者时间段所收集的证据材料不得作为定案的根据等。

第三，证据具备合法的形式。如物证、书证应当附卷；鉴定结论应当采取特定的书面形式；现场笔录须经行政机关现场执法人员和相对人签名等。

第四，证据须经法定程序审查属实。当事人提交的所有证据材料，都须在法庭审理时经双方当事人质证，才能作为定案的根据等。当事人申请人民法院调取的证据，由申请调取证据的当事人在庭审中出示，并由当事人质证。人民法院依职权调取的证据，由法庭出示，并可就调取该证据的情况进行说明，听取当事人意见。

2. 行政诉讼证据的合法性

诉讼证据是否具有合法性这一特征，在诉讼理论上存在争论。依行政诉讼法的规定和行政法原理，行政诉讼证据应该具有合法性的特征。行政诉讼中被告负有主要的举证责任。而行政诉讼被告所提供的证据材料一般是在行政管理活动中形成的，主要是由行政机关制作的。行政程序法要求行政机关在制作这些证据时应当合法，应当由具有法定资格的人，按照法定程序收集，具备法定的形式。

《行政诉讼法》及相关司法解释对行政诉讼证据的合法性作了一般性的规定。《行政诉讼法》第43条规定，证据应当在法庭上出示，并由当事人互相质证。人民法院应当按照法定程序，全面、客观地审查核实证据。对未采纳的证据应当在裁判文书中说明理由。以非法手段取得的证据，不得作为认定案件事实的根据。《2018年司法解释》第43条规定："有下列情形之一的，属于《行政诉讼法》第43条第3款规定的'以非法手段取得的证据'：（一）严重违反法定程序收集的证据材料；（二）以违反法律强制性规定的手段获取且侵害他人合法权益的证据材料；（三）以利诱、欺诈、胁迫、暴力等手段获取的证据材料。"

体现行政诉讼证据合法性之特殊性的一个重要规定是《行政诉讼法》第35条。该条规定："在诉讼过程中，被告及其诉讼代理人不得自行向原告、第三人和证人收集证据。"这一对被告取证的限制性规定主要是基于行政程序的合理性要求和证据的合法性要求。

第八章 行政诉讼证据

行政诉讼以被诉行政行为的合法性为审理对象。依照行政诉讼法的规定，合法的行政行为是由有权的行政机关在其职权范围内所作出的证据充分、适用法律法规正确、符合法定程序的行为。而这三方面的条件是在行政行为作出之时就应该具备的。就事实依据而言，行政机关在作出行政行为时就应经过充分调查、全面收集，而不能在行政行为已经作出以后再来收集。这个过程在行政程序中被表述为"先取证，后裁决"的原则或者说要求。此原则至少包含这样几个层面的意思：第一，行政机关应当先进行调查和收集证据的工作，之后才能根据事实和法律作出行政行为；第二，作出行政行为时，必须有充分的事实和法律依据，不能主观臆断，凭空想象；第三，先作出行政行为，再去找事实和法律依据来证明自己所作的行政行为正确、合法，就违反了法定程序，因而本身也是违法的。这样，一旦案件进入诉讼阶段，行政程序上的这一要求仍然有效。在诉讼过程中，被告应当对其所作出的行政行为的合法性承担举证责任，并且只能在原有证据材料的基础上，即在原来作出行政行为时已经掌握的证据材料的基础上，提出证明自己所做行政行为正确、合法的依据，而不得重新去收集证据，来证明早已作出的行为的正确、合法。因此，如果被告在诉讼过程中向原告和证人等收集证据，就违反了先取证后裁决的原则，该证据材料因不具有合法性这一证据属性，而不具有证据的作用。

"先取证后裁决"的行政程序原则决定了行政诉讼中关于被诉行政行为合法的证据体系是一个先于诉讼存在的稳定的系统。正是由于这个原因，行政诉讼中举证责任与举证时限的要求主要是针对被告，就有了存在的内在机理。也基于此，在诉讼过程中，被告只能就这个系统内的证据材料进行举证。对此，英美法上有案卷外证据排除规则，① 我国目前虽未在有关法律中作出普遍规定，但在最高人民法院关于审理反倾销反补贴案件的两个司法解释中作出了明确具体规定。② 我国《行政处罚法》在多处有对行政机关制作笔录的要求。行政诉讼法关于被告在诉讼过程中不得自行向原告和证人收集证据的规定，来源于行政程序中先取证后裁决的原则，也得到学者和法官的普遍认同。③

因此，从人民法院审查证据的角度看，行政诉讼中可以采用来证明行政行为合法的证

---

① 参见孔繁华：《英美行政法上的案卷制度及对我国的借鉴意义》，载《法学评论》2005年第2期。

② 2002年11月21日发布的《最高人民法院关于审理反倾销行政案件应用法律若干问题的规定》第7条："被告对其作出的被诉反倾销行政行为负举证责任，应当提供作出反倾销行政行为的证据和所依据的规范性文件。人民法院依据被告的案卷记录审查被诉反倾销行政行为的合法性。被告在作出被诉反倾销行政行为时没有记入案卷的事实材料，不能作为认定该行为合法的根据。"同日发布的《最高人民法院关于审理反补贴行政案件应用法律若干问题的规定》第7条也有同样规定。

③ 几乎所有的行政诉讼法教材都以先取证后裁决的原则来解释《行政诉讼法》的这一规定。不过也有观点认为除此之外还有另外的理由。如认为是为了"防止行政机关在重新取证时向原告和证人施加压力，以更好地保护公民和组织的合法权益"，参见李国光主编，最高人民法院行政审判庭编著：《最高人民法院〈关于行政诉讼证据若干问题的规定〉释义与适用》，人民法院出版社2002年版。此外，还有观点认为，这样的规定是为了避免行政机关在诉讼中利用行政权力采取诱供等非法手段收集有利于自己的证据，给法院认定案件事实造成困难；以及行政机关为了避免败诉，专为打这场官司而收集的证据具有明显的目的性，容易导致伪证的发生等说法。应当说这些理由都是牵强的，至少是从功用角度而非基于事物的内在规律性考虑的。

据是以该证据材料在行政行为作出之时已经被采用为前提的,即行政诉讼中可以采用来证明行政行为合法的证据是在进入诉讼阶段之前已经被行政机关采用为作出行政行为的证据。在行政行为作出时未采用过的证据材料只能用来证明被诉行政行为违法,而不能用来证明被诉行政行为合法。

行政程序先取证后裁决的要求决定行政机关在行政决定作出以后所收集的材料不能用来证明该决定的合法性,此类证据材料在证据法上不具有证据资格,或者叫证据能力。以此结论来审视行政诉讼法相关规定,我们认为,无论从行政法角度还是从诉讼法角度,行政诉讼法都不应当规定行政机关在行政程序中以及被告在诉讼过程中能否收集证据,但应当规范所收集的证据材料能否作为证据使用。时间范围上,行政机关在作出行政决定后所收集的证据都不具有证明该行政决定的证据资格,而非仅限于"诉讼过程中"。① 行政诉讼法修改应当删除现行法中关于限制被告取证的规定,亦无必要涉及代理人以及其他问题,只规定行政机关在作出行政行为以后(包括在复议程序中)所收集的证据,不得作为证明被诉行政行为合法的依据即可。这样,依据的原理还是行政程序先取证后裁决的要求,却更加符合行政法与诉讼法的基本理论。②

三、证据能力与证明力

前述关于行政决定作出之后所收集的证据是否能够用来证明行政行为合法的问题,实际上是一个关于诉讼证据的证据能力或者说证据资格的问题。

证据能力是指证据材料在法律上允许其作为证据的一种资格。在英美法系国家和地区,一般被称作证据的可采性。在我国,实际上是指证据的合法性,主要是指证据应当具有法律规定的形式,其来源与收集方式合法,以及经法定程序审查属实等要求。符合合法性要求的证据材料才能够被采纳为诉讼证据。用以证明当事人主张的要件事实的证据,必须具有证据能力。对此,尽管诉讼法学界有一些不同观点,但基本认识还是统一的。如认为,"证据能力,亦称证据资格,或称证据适格性,是指具有可为严格证明系争的实体法事实之资料的能力"。所谓严格证明,按照作者注释,是指对于诉讼客体或系争实体法事实的证明,此等证明,应适用严格的客观法则;自由证明主要是对程序事实的证明,立法上不直接设立客观法则,而委诸法官的裁量,也称释明③。"证据能力系指在诉讼上可容许作为证据的资格。凡属于可采纳的证据也可称之为适格的证据。"④

证据能力不同于证明力。证明力表示证据的作用,是证据在认定事实上价值的大小,涉及的是证据对于待证事实有无证明作用以及证明作用有多大的问题。故证明力,也称证

---

① 当然,最高人民法院《关于执行〈中华人民共和国行政诉讼法〉若干问题的解释》(2000年施行)第28条关于被告经人民法院准许可以补充相关证据的规定是合理的,因为这些证据形成于行政行为作出之前。

② 关于这一观点的详细论述,可参见林莉红:《限制被告取证还是规范证据能力——论行政诉讼法限制被告取证规定的修改》,载《政治与法律》2008年第5期。

③ 肖建国:《证据能力比较研究》,载《中国刑事法杂志》2001年第6期。

④ 刘善春:《诉讼证据规则研究》,中国法制出版社2000年版,第455页。

据价值、证明力。所以，证据能力是"有"或"无"的问题，证明力是"大"和"小"的问题。证据能力解决的是证据材料能否在法庭上提出并加以审查，从而决定是否采纳为证据的问题。而证据的证明力则解决的是在法庭上提出的证据在多大程度上能够证明案情，需要审查的是证据的可信度与关联性问题。英美法上的证据规则大多系针对证据能力而言，而将证明力问题交给裁判者自由心证，这样的做法是值得我们借鉴的。①

就证据能力与证明力的关系而言，具有证据能力才谈得上证明力。某一个证据材料，具有法律上的可采性，成为诉讼证据，之后才可由法官判断其证据价值和证明力的大小。但是，也有可能某些证据材料对案件确实具有一定的证明价值，但却因不具有合法性，没有取得证据能力而被排除于证据范围。这方面的例子，如刑事诉讼中刑讯逼供取得的真实口供。行政诉讼中的情形亦是如此。行政诉讼中被告违反法定程序收集的证据材料有可能能够证明被诉的行政行为合法，不能就此认为其虽没有证据能力，但具有证明力。证据能力和证明力都是就某一个特定的证明对象，或者说待证事实而言的。就某一个特定的待证事实来说，具有证据能力才谈得上证明力。违反法定程序，作出行政决定之后收集的证据，对于原行政决定而言，没有证据能力，因而不可能有证明力。如果行政机关撤销原来的决定，根据新的证据材料作出新的决定，新的证据材料方具有证据能力，也才可能考察其证明力。

尽管在理论上对证据能力与证明力的概念和相关关系已经有较多论述，并且在基本概念上争议不大。但是在立法上，却并没有得到运用。我国三部诉讼法都没有使用证据能力和证明力的概念。在司法解释中也似乎并不明确。2002年《最高人民法院关于行政诉讼证据若干问题的规定》，没有使用证据能力和证明力的概念，但有四处提到"证明效力"一词。这四处所说的证明效力根据语境的不同，有的时候是指证据能力，有的时候是指证明力。如第39条第1款规定："当事人应当围绕证据的关联性、合法性和真实性，针对证据有无证明效力以及证明效力大小，进行质证。"此款中前一个证明效力指的是证据能力，后一个证据效力指的是证明力。第63条规定："证明同一事实的数个证据，其证明效力一般可以按照下列情形分别认定：……"此处的证明效力指的是证明力。第67条规定："在不受外力影响的情况下，一方当事人提供的证据，对方当事人明确表示认可的，可以认定该证据的证明效力；对方当事人予以否认，但不能提供充分的证据进行反驳的，可以综合全案情况审查认定该证据的证明效力。"这里的证明效力既指证据能力也指证明力，因为当事人的"认可"和"否认"，既可能是对证据能力的，也可能是针对证明力的。第64条规定："以有形载体固定或者显示的电子数据交换、电子邮件以及其他数据资料，其制作情况和真实性经对方当事人确认，或者以公证等其他有效方式予以证明的，与原件具有同等的证明效力。"这里的证明效力应当指的是证明力。

---

① "英美证据法对证据能力规则的强调到了令人惊讶的程度，证据可采纳性规则在全部证据规则中占据相当大的比重。可是，同样让人吃惊的是，英美法几乎不对证据的证明力作任何规定，而完全委诸裁判者的自由裁量。"参见肖建国：《英美证据法的两点启示》，载《人民法院报》2001年10月17日。

第二节　行政诉讼证据的分类

一、证据的分类

诉讼法学界根据不同的标准对证据进行分类，较常见的有四种分类。

（一）按诉讼证据的来源，可以把证据分为原始证据和派生证据

原始证据是指直接来源于案件事实的证据。原始证据有的是案件事实的组成部分，如行政机关的处罚决定书；有的虽不是案件事实的组成部分，但与案件事实直接发生过接触，如对案件事实耳闻目睹的证人的证言。原始证据亦即人们通常所说的第一手材料。由于原始证据直接来源于有争议的行政行为的形成、变更过程中，因而证明力较强，在诉讼中应尽力收集。

派生证据又称传来证据，是指从原始证据中派生得来的证据。如文书的复制品，证人证言是从他人那里听来的等。派生证据又称第二手材料。由于派生证据是通过转述而得来的，因此，在实际运用时要注意审查其真伪，要尽可能地找出原始证据；同时，通过派生证据可以审查和判断已经掌握的原始证据的可靠性和真实性。因此，在诉讼中也不能忽视派生证据的作用。

（二）按诉讼证据与待证事实之间的关系，可以把证据分为直接证据和间接证据

直接证据，是指能够直接证明待证事实的证据。直接证据与待证事实之间存在直接的联系，能直接证明待证事实存在或者不存在。如行政机关开具的超过法定限度的处罚决定书，受处罚人的陈述等。直接证据能够直接地证明案件的主要事实，因此是非常重要的证据。

间接证据是指不能直接证明案件主要事实，必须与其他证据相结合才能证明案件主要事实的证据。如交通事故发生后现场的痕迹。

有些证据能直接证明案件主要事实，有些证据必须和其他证据相结合才能证明案件主要事实，这是司法实践中客观存在的情况。理论上的划分，是以实践经验为基础的，但这种划分并不意味着直接证据优于间接证据。直接证据在诉讼中固然是很重要的，有了直接证据，案件事实比较清楚，但间接证据也有不可忽视的意义，其作用主要有三：第一，间接证据往往是案件中发现案件事实的先导；第二，间接证据是鉴别直接证据真伪的有力手段；第三，有时定案可以完全依靠间接证据。

（三）按证据的表现形式，可以把证据分为言词证据和实物证据

言词证据指能够证明案件真实情况的事实是通过人的陈述表现的证据。如证人证言，当事人的陈述，鉴定结论。言词证据的特点在于它带有陈述者的主观倾向，其感受力、记忆力、判断力、表达力都会影响证据的真实性。

实物证据指以物品的外部形态或者其中记载的内容等作为某种客观事实的表现形式的证据。如物证、书证、勘验、检查笔录等。实物证据比较真实、实在，但要注意区分其真伪。

第八章 行政诉讼证据

（四）按诉讼证据是否为负有证明责任的当事人所提出以及其所能证明的事实，可以把证据分为本证和反证

本证是指由负有举证责任的当事人提出，用以证明他所主张的事实的证据。如在行政诉讼中，作为被告的公安机关提出证人证言证明原告在某时某地有违反治安管理的行为，这一证据就是本证。

反证是指由不负有举证责任的当事人，为了推翻对方的主张而另外提出新的事实所举出的证据。如行政诉讼中原告针对被告提出他某时某地有违反治安管理的行为的证据，提出自己于该时该地正在外地开会的证据，即是反证。

反证不同于证据答辩。证据答辩是指一方当事人对他方当事人提供的证据，指出其不合法或者是虚假的，从而否定其证明作用。如上例中原告指出被告提出的证人证言是假的，即是证据答辩。

二、证据的表现形式

《行政诉讼法》第33条规定证据有八种。严格地说，这八种并非证据的分类。作为分类，应当是以某一标准将对象划分为不同种类，划分方法应能够穷尽所有的对象，各个种类同质，相互之间互斥。行政诉讼法规定的八种证据形式，并不具备此分类的要求，故本书将其表述为证据的表现形式。

（一）书证

书证是指用文字、符号、图画、表格等记录一定的思想内容并以此证明案件真实情况的物品。书证的基本特征是以其记载和反映的内容来证明案件的真实情况。书证在行政诉讼中是一种非常重要的证据。由于行政机关在实施国家行政管理的过程中作出的行政行为一般都采用书面的形式，因而行政法律关系发生、变更、消灭，一般是以书面形式表现的，权利义务关系也往往是以书面形式确定的，有些权利义务关系发生争议的事实也会有一定的书面证明材料。因此，在行政诉讼中，书证对于认定案件事实具有直接的、重要的作用。

（二）物证

物证是指以其存在情况、外形特征、内在特性以及质量等来证明案件真实情况的物品和痕迹。如凶器、变质食品、假药、违章建筑物以及交通事故中撞坏的汽车等。

物证和书证是不同的证据。书证是人的主观意志的反映，具有一定的思想内容，物证是客观存在的事物，不具有思想内容。有些书面材料既可作书证使用，也可作物证使用，这时其究竟是物证还是书证，要看它是用什么方式来证明案件的真实情况。以外形、质量、特征来证明一定事实的书面材料就是物证；以记载的内容来证明一定事实的书面材料就是书证。

（三）视听资料

视听资料是指利用录音或者录像磁带所记录并反映的音响和图像，或者以电子计算机储存的资料来证明案件真实情况的证据。其表现形式有：录像带、录音带、电影或者其他胶卷、传真资料、微型胶卷、雷达扫描资料、电视监视器所收集和储存的数据和资料等。

视听资料是随着现代科学技术发展和普及而出现的一种新的证据。它将反映案件客观

情况的材料固定并保存起来，使过去发生的而在诉讼中应查明的事实，真实而又准确地显现出来，不仅静态地反映待证事实的真实情况，而且动态地反映待证事实的现实情景，因此，它具有较大的准确性和可靠性。

视听资料与书证具有一个共同的特点，即都是以其记载或者反映的内容来证明案情，但视听资料又是一种不同于书证的独立的证据。因为书证一般是用文字或者符号所表达的内容来证明案情的，而视听资料则是以图像或者音响来证明案情。录音、录像磁带等有时也可以作为物证使用，当录音录像磁带等不是以其记载的内容来证明案情，而是以其质量、特征来证明案件时，就是物证。如一批质量不合格的录音磁带、一盒黄色录像带等。

视听资料是现代科学技术的产物，同时也是可以利用现代科学技术加以伪造的，人民法院在诉讼中应当对视听资料的来源是否合法，内容是否真实进行审查。

（四）电子数据

电子数据是指基于电子信息技术形成的，以数字化形式存在和存储并可多次复制的数据信息。可存储在电脑硬盘、光盘、各式移动电子存储盘如优盘、手机照相机存贮卡等设备中。包括电子邮件、网上聊天记录、网络博客微博微信、手机短信、电子签名、域名等计算机数据和网络数据。当这些数据信息在诉讼中用于证明一些案件事实时，就是电子数据证据。

电子数据处于虚拟空间中，大致包括计算机空间、网络空间、服务器空间、手机空间、摄像机空间，优盘、硬盘、打印机、复印机等存储介质空间，还有现在所说的云空间，具有系统性、稳定性、多元性的特点。① 用电子数据来证明案情，是科技发展的结果，也必然带来新的挑战。

2014年《行政诉讼法》采用与民事诉讼法规定的证据形式基本一致的规定，同时规定了视听资料和电子数据两种证据形式。实际上，视听资料表达的是存储内容，电子数据表现的是存储形式，二者都是随着现代科技的发展而出现的新型的证据形式。电子数据与传统的书证、物证的关系，以及对其的审查判断，也与视听资料基本一致。

（五）证人证言

不是本案的诉讼参加人，但直接或者间接了解案件有关情况并被人民法院传唤到庭作证的人，叫做证人。证人以口头或者书面方式，向人民法院所作的有关案件事实的陈述，称为证人证言。证人证言是案外人通过对其直接或者间接了解的案件事实进行回忆和陈述来证明案情的。证人证言所反映的事实通常是证人耳闻目睹的事实，有时也可能是间接听来的，转述他人的所见所闻。证人证言一般在法庭上以口头方式陈述，以便当事人当面质证。但是，在特殊情况下，如证人生病、出差等，也可向人民法院提交书面证言。书面证言是以书面形式表达的证言，与书证是不同的。

（六）当事人的陈述

当事人的陈述，指当事人在诉讼中就自己经历的案件事实，向人民法院所作的叙述。当事人向人民法院所作的叙述很多，有关于起诉理由的叙述、案件经过的叙述、适用法律的叙述。只有当事人对案情事实的真实叙述，才是证据，才能够被人民法院用来作为判决

---

① 参见刘品新：《电子数据的基础理论》，载《国家检察官学院学报》2017年第1期。

的依据。

当事人的陈述具有两方面的特点。一方面,当事人是争议的行政法律关系的主体,对争议的行政法律关系的内容及有关法律事实,有着真实的了解,对行政争议的发生、发展过程,有着亲身的经历,因此,当事人的陈述可以揭示案件的真实情况,有利于人民法院查明案情,认定事实,正确适用法律解决纠纷;另一方面,由于双方当事人在案件中处于对立地位,与案件的处理结果有着直接的利害关系,因此他们在陈述案情时可能会有意无意地夸大或者缩小某些事实,甚至歪曲事实真相,所以,当事人的陈述可能带有一定的片面性和虚假性,这就要求人民法院在案件的审理中,应结合其他证据进行审查,既不能忽视它的作用,也不能盲目轻信。

(七) 鉴定意见

鉴定人对需要鉴定的问题,运用自己的专业知识,根据案件的事实材料,作出科学的符合实际的分析,提出结论性意见,叫做鉴定意见。根据鉴定对象的不同,鉴定包括有:法医类鉴定,包括法医病理鉴定、法医临床鉴定、法医精神病鉴定、法医物证鉴定和法医毒物鉴定;物证类鉴定,包括文书鉴定、痕迹鉴定和微量鉴定;声像资料鉴定,包括对录音带、录像带、磁盘、光盘、图片等载体上记录的声音、图像信息的真实性、完整性及其所反映的情况过程进行的鉴定和对记录的声音、图像中的语言、人体、物体作出种类或者同一认定等。

鉴定人是运用专门知识或者技能对案件中的某些专门性问题进行科学鉴别、判断的人。鉴定人必须是自然人,机关、团体、企业事业单位不能担任鉴定人。鉴定人与证人不同,证人的责任是就他耳闻目睹的案件的某一事实作出如实的陈述,证人所陈述的事实,是对他所闻所见事实的重述,不参与自己的任何见解。而鉴定人的责任是运用自己的知识,对案件中的专门性问题作出科学的分析,不是对案件事实的简单重述。证人不能更换、代替,也不能回避,鉴定人可以更换、代替,遇有法律规定的回避情形,应当自行回避,当事人也可以向人民法院提出申请鉴定人回避。

2014 年《行政诉讼法》与《民事诉讼法》、《刑事诉讼法》一致,将原来法律规定的鉴定结论改为鉴定意见。鉴定意见最初出现在 2005 年 2 月 28 日第十届全国人民代表大会常务委员会第十四次会议通过,自 2005 年 10 月 1 日起施行《关于司法鉴定管理问题的决定》中。适用鉴定意见一词,表示其并非法院必须采纳的证据,而是与其他证据形式一样,要受到庭审中的审查核实,与其他证据形成证据链,能够合理合法地证明案件中的情况,才能够作为作为定案的根据。

(八) 勘验笔录、现场笔录

勘验笔录是指人民法院的审判人员或者行政机关的工作人员为了查明一定的事实,对与争议有关的现场、物品进行勘查、检验、测量、拍照、绘图等工作时制作的笔录。勘验笔录不仅指人民法院的审判人员亲临现场或者物品所在地进行勘验工作制作的笔录,也包括行政机关工作人员在行政争议发生后或者发生的当时,对现场进行勘验所制作的笔录,例如交通事故发生后为弄清肇事者和受害者各自的责任,交通民警及时对事故现场进行勘验后制作的笔录。勘验笔录是勘验人对现场和某项事物的直接观察和反映,是固定和保全证据的方法。由于它涉及面广,不是单纯地固定某一证据,而是把现场和某种事物中的所有情况都记录下来，因此对于分析和判断案情具有重要意义。

现场笔录一般指行政机关及其工作人员在作出行政行为时，对有关的事项当场所做的记录。如公安机关对违反治安管理的人进行处罚时所作的笔录，税务机关对拒不纳税的有关公民或者法人进行处罚所作的笔录等。现场笔录也并一定以"笔录"的形式出现，凡是行政机关工作人员在作出行政行为时现场所作的记录，都是现场笔录，还可以包括扣押物品清单、海位定位记录等。现场笔录对于查明案情有一定的作用。它是以其记载的内容来查明案情的，这一点与书证相似，但它又不同于书证。它是行政工作人员在行政管理活动中制作的，因而也是一种独立的证据。现场笔录必须经相对一方当事人核对认为无误并在笔录上签名或者盖章，以及有关行政工作人员在笔录上签名后，才能作为证据材料，提供给人民法院。否则易在审理中造成被告极为被动的局面①。

第三节 举证责任

一、举证责任的含义和性质

证据作为证明案件真实情况的材料，不可能自动呈现在人民法院面前，那么，诉讼中一个基本的问题就是，证据应由谁提出？这是举证责任的主要问题。关于举证责任的观点、学说很多，各执一词，很难对其下一个统一的定义。在我国，一般认为，举证责任是指对于有待证明的事实向人民法院提出证据加以证明的责任，包含两方面的内容：证据由谁提出，应该举证的人没有举证的法律后果。举证责任的内容当结合其性质加以分析。

举证责任的性质，在中外学者中都存在争论，主要有以下几种学说：

1. 权利说

这种学说认为举证责任是当事人的权利，即当事人于主张某种有利于自己的事实之后，有权举证证明它，使法院因而认定其主张而作出有利于举证人的判决。这种学说在诉讼实践中很难成立，因为既然举证责任是当事人的一项权利，则当事人可以行使，也可以不行使。如果双方当事人都不举证，法院是难以弄清案件事实的。

2. 义务说

这种学说认为举证责任是当事人应当承担的法律义务，认为义务说与当事人的主客观条件是相符的。从主观上说，当事人为达到胜诉的目的，在诉讼中总想尽力提出有利于自己的主张，当事人有履行举证义务的内在要求；从客观上说，当事人是争议法律关系的主体，有履行举证义务的客观可能。

但是，不履行义务就要受到法律制裁。在诉讼中当事人不举证，人民法院并不能对其进行法律制裁；而且义务和权利是相对应的，义务的履行，是为了权利人实现权利，所以必须有权利人的存在。在诉讼中应该举证的人提供了证据，是对自己有利，对对方当事人并不利；应该举证的人不举证，才是对对方当事人有利，所以，这种学说也与诉讼理论和诉讼实践不相符合。

---

① 参见刘桂明：《海峡两岸第一宗行政官司曝光》，载《法制日报》1990年2月2日。

3. 责任说

这种学说认为举证是一种责任，举证责任是出于举证的必要，法院及相对一方都没有要求当事人举证的权利，举证责任也不是义务。认为举证责任是一种责任属于同义语反复，实际上没有解释责任是什么，以及当事人不能举证的法律后果。

4. 负担说

该学说认为举证责任对当事人来说是一种败诉的危险负担，在应当举证的情况下当事人不能举证，则负担就该事实所作的不利于己判决的危险，因此举证责任有不利益归属的意义。这种不利益的归属，从诉讼上而言，属于败诉的危险负担，它既非诉讼上的权利，也非诉讼上的义务。这种学说为许多国家的立法所采用，如美国加利福尼亚州证据法典第500条规定："事实举证责任一般由为了论证自己的理由需要对该事实加以澄清的一方承担。"第550条规定："提供证据的责任由这样的一方负担，即如果法院不掌握适当的材料，他就有危险，可能得到法院就此事实作出的否定判决。"

根据负担说，举证责任有两层含义，即主观举证责任和客观举证责任。所谓主观举证责任是指当事人对自己提出的主张应当提出证据加以证明，这又称为行为责任；客观举证责任是指当事人的主张若经提供证据仍然不能证明为真，即处于真伪不明的状态，该当事人就要承担因此而致的不利诉讼后果，这又称为结果责任。从这两个方面的彼此关系来看，"行为责任是结果责任的反映，当事人正是为了避免结果责任才去承担行为责任的"。①

我国行政诉讼法采败诉的危险负担说。在我国的行政诉讼实践中，举证责任应该既不是权利，也不是义务；当事人可以举证，也可以不举证，但是依照法律规定负有举证责任的当事人，在对某一应举证证明的事实没有举证时，虽然法院依职权也做调查，该当事人仍然负担可能遭受就该事实作出的不利于己判决的危险。

二、举证责任的分配

举证责任的分配，即诉讼证据由谁提出的问题。诉讼证据的提出，应该在当事人之间加以合理分配。举证责任的分配原则，在证据制度的历史发展中曾有过很多学说，如法规分类说、待证事实分类说、法律要件分类说等。我国行政诉讼法从行政诉讼的实际出发，对举证责任的分配作了明确规定。

（一）被告对行政行为合法性承担举证责任

1. 行政诉讼法的具体规定

《行政诉讼法》第34条规定："被告对作出的行政行为负有举证责任，应当提供作出该行政行为的证据和所依据的规范性文件。"《行政协议司法解释》亦规定："被告对于自己具有法定职权、履行法定程序、履行相应法定职责以及订立、履行、变更、解除行政协议等行为的合法性承担举证责任。"《2018年司法解释》关于复议维持双被告情况下的举证责任也作出了明确的规定，"复议机关决定维持原行政行为的，人民法院应当在审查原行政行为合法性的同时，一并审查复议决定的合法性。作出原行政行为的行政机关和复议

---

① 参见陈刚：《证明责任概念辨析》，载《现代法学》1997年第2期。

机关对原行政行为合法性共同承担举证责任,可以由其中一个机关实施举证行为。复议机关对复议决定的合法性承担举证责任。复议机关作共同被告的案件,复议机关在复议程序中依法收集和补充的证据,可以作为人民法院认定复议决定和原行政行为合法的依据"。

据此,行政诉讼中的举证责任主要由被告承担。这一规定包含三方面的内容。

第一,行政行为是否合法应由被告承担举证责任。处于被告地位的行政机关,应该举证证明自己所作的引起行政争议的行政行为的合法性,包括自己具有法定职责,依照法律规定履行了法定职责,以及履行法定职责的具体过程的合法性都负有举证责任。被告承担举证责任的事项也主要限于行政行为的合法性。诉讼中的其他事实,如赔偿,以及程序事实,如回避,仍然遵循"谁主张谁举证"的原则。行政协议争议中,对行政协议是否履行发生争议的,由负有履行义务的当事人承担举证责任,也是遵循"谁主张谁举证"的原则。

第二,被告既要就作出行政行为的事实依据举证,又要就作出行政行为的法律依据举证。事实依据既包括实体上的事实,也包括程序上的事实。如有关法律要求行政机关在作出行政行为之前应当举行听证的,则诉讼中被告应当就是否依法举行过听证进行举证。这里的法律依据是指行政机关作出行政行为所依据的所有规范性文件,包括法律、法规、规章等。特别是对于规章和规章以下效力层次的规范性文件,既要证明其存在,也要证明其合法,即要证明其符合法律、法规的规定或者不与有关的法律、法规相冲突以及这些规范性文件相互之间不矛盾。有些行政管理法律、法规对行政机关作出行政行为的法律依据作了特殊规定的,行政机关亦应当承担相应的举证责任。如《行政处罚法》(2017年修正)第4条规定,对违法行为给予行政处罚的规定必须公布;未经公布的,不得作为行政处罚的依据。则行政机关在行政诉讼中应对处罚依据是否公布过予以举证。

现代证据学理论认为,法律属司法认知范围,无须当事人举证证明。但行政诉讼中的情况有所不同。一方面,行政机关作出行政行为的依据不仅包括法律、法规、规章,而且包括行政机关作出的大量的其他规范性文件,要求人民法院知晓行政机关所制定、发布的所有的规范性文件是不合理的。另一方面,也是更重要的,尽管一定范围的规范性文件(包括法律、法规、规章)属于司法认知的范围,但行政机关作出某一行政行为所依据的特定的规范性文件仍然是需要行政机关加以举证证明的。行政诉讼的审理对象是被诉的行政行为,行政行为合法的标准之一是该行政行为合法而正确地选择并适用了规范性文件,对被诉的行政行为依据的规范性文件的审查也是司法审查的内容,因此,被告需就其选择并适用的特定的规范性文件举证。

第三,如果被告对于引起诉讼的行政行为,不能提供作出该行政行为的证据和所依据的规范性文件,来证明该行政行为的正确和合法,则被诉行政机关可能承担败诉的诉讼后果。即行政诉讼中的举证责任既是一种行为责任,也是结果责任。

2. 被告对行政行为的合法性承担举证责任的原因

《行政诉讼法》关于被告对行政行为承担举证责任的规定是合理的,是由行政诉讼的特点决定的。

首先,对行政行为的举证责任由被告承担具有客观必要性。行政诉讼要解决国家行政机关在行政管理中发生的争议,而行政机关在行使职权时处于决定的地位,其相对方处于服从的地位，行政机关是根据其管理相对人的违法或者其他的事实作出行政行为的。从行政机关必须依法行使行政职权的角度看，行政机关不能没有根据地作出行政行为，而是在作出行政行为时就必须是有事实依据和法律依据。因此，在诉讼中，行政机关必须就作出行政行为所依据的一定的事实和法律作出说明，举出证据证明自己作的行政行为是正确、合法的。如果行政机关在诉讼中不能举证证明行政行为的正确性、合法性，就意味着行政机关在作出这一行政行为时就缺少事实依据和法律依据，也就意味着行政机关可能败诉。所以，行政机关有必要对作出的行政行为负举证责任。

其次，对行政行为的举证责任由被告承担具有现实可能性。行政诉讼所争议的行政行为，是行政机关在行使行政管理职权的过程中单方面作出的，而行政机关在行使行政管理职权的过程中，一方面享有对被管理人的活动进行调查取证的权利，另一方面对自己的行为有活动过程的记载，并且拥有大量的文件资料，因此，有条件承担举证责任。而从原告方面说，要举证证明自己没有违法行为是很困难的，罗马法上即有"否定者无庸举证"的原则。而要求原告证明行政机关行政行为错误也很困难，原告并不了解行政机关作出行政行为的原因，也不可能了解行政机关作出行政行为所依据的大量繁琐的行政法规。如果让原告一方承担举证责任，则可能导致原告仅仅因举证困难而败诉的后果，这也是不符合公正原则要求的。

（二）其他应由被告证明的事实

1. 对原告起诉是否超过起诉期限有争议的，由被告负举证责任。

行政诉讼法关于起诉期限的规定要求行政机关在作出行政行为后告知相对人。《行政诉讼法》规定，经过复议的案件，申请人不服复议决定的，应当在收到复议决定书之日起 15 日内向人民法院提起诉讼；公民、法人或者其他组织直接向人民法院起诉的，应当在知道作出行政行为之日起 6 个月内提出。对这里所规定的"收到""知道"，应该理解为确实收到、确实知道，即从公民、法人或者其他组织确实得知行政机关已经对其作出了复议决定或者行政行为的那一天起计算诉讼时效期限。这就要求行政机关在作出行政行为后要以适当的方式确实、明白无误地通知相对人，否则相对人应一直保留有知道作出行政行为之日起一定期限内起诉的权利。① 因此，当事人间如因起诉期限发生争议，应由被告承担举证责任。

2. 对有利于自己的程序意义上的事实负举证责任，如管辖异议、回避等。

3. 有关民事上的问题，仍然遵循"谁主张、谁举证"的原则。

（三）原告举证的范围

《行政诉讼法》第 37 条规定："原告可以提供证明行政行为违法的证据。原告提供的证据不成立的，不免除被告的举证责任。"这一规定表明，原告对于被诉的行政行为不承担举证责任。原告提供证据，只是行使诉讼权利。

当然，《行政诉讼法》规定被告对作出的行政行为负举证责任，并不是说被告承担行政诉讼中一切事实的举证责任。由于行政诉讼的诉讼标的就是行政行为的合法性问题，所以说行政诉讼中被告承担主要的举证责任。但是在一定情况下，行政诉讼中的原告也要承

---

① 参见本书第十章第一节关于起诉期限的论述。

担举证责任。

行政诉讼原告对下列事项承担举证责任：

1. 证明起诉符合法定条件，但被告认为原告起诉超过起诉期限的除外。

2. 在起诉被告不履行法定职责的案件中，原告应当提供其向被告提出申请的证据。但有下列情形之一的除外：（1）被告应当依职权主动履行法定职责的；（2）原告因正当理由不能提供证据的。

3. 在行政赔偿、补偿的案件中，原告应当对行政行为造成的损害提供证据。因被告的原因导致原告无法举证的，由被告承担举证责任。

4. 行政协议争议中，原告主张撤销、解除行政协议的，对撤销、解除行政协议的事由承担举证责任。

5. 其他应当由原告承担举证责任的事实。包括以下事实：

（1）证明被诉行政行为存在。在一般情况，原告对行政行为的存在即被告曾作出了对其不利的行政行为应负举证责任，如行政机关作出的书面决定或者有关收据、证人证言。

（2）对被告提供的证据进行反驳时，提供行政行为违法的证据。

（3）对有利于自己的程序意义的事实负举证责任。

（4）有关民事上的问题，仍然遵循"谁主张、谁举证"的原则。如对行政协议是否履行发生争议的，由负有履行义务的当事人承担举证责任。

三、行政诉讼举证责任的特征

行政诉讼中的举证责任与民事诉讼、刑事诉讼中的举证责任有着明显的区别。主要表现在以下几个方面：

1. 强调被告的举证责任，不同于民事诉讼中谁主张、谁举证和刑事诉讼中由司法机关负举证责任，被告不负举证责任的规定。由于行政诉讼中争议的诉讼标的就是行政行为的合法性问题，因此被告在行政诉讼中应承担主要的举证责任。

2. 被告举证的对象仅仅是行政行为，而不是全部的案件事实。有些事实如赔偿、附带民事诉讼等仍然应遵循"谁主张、谁举证"的原则。

3. 举证责任所提供的证据，不仅包括能证明案件事实的证据，而且包括作出行政行为所依据的规范性文件。

四、举证时限

（一）举证时限制度的含义

举证时限是指负有举证责任的当事人应当在法律规定或法院指定的期限内提出用以证明其主张的相应证据，逾期不举证则承担证据失效之法律后果的一项诉讼期间制度。举证时限属于举证责任范畴内的概念。举证责任是诉讼当事人对自己提出的主张有提供证据加以证明的责任，其法律意义之一在于当当事人未尽举证责任而使案件事实处于真伪不明的状态时，该当事人应承担由此引起的不利后果。因为法院对案件事实的认定需要建立在一个相对稳定的证据体系的基础之上，而证据的提供需要一个时间过程，因此，相对稳定的证据体系总是限定于一定期间范围内提供的证据，这需要通过举证时限来确定特定案件证据体系的范围。由此可见，举证时限制度是举证责任制度的有机组成部分。

行政诉讼举证时限制度的确立不仅有着纯粹诉讼法意义上的理论依据，而且还直接源自行政诉讼证据之特性。同时与行政诉讼相适应，其举证时限制度具有一系列的显著特点。

（二）行政诉讼举证时限规定

行政诉讼中，最初是由最高人民法院《关于执行〈中华人民共和国行政诉讼法〉若干问题的解释》（2000年施行）第26条第2款规定了行政诉讼领域的举证时限制度，即被告应当在收到起诉状副本之日起10日内提交答辩状，并提供作出行政行为的证据、依据；被告不提供或无正当理由逾期提供，应当认定该行政行为没有证据、依据。

2014年修改《行政诉讼法》，正式确立了举证时限制度。《行政诉讼法》第34条规定："被告对作出的行政行为负有举证责任，应当提供作出该行政行为的证据和所依据的规范性文件。被告不提供或者无正当理由逾期提供证据，视为没有相应证据。但是，被诉行政行为涉及第三人合法权益，第三人提供证据的除外。"而提供证据的期限，则是在第67条规定："人民法院应当在立案之日起五日内，将起诉状副本发送被告。被告应当在收到起诉状副本之日起十五日内向人民法院提交作出行政行为的证据和所依据的规范性文件，并提出答辩状。人民法院应当在收到答辩状之日起五日内，将答辩状副本发送原告。被告不提出答辩状的，不影响人民法院审理。"

同时，关于特殊情况下延期提交证据，《行政诉讼法》第36条规定："被告在作出行政行为时已经收集了证据，但因不可抗力等正当事由不能提供的，经人民法院准许，可以延期提供。原告或者第三人提出了其在行政处理程序中没有提出的理由或者证据的，经人民法院准许，被告可以补充证据。"《2018年司法解释》对于被告延期提供证据做了进一步明确，规定延期提供证据的情形，只限于被告在作出行政行为时已经收集了证据，但因不可抗力等正当时候不能提供的情况。该司法解释第34条明确，根据《行政诉讼法》第36条第1款的规定，被告申请延期提供证据的，应当在收到起诉状副本之日起15日内以书面方式向人民法院提出。人民法院准许延期提供的，被告应当在正当事由消除后15日内提供证据。逾期提供的，视为被诉行政行为没有相应的证据。

关于原告和第三人提交证据的时间问题，《2018年司法解释》有所涉及。行政诉讼中被告承担主要的举证责任，但原告和第三人也承担一定的举证责任，因而也涉及提交证据的时间问题。司法解释规定，原告或者第三人应当在开庭审理前或者人民法院指定的交换证据清单之日提供证据。因正当事由申请延期提供证据的，经人民法院准许，可以在法庭调查中提供。逾期提供证据的，人民法院应当责令其说明理由；拒不说明理由或者理由不成立的，视为放弃举证权利。原告或者第三人在第一审程序中无正当事由未提供而在第二审程序中提供的证据，人民法院不予接纳。当事人申请延长举证期限，应当在举证期限届满前向人民法院提出书面申请。申请理由成立的，人民法院应当准许，适当延长举证期限，并通知其他当事人。申请理由不成立的，人民法院不予准许，并通知申请人。

(三) 行政诉讼举证时限制度确立的根据

举证时限制度在我国民事诉讼法中亦有规定①。民事诉讼中举证时限的确立可能引起公正与效率之争。这是由于民事诉讼证据体系始终是不稳定的，诉讼中随时提出更多的证据可以更全面地反映案件的客观真实，但却可能影响诉讼效率。民事诉讼中，对原告和第三人关于举证期限的要求，应该主要是基于诉讼效率的考虑。

相比较而言，行政诉讼关于被告举证时限的要求，除了诉讼法对效率的追求这一原因之外，更重要的还有两个原因。第一，行政诉讼中证据体系的稳定性特点，这是行政诉讼中证据的内在特性。基于"先取证，后裁决"的行政程序要求，关于某一特定行政行为的证据体系是先于诉讼存在的，是一个稳定的系统。在证据形式上，行政诉讼的证据主要来自于行政案卷。行政机关作出行政行为必须有充分的证据作为根据，并需要将相关的材料收入行政决定和行政复议的案卷中。一旦产生诉讼，这些案卷将提交法院审查。即在行政诉讼阶段，行政案卷是行政诉讼证据的主要形式，是先于诉讼存在的一个稳定体系。第二，行政机关和人民法院的性质决定两者在行政诉讼中的目的是共同的，都是为了实现依法行政。因此，行政机关应当尊重人民法院的审判，既然在诉讼中不可能产生新的证明本案中被诉行政行为的证据，行政机关就应当将作出行政行为的全部证据提交给人民法院，以便人民法院对案件进行全面的审查。

从以上分析中可以看出，在行政诉讼被启动时，关于被诉行政行为的证据即已形成一个稳定体系，并且以规范性文件或非规范性文件的形式存于行政案卷中，因此确立举证时限不仅可以保证效率，更可以实现公平，还能有效地杜绝被告违法利用职权来干扰诉讼的顺利进行。

总而言之，行政诉讼举证时限制度的确立有利于程序公正的实现和诉讼效益的提高，亦有利于促使行政机关树立证据意识、案卷意识，遵守法定程序的要求，提高依法行政能力和水平。对此，司法实践的操作者和参与者都应予以充分的重视。

(四) 对行政诉讼举证时限制度的反思

尽管行政诉讼举证时限制度在实现程序公正和提高诉讼效率方面具有重要意义，但由于行政诉讼被告作为公共利益的代表者和维护者，具有不同于一般民事案件被告的特殊身份，在实现举证时限方面，还是有一些问题。最突出的问题是，被告在诉讼中未及时提交，但在行政程序中作出行政行为时确实有充分的证据，这时法院判决被告败诉，就涉及公共利益维护的问题。这种情况下，其实不是举证时限的问题，而是举证责任的问题。涉及举证责任与法院职权调查之间的关系。而举证责任与法院职权调查之间的关系取决于行政诉讼法的立法目的，如果行政诉讼法立法目的坚持监督行政之追求，则法院虽然也做职权调查，但举证责任之结果责任是必须由被告承担的。

---

① 《民事诉讼法》（2017年修正）第65条规定："当事人对自己提出的主张应当及时提供证据。人民法院根据当事人的主张和案件审理情况，确定当事人应当提供的证据及其期限。当事人在该期限内提供证据确有困难的，可以向人民法院申请延长期限，人民法院根据当事人的申请适当延长。当事人逾期提供证据的，人民法院应当责令其说明理由；拒不说明理由或者理由不成立的，人民法院根据不同情形可以不予采纳该证据，或者采纳该证据但予以训诫、罚款。"

第八章 行政诉讼证据

第四节 证据的收集、保全和审查判断

一、人民法院对证据的收集和调查

收集和调查证据,是人民法院的法定职权和职责,也是人民法院对案件进行审理的活动。人民法院进行这一活动,不是在作证明,也不是承担举证责任,而是人民法院依其职权和职责,为保证行政案件的公正、及时处理而进行的司法活动。

《行政诉讼法》第39条规定:"人民法院有权要求当事人提供或者补充证据。"司法解释规定,对当事人无争议,但涉及国家利益、公共利益或者他人合法权益的事实,人民法院可以责令当事人提供或者补充有关证据。

《行政诉讼法》第40条规定:"人民法院有权向有关行政机关以及其他组织、公民调取证据。但是,不得为证明行政行为的合法性调取被告作出行政行为时未收集的证据。"

《行政诉讼法》第41条规定:"与本案有关的下列证据,原告或者第三人不能自行收集的,可以申请人民法院调取:(一)由国家机关保存而须由人民法院调取的证据;(二)涉及国家秘密、商业秘密和个人隐私的证据;(三)确因客观原因不能自行收集的其他证据。"司法解释规定,当事人申请调查收集证据,但该证据与待证事实无关联、对证明待证事实无意义或者其他无调查收集必要的,人民法院不予准许。

第一,人民法院有权要求当事人提供或者补充证据。

虽然行政诉讼法规定行政诉讼的举证责任由当事人承担,但行政诉讼法仍要求人民法院对证据进行一些收集和调查工作。这是因为,尽管行政诉讼是要通过对案件的审理解决行政争议,维护公民、法人和其他组织的合法权益,同时也要保证行政机关行政行为的合法性,诉讼的结果与国家利益、社会公共利益有密切的联系,因此,人民法院在当事人主动提出证据的基础上,还有权要求当事人提供或者补充证据。对当事人而言,在人民法院认为当事人对某一问题没有提供证据或者提供的证据不足的情况下,当事人有义务应人民法院的要求提供或者补充证据。这里的当事人,既包括原告,也包括被告。有时证明被诉行政行为违法的证据在被诉行政机关手里,人民法院也应当可以要求被告提供。为维护公共利益或者他人合法权益的需要,即便当事人无争议,人民法院也可以责令当事人提供或者补充有关证据。

第二,人民法院有权向有关行政机关以及其他公民、组织调取证据。

基于同样的原理,对有关行政机关和其他组织、公民而言,如果持有与案件有关的证据,人民法院有权向有关单位和公民进行调取,有关单位和公民有义务按法院的要求,向人民法院提交证据,不得拒绝。

对于某些与本案有关的证据材料,原告和第三人不能自行收集的,可以申请人民法院调取,人民法院可以责令行政机关提交。这对于保护原告和第三人权益,切实实行对行政行为的监督,具有重要意义。对此,《2018年司法解释》特别作了规定,原告或者第三人

确有证据证明被告持有的证据对原告或者第三人有利的,可以在开庭审理前书面申请人民法院责令行政机关提交。申请理由成立的,人民法院应当责令行政机关提交,因提交证据所产生的费用,由申请人预付。行政机关无正当理由拒不提交的,人民法院可以推定原告或者第三人基于该证据主张的事实成立。持有证据的当事人以妨碍对方当事人使用为目的,毁灭有关证据或者实施其他致使证据不能使用行为的,人民法院可以推定对方当事人基于该证据主张的事实成立,并可依照行政诉讼法第五十九条规定处理。

第三,人民法院不得为证明行政行为的合法性调取被告作出行政行为时未收集的证据。

基于行政程序中"先取证后裁决"的要求,证明行政行为合法性的证据应当在行政机关作出行政行为时即已固定,行政机关作出行政行为时未收集的证据不得用来证明该行政行为的合法性。因此,人民法院不得为证明行政行为的合法性调取被告作出行政行为时未收集的证据。

二、证据保全

证据保全是指人民法院在调查证据之前,对于可能灭失或者以后难以取得的证据,根据诉讼参加人的申请或者依职权,采取制作笔录等方式,预先加以调查和固定的制度。《行政诉讼法》第42条规定:"在证据可能灭失或者以后难以取得的情况下,诉讼参加人可以向人民法院申请保全证据,人民法院也可以主动采取保全措施。"按照这一规定和法理分析,采取证据保全措施须具备以下条件:

1. 必须是证据有灭失的可能或者难以取得的情况。证据有灭失的可能指作为案件事实的证据由于某种原因而可能丧失,将来无法收集,如证人因年老、疾病可能死亡,物证因自然原因可能腐坏、变质等。证据存在难以取得的情况,指证据虽无灭失的可能性,但如果不采取保全措施将造成以后取证的困难,如证人将要出国等。

2. 必须根据当事人的申请,或者人民法院依职权采取保全措施。人民法院是否接受当事人的申请,或者是否依职权采取保全措施,要看被保全的证据对行政行为是否有证明作用。如果对案件事实没有证明作用,即使有灭失的可能,也不应进行保全。

3. 必须是在人民法院进入调查阶段以前。如果当事人还未起诉,一般不能申请证据保全,当事人可以向公证机关申请公证①;如果人民法院已开始对案件进行调查,则可由人民法院进行调查取证工作,无所谓保全证据问题。

以上三个条件,必须同时具备,人民法院才能采取证据保全措施。保全证据的措施,

---

① 2012年修正的《民事诉讼法》增加了诉前证据保全的规定,该法第81条规定:"在证据可能灭失或者以后难以取得的情况下,当事人可以在诉讼过程中向人民法院申请保全证据,人民法院也可以主动采取保全措施。因情况紧急,在证据可能灭失或者以后难以取得的情况下,利害关系人可以在提起诉讼或者申请仲裁前向证据所在地、被申请人住所地或者对案件有管辖权的人民法院申请保全证据。证据保全的其他程序,参照适用本法第九章保全的有关规定。"依据《行政诉讼法》没有规定的事项准用民事诉讼法的规定,特别情况下,在行政诉讼中也可以在提起诉讼前申请保全证据。

第八章 行政诉讼证据

根据不同的证据而有所不同，如可以采取查封、扣押、录音、录像、拍照、绘图、制作笔录等方法。

除前述规定外，最高人民法院、最高人民检察院《关于检察公益诉讼案件适用法律若干问题的解释》第6条规定："人民检察院办理公益诉讼案件，可以向有关行政机关以及其他组织、公民调查收集证据材料；有关行政机关以及其他组织、公民应当配合；需要采取证据保全措施的，依照民事诉讼法、行政诉讼法相关规定办理。"依此规定，人民检察院办理公益诉讼案件，可以调查收集证据，需要证据保全的，依前述证据保全的一般规定。

三、证据的审查判断

证据的审查判断是指人民法院在审理行政案件的过程中，按照法定程序对调查、收集以及各方提交的证据材料进行的审查核实以及判断证据是否具有证据资格，以及证明力大小的活动。行政诉讼法以及相关司法解释对证据的审查判断作出了一些原则性的规定。《行政诉讼法》第43条规定："证据应当在法庭上出示，并由当事人互相质证。对涉及国家秘密、商业秘密和个人隐私的证据，不得在公开开庭时出示。人民法院应当按照法定程序，全面、客观地审查核实证据。对未采纳的证据应当在裁判文书中说明理由。以非法手段取得的证据，不得作为认定案件事实的根据。"

1. 关于证据交换

对于案情比较复杂或者证据数量较多的案件，人民法院可以组织当事人在开庭前向对方出示或者交换证据，并将交换证据清单的情况记录在卷。当事人在庭前证据交换过程中没有争议并记录在卷的证据，经审判人员在庭审中说明后，可以作为认定案件事实的依据。

2. 关于证人出庭

人民法院在证人出庭作证前应当告知其如实作证的义务以及作伪证的法律后果。证人因履行出庭作证义务而支出的交通、住宿、就餐等必要费用以及误工损失，由败诉一方当事人承担。

3. 关于当事人和行政执法人员出庭

有下列情形之一，原告或者第三人要求相关行政执法人员出庭说明的，人民法院可以准许：（1）对现场笔录的合法性或者真实性有异议的；（2）对扣押财产的品种或者数量有异议的；（3）对检验的物品取样或者保管有异议的；（4）对行政执法人员身份的合法性有异议的；（5）需要出庭说明的其他情形。

人民法院认为有必要的，可以要求当事人本人或者行政机关执法人员到庭，就案件有关事实接受询问。在询问之前，可以要求其签署保证书。保证书应当载明据实陈述、如有虚假陈述愿意接受处罚等内容。当事人或者行政机关执法人员应当在保证书上签名或者捺印。负有举证责任的当事人拒绝到庭、拒绝接受询问或者拒绝签署保证书，待证事实又欠缺其他证据加以佐证的，人民法院对其主张的事实不予认定。

4. 关于原告或第三人行政程序义务对证据资格的影响

被告有证据证明其在行政程序中依照法定程序要求原告或者第三人提供证据，原告或者第三人依法应当提供而没有提供，在诉讼程序中提供的证据，人民法院一般不予采纳。

证据的审查判断与证据能力和证明力概念相关。人民法院审理行政案件时，既要对证据材料的证据能力进行审查判断，也要分析其证明力，并结合证明标准作出对案件事实和法律适用的判断。

第九章 行政审判的制度

行政审判的制度是指人民法院在对行政案件进行审理和裁判时所应当遵循的制度。这些制度，有的是运用于行政审判程序始终的基本制度，有的是运用行政审判过程中的某一个具体制度。本书将这些或集中，或零散的制度列为一章给予集中阐释，以方便理解和掌握。

第一节 行政审判基本制度

一、合议制

合议制是指人民法院在审理行政案件时，组成合议庭进行审判而不能由审判员一人独任审判的制度。依照我国《行政诉讼法》的规定，除简易程序外，人民法院的审判组织采取合议制的形式。这是因为，行政行为是由具有专业知识、一定政策水平和行政管理经验的行政机关作出的，有的经过鉴定、勘验等活动，有的则经过反复研究、集体讨论。审判人员虽然在适用法律上有特长，也比较超脱和公正，但在专业技术知识和行政经验方面有一定欠缺。采取合议制的审判组织形式，可以吸收有行政管理经验的陪审员参加，有利于依靠集体智慧，比较谨慎地处理案件。

《行政诉讼法》第68条规定："人民法院审理行政案件，由审判员组成合议庭，或者由审判员、陪审员组成合议庭。合议庭的成员，应当是三人以上的单数。"行政诉讼法对审判组织的形式没有按一审程序和二审程序来划分，也没有规定所有的案件都要有陪审员参加。因此，无论在第一审程序中还是在二审程序中，合议庭都既可以由审判员组成，也可以由审判员和陪审员共同组成。至于在什么情况下应由审判员组成合议庭，在什么情况下应由审判员和陪审员共同组成合议庭，以及合议庭中审判员与陪审员的比例如何，行政诉讼法都没有规定，而是赋予人民法院一定的灵活性，由受诉法院根据案件的具体情况决定。

关于简易程序，《行政诉讼法》第83条规定："适用简易程序审理的行政案件，由审判员一人独任审理。"

二、回避制

回避制指审判人员等人与案件的审理有利害关系或者其他关系，可能影响案件的公正审理，根据法律规定退出本案审理活动的制度。《行政诉讼法》第55条对行政诉讼中的回避制度作了明确规定。①

(一) 回避人员的范围

依照《行政诉讼法》的规定，回避人员是指审判人员（包括审判员、助理审判员、陪审员）、书记员、翻译人员、鉴定人和勘验人。

(二) 回避的条件

《行政诉讼法》规定回避人员具有以下情形之一的，即具备回避的条件：第一，回避人员与本案有利害关系；第二，回避人员与本案有其他关系可能影响公正审判。与本案有其他关系指回避人员是当事人的近亲属，或者与当事人有其他关系等。

(三) 回避的程序

1. 当事人认为回避人员与本案有利害关系或者其他关系，可能影响公正审判，有权申请回避，回避人员也可以自行申请回避。

2. 当事人申请回避，应当说明理由，在案件开始审理时提出；回避事由在案件开始审理后知道的，应当在法庭辩论终结前提出。

3. 被申请回避的人员，在人民法院作出是否回避的决定前，应当暂停参与本案的工作，但案件需要采取紧急措施的除外。

4. 院长担任审判长时的回避，由审判委员会决定；审判人员的回避，由院长决定；其他人员的回避，由审判长决定。

5. 对当事人提出的回避申请，人民法院应当在三日内以口头或者书面形式作出决定。对当事人提出的明显不属于法定回避事由的申请，法庭可以依法当庭驳回。申请人对驳回回避申请决定不服的，可以向作出决定的人民法院申请复议一次。复议期间，被申请回避的人员不停止参与本案的工作。对申请人的复议申请，人民法院应当在三日内作出复议决定，并通知复议申请人。

回避制度是现代诉讼制度中普遍适用的一项重要制度。行政诉讼实行回避制度，有利于消除当事人的不信任心理，使行政案件得到公正审理和及时解决，因此，在行政审判中应切实贯彻执行这一制度。

三、公开审判制

公开审判制是指人民法院审理行政案件的全部活动，除合议庭评议案件及法律另有规定的情形以外，一律公开进行的制度。公开审判制要求人民法院公开审判行政案件，允许群众旁听案件的审理和判决的宣布，允许新闻记者采访、报道和评论；人民法院应当公开判决书、裁定书等裁判文书，供公众查阅。只有在法律明文规定的特定情况下，才能不公开审理。即使不公开审理，也必须依法公开宣判。

1. 审判公开

《行政诉讼法》第54条规定："人民法院公开审理行政案件，但涉及国家秘密、个人隐私和法律另有规定的除外。涉及商业秘密的案件，当事人申请不公开审理的，可以不公

---

① 2000年1月31日最高人民法院发布《最高人民法院关于审判人员严格执行回避制度的若干规定》，对回避人员、回避事由等作出了进一步明确的规定。详细规定可参见该司法解释。

开审理。"对于涉及商业秘密的案件，在当事人申请不公开审理的情况下，可以不公开审理。按照《反不正当竞争法》（2019年修正）的规定，商业秘密是指不为公众所知悉、具有商业价值并经权利人采取相应保密措施的技术信息和经营信息。商业秘密的公开，显然对当事人一方不利。因此应当允许不公开审理。但是，案件是否涉及商业秘密，是否满足当事人的要求不公开审理，由人民法院决定。

2. 裁判文书公开

《行政诉讼法》第65条规定："人民法院应当公开发生法律效力的判决书、裁定书，供公众查阅，但涉及国家秘密、商业秘密和个人隐私的内容除外。"

现代社会里最为便利的公开方式就是通过互联网公开。2013年，最高人民法院推行裁判文书上网公开，这成为促进司法公正、提升司法公信力的重要支点。2013年7月，《最高人民法院裁判文书上网公布暂行办法》正式实施。依据该办法，除法律规定的特殊情形外，最高人民法院发生法律效力的判决书、裁定书、决定书一般均应在互联网公布。2014年1月1日，《最高人民法院关于人民法院在互联网公布裁判文书的规定》正式实施。该司法解释明确，最高法在互联网设立中国裁判文书网，统一公布各级人民法院的生效裁判文书；中西部地区基层人民法院在互联网公布裁判文书的时间进度由高级人民法院决定，并报最高法备案。2016年7月25日最高人民法院审判委员会第1689次会议通过《最高人民法院关于人民法院在互联网公布裁判文书的规定》（法释〔2016〕19号），自2016年10月1日起施行。至此，裁判文书上网制度正式确定。

依司法解释规定，人民法院作出的下列裁判文书应当在互联网公布：（1）刑事、民事、行政判决书；（2）刑事、民事、行政、执行裁定书；（3）支付令；（4）刑事、民事、行政、执行驳回申诉通知书；（5）国家赔偿决定书；（6）强制医疗决定书或者驳回强制医疗申请的决定书；（7）刑罚执行与变更决定书；（8）对妨害诉讼行为、执行行为作出的拘留、罚款决定书，提前解除拘留决定书，因对不服拘留、罚款等制裁决定申请复议而作出的复议决定书；（9）行政调解书、民事公益诉讼调解书；（10）其他有中止、终结诉讼程序作用或者对当事人实体权益有影响、对当事人程序权益有重大影响的裁判文书。

人民法院作出的裁判文书有下列情形之一的，不在互联网公布：（1）涉及国家秘密的；（2）未成年人犯罪的；（3）以调解方式结案或者确认人民调解协议效力的，但为保护国家利益、社会公共利益、他人合法权益确有必要公开的除外；（4）离婚诉讼或者涉及未成年子女抚养、监护的；（5）人民法院认为不宜在互联网公布的其他情形。

3. 宣判公开

公开审判的制度还要求，无论案件是否公开审理，都应当依法公开宣判。《行政诉讼法》第80条第1款规定："人民法院对公开审理和不公开审理的案件，一律公开宣告判决。"

《2018年司法解释》特别对人民法院审理行政案件适用调解时的公开问题作出了规定。该司法解释第86条规定："人民法院审理行政案件，调解过程不公开，但当事人同意公开的除外。经人民法院准许，第三人可以参加调解。人民法院认为有必要的，可以通知第三人参加调解。调解协议内容不公开，但为保护国家利益、社会公共利益、他人合法权益，人民法院认为确有必要公开的除外。当事人一方或者双方不愿调解、调解未达成协议的，人民法院应当及时判决。当事人自行和解或者调解达成协议后，请求人民法院按照和解协议或者调解协议的内容制作判决书的，人民法院不予准许。"

公开审判是体现诉讼民主的一项诉讼制度。实行这一制度，有利于社会公众对人民法院的审判工作进行监督；有利于约束当事人、证人及其他诉讼参加人依法进行诉讼活动，也有利于进行具体生动的法制宣传教育。

四、两审终审制

两审终审制，是指一个行政案件要依法经过两级人民法院审判才告终结的制度。其内容是，当事人对地方各级人民法院审理第一审行政案件所作的判决和裁定，如果不服，可以依法向上一级人民法院提起上诉，要求上一级人民法院对该案进行第二次审判。上一级人民法院对上诉案件重新审理后作出的判决和裁定，是终审的判决和裁定，即发生法律效力的判决和裁定，当事人不得再提起上诉。最高人民法院作为一审法院所作的判决和裁定是终审的判决、裁定，当事人不得对其提起上诉。

如何确定行政案件的审级，在行政诉讼法的立法过程中是一个争议较大的问题。鉴于行政诉讼中所处理的案件一般由行政机关作过先行处理，事实比较清楚，有的经过行政复议程序，也有方案认为行政诉讼可实行一审终审制。① 《行政诉讼法》原则上没有规定行政复议是提起行政诉讼必经的诉前程序，为了使行政案件的审级与我国的整个审判制度相统一，也规定实行两审终审制。

五、被诉行政机关负责人出庭应诉制度

被诉行政机关负责人出庭应诉制度，是由 2014 年行政诉讼法第 3 条第 3 款规定的行政诉讼中的一项新的制度，随后在《2018 年司法解释》中予以具体规定，并在 2020 年由最高人民法院出台专项司法解释予以进一步明确。最高人民法院《关于行政机关负责人出庭应诉若干问题的规定（法释〔2020〕3 号）》详细规范行政机关负责人出庭应诉活动，明确了行政机关负责人出庭应诉的定义和范围，细化了行政机关负责人出庭应诉相关程序，规定了行政机关负责人出庭效果保障措施以及未履行出庭应诉义务的处理措施，对于推进严格规范文明执法、促进实质性化解行政争议、推进人民法院行政审判工作将产生积极影响。

（一）被诉行政机关负责人出庭应诉的含义和范围

1. 含义

行政诉讼法第 3 条第 3 款规定的被诉行政机关负责人应当出庭应诉，是指被诉行政机关负责人依法应当在第一审、第二审、再审等诉讼程序中出庭参加诉讼，行使诉讼权利，

---

① 在《行政诉讼法》起草过程中，也有观点认为可参照当时治安行政案件审级的作法，实行"一审加复核"的制度。所谓"一审加复核"的制度，是指最高人民法院 1986 年 10 月 24 日发布的《人民法院审理治安行政案件具体应用法律的若干问题的暂行规定》中确立的"当事人如果不服人民法院的裁定，可在 5 日内向上一级人民法院申请复核一次"的制度。

履行诉讼义务。法律、法规、规章授权独立行使行政职权的行政机关内设机构、派出机构或者其他组织的负责人出庭应诉，适用这一规定。应当追加为被告而原告不同意追加，人民法院通知以第三人身份参加诉讼的行政机关，其负责人出庭应诉活动参照此规定。

2. 行政机关负责人出庭应诉的案件

现代社会的诉讼制度，普遍规定当事人有权委托代理人参加诉讼。委托代理权是当事人的一项重要的诉讼权利。而我国行政诉讼法规定行政机关负责人应当出庭应诉，实际上是对当事人代理权的限制。因此，司法解释并未直接规定行政机关负责人应当出庭应诉，而是从规范人民法院诉讼活动的角度，规定人民法院"应当通知"和"可以通知"行政机关负责人出庭应诉的情况。

人民法院应当通知行政机关负责人出庭应诉的情形，包括涉及重大公共利益，社会高度关注或者可能引发群体性事件等的案件，其中涉及重大公共利益指食品药品安全、生态环境和资源保护、公共卫生安全等案件。

人民法院可以通知行政机关负责人出庭应诉的情形，是指有下列情形之一，需要行政机关负责人出庭的：（1）被诉行政行为涉及公民、法人或者其他组织重大人身、财产权益的；（2）行政公益诉讼；（3）被诉行政机关的上级机关规范性文件要求行政机关负责人出庭应诉的；（4）人民法院认为需要通知行政机关负责人出庭应诉的其他情形。

为合理减轻行政机关负责人出庭应诉负担，节约有限的行政资源，在一些不必要出庭的场合，也可以采取灵活变通的办法。一是有共同被告的行政案件，可以由共同被告协商确定行政机关负责人出庭应诉，也可以由人民法院确定。二是对于同一审级需要多次开庭的同一案件，行政机关负责人到庭参加一次庭审的，一般可以认定其已经履行出庭应诉义务，但人民法院通知行政机关负责人再次出庭的除外。当然，行政机关负责人在一个审理程序中出庭应诉，不免除其在其他审理程序出庭应诉的义务。也就是说，行政机关负责人在一审程序中出庭应诉了，该案如果有二审、再审程序，行政机关负责人仍然应当按人民法院的出庭通知出庭应诉。

3. 不能出庭的情况

有下列情形之一的，属于行政诉讼法第3条第3款规定的行政机关负责人不能出庭的情形：（1）不可抗力；（2）意外事件；（3）需要履行他人不能代替的公务；（4）无法出庭的其他正当事由。

行政机关负责人有正当理由不能出庭的，应当提交相关证明材料，并加盖行政机关印章或者由该机关主要负责人签字认可。人民法院应当对行政机关负责人不能出庭的理由以及证明材料进行审查。行政机关负责人有正当理由不能出庭，行政机关申请延期开庭审理的，人民法院可以准许；人民法院也可以依职权决定延期开庭审理。

4. 对行政机关负责人的理解

被诉行政机关负责人，包括行政机关的正职、副职负责人、参与分管被诉行政行为实施工作的副职级别的负责人以及其他参与分管的负责人。但是，被诉行政机关委托的组织或者下级行政机关的负责人，不能作为被诉行政机关负责人出庭。

（二）行政机关负责人出庭应诉程序事宜

1. 人民法院对行政机关的告知

人民法院在向行政机关送达的权利义务告知书中,应当一并告知行政机关负责人出庭应诉的法定义务及相关法律后果等事项。人民法院通知行政机关负责人出庭的,应当在开庭三日前送达出庭通知书,并告知行政机关负责人不出庭可能承担的不利法律后果。行政机关在庭审前申请更换出庭应诉负责人且不影响正常开庭的,人民法院应当准许。

2. 行政机关向人民法院提交的材料

行政机关负责人出庭应诉的,应当于开庭前向人民法院提交出庭应诉负责人的身份证明。身份证明应当载明该负责人的姓名、职务等基本信息,并加盖行政机关印章。人民法院应当对出庭应诉负责人的身份证明进行审查,经审查认为不符合条件,可以补正的,应当告知行政机关予以补正;不能补正或者补正可能影响正常开庭的,视为行政机关负责人未出庭应诉。

3. 对出庭的要求

行政机关负责人或者行政机关委托的相应工作人员在庭审过程中应当就案件情况进行陈述、答辩、提交证据、辩论、发表最后意见,对所依据的规范性文件进行解释说明。行政机关负责人出庭应诉的,应当就实质性解决行政争议发表意见。

(三) 委托相应的工作人员的规定

委托行政机关相应的工作人员出庭是被诉行政机关负责人出庭应诉制度的一个内容,是指在被诉行政机关负责人不能出庭的情况下,应当委托行政机关相应的工作人员出庭。依司法解释的规定,这里的相应的工作人员,是指被诉行政机关中具体行使行政职权的工作人员。行政机关委托行使行政职权的组织或者下级行政机关的工作人员,可以视为行政机关相应的工作人员。人民法院应当参照行政机关负责人出庭应诉程序规定,对行政机关相应的工作人员的身份证明进行审查。

行政机关负责人不能出庭的,应当委托行政机关相应的工作人员出庭,不得仅委托律师出庭,也是从"民告官见官",实质化解行政纠纷角度加以规定的,以避免仅有律师出庭而难于说明行政管理实际,以及与相对人进行有效沟通的情况。从实际效果看,行政机关负责人或工作人员出庭,确实有利于化解矛盾,及时解决纠纷。

(四) 制约机制

被诉行政机关负责人出庭应诉是基于"服务法治政府建设"、"实质性化解行政争议"的任务和目标①而设置的一项制度。人民法院通知行政机关负责人出庭应诉,而被诉行政机关负责人不出庭应诉,或者出庭不发声的,不影响人民法院的审理,但可以采取其他的制约措施。

1. 提出司法建议

司法解释规定,有下列情形之一的,人民法院应当记录在案并在裁判文书中载明,并应当向监察机关、被诉行政机关的上一级行政机关提出司法建议:(1) 行政机关负责人未出庭应诉,且未说明理由或者理由不成立的;(2) 行政机关有正当理由申请延期开庭

---

① 最高人民法院发布《关于行政机关负责人出庭应诉若干问题的规定》,中国法院网,2020 年 6 月 23 日,https://www.chinacourt.org/index.php/article/detail/2020/06/id/5316361.shtml 最后访问时间 2020 年 7 月 8 日。

审理，人民法院准许后再次开庭审理时行政机关负责人仍未能出庭应诉，且无正当理由的；（3）行政机关负责人和行政机关相应的工作人员均不出庭应诉的；（4）行政机关负责人未经法庭许可中途退庭的；（5）人民法院在庭审中要求行政机关负责人就有关问题进行解释或者说明，行政机关负责人拒绝解释或者说明，导致庭审无法进行的。前述情形，原告以及其他当事人对行政机关提出异议的，人民法院可以在庭审笔录中载明，不影响案件的正常审理。

由于行政机关负责人不出庭应诉不影响人民法院的审理，因此，原告以行政机关具有前述情形为由拒不到庭、未经法庭许可中途退庭的，人民法院可以按照撤诉处理。原告以行政机关具有前述情形为由在庭审中明确拒绝陈述或者以其他方式拒绝陈述，导致庭审无法进行，经法庭释明法律后果后仍不陈述意见的，人民法院可以视为放弃陈述权利，由其承担相应的法律后果。

2. 公开与报告机制

人民法院可以通过适当形式将行政机关负责人出庭应诉情况向社会公开。人民法院可以定期将辖区内行政机关负责人出庭应诉情况进行统计、分析、评价，向同级人民代表大会常务委员会报告，向同级人民政府进行通报。

六、起诉不停止执行制

（一）起诉不停止执行制的含义

起诉不停止执行制，是指在行政诉讼中，原行政机关的行政行为不因为原告的起诉和人民法院的审理而停止执行的制度。也就是说，行政机关的行政行为一旦作出，就假设符合法律的规定，是合法的行政行为，对行政机关本身和行政管理相对人具有约束力，必须遵守执行。任何人不得以自己的判断否定行政行为的约束力。利害关系人对行政行为不服起诉到人民法院后，在未经人民法院变更、撤销以前，行政行为要继续执行。

（二）确立起诉不停止执行制的原因

一般认为，行政诉讼实行起诉不停止执行制度，有以下几方面的原因：

1. 行政行为的权威性。行政机关的行政行为是行使行政权作出的，而行政权属于国家权力的一种，即行政机关是代表国家行使行政权进行行政管理，作出行政行为的。因此，行政机关作出的行政行为具有权威性，具有一定的法律效力。只有作出行政行为的机关自己，或者比它更有权威的机关依一定的程序才能将其撤销或者变更。比它更有权威的机关是作出行政行为的行政机关的上级行政机关或者人民法院。在没有依法定程序将其撤销或者变更以前，原行政行为仍然是有效的行政行为，必须执行。

2. 行政管理的客观需要。国家的行政管理工作是一刻也不能中断的，为保证国家行政管理工作的连续性和稳定性，行政诉讼的提起不能影响行政行为的执行，否则就可能妨碍国家行政机关的正常活动，不利于国家行政管理工作的顺利进行。从客观情况看，如果行政行为可以因起诉而停止执行，就有可能在起诉较多的情况下，使整个行政管理工作陷入瘫痪，这是不利于国家和社会公共利益的。

3. 有些行政行为针对的对象具有社会危害性，不及时处理，将会给社会造成非常不利的后果。

(三) 起诉不停止执行制的例外情况

行政诉讼法规定，诉讼期间，不停止行政行为的执行，但有下列情形之一的，停止行政行为的执行：

1. 被告认为需要停止执行的。公民、法人或者其他组织起诉后，行政机关根据案件的具体情况，认为需要停止执行的，可以运用国家赋予它的行政权，作出停止执行的决定。例如行政机关命令行政管理相对人拆除违章建筑物的决定，可以在相对人起诉后，暂时停止执行，等待人民法院的最终判决。如果人民法院判决维持行政机关的决定，那么行政机关可以执行已作出的决定；如果人民法院认为行政机关的决定违法，作出了撤销该决定的判决，那么行政机关的决定就丧失了法律效力，不能得到执行，因而行政机关可以避免因执行了拆除建筑物的决定而产生的赔偿问题。

2. 原告或者利害关系人申请停止执行，人民法院认为该行政行为的执行会造成难以弥补的损失，并且停止执行不损害国家利益、社会公共利益的。例如在行政行为的执行有可能给国家、集体或者公民个人的财产造成重大损失，给公民的人身权利带来重大损害，或者争讼的标的物难以恢复原状的情况下，原告可以向法院提出申请，请求人民法院作出裁定停止行政行为的执行。人民法院作出这样的裁定，应在查明事实的基础上慎重行事，并注意审查是否符合行政诉讼法的要求。这些要求是：第一，要有原告提出的申请；第二，该行政行为的执行会造成难以弥补的损失；第三，停止执行不会损害国家利益、社会公共利益。

3. 人民法院认为该行政行为的执行会给国家利益、社会公共利益造成重大损害的。这是2014年《行政诉讼法》修改时增加的一个情形。主要是对于行政行为的执行有可能给国家利益、社会公共利益造成重大损害而又没有当事人提出停止执行的申请的情况下，人民法院主动决定停止行政行为的执行。

4. 法律、法规规定停止执行的。为保护公民的人身权和保障公民的申诉权、起诉权得以实现，一些单行法律、法规规定在一定的情况下，行政行为可以停止执行。如《治安管理处罚法》（2012年修正）第107条规定："被处罚人不服行政拘留处罚决定，申请行政复议、提起行政诉讼的，可以向公安机关提出暂缓执行行政拘留的申请。公安机关认为暂缓执行行政拘留不致发生社会危险的，由被处罚人或者其近亲属提出符合本法第108条规定条件的担保人，或者按每日行政拘留200元的标准交纳保证金，行政拘留的处罚决定暂缓执行。"

《行政诉讼法》规定起诉不停止执行是一项原则，只在四种情况下例外。但除了行政诉讼法规定的起诉不停止执行的三种例外情况外，在某种极为普遍的情况下行政机关的行政行为实际上也只能停止执行，即法律明确规定，行政机关作出行政行为后一定期限内当事人可以向人民法院起诉，期满不起诉又不履行的，行政机关可以强制执行，或者申请人民法院强制执行。那么，第一，在规定的起诉期限内，行政行为实际上是停止执行的；第二，如果行政机关自己没有强制执行的权力和手段，则在人民法院接受行政机关强制执行的申请前，行政行为实际上是停止执行的。因此，起诉不停止执行实际上只限于行政机关自己具有执行手段，且已超过起诉期限的情况。

随着对这一制度在实践中运用情况的考察，有学者提出，依《行政诉讼法》的规定，起诉不停止执行是原则。但从实践中看，这一制度实际上已成为例外，因此从《行政诉讼法》保护公民、法人或者其他组织合法权益的立法目的出发，认为《行政诉讼法》的这一规定应修改为"诉讼期间停止行政行为的执行。但在行政行为停止执行会给国家利益或公共利益造成难以弥补的损失时除外。必要时，由人民法院责令原告提供担保或采取财产保全措施"①。

这一问题，是立法时对执行和履行概念理解上的误差造成的。关于执行一词，在不同的学科领域适用时，有不同的含义。行政学上所研究的行政执行，指行政法上的义务得到实现，即行政主体依照行政法的规定，实现行政上的目的，而不管行政客体是自动地履行其规定，还是被动地强制其遵行。也就是说，行政学上的行政执行，研究的是行政法上的义务是否履行了，只关注义务是否履行，而不注意、不研究是如何履行的。行政法学也常常在这一意义上使用执行一词，如认为行政行为的执行力"是指已生效的行政行为要求行政主体和行政相对人对其内容予以实现的法律效力"。"执行力是实现行政行为内容的效力。这里的内容，是指行政行为所设定的权利义务。其实现方式有两种，即自动履行和强制履行。"②但在诉讼法上，执行是指有执行权的组织运用法律所赋予的执行权力，强制义务人履行义务的行为。与履行是一个对应的概念。履行是指义务人自觉、主动地实现法律或者法律文书所确定的义务的行为。综合起诉不停止执行制度实践中执行的情况和对执行与履行含义的分析，应当确立起诉不停止履行的制度，而不是起诉不停止执行的制度。如此，有关争议才能迎刃而解。

从实际情况考察，如果对行政行为负有履行义务的当事人拒不履行该义务，除非单行法律、法规另有明文规定，那么在当事人享有行政诉权的情况下，在规定的起诉期限之内以及行政机关无行政强制执行权时，在人民法院采取执行措施之前的一定期限内，该行政行为实际上是不能得到强制执行的。但是从行政行为的特殊性和行政管理的客观需要出发，又要求行政机关行政行为所规定的法律义务得到实现。从立法的目的来看，这一规定应当也并不是为了让行政机关能够采取强制措施执行有争议的行政行为，而是要求相对人及时实现行政行为所确定的义务。况且，行政机关要采取强制执行措施必须要有行政法上的依据，并非行政诉讼法的这一简单规定即可。因此《行政诉讼法》应当规定起诉不停止履行制度。所谓起诉不停止履行，是指对行政行为负有履行义务的当事人，不因为任何一方当事人向人民法院提起行政诉讼和人民法院对案件的受理、审理而停止对该行政行为的履行的制度。

（四）起诉不停止执行的程序

《行政诉讼法》第56条规定，诉讼期间，人民法院决定停止或不停止行政行为的执行，使用裁定。当事人对停止执行或者不停止执行的裁定不服的，可以申请复议一次。

---

① 石佑启：《对行政诉讼中不停止执行原则的评析》，载《中央政法管理干部学院学报》1997年第4期，第49页。

② 姜明安主编：《行政法与行政诉讼法》，北京大学出版社、高等教育出版社1999年版，第156~157页。

第二节　行政审判其他制度

一、撤诉

（一）撤诉的概念

撤诉是指提起诉讼者向法院表示撤回提起的诉讼，不要求法院进行审判的诉讼行为。行政诉讼中的撤诉，包括撤回起诉、撤回上诉、撤回参加之诉。

撤诉是提起诉讼者处分自己诉讼权利的行为。《行政诉讼法》没有规定处分原则，行政诉讼中作为被告的行政机关对行使行政管理的法定职责没有处分的余地，它不能随意处分自己的实体权利。但是，法律赋予行政诉讼当事人的诉讼权利，当事人是可以处分的。行政诉讼中，原告在是否起诉、第三人在是否参加诉讼、双方当事人在是否提起上诉的问题上，都有选择的余地。有选择就有处分，当事人的实际上都是在行使处分权。所以，撤诉是当事人处分自己诉讼权利的表现。当事人的这种处分，须按照法律规定进行。

（二）撤诉的种类

依照法律规定，行政诉讼中的撤诉有三种情形：

1. 申请撤诉

申请撤诉是指在人民法院宣告对行政案件的判决或者裁定前，原告向人民法院表示撤回起诉、第三人表示撤回参加之诉、上诉人表示撤回上诉的行为，都是不要求人民法院继续进行审判的明确意思表示。

申请撤诉必须符合以下条件：

第一，提出撤诉申请的是原告、上诉人、第三人以及他们的诉讼代理人。

第二，申请撤诉必须自愿，任何人或者机关不得强迫。

第三，申请撤诉的时间必须在人民法院宣告判决以前。法庭辩论终结后原告申请撤诉，人民法院可以准许，但涉及国家利益和社会公共利益的除外。

第四，撤诉的方式是向人民法院提出口头的或者书面的申请，即必须有明确的意思表示；

第五，必须经人民法院审查同意，审查的内容是当事人的撤诉是否规避法律、是否影响或者损害国家、社会利益。司法解释规定，当事人申请撤诉或者依法可以按撤诉处理的案件，当事人有违反法律的行为需要依法处理的，人民法院可以不准许撤诉或者不按撤诉处理。

之所以人民法院要对原告的撤诉申请加以审查，是因为，尽管诉权是当事人的一项权利，但同时诉又是一类严肃的法律活动。在诉讼中，当事人有权申请撤诉，但当事人起诉或者上诉以后，人民法院与原告之间就发生了诉讼法律关系，并进而引起人民法院与被告、第三人等诉讼参加人以及其他诉讼参与人之间的诉讼法律关系。这种诉讼法律关系不能因原告单方面撤诉而消灭，因此，人民法院要对当事人的撤诉申请进行审查。

2. 原告同意被告改变行政行为并申请撤诉

在人民法院宣告对行政案件的判决或者裁定前，由于被告改变了其所作的行政行为，

第九章 行政审判的制度

原告对此表示同意，可以向人民法院申请撤诉。《行政诉讼法》对此仅做了原则规定，最高人民法院于 2008 年 1 月发布《关于行政诉讼撤诉若干问题的规定》，对被告改变行政行为后原告撤诉的事项做了进一步明确的规定。

原告同意被告改变行政行为并申请撤诉，仍属于申请撤诉，适用申请撤诉的条件。对于申请撤诉，《行政诉讼法》是在第 62 条用一个条文加以规定的："人民法院对行政案件宣告判决或者裁定前，原告申请撤诉的，或者被告改变其所作的行政行为，原告同意并申请撤诉的，是否准许，由人民法院裁定。"

对于因被告改变其所做的行政行为原告申请撤诉的，这时人民法院的审查就不仅限于对原告撤诉申请的审查，还包括对被告改变其所作的行政行为是否合法的审查，并以此决定是否批准撤诉的申请。申请撤诉不符合法定条件，或者被告改变被诉行政行为后当事人不撤诉的，人民法院应当及时作出裁判。但被告一旦改变原行政行为，则直接的法律后果是原行政行为在实体法上不存在，人民法院以什么为诉讼标的？人民法院继续审理后的裁判如果与被告重新作出的行政行为不一致时怎么办？要解决这一问题，必须赋予人民法院对被告改变其原行政行为的行为加以审查的权力，即在诉讼中被告改变其原行政行为并由此导致原告撤诉的，需征得人民法院的同意；如果人民法院不同意原告就此申请撤诉，或者原告不申请撤诉，则被告改变其原行政行为的行为无效。从而在更深的层次上体现司法权对行政权实施监督的法治原则，实现人民法院审判的权威性。

被告改变被诉行政行为，原告申请撤诉，符合下列条件的，人民法院应当裁定准许：申请撤诉是当事人真实意思表示；被告改变被诉行政行为，不违反法律、法规的禁止性规定，不超越或者放弃职权，不损害公共利益和他人合法权益；被告已经改变或者决定改变被诉行政行为，并书面告知人民法院；第三人无异议。

有下列情形之一的，属于行政诉讼法规定的"被告改变其所作的行政行为"：（1）改变被诉行政行为所认定的主要事实和证据；（2）改变被诉行政行为所适用的规范依据且对定性产生影响；（3）撤销、部分撤销或者变更被诉行政行为处理结果。

有下列情形之一的，可以视为"被告改变其所作的行政行为"：（1）根据原告的请求依法履行法定职责；（2）采取相应的补救、补偿等措施；（3）在行政裁决案件中，书面认可原告与第三人达成的和解。

关于被告改变被诉行政行为，还有以下规定：被告改变被诉行政行为，原告申请撤诉，有履行内容且履行完毕的，人民法院可以裁定准许撤诉；不能即时或者一次性履行的，人民法院可以裁定准许撤诉，也可以裁定中止审理。准许撤诉裁定可以载明被告改变被诉行政行为的主要内容及履行情况，并可以根据案件具体情况，在裁定理由中明确被诉行政行为全部或者部分不再执行。第二审或者再审期间行政机关改变被诉行政行为，当事人申请撤回上诉或者再审申请的，参照本规定。准许撤回上诉或者再审申请的裁定可以载明行政机关改变被诉行政行为的主要内容及履行情况，并可以根据案件具体情况，在裁定理由中明确被诉行政行为或者原裁判全部或者部分不再执行。

在行政公益诉讼案件审理过程中，被告纠正违法行为或者依法履行职责而使人民检察院的诉讼请求全部实现，人民检察院撤回起诉的，人民法院应当裁定准许。

3. 按撤诉处理

这是一种法律上的推定，指当出现某种情况时，直接处之以撤诉的法律后果。按撤诉处理，是当事人处分自己诉讼权利的消极行为。依现有法律规定，两种情形下，可能按撤诉处理。

第一，经人民法院传票传唤，原告无正当理由拒不到庭，或者未经法庭许可中途退庭的，可以按照撤诉处理。

第二，在规定期限内未缴纳诉讼费用的，按撤诉处理。

根据《诉讼费用交纳办法》（国务院2006年制定）第22条规定："原告自接到人民法院交纳诉讼费用通知次日起7日内交纳案件受理费；反诉案件由提起反诉的当事人自提起反诉次日起7日内交纳案件受理费。当事人逾期不交纳诉讼费用又未提出司法救助申请，或者申请司法救助未获批准，在人民法院指定期限内仍未交纳诉讼费用的，由人民法院依照有关规定处理。"《2018年司法解释》第61条规定："原告或者上诉人未按规定的期限预交案件受理费，又不提出缓交、减交、免交申请，或者提出申请未获批准的，按自动撤诉处理。在按撤诉处理后，原告或者上诉人在法定期限内再次起诉或者上诉，并依法解决诉讼费预交问题的，人民法院应予立案。"

（三）撤诉的效力

撤诉发生终结本案审理的效力。本案终结审理后，原告能否再次起诉是一个颇有争议的问题。从理论上说，原告撤诉只是处分自己的诉讼权利，并不因此影响原告实体权利的存在，故而，本案终结审理后，原告仍可再起诉，请求人民法院对其实体权利加以保护。但撤诉不能造成起诉期限的中断，原告必须在法定的起诉期限内起诉，从实际操作上看，由于行政诉讼中对行政行为的起诉期限一般都比较短，原告撤诉后又在规定的起诉期限内提起诉讼的可能性不大。另外，重要的是，原告撤诉后再次起诉，会造成行政机关疲于应诉的局面，不利于行政管理的顺利进行。因此，《2018年司法解释》第60条规定，人民法院裁定准许原告撤诉后，原告以同一事实和理由重新起诉的，人民法院不予立案。准予撤诉的裁定确有错误，原告申请再审的，人民法院应当通过审判监督程序撤销原准予撤诉的裁定，重新对案件进行审理。案件因诉讼费预交问题而按撤诉处理后，原告或者上诉人在法定期限内再次起诉或者上诉，并依法解决诉讼费预交问题的，人民法院应予受理。

二、缺席判决

缺席判决指人民法院对案件开庭审理时，只有一方当事人到庭，人民法院仅就到庭的一方当事人进行询问，核对证据，听取意见，在审查核实未到庭的一方当事人提出的有关法律文书以及证据后，依法作出的判决。

《行政诉讼法》第58条规定，被告无正当理由拒不到庭，或者未经法庭许可中途退庭的，可以缺席判决。《2018年司法解释》第79条第1、2款规定，原告或者上诉人申请撤诉，人民法院裁定不予准许的，原告或者上诉人经传票传唤无正当理由拒不到庭，或者未经法庭许可中途退庭的，人民法院可以缺席判决。第三人经传票传唤无正当理由拒不到庭，或者未经法庭许可中途退庭的，不发生阻止案件审理的效果。

缺席判决是在当事人妨碍了诉讼正常进行的情况下，为了避免案件久拖不决，影响对方或其他当事人合法权益的行使而采取的一项措施。当事人不按人民法院的传唤到庭，表明他放弃出庭陈述事实和理由，进行法庭辩论的诉讼权利。与举证责任的性质相联系，出庭举证并不是当事人的义务，人民法院不能强制，只能在客观上使其遭受不利于自己判决的危险。同时，缺席判决只是当事人不到庭举证和进行言词辩论，并不是承认了对方当事人的诉讼请求，因此，在一方当事人缺席的情况下，人民法院仍要审查核实未到庭的一方当事人的起诉状、答辩状和其他材料，主动全面收集证据，依照法律规定作出判决。司法解释规定，被告经传票传唤无正当理由拒不到庭，或者未经法庭许可中途退庭的，人民法院可以按期开庭或者继续开庭审理，对到庭的当事人诉讼请求、双方的诉辩理由以及已经提交的证据及其他诉讼材料进行审理后，依法缺席判决。

适用简易程序审理的行政案件，人民法院可以用口头通知、电话、短信、传真、电子邮件等简便方式传唤当事人、通知证人、送达裁判文书以外的诉讼文书。以简便方式送达的开庭通知，未经当事人确认或者没有其他证据证明当事人已经收到的，人民法院不得缺席判决。

三、对妨害行政诉讼的强制措施

（一）概念和性质

行政诉讼中强制措施是指在诉讼进行中，人民法院为了保证审判活动的正常进行，对有妨害行政诉讼秩序行为的人采取的一种排除妨害、维护诉讼秩序顺利进行的强制手段。

诉讼是国家司法机关主持进行的一项严肃的活动。为了实现诉讼法所规定的目的，不仅要求当事人及其他诉讼参与人正确行使自己的诉讼权利、自觉履行自己的诉讼义务，而且要求不参加诉讼的其他人支持人民法院依法进行的审判活动。这样才能保证诉讼活动、审判活动的正常进行和人民法院对案件的公正、及时解决，维护法律的严肃性、权威性。

作为一种强制手段，民事诉讼、行政诉讼中的强制措施具有排除妨害诉讼顺利进行的行为和障碍，保证人民法院审判活动顺利进行，教育行为人遵守法律，以及制裁违法行为的性质①。既然具有制裁的性质，行为人实施了违法行为，人民法院就应对该违法行为给予相应的制裁。

之所以认为强制措施具有制裁性质，是基于以下原因：

第一，采取妨害诉讼的强制措施的前提是行为人在诉讼中故意地实施了妨害诉讼的行为并在客观上发生了妨害诉讼进行的后果。在这种情况下采取强制措施的主要目的不是排除妨害行为，因为在多数情况下妨害行为已经停止；也不是预防妨害行为的发生，因为妨害行为已经发生。如果说这种强制措施的采取具有预防作用的话，也只是类似于刑法上的一般预防的作用，而这种一般预防的作用正说明其具有惩罚和制裁的性质。

第二，民事、行政诉讼中的强制措施是对当事人实施的妨害诉讼行为采取的最终的决定。从妨害诉讼的强制措施与其他强制措施的区别来看，刑事诉讼中的强制措施是指为了防止犯罪嫌疑人逃匿、串供、毁灭证据或继续犯罪而采取的；行政执法中也有强制措施，它是行政机关在行政管理过程中采取的暂时限制当事人的人身自由或控制其财物的行为，一般是为了以后作出某种最后的决定而在紧急情况下作出的临时性措施。而民事、行政诉

---

① 参见林莉红：《试论民事、行政诉讼中强制措施的制裁性》，载《法学杂志》1997年第5期。

讼中的强制措施与以上两种有异，它既不完全是临时性行为，也不主要是为了预防某种事实的发生，而是为了排除对诉讼的妨害，且主要是一种事后作出的行为。

第三，从法律对强制措施的表述来看，对妨害诉讼的强制措施的采取，总是和追究刑事责任联系在一起的。如《行政诉讼法》第59条规定："诉讼参与人或者其他人有下列行为之一的，人民法院可以根据情节轻重，予以训诫、责令具结悔过或者处一万元以下的罚款、十五日以下的拘留；构成犯罪的，依法追究刑事责任。"《民事诉讼法》更是在多处有情节严重构成犯罪的依法追究刑事责任的规定。特别是《民事诉讼法》（2017年修正）第110条第3款规定："人民法院对哄闹、冲击法庭，侮辱、诽谤、威胁、殴打审判人员，严重扰乱法庭秩序的人，依法追究刑事责任；情节较轻的，予以罚款、拘留。"这些规定针对妨害诉讼行为情节轻重，直接将追究刑事责任与采取强制措施相提并论，说明两者在性质上有相通之处。

与我国民事、行政诉讼中对某些妨害诉讼行为采取强制措施相类似，国外一些国家法律规定有藐视法庭罪。英国著名的丹宁法官认为"公然藐视法庭"指的是"法官亲眼看见的一种藐视行为，以至他不需要证人提供证据，即刻就能加以处理。""这种罪名是有其特点的。它是一种刑事犯罪，但不需要陪审团的控告就可以审判。而且可以由一名法官即刻审判，而这名法官也许正是那个受藐视之害的法官。"① 这里，在当事人"公然藐视法庭"的情况下，法官就其亲眼看到的破坏法庭秩序的行为可以给予处罚。当然，藐视法庭罪的判决并不以法官亲眼看到藐视行为的作出为限。某一案件中法官判处当事人藐视法庭罪，即是对藐视法庭行为予以排除，又具有明确的惩罚的性质，这在英国的学者中是没有异议的。②

因此，对妨害行政诉讼行为采取强制措施，虽然使用了"措施"一词，但其性质是一种对尚未构成犯罪的行为作出的类似行政处罚的制裁。

（二）妨害行政诉讼的行为

行政诉讼法规定妨害行政诉讼的行为有以下七种表现形式：

1. 有义务协助调查、执行的人，对人民法院的协助调查决定、协助执行通知书，无故推拖、拒绝或者妨碍调查、执行的；

2. 伪造、隐藏、毁灭证据或者提供虚假证明材料，妨碍人民法院审理案件的；

3. 指使、贿买、胁迫他人作伪证或者威胁、阻止证人作证的；

4. 隐藏、转移、变卖、毁损已被查封、扣押、冻结的财产的；

5. 以欺骗、胁迫等非法手段使原告撤诉的；

6. 以暴力、威胁或者其他方法阻碍人民法院工作人员执行职务，或者以哄闹、冲击法庭等方法扰乱人民法院工作秩序的；

7. 对人民法院审判人员或者其他工作人员、诉讼参与人、协助调查和执行的人员恐吓、侮辱、诽谤、诬陷、殴打、围攻或者打击报复的。

除了前述行政诉讼法明确规定的妨害诉讼行为形式外，《2018年司法解释》第82条

---

① ［英］丹宁著，《法律的正当程序》，群众出版社1984年中文版，第4、5页。
② ［英］戴维·M.沃克，《牛津法律大词典》，光明日报出版社1988年版，第204页。

还规定:"当事人之间恶意串通,企图通过诉讼等方式侵害国家利益、社会公共利益或者他人合法权益的,人民法院应当裁定驳回起诉或者判决驳回其请求,并根据情节轻重予以罚款、拘留;构成犯罪的,依法追究刑事责任。"分析起来,对于人民法院认定的"当事人之间恶意串通,企图通过诉讼等方式侵害国家利益、社会公共利益或者他人合法权益的"行为,人民法院裁定驳回起诉或判决驳回诉讼请求是另外一个问题,这里需要讨论的是,如果该条规定的罚款、拘留属于妨害诉讼的强制措施的话,则表明司法解释增加了妨害行政诉讼行为的表现形式。由于妨害诉讼的强制措施实际上具有制裁的性质,属于司法中的"行政处罚",与行政处罚设定权要有法律作出明确规定的原理相同,最高人民法院的司法解释无权超出行政诉讼法关于行为、种类和幅度的规定。因此,如果欲对"当事人之间恶意串通,企图通过诉讼等方式侵害国家利益、社会公共利益或者他人合法权益的"行为采取强制措施,需要认定当事人具有前述妨害诉讼行为中的某些形式,如伪造证据、转移财产等。

(三)妨害诉讼行为的构成要件

除了须具备以上形式之一外,妨害行政诉讼的行为还须具备三个要件。

其一,行为人已经作出了妨害诉讼的行为。这一构成要件要求有妨碍审理行为的事实存在,即妨碍审理行为必须是一种正在进行或者已经发生了的行为,而不是人们的主观臆想,也不是预备行为。

其二,这种行为必须是出于行为人的故意。所谓故意是指行为人明知自己的行为会妨害行政诉讼的正常进行,而有意去作为或者不作为。过失不能构成妨害诉讼行为的主观要件,如书证因不慎失火被毁,行为人因用词不当而在客观上侮辱了审判人员等。

其三,这种行为必须发生在人民法院审理行政案件的过程中。这里的审理过程指从起诉开始到执行完毕为止。在起诉前或者诉讼终结后实施的行为,就不是妨害诉讼进行的行为。妨害诉讼的行为是在人民法院审理案件的过程中实施的,不仅指在法庭审理过程中实施的,在法庭审理过程以外实施的,如在法庭外殴打证人,也属于妨害行政诉讼行为。

(四)强制措施的具体形式

《行政诉讼法》规定对妨害行政诉讼的行为,人民法院根据情节轻重,采取以下强制措施:

1. 训诫

训诫是指以口头方式严肃地批评教育的措施。

2. 责令具结悔过

责令具结悔过是指命令妨害诉讼的行为人写悔过书,使其认识错误,保证不再重犯的措施。

3. 罚款

罚款是指依法强制妨害诉讼的行为人在一定期限内交纳一定数量货币的措施。这里的罚款不同于刑罚中的罚金和行政处罚中的罚款。行政诉讼法规定,罚款金额在人民币10000元以下。

4. 拘留

拘留是指对妨害行政诉讼情节严重的行为人在短期内限制其人身自由的强制措施。这种拘留属于司法拘留，不同于治安管理处罚中的行政拘留，也不同于刑事诉讼中的拘留。《行政诉讼法》规定拘留的期限为 15 日以下。

《2018 年司法解释》规定，《行政诉讼法》规定的罚款、拘留可以单独适用，也可以合并适用。对同一妨害行政诉讼行为的罚款、拘留不得连续适用。发生新的妨害行政诉讼行为的，人民法院可以重新予以罚款、拘留。

除以上的强制措施以外，行政诉讼法还规定，对于诉讼参与人或者其他人妨害诉讼的行为构成犯罪的，依法追究刑事责任。

（五）强制措施的适用对象

强制措施的适用对象是指针对其采取强制措施的对象。按照《行政诉讼法》的规定，是指诉讼参与人和其他人。诉讼参与人包括诉讼参加人（原告、被告、共同诉讼人、诉讼代理人）和其他诉讼参与人（证人、鉴定人、翻译人员等）。除诉讼参与人外，其他案外人有妨害诉讼进行行为的，也可以对其采取强制措施，如有义务协助执行的人拒不执行人民法院生效的判决、裁定的，案外人有故意毁灭证据行为的等。

在行政诉讼的立法和实践中，关于强制措施的适用对象，有以下两个问题还要进一步予以明确。

第一，强制措施是否同样适用于原告和被告？在行政诉讼中要对原告及其他诉讼参与人（不包括作为被告的行政机关）妨害诉讼的行为采取强制性制止措施，这在立法和实践中都是没有分歧的。问题是，上述强制措施是否同样适用于被告？《行政诉讼法》起草过程中有一种意见认为，行政诉讼是与民事诉讼不同的，它始终以依法代表国家行使行政权的行政机关为被告，作为被告的国家行政机关在国家行政管理中有它的特殊地位和职责，因此对它不能适用与原告相同的强制措施。坚持这种意见的人主张，对被告妨害诉讼进行的，人民法院可向同级人民代表大会常务委员会报告，或者通知监察机关。但是，这种做法违反了法律面前人人平等原则，另外，人大常委会或者监察机关会由于没有法定的强制措施而不能及时有效地制止妨害行为。只有对被告也同样地由人民法院采取强制措施，才能够保证诉讼的顺利进行。2014 年《行政诉讼法》修改，在妨害诉讼行为的表现上特地增加了诸如"以欺骗、胁迫等非法手段使原告撤诉的"等被告方作出的行为，显然，妨害诉讼的强制措施是可以针对被诉行政机关的。

第二，对被告妨害诉讼进行的行为采取强制措施，究竟是对被告行政机关，还是对该行政机关的法定代表人，或者是对该法定代表人的诉讼代理人采取强制措施？这一问题在立法上没有明确规定。对此要区别两种情况：

其一，由于被告妨害诉讼进行的行为实际上是被告的法定代表人进行的，在法定代表人没有委托诉讼代理人的情况下，应该对被告的法定代表人采取强制措施，这样才能既分清责任又有效地排除、制止妨害诉讼进行的行为。

其二，在法定代表人委托了诉讼代理人的情况下，如果妨害诉讼的行为是法定代表人授意诉讼代理人所为，应同时对法定代表人和诉讼代理人采取强制措施，如果妨害诉讼的行为是诉讼代理人自作主张而为，并没有法定代表人的授意和参与，则应对该诉讼代理人采取强制措施，因为其妨害诉讼的行为超出了委托权限范围，从代理关系上说是一种越权代理，不对被代理人发生法律效力。这样分清责任，才能使受强制措施制裁的人心服口服，从而有效地保证诉讼的顺利进行。

（六）规定强制措施的意义

有诉讼的进行，就可能出现妨害诉讼进行的行为，对这些行为采取强制措施，在《刑事诉讼法》、《民事诉讼法》中都有规定。一般地说，妨害诉讼行为是一种违反法律规定和法庭纪律的行为，它干扰或者破坏诉讼秩序，妨害诉讼的正常进行。为了维护诉讼秩序，排除妨害诉讼的行为，教育行为人遵守法律，以保障诉讼的正常进行，保障人民法院不受干扰地行使国家的审判权和诉讼参与人行使其享有的诉讼权利，诉讼法有必要规定强制措施，以强制手段，迫使行为人遵守法纪，排除妨害行政诉讼进行的行为。

在行政诉讼中，由于行政实体法律关系主体之间的不平等，由于国家行政主管机关在其长期行使国家行政权力过程中形成的一种优越地位和特权观念，《行政诉讼法》规定强制措施更有必要。从实践中的情况看，行政机关对于自己在行使职权中有过错而被起诉作为被告，接受人民法院的审判，往往有些不习惯。仅仅是不习惯并不会妨害诉讼的进行。实践中一些行政主管机关一旦被诉为被告，即很紧张，很快组织人力财力，全力以赴地"对付"这一案件，对行政诉讼给予高度重视，实际上是件好事。问题在于有些行政领导法制观念淡薄，特权思想严重，在诉讼中出现一些妨害诉讼进行的行为，国家行政机关参与这些行为，其危害性更大。在这种情况下，不采取强制措施就不能保证诉讼的顺利进行，人民法院行使国家审判权对行政活动进行监督和制约的目的也就达不到，而且会严重损害人民法院的威信，造成人民群众对人民法院行使审判权的错误认识。因此，在行政诉讼中必须规定强制措施，只有这样，才能保证行政诉讼的顺利进行，达到行政诉讼保护公民、法人和其他组织的合法权益，监督行政机关依法行使行政职权。

不过，尽管媒体频频曝光司法实践中存在诸如被告行政机关不应诉、不答辩、不出庭，败诉后不缴纳诉讼费用、不执行法院生效裁判，打击报复原告和证人，甚至采取公然在法庭上抓原告等严重妨害诉讼秩序的现象[1]，但从我们实证研究的情况看，有84.2%受访法官表示在其行政审判经历中"从来没有"采取过排除妨害诉讼的强制措施，而且，回答对原告方采取过的比例（8.8%）反而高于对被告方采取过的比例（4.9%）[2]。可见，从实际效果看，妨害诉讼的强制措施的威吓意义恐怕要大于实际作用。

四、对行政机关工作人员违法违纪问题的处理

在行政诉讼中，人民法院发现行政机关工作人员有其他违法违纪行为，但未构成妨害诉讼进行的行为，《行政诉讼法》规定了一定的处理措施。

对行政机关的行政行为违法、不当致损害公民、法人或者其他组织合法权益的案件，人民法院在审理过程中，认为有关人员违法违纪的，《行政诉讼法》第66条第1款规定：

---

[1] 参见京青：《江苏怪事：被告当庭抓原告》，载《政府法制》1994年第5期；王同义：《从"民告官"到"官抓民"——沈华荣涉嫌诈骗案前前后后》，载《中国律师》2001年第9期；孟天：《被告抓原告：行政诉讼"带伤起跑"》，载《人民法院报》2007年9月9日第8版。

[2] 林莉红、宋国涛：《行政诉讼法实施状况调查报告（法官卷）》，载林莉红主编：《行政法治的理想与现实——行政诉讼法实施状况实证研究报告》，北京大学出版社2014年版，第36页。

"人民法院在审理行政案件中，认为行政机关的主管人员、直接责任人员违法违纪的，应当将有关材料移送监察机关、该行政机关或者其上一级行政机关；认为有犯罪行为的，应当将有关材料移送公安、检察机关。"

对于被诉行政机关不履行应诉义务的，《行政诉讼法》第66条第2款规定："人民法院对被告经传票传唤无正当理由拒不到庭，或者未经法庭许可中途退庭的，可以将被告拒不到庭或者中途退庭的情况予以公告，并可以向监察机关或者被告的上一级行政机关提出依法给予其主要负责人或者直接责任人员处分的司法建议。"

五、财产保全和先予执行

(一) 财产保全

在民事诉讼中，财产保全是指人民法院在作出判决之前，对于可能因当事人一方的行为或者其他原因，使判决不能执行或者难以执行的案件，根据对方当事人的申请或者依职权，对当事人的财产或者争执的标的物采取一定的强制性措施。在行政诉讼中，财产保全同样是需要的，因为，和民事诉讼相同，一般情况下，人民法院从受理案件到作出判决，需要经过一段时间。在这段时间里，可能因为当事人一方的行为（如出于恶意而变卖、挥霍、转移、隐匿其财产和有争议的标的物）或者其他原因（如因争议的标的物自身属性而腐烂、变质、毁损）造成判决不能执行或者难以执行。而且，行政诉讼中判决不能执行或者难以执行，不仅会给双方当事人的利益造成损害，而且还会给国家、社会利益造成损害，因此，行政诉讼中采取这一措施非常必要。不过，《行政诉讼法》并未对财产保全作出具体规定，依《行政诉讼法》第101条的规定，可以准用民事诉讼法的相关规定。最高人民法院2018年司法解释也作出了进一步明确的解释，分为诉讼中和诉前财产保全两种情况。

1. 诉讼中的财产保全

人民法院对于因一方当事人的行为或者其他原因，可能使行政行为或者人民法院生效裁判不能或者难以执行的案件，根据对方当事人的申请，可以裁定对其财产进行保全、责令其作出一定行为或者禁止其作出一定行为；当事人没有提出申请的，人民法院在必要时也可以裁定采取上述保全措施。人民法院采取保全措施，可以责令申请人提供担保；申请人不提供担保的，裁定驳回申请。人民法院接受申请后，对情况紧急的，必须在48小时内作出裁定；裁定采取保全措施的，应当立即开始执行。当事人对保全的裁定不服的，可以申请复议；复议期间不停止裁定的执行。

2. 诉前财产保全

利害关系人因情况紧急，不立即申请保全将会使其合法权益受到难以弥补的损害的，可以在提起诉讼前向被保全财产所在地、被申请人住所地或者对案件有管辖权的人民法院申请采取保全措施。申请人应当提供担保，不提供担保的，裁定驳回申请。人民法院接受申请后，必须在48小时内作出裁定；裁定采取保全措施的，应当立即开始执行。申请人在人民法院采取保全措施后30日内不依法提起诉讼的，人民法院应当解除保全。当事人对保全的裁定不服的，可以申请复议；复议期间不停止裁定的执行。

3. 财产保全的范围、方式等程序规定

保全限于请求的范围,或者与本案有关的财物。财产保全采取查封、扣押、冻结或者法律规定的其他方法。人民法院保全财产后,应当立即通知被保全人。财产已被查封、冻结的,不得重复查封、冻结。涉及财产的案件,被申请人提供担保的,人民法院应当裁定解除保全。申请有错误的,申请人应当赔偿被申请人因保全所遭受的损失。

(二) 先予执行

在民事诉讼中,先予执行是指人民法院审理请求给付财物案件,在作出判决交付执行之前,因权利人难以甚至无法维持生活,或者难以甚至无法进行工作、生产,而及时裁定义务人先予执行一定款项或者特定物,并立即交付执行的措施。人民法院从受理案件到作出生效判决,需要经过一段时间。在这段时间内,有的权利人可能会发生经济困难,正常生活无法维持,或者正常的生产、经营活动无法进行。如果等到人民法院作出判决,再按判决确定的内容给付,往往"远水救不了近火"。针对这种情况,人民法院在作出判决前,有必要先裁定义务人给付权利人一定数额的款项或者财物,以解决权利人生活或者生产的困难。

基于与民事诉讼相类似的原因,行政诉讼中,在人民法院受理案件后到作出生效判决前的这段时间里,由于被告的行政行为使原告的合法权益受到损害,使公民、法人或者其他组织的生活或者生产难以继续进行的,也能够采取先予执行的措施。《行政诉讼法》第57条规定:"人民法院对起诉行政机关没有依法支付抚恤金、最低生活保障金和工伤、医疗社会保险金的案件,权利义务关系明确、不先予执行将严重影响原告生活的,可以根据原告的申请,裁定先予执行。当事人对先予执行裁定不服的,可以申请复议一次。复议期间不停止裁定的执行。"

先予执行是人民法院为了及时而切实地保护当事人的合法权益所采取的有力措施,但必须具备一定的条件,即必须是双方当事人的行政法律关系已是明确而可以肯定的,权利人生产或者生活确有困难,人民法院认为确有必要的情况。

第十章　行政审判程序

审判程序是人民法院对行政案件进行审理和裁判的程序。依照《人民法院组织法》和《行政诉讼法》的规定，人民法院对行政案件的审理实行两审终审制，因此，审判程序包括第一审程序和第二审程序。2014年《行政诉讼法》新增了简易程序，因此，第一审程序包括第一审普通程序和简易程序。同时，法律规定人民法院对已经发生法律效力的判决、裁定发现违反法律、法规的可以再次审理，因此，审判程序还包括审判监督程序。此外，行政诉讼法还对外国人、无国籍人、外国组织在我国领域内进行的涉外行政诉讼的特别程序做了规定。

行政诉讼的过程，也就是人民法院运用审判程序对具体的行政案件进行审理和裁判的过程。如果说行政诉讼的主管和管辖、诉讼参加人、诉讼证据等问题是行政诉讼法的基本问题，审判程序则是行政诉讼中全部基本问题的落实。有关行政诉讼的主要工作是在审判程序中得到体现的，行政诉讼的目的也是在对行政案件的审理和裁判中实现的，因此，审判程序在行政诉讼法中居于非常重要的地位。

第一节　第一审普通程序

一、诉前程序

（一）诉前程序的含义和意义

1. 含义

诉前程序是指为解决行政争议，在当事人向人民法院提起行政诉讼之前必须或者可能经过的一个程序，具体来说，主要就是指行政复议。

诉前程序是一个以行政诉讼为视角的称谓，是从行政诉讼法角度进行的考虑。虽然在我国目前的制度体系下所指对象很明确，就是行政复议制度，但当我们说到诉前程序时，其意是为了研究与行政诉讼制度有关的问题，主要涉及行政复议制度如何与行政诉讼相关制度之衔接问题。[1]

---

[1] 诉前程序的称谓实际上涉及两个问题，一是相对于行政诉讼而言，对于我国行政复议制度，如何称谓，是叫做诉前程序还是前置程序，抑或其他的称谓；二是就行政复议程序本身而言，以何种名称称谓之。就后者而言，现有制度上，我国称之为行政复议。类似的制度，我国台湾地区称之为诉愿。日本在战前称之为诉愿，战后称为行政不服审查。王名扬先生研究法国行政法，将其称之为行政救济。而德国行政法上，目前学者在翻译中一般称其为异议决定或行政申诉制度。行政程序上的称谓，是由立法加以规范的，只是对外国法的翻译上可能有斟酌之余地。此处所说之称谓问题，主要涉及前一问题，是相对于行政诉讼而言，怎样的词汇表述更加符合这种制度在整个行政救济体系甚至整个纠纷解决机制中的地位与特点的问题。

当事人在向法院提起行政诉讼之前,必须或者可能要经过行政复议程序。在以行政诉讼为视角研究相关问题时,对于这个程序,学界一直使用"前置程序"的称谓。"前置程序"这个称谓是沿用我国台湾地区学者的用法。本书坚持使用诉前程序一词,是认为,第一,诉前程序比前置程序更直观、恰当地表述行政复议制度在行政诉讼制度设置上的特点。"置",放在的意思。"前置"是指"放在前面",很容易将其理解为把一个本来是诉讼中的程序放在前面。而"诉前",即"诉讼之前",是诉讼之前必须或者可能经过的一个程序。第二,表明了行政复议程序的独立性。行政复议程序应当是一种独立的,具有自身价值和功能的程序,而并非仅仅是行政诉讼程序的附属物。行政复议本身就是一个独立的程序,不是诉讼中的程序把它往前放,只是基于某种考虑,将其与行政诉讼程序相关联,在当事人向法院提起诉讼前依照法律规定必须经过或者遵从当事人意愿选择而可能经过的一个程序。①

行政复议是指公民、法人或者其他组织对行政机关的行政行为不服,依法向作出行政行为的行政机关的上一级行政机关或者法律、法规规定的行政机关提出申诉,由上一级行政机关或者法律、法规规定的行政机关对该行政行为是否合法、适当重新进行审议并作出裁决的行政程序制度。行政复议本质上是行政机关对自己所作出的行政行为进行的再审查,具有两个特征,即行政性和再审查性。从行政复议与行政诉讼的衔接角度,作为行政诉讼的诉前程序,因此应当重视发挥行政复议专业、效率、便民的优势,坚持行政复议主动性之特点,增强行政复议机构地位之独立性,加强行政复议的程序性。②

2. 意义

从理论与实践角度分析,通过行政复议制度解决行政争议具有较大的优势。

第一,有利于发挥行政机关处理行政案件的专业性优势。现代行政管理涉及的领域极为广泛,行政案件的专业性日益增强,由行政机关内部先行处理有利于发挥行政机关的专业特长。行政复议有助于尊重行政机关行使职权,减轻人民法院案件过多的压力。

第二,具有简便、效率的特点。行政复议与行政诉讼相比较,在解决行政纠纷时最突出的区别是行政复议具有简便、及时的特点,而行政诉讼的程序虽然严谨、规范,但也难免繁琐。

第三,符合我国的实际情况。从我国的实际情况看,当事人在行政争议发生后,一般习惯于先向上一级行政机关申请复议,一些行政争议也可以消灭在复议阶段。行政复议制度作为解决行政争议的途径具有一定的效果。

随着现代行政法的发展,世界各国越来越重视通过行政程序解决行政纠纷和实施行政救济。将行政复议作为行政诉讼必经或者可能经过的诉前程序,已成为一种世界性经验。

---

① 其实,按照词源和语义分析,在中国古代汉语中,"讼"为民事诉讼,刑事诉讼称之为"狱"。所谓"听讼"与"断狱"。所以,似乎应当叫"讼前程序"。但是由于当代学界在使用"诉"、"讼"两个字时几乎是不做区分,甚至更倾向于用"诉",如诉累与讼累中,大家似乎更倾向于用"诉累"。故本书也还是使用"诉前"二字,而称之为诉前程序。

② 参见林莉红:《行政诉讼法诉前程序研究》,载《湖北社会科学》2013年第9期。

许多国家都有与我国行政复议相同涵义的制度①。

诉前程序虽然具有极为重要的意义，但如果将行政复议规定为解决每一行政案件必经的诉前程序，则不利于保护公民、法人和其他组织的合法权益，因为这样做将使公民、法人或者其他组织在自己的合法权益受到来自行政机关的侵害时不能直接地受到人民法院的司法保护，限制了公民、法人和其他组织的司法保护请求权；而且当事人跨地区申请复议也会遇到食宿、交通等困难；同时有些行政行为在下级行政机关作出前，一般都请示过上级行政机关，再经复议意义不大。因此，我国行政诉讼法在行政复议和行政诉讼的关系问题上，规定以当事人选择为主，以必须向行政机关申请复议为单行法律、法规规定的例外。

（二）行政诉讼法的具体规定

《行政诉讼法》第44条规定："对属于人民法院受案范围的行政案件，公民、法人或者其他组织可以先向上一级行政机关或者法律、法规规定的行政机关申请复议，对复议不服的，再向人民法院提起诉讼，也可以直接向人民法院提起诉讼。法律、法规规定应当先向行政机关申请复议，对复议不服再向人民法院提起诉讼的，依照法律、法规的规定。"

行政诉讼法的这一规定包括两种情形：

1. 单行法律、法规规定必须先经过行政复议，对复议不服再向人民法院起诉的，则当事人必须先申请复议，经过行政复议这一诉前程序才能向人民法院起诉，否则不能向人民法院起诉。法律、法规规定应当先申请复议，公民、法人或者其他组织未申请复议直接提起诉讼的，人民法院裁定不予立案。在行政诉讼法颁布之前和实施之初，我国作出这类规定的法律、法规很多，如《治安管理处罚条例》（1986年颁布，1994年修正，现已失效）第39条规定："被裁决受治安管理处罚的人或者被侵害人不服公安机关或者乡（镇）人民政府裁决的，在接到通知后5日内，可以向上一级机关提出申诉，由上一级公安机关在接到申诉后5日内作出裁决；不服上一级公安机关裁决的，可以在接到通知后5日内向当地人民法院提起诉讼。"随着《行政处罚法》的颁布和实施，现在，这类规定已经越来越少，而更多地是依行政诉讼法的原则规定由当事人选择复议或者诉讼了。如《治安管理处罚法》（2012年修正）第102条就只是规定："被处罚人对治安管理处罚决定不服的，可以依法申请行政复议或者提起行政诉讼。"

当然，复议机关不受理复议申请或者在法定期限内不作出复议决定，公民、法人或者其他组织不服，依法向人民法院提起诉讼的，人民法院应当依法立案。

2. 单行行政法律、法规没有规定提起行政诉讼必须经过行政复议这一诉前程序的，对属于行政诉讼法规定的受案范围内的行政案件，公民、法人或者其他组织不服行政机关

---

① 各国行政机关内部解决行政纠纷的制度，虽然名称不同，但其内容、含义基本相同。如英国于1958年制定《行政裁判所与调查法》，正式确立了由行政裁判所处理行政纠纷的行政救济制度。美国则早在1946年《联邦行政程序法》中就授予了相对人"行政上诉"权。澳大利亚1975年实施《行政上诉裁判法》。大陆法系虽然一般都设有专门的行政法院，但同时也确立了类似的以原行政机关或者其上级行政机关受理不服请求的制度，如法国的行政救济制度。德国以其1960年《行政法院法》和1976年《行政程序法》规范了行政申诉制度。融两大法系特点于一体的日本，于1962年颁布了《行政不服审查法》，确立了今日日本的行政不服审查制度。

的行政行为可以先向有关行政机关申请复议，由复议机关按法律规定的程序，对该行政行为是否违法或者不当进行审查，并重新作出裁决，对复议裁决不服的，再向人民法院提起诉讼；也可以不经过有关行政机关复议，而直接向人民法院提起诉讼。即在单行法律、法规没有规定行政复议是提起行政诉讼的必经的诉前程序的情况下，当事人可以选择提起行政复议或者进行行政诉讼。

同时，《行政复议法》（2017年修正）第16条规定："公民、法人或者其他组织申请行政复议，行政复议机关已经依法受理的，或者法律、法规规定应当先向行政复议机关申请行政复议、对行政复议决定不服再向人民法院提起行政诉讼的，在法定行政复议期限内不得向人民法院提起行政诉讼。公民、法人或者其他组织向人民法院提起行政诉讼，人民法院已经依法受理的，不得申请行政复议。"这一规定主要是为了避免当事人同时提出两种解决途径的现象，从而避免造成法律上解决效力的冲突。

二、起诉期限

（一）起诉期限的含义

行政诉讼中的起诉期限是指当事人能够向人民法院对行政行为提起行政诉讼的有效期限。超过了这一期限，则当事人丧失向人民法院提起行政诉讼的权利。

我国民事法律中，有的法律规定的是诉讼时效，即请求保护权利的有效期限，如《民法总则》（2017年）规定："向人民法院请求保护民事权利的诉讼时效期间为三年。""自权利受到损害之日起超过二十年的，人民法院不予保护。"有的法律规定的是起诉期限，即提起诉讼的有效期限，如《继承法》（1985年制定）规定："继承权纠纷提起诉讼的期限为2年。"诉讼时效和起诉期限是不同的概念。诉讼时效是保护权利的期限，超过期限，人民法院不予保护，但人民法院在诉讼中不得主动适用诉讼时效的规定。起诉期限是提起诉讼的期限，超过期限，权利人不得提起诉讼，人民法院对起诉期限应当作为起诉的条件之一加以审查。

行政诉讼中，一般情况下适用起诉期限。其原因是，行政诉讼主要是撤销诉讼和课予义务诉讼，被诉行政行为一般为法律行为。行政程序要求行政机关作出行政法律行为后送达行政决定，履行教示义务。在行政机关履行了教示义务之后，基于行政行为是由国家行政机关作出的具有法律效力的行为，以及基于行政机关代表公共利益的效率性要求，同时，法律也应当赋予相对人请求救济的权利，因此，法律规定相对人应当在一个相对较短的期限内请求救济，提起诉讼。超过规定的期限，行政行为全面生效，不得再对其提出异议。

但行政诉讼中被诉的不仅有法律行为，还有事实行为、行政协议行为等。在以诉讼类型为思路建立的行政诉讼制度框架下，不同的行政行为和相应的诉讼请求被归为不同类型的诉讼架构，有的可能适用起诉期限的概念，有的则适用诉讼时效的概念。我国2014年《行政诉讼法》并未全面采用诉讼类型概念，在诉前程序、时效期限、举证责任等问题上尚缺乏类型化的明确规定。实际上，在某些情况下，行政诉讼中可能适用诉讼时效，如行政协议诉讼、一般给付诉讼。

《行政协议司法解释》第25条规定："公民、法人或者其他组织对行政机关不依法履行、未按照约定履行行政协议提起诉讼的，诉讼时效参照民事法律规范确定；对行政机关变更、解除行政协议等行政行为提起诉讼的，起诉期限依照行政诉讼法及其司法解释确定。"要求行政机关履行行政协议义务的，属于一般给付，适用诉讼时效，而对于行政机关变更、解除行政协议的，则被诉的是行政行为，适用起诉期限。该司法解释也第一次明确了行政诉讼中诉讼时效与起诉期限的概念适用于不同的情况，在行政诉讼类型化方面迈出了一步。

一般而言，法律规定时效期限，是出于稳定社会秩序，促使及时行使权利，收集证据和审理等的需要。行政诉讼法对起诉期限作出明确的规定，更主要的是基于民主与效率相统一的考虑。一方面，对行政权力侵犯公民权利应当给予救济，另一方面，由于行政行为的效力先定性、行政活动效率性要求和行政管理的客观需要，行政机关的行政行为不应该一直或者较长时间地处于可受追诉的不确定状态。否则不利于国家行政管理的开展，从总体上也就不利于保护社会成员的权利。

(二) 起诉期限的具体规定

1. 行政复议情况下起诉期限的规定

依《行政诉讼法》第45条，在公民、法人或者其他组织依照单行法律、法规的规定先向行政机关申请复议，或者选择向行政机关申请复议的情况下，申请人不服复议决定的，可以在收到行政复议决定书之日起15日内向人民法院提起诉讼；复议机关逾期不作决定的，申请人可以在复议期满之日起15日内向人民法院提起诉讼。公民、法人或者其他组织向复议机关申请行政复议后，复议机关作出维持决定的，应当以复议机关和原行为机关为共同被告，并以复议决定送达时间确定起诉期限。但法律另有规定的除外。《专利法》(2008年修正)第41条规定："国务院专利行政部门设立专利复审委员会。专利申请人对国务院专利行政部门驳回申请的决定不服的，可以自收到通知之日起三个月内，向专利复审委员会请求复审。专利复审委员会复审后，作出决定，并通知专利申请人。专利申请人对专利复审委员会的复审决定不服的，可以自收到通知之日起三个月内向人民法院起诉。"

同时，《行政复议法》对复议机关作出复议决定的期限也作了规定："行政复议机关应当自收到申请之日起60日内作出行政复议决定。但是法律规定的行政复议期限少于60日的除外。情况复杂，不能在规定期限内作出行政复议决定的，经行政复议机关的负责人批准，可以适当延长，并告知申请人和被申请人；但是延长期限最多不超过30日。"这是一个很有意思的规定，原则上规定了行政复议的最长期限。即有关单行法律规定的行政复议期限如果少于60日的，则必须按照单行法律的规定在少于60日的期限内完成对行政复议案件的审查并作出行政复议决定。而如果有关单行法律规定的行政复议期限多于60日的，则必须按照《行政复议法》的规定在60日内作出行政复议决定。

2. 直接起诉情况下起诉期限的规定

《行政诉讼法》第46条规定，在公民、法人或者其他组织对属于人民法院受案范围内的行政案件，不经过行政复议而直接向人民法院提起诉讼的，当事人提起行政诉讼，应当自知道或者应当知道作出行政行为之日起六个月内提出。法律另有规定的除外。

2014年《行政诉讼法》修改时，将原来直接起诉情况下的起诉期限从三个月改为六个月。这个修改的立法意图是明显的，就是让行政管理相对人有更多的时间评估提起行政诉讼的后果，决定是否起诉，便于保障相对人的权益。不过，这也使得行政机关的行政行为较长时间地处于可受追诉的不确定状态，虽然有行政行为效力先定性理论，但行政行为的其他效力如执行力，则可能得不到及时实现，不利于行政管理的效率性。立法者在保障当事人诉权和顾及行政效率之间作出的立法选择是一种价值衡量，究竟实际效果如何，需要根据行政诉讼法未来实施的情况作出评价。

3. 行政机关不作为情况下的起诉期限

《行政诉讼法》第47条规定："公民、法人或者其他组织申请行政机关履行保护其人身权、财产权等合法权益的法定职责，行政机关在接到申请之日起两个月内不履行的，公民、法人或者其他组织可以向人民法院提起诉讼。法律、法规对行政机关履行职责的期限另有规定的，从其规定。公民、法人或者其他组织在紧急情况下请求行政机关履行保护其人身权、财产权等合法权益的法定职责，行政机关不履行的，提起诉讼不受前款规定期限的限制。"《行政诉讼法》第47条这里表达的并不是起诉期限问题，而是诉权，即公民、法人和其他组织申请行政机关履行职责，行政机关在接到申请后两个月内不履行的，当事人有权提起诉讼。这一规定要求行政机关在没有法律、法规特别规定的情况下，对于当事人要求其履行职责的申请，在两个月之内作出相应的行政行为，实际上对行政机关履行职责的期限做了规定。两个月的期限是与《行政复议法》的规定一致的。如前述，行政复议法对复议机关作出复议决定的期限作了规定，原则上规定了行政复议的最长期限是60日。既然复议机关作出复议决定的最长期限是60日，只有法律、法规规定短于60日的才除外，那么一般情况下，行政机关作出行政行为的期限为60日或两个月，就比较合理了。只是行政复议法用的是60日，而行政诉讼法用的是两个月，稍有区别。

行政诉讼法并未对行政机关不作为情况下的起诉期限作出规定。《2018年司法解释》规定，公民、法人或者其他组织依照《行政诉讼法》第47条第1款的规定，对行政机关不履行法定职责提起诉讼的，应当在行政机关履行法定职责期限届满之日起6个月内提出。行政机关不履行职责，分为拒为履行和怠为履行两种情况。前者是行政机关拒绝履行的明确意识表示，可以看作一种作为的行政行为，适用起诉期限，与直接起诉的情况一样，起诉期限是6个月。后者是指行政机关拖延或者不予答复的不作为行为，依司法解释的规定，其起诉期限也是6个月。只不过当6个月的起诉期限经过之后，如果行政机关仍对事项负有法定职责，当事人可以再次向行政机关提出履行职责的申请，因此这里的起诉期限对当事人权利保障或限制的意义不大。

但是，起诉期限解决的是提起诉讼的问题，而诉讼时效解决的权利保护的问题。如果当事人要求行政机关作出行政行为以外的一般给付，行政机关拒绝或者不予答复，依前述规定，起诉期限问题可以解决，即当事人应当在6个月内提起诉讼。问题是过了起诉期限后当事人能否再次向行政机关提出给付请求？这是一个实体法问题，是权利保护的时效问题，即当事人的权利是否还应当得到（行政机关和法院）支持的问题。2014年《行政诉讼法》没有解决这一问题。

4. 未告知行政行为和诉权、起诉期限时的计算

最高人民法院在《1991年司法解释》第35条中规定："行政机关作出行政行为时，

未告知当事人的诉权或者起诉期限，致使当事人逾期向人民法院起诉的，其起诉期限从当事人实际知道诉权或者起诉期限时计算，但逾期的期间最长不得超过1年。"这一规定曾经引起对其理解上的诸多争议，导致司法实践中的一些不同做法①。为此，最高人民法院在《2000年司法解释》对此作了进一步明确的规定。第41条规定："行政机关作出行政行为时，未告知公民、法人或者其他组织诉权或者起诉期限的，起诉期限从公民、法人或者其他组织知道或者应当知道诉权或者起诉期限之日起计算，但从知道或者应当知道行政行为内容之日起最长不得超过2年。复议决定未告知公民、法人或者其他组织诉权或者法定起诉期限的，适用前款规定。"第42条规定："公民、法人或者其他组织不知道行政机关作出的行政行为内容的，其起诉期限从知道或者应当知道该行政行为内容之日起计算。对涉及不动产的行政行为从作出之日起超过20年、其他行政行为从作出之日起超过5年提起诉讼的，人民法院不予受理。"在这里最高人民法院司法解释区分了行政机关作出行政行为时告知了相对人但未告知诉权和起诉期限及行政机关作出行政行为时根本就未告知有关相对人行政行为的内容，以至有关相对人不知道行政行为的存在这样两种情况。

2014年《行政诉讼法》未对此作出具体规定，仅以第46条第2款规定了最长的起诉期限："因不动产提起诉讼的案件自行政行为作出之日起超过20年，其他案件自行政行为作出之日起超过5年提起诉讼的，人民法院不予受理。"

《2018年司法解释》对行政机关作出行政行为时未告诉相对人起诉期限，以及相对人不知道行政行为内容两种情况作出了明确。

《2018年司法解释》第64条规定："行政机关作出行政行为时，未告知公民、法人或者其他组织起诉期限的，起诉期限从公民、法人或者其他组织知道或者应当知道起诉期限之日起计算，但从知道或者应当知道行政行为内容之日起最长不得超过一年。复议决定未告知公民、法人或者其他组织起诉期限的，适用前款规定。"行政机关作出行政行为时，未告知起诉期限，一般是行政机关作出事实行为，或者作出法律行为但未遵守法定送达程序，而相对人知晓行政行为存在的情况。这里的一年期限，是相对人知道（含应当知道）行政行为内容之日起的最长期限，当事人应当在知晓起诉期限后在规定的期限内起诉，并不是说相对人在一年之内都可以提起诉讼。

《2018年司法解释》第65条规定："公民、法人或者其他组织不知道行政机关作出的行政行为内容的，其起诉期限从知道或者应当知道该行政行为内容之日起计算，但最长不得超过《行政诉讼法》第46条第2款规定的起诉期限。"该条规定的是相对人不知道行政机关作出的行政行为内容，包括根本不知道行政行为存在的情况。同理，也是在知道该行政行为内容时一年之内，知晓起诉期限后在规定的期限内起诉。

5. 关于起诉期限起算的时间

关于起诉期限起算的时间，行政诉讼法规定的是"知道或者应当知道"。对此，应当理解为从公民、法人或者其他组织确实得知或者确实应当知道行政机关已经对其作出了行

---

① 当时司法实践中大致有四种做法：其一，作出行政行为之日起一年；其二，作出行政行为之日起一年零三个月；其三，知道诉权、起诉期限之日起一年；其四，知道诉权、起诉期限之日起一年零三个月。

政行为的那一天起计算诉讼时效期限。这一规定是出于在行政程序中，行政机关作出行政行为应当送达相对人的考虑。行政程序法中，要求行政机关在作出行政行为后要以适当的方式确实、明白无误地通知相对人，送达行政决定，告知诉权和起诉期限。因此，相对人的起诉期限是从做出行政行为的行政机关明确告知相对人行政行为的内容、诉权和起诉期限时计算。这要求行政机关在作出行政行为后依法送达，履行自己的告知和教示义务。行政机关按照行政程序依法送达，并履行了告知诉权和起诉期限的教示义务，相对人就"知道"了行政行为。但在某些情况下，行政机关依法履行了自己的告知义务，但相对人仍然可能确实不知道行政行为的存在，如行政机关依法采取公告送达的方式，这种情况下，方可以理解为相对人"应当知道"。

而对是否依法送达，要由送达的行政机关负责举证。正因为如此，有关司法解释一直强调对原告起诉是否超过起诉期限的，由被告负责举证。如最高人民法院《1991年司法解释》曾经规定："对原告起诉是否超过起诉期限有争议的，由被告负举证责任。"最高人民法院《2000年司法解释》虽未明确重述此条内容，但在第27条规定："原告对下列事项承担举证责任：（一）证明起诉符合法定条件，但被告认为原告起诉超过起诉期限的除外……"间接地也规定了对原告起诉是否超过起诉期限由被告负举证责任。

（三）起诉期限的延误

《行政诉讼法》第48条规定："公民、法人或者其他组织因不可抗力或者其他不属于其自身的原因耽误起诉期限的，被耽误的时间不计算在起诉期限内。公民、法人或者其他组织因前款规定以外的其他特殊情况耽误起诉期限的，在障碍消除后十日内，可以申请延长期限，是否准许由人民法院决定。"

1. 起诉期限的扣除

在一般情况下，当事人在法定期限内没有起诉，即丧失提起诉讼的权利。但是，由于客观原因而耽误了起诉期限的，《行政诉讼法》规定了一定的补救办法，将耽误的时间予以扣除。所谓"不可抗力"，指当事人本身无力克服或者无法预防的事由，如在起诉期限内，发生地震、水灾等情况，引起交通中断，当事人无法在规定的起诉时效期内实施起诉行为。"其他不属于其自身的原因"，比如当事人被限制人身自由，无法起诉。由于不可抗力或者其他不属于当事人自身的原因而耽误起诉期限的，被耽误的时间不计算在起诉期限内，不需要当事人申请。

2. 起诉期限的延长

有些情况下，起诉期限已过，但考虑保障当事人诉权的需要而予以延长，是否延长，由人民法院审查决定。"前款规定以外的其他特殊情况"是指由于当事人自身但非主观过错的原因而耽误了起诉期限的事由，如当事人因生重病住院而无法起诉。这种情况下，公民、法人或者其他组织欲提起诉讼，必须在障碍消除后10日内，向受诉人民法院提出延长起诉期限的申请。是否准许，由人民法院审查后决定。

三、起诉和受理

（一）起诉

起诉是指公民、法人或者其他组织认为自己的合法权益受到侵犯或者与行政机关发生争议，向人民法院提出诉讼请求，要求人民法院行使审判权，依法予以保护的行为。

按照《行政诉讼法》第49条的规定，提起行政诉讼必须同时符合以下条件。

1. 原告是符合本法第25条规定的公民、法人或者其他组织。即原告与被诉的行政行为有利害关系。

《行政诉讼法》第25条规定："行政行为的相对人以及其他与行政行为有利害关系的公民、法人或者其他组织，有权提起诉讼。有权提起诉讼的公民死亡，其近亲属可以提起诉讼。有权提起诉讼的法人或者其他组织终止，承受其权利的法人或者其他组织可以提起诉讼。"

原告是以自己的名义请求人民法院保护其合法权益，并受人民法院裁判约束的人。作为原告提起行政诉讼的公民、法人或者其他组织，必须认为自己的合法权益受到行政机关的行政行为侵犯或者与行政机关发生争议，即与被诉的行政行为有利害关系，否则，就不能以原告的身份起诉。

2. 有明确的被告

被告是任何案件中不可缺少的当事人。原告提起行政诉讼必须向人民法院说明他告的是哪一个具体的行政机关，否则，人民法院无法受理他提起的诉讼。

《行政诉讼法》对如何确定行政诉讼中的被告作了明确规定。但是，客观情况是复杂的，在某些情况下，由于行政管理相对人的过错，仍难以确定行政诉讼中的被告，如由于相对人的疏忽遗失处罚单又不能记忆起对其进行处罚的行政机关。由于人民法院不负有对此进行调查的责任，当事人必须调查清楚后才能向人民法院起诉。如果当事人提不出明确的被告，人民法院可以以起诉条件不具备为理由，不受理他的诉讼。

但是，原告提供被告的名称等信息足以使被告与其他行政机关相区别的，可以认定为《行政诉讼法》第49条第2项规定的"有明确的被告"。起诉状列写被告信息不足以认定明确的被告的，人民法院可以告知原告补正；原告补正后仍不能确定明确的被告的，人民法院裁定不予立案。

3. 有具体的诉讼请求和事实依据

有具体的诉讼请求，指原告通过人民法院向被告提出的实体权益的请求必须明确、具体。行政诉讼中的诉讼请求或者是请求人民法院撤销某一行政行为，或者请求人民法院变更某一行政处罚，或者请求人民法院判令被告赔偿损失等。《2018年司法解释》第68条对何为"有具体的诉讼请求"作出了明确的列举，并规定，当事人未能正确表达诉讼请求的，人民法院应当要求其明确诉讼请求。依此规定，行政诉讼法第49条第3项规定的"有具体的诉讼请求"是指：

（1）请求判决撤销或者变更行政行为；

（2）请求判决行政机关履行特定法定职责或者给付义务；

（3）请求判决确认行政行为违法；

（4）请求判决确认行政行为无效；

（5）请求判决行政机关予以赔偿或者补偿；

（6）请求解决行政协议争议；

（7）请求一并审查规章以下规范性文件；

(8) 请求一并解决相关民事争议；

(9) 其他诉讼请求。

当事人单独或者一并提起行政赔偿、补偿诉讼的，应当有具体的赔偿、补偿事项以及数额；请求一并审查规章以下规范性文件的，应当提供明确的文件名称或者审查对象；请求一并解决相关民事争议的，应当有具体的民事诉讼请求。

行政协议案件的诉讼请求具有一定的特殊性。《行政协议司法解释》第9条规定："在行政协议案件中，《行政诉讼法》第49条第3项规定的'有具体的诉讼请求'是指：

(1) 请求判决撤销行政机关变更、解除行政协议的行政行为，或者确认该行政行为违法；

(2) 请求判决行政机关依法履行或者按照行政协议约定履行义务；

(3) 请求判决确认行政协议的效力；

(4) 请求判决行政机关依法或者按照约定订立行政协议；

(5) 请求判决撤销、解除行政协议；

(6) 请求判决行政机关赔偿或者补偿；

(7) 其他有关行政协议的订立、履行、变更、终止等诉讼请求。

关于原告能否变更或增加诉讼请求，《2018年司法解释》第70条规定："起诉状副本送达被告后，原告提出新的诉讼请求的，人民法院不予准许，但有正当理由的除外。"

有事实依据，指原告起诉时必须向法院提交他提出诉讼请求所依据的事实。由于行政诉讼中对行政行为的举证责任由被告承担，因此，原告起诉时提出的事实依据，主要是行政争议发生的情况、行政行为存在的事实、行政行为使自己的合法权益受到侵害的事实等。没有这些基本情况，原告的起诉就难以成立。

4. 属于人民法院受案范围和受诉人民法院管辖

从宏观上看，原告提起的诉讼，必须属于人民法院的受案范围，即属于人民法院行使审判权的对象；从微观上看，原告提起的诉讼，必须属于受诉人民法院管辖，符合人民法院内部受理案件的职权分工。

为证明自己的起诉符合条件，公民、法人或者其他组织提起诉讼时应当提交以下起诉材料：(1) 原告的身份证明材料以及有效联系方式；(2) 被诉行政行为或者不作为存在的材料；(3) 原告与被诉行政行为具有利害关系的材料；(4) 人民法院认为需要提交的其他材料。由法定代理人或者委托代理人代为起诉的，还应当在起诉状中写明或者在口头起诉时向人民法院说明法定代理人或者委托代理人的基本情况，并提交法定代理人或者委托代理人的身份证明和代理权限证明等材料。

关于起诉方式，《行政诉讼法》第50条规定："起诉应当向人民法院递交起诉状，并按照被告人数提出副本。书写起诉状确有困难的，可以口头起诉，由人民法院记入笔录，出具注明日期的书面凭证，并告知对方当事人。"

(二) 登记立案

依诉讼法传统理论，原告起诉后，法院对原告的起诉加以审查，认为符合起诉条件的，予以接受，称之为受理。受理是指人民法院对当事人的起诉进行审查后，对符合起诉条件的案件予以接收的诉讼行为。人民法院接到当事人的起诉状后，应当对起诉加以审查。审查起诉的过程,就是决定起诉是否成立,案件是否受理的过程。这种立案审查制是保障当事人正确行使诉讼权利,防止滥用诉权的有效措施。

行政诉讼实务中,基于各种原因,法院在审查起诉与决定受理时没有依法进行,对一些所谓疑难、敏感案件不予受理的现象时有发生,原告告状难、立案难成为行政诉讼实务中的一个顽疾。我们开展的行政诉讼法实施状况实证研究结果也显示,70.6%的受访法官承认在司法实践中有行政案件应当受理而没有受理的情况(包括"有,很普遍"和"有,很少")①。从访谈调查中得知,司法实践中这种情况较为普遍,主要是涉及土地征收与征用、房屋拆迁补偿、政府作被告或者共同诉讼、群体性诉讼等所谓影响"社会稳定"、阻碍城市发展或有损政府形象的"敏感案件"。对这类案件,法院往往找各种理由不予受理,或者采取案外协调的方式解决。对此,理论界早已意识到,最高人民法院也试图加以解决,② 但似乎效果并不明显。2014年《行政诉讼法》修改,将立案审查制改为登记立案制,规定人民法院在接到起诉状时对符合本法规定的起诉条件的,应当登记立案,并以第51、52条两个条文对此予以规定。相关司法解释也对登记立案制的具体内容进行了规定,强调人民法院对符合起诉条件的案件应当立案,依法保障当事人行使诉讼权利。

登记立案行为,实际上也就是法院对案件的受理行为。法院受理案件后,原告与人民法院之间发生诉讼法律关系,这亦即传统诉讼法中所说的诉讼系属,自此,案件正式进入人民法院的审理程序。

1. 决定立案的期限

《行政诉讼法》规定,人民法院在接到起诉状时对符合本法规定的起诉条件的,应当登记立案。对当场不能判定是否符合本法规定的起诉条件的,应当接收起诉状,出具注明收到日期的书面凭证,并在7日内决定是否立案。

《2018年司法解释》进一步明确并强调,人民法院对符合起诉条件的案件应当立案,依法保障当事人行使诉讼权利。对当事人依法提起的诉讼,人民法院应当根据行政诉讼法第51条的规定接收起诉状。能够判断符合起诉条件的,应当当场登记立案;当场不能判断是否符合起诉条件的,应当在接收起诉状后7日内决定是否立案;7日内仍不能作出判断的,应当先予立案。

2. 起诉状内容欠缺情况的处理

《行政诉讼法》规定,起诉状内容欠缺或者有其他错误的,应当给予指导和释明,并一次性告知当事人需要补正的内容。不得未经指导和释明即以起诉不符合条件为由不接收起诉状。针对前述不符合起诉条件的情形,同样应当给予指导和释明,不得拒绝接受起诉状。

《2018年司法解释》更进一步明确,人民法院应当就起诉状内容和材料是否完备以及

---

① 林莉红、宋国涛:《行政诉讼法实施状况调查报告(法官卷)》,载林莉红主编:《行政法治的理想与现实——行政诉讼法实施状况实证研究报告》,北京大学出版社2014年版,第35页。
② 参见郭春雨、郭修江、沈海蛟:《江必新在行政审判座谈会上要求切实解决行政诉讼告状难》,载《人民法院报》2009年7月17日,第001版;另见杨海坤、章志远主编:《行政诉讼法专题研究述评》,中国民主法制出版社2006年版,第490~498页。

是否符合行政诉讼法规定的起诉条件进行审查。起诉状内容或者材料欠缺的,人民法院应当给予指导和释明,并一次性全面告知当事人需要补正的内容、补充的材料及期限。在指定期限内补正并符合起诉条件的,应当登记立案。

3. 对不符合起诉条件案件的处理

不符合起诉条件的,作出不予立案的裁定。裁定书应当载明不予立案的理由。原告对裁定不服的,可以提起上诉。《2018年司法解释》进一步明确,起诉状内容或者材料欠缺的,人民法院告知当事人补正的情况下,"当事人拒绝补正或者经补正仍不符合起诉条件的,退回诉状并记录在册;坚持起诉的,裁定不予立案,并载明不予立案的理由"。当事人对不予立案裁定不服的,可以提起上诉。

依有关司法解释和司法实践,不符合起诉条件的情形有,(1)请求事项不属于行政审判权限范围的;(2)起诉人无原告诉讼主体资格的;(3)起诉人错列被告且拒绝变更的;(4)法律规定必须由法定或者指定代理人、代表人为诉讼行为,未由法定或者指定代理人、代表人为诉讼行为的;(5)由诉讼代理人代为起诉,其代理不符合法定要求的;(6)起诉超过法定期限且无正当理由的;(7)法律、法规规定行政复议为提起诉讼必经程序而未申请复议的;(8)起诉人重复起诉的;(9)已撤回起诉,无正当理由再行起诉的;(10)诉讼标的为生效判决的效力所羁束的等。

4. 受诉法院不予登记立案的处理

对于不接收起诉状、接收起诉状后不出具书面凭证,以及不一次性告知当事人需要补正的起诉状内容的,当事人可以向上级人民法院投诉,上级人民法院应当责令改正,并对直接负责的主管人员和其他直接责任人员依法给予处分。

人民法院既不立案,又不作出不予立案裁定的,当事人可以向上一级人民法院起诉。上一级人民法院认为符合起诉条件的,应当立案、审理,也可以指定其他下级人民法院立案、审理。

将审查立案制改为登记立案制,是2014年《行政诉讼法》修改的一个重要内容。这个规定,有望解决实践中存在的"告状难"现象,避免人民法院因各种原因而将一些难以处理的案件拒之门外。对于上一级人民法院更好地监督下级人民法院依法受理和审理行政案件,也将起到一定的作用。

5. 行政诉讼与行政复议关系的处理

关于人民法院受理行政案件时如何处理行政诉讼与行政复议的关系,最高人民法院有关司法解释规定:

(1)法律、法规规定应当先申请复议,公民、法人或者其他组织未申请复议直接提起诉讼的,人民法院不予受理。复议机关不受理复议申请或者在法定期限内不作出复议决定,公民、法人或者其他组织不服,依法向人民法院提起诉讼的,人民法院应当依法受理。

(2)法律、法规未规定行政复议为提起行政诉讼必经程序,公民、法人或者其他组织既提起诉讼又申请行政复议的,由先立案的机关管辖;同时立案的,由公民、法人或者其他组织选择。公民、法人或者其他组织已经申请行政复议,在法定复议期间内又向人民法院提起诉讼的,人民法院裁定不予立案。

(3)法律、法规未规定行政复议为提起行政诉讼必经程序,公民、法人或者其他组织向复议机关申请行政复议后,又经复议机关同意撤回复议申请,在法定起诉期限内对原行政行为提起诉讼的,人民法院应当依法立案。

6. 其他情况下的处理

根据有关规定,考虑到司法实践中出现的各种情形,人民法院在审查起诉和决定受理时,还要分别情况作出不同的处理:

(1)人民法院裁定准许原告撤诉后,原告以同一事实和理由重新起诉的,人民法院不予立案。准予撤诉的裁定确有错误,原告申请再审的,人民法院应当通过审判监督程序撤销原准予撤诉的裁定,重新对案件进行审理。

(2)原告或者上诉人未按规定的期限预交案件受理费,又不提出缓交、减交、免交申请,或者提出申请未获批准的,按自动撤诉处理。在按撤诉处理后,原告或者上诉人在法定期限内再次起诉或者上诉,并依法解决诉讼费预交问题的,人民法院应予立案。

(3)人民法院判决撤销行政机关的行政行为后,公民、法人或者其他组织对行政机关重新作出的行政行为不服向人民法院起诉的,人民法院应当依法立案。

(4)行政机关作出行政行为时,没有制作或者没有送达法律文书,公民、法人或者其他组织只要能证明行政行为存在,并在法定期限内起诉的,人民法院应当依法立案。

(5)法律、法规没有规定对行政机关的行政行为不服,可以向人民法院起诉的,当事人对行政机关在行政诉讼法实施前作出的行政行为不服,向人民法院提起诉讼的,人民法院不予受理。当事人在行政诉讼法实施后才知道行政机关作出行政行为的,人民法院应依法予以受理。

(6)行政机关作出行政行为时,不制作、不送达决定书,当事人对行政行为不服,向人民法院起诉时,只要能证实行政行为的存在并符合其他起诉条件的,人民法院应予受理。

(7)行政机关根据两个以上法律、法规作出的一个行政行为中,只有一项处理内容,如果法律、法规规定的起诉期限不一致,当事人起诉时,只要未超过其中最长期限,人民法院应予受理。

(8)行政机关就同一事实,对若干人作出行政行为,根据法律规定,当事人对这类行政行为不服,可以向上一级行政机关申请复议并由复议机关作终局裁决,也可以直接向人民法院起诉的,如果一部分人选择了申请复议,这部分人就不能再向人民法院起诉,另一部分人仍可以依法向人民法院起诉。

(9)法律、法规规定,当事人对行政行为不服,必须经过复议才能向人民法院起诉的,如果行政机关在复议决定中追加当事人,被追加的当事人对复议决定不服的,可以直接向人民法院起诉。

(10)行政机关在一个行政行为中,依据不同的法律、法规分别作出不同处理的,起诉期限应按照相应的法律、法规的规定,分别计算。人民法院对未超过起诉期限部分的起诉予以受理,对已超过起诉期限部分的起诉不予受理。

(三)立案的法律效果

立案是当事人的起诉和人民法院对起诉的受理登记两方面的诉讼行为的结合,引起诉

第十章 行政审判程序

讼法上的一定效果。

1. 立案意味着具体案件诉讼程序的开始。仅仅有当事人的起诉，并不能引起诉讼程序的开始。当事人提出的诉讼请求，不具备法定的起诉条件，人民法院就不予受理，诉讼程序也就无从开始；当事人不起诉，人民法院就不存在审查和受理，案件的诉讼程序也无从开始。对符合条件的起诉，人民法院决定登记立案后，对某一个具体案件进行审理的诉讼程序也就开始了。

2. 立案意味着启动诉讼程序。诉讼程序启动之后，人民法院就有了对这一具体案件进行审判的权力和义务，即行使国家审判权进行审判的权力，以及通过依法审判解决案件争议的义务。同时，诉讼双方当事人取得了原告和被告的地位，各自享有法律赋予的诉讼权利，并承担相应的义务。

(四) 检察机关提起公益诉讼的特别规定

依最高人民法院、最高人民检察院《关于检察公益诉讼案件适用法律若干问题的解释》，检察机关提起行政公益诉讼需经先向行政机关提出检察建议之诉前程序。该司法解释第21条规定，人民检察院在履行职责中发现生态环境和资源保护、食品药品安全、国有财产保护、国有土地使用权出让等领域负有监督管理职责的行政机关违法行使职权或者不作为，致使国家利益或者社会公共利益受到侵害的，应当向行政机关提出检察建议，督促其依法履行职责。行政机关应当在收到检察建议书之日起两个月内依法履行职责，并书面回复人民检察院。出现国家利益或者社会公共利益损害继续扩大等紧急情形的，行政机关应当在15日内书面回复。行政机关不依法履行职责的，人民检察院依法向人民法院提起诉讼。①

人民检察院提起行政公益诉讼应当提交下列材料：(1) 行政公益诉讼起诉书，并按照被告人数提出副本；(2) 被告违法行使职权或者不作为，致使国家利益或者社会公共利益受到侵害的证明材料；(3) 检察机关已经履行诉前程序，行政机关仍不依法履行职责或者纠正违法行为的证明材料。

---

① 行政公益诉讼是典型的客观诉讼。作为客观诉讼，并不需要去讨论提起诉讼的事由为何种"利益"，以及分析某种"利益"是否"处于受侵害的状态"，行政管理活动中行政机关未依法履行职责就构成行政违法，由此导致法律的目的不能实现，客观法秩序受到破坏，也就意味着社会公共利益受到损害，作为国家的法律监督机关即可出手予以纠正。此前《人民检察院提起公益诉讼试点工作实施办法》曾经规定，"经过诉前程序，行政机关拒不纠正违法行为或者不履行法定职责，国家和社会公共利益仍处于受侵害状态的，人民检察院可以提起行政公益诉讼"（第41条），已经导致实践中出现一些看起来颇令人费解的判决。例如，在安宁市人民检察院诉安宁市林业局不履行法定职责案中，检察机关提起诉讼要求确认被告对相对人毁坏公益林的行为怠于履行监督管理职责的行为违法；判令被告依法继续履行监管职责。因植被恢复是一项系统工程，在进行恢复前，要对恢复的土地性状等多方面综合考虑，作业设计也需要时间，尤其事件发生在不适宜种植树木的秋冬季节，故未能在检察机关发出检察建议后至提起公益诉讼前的这段时间完成植被恢复，于是法院判决认定"社会公共利益仍处于受侵害的状态"，被告败诉。详见昆明铁路运输法院〔2017〕云7101行初33号行政判决书。本司法解释已不再采用这一表达，而是规定在经过诉前程序后"行政机关不依法履行职责的，人民检察院依法向人民法院提起诉讼"，"被诉行政机关不履行法定职责的，判决在一定期限内履行"，明确以行政机关是否依法履行职责为标准，为符合前述法理分析的做法。

人民检察院依据《行政诉讼法》第 25 条第 4 款的规定提起行政公益诉讼，符合《行政诉讼法》第 49 条第 2 项、第 3 项、第 4 项及本解释规定的起诉条件的，人民法院应当登记立案。

四、审理前的准备

人民法院在案件受理后到开庭审理前，为了保证案件审理的顺利进行，需要进行一系列准备工作，这些工作统称为审理前的准备。这一阶段的主要任务是，确定审判人员，组成合议庭；通知被告应诉及送达有关诉讼文书；审查双方当事人的请求和答辩所根据的诉讼文书和证据材料；审查被诉行政行为是否有停止执行的情况，决定是否需要停止执行；通知必须进行共同诉讼的当事人参加诉讼和更换不符合条件的当事人等。

为了解双方当事人各自的主张和根据，弄清双方当事人争议的焦点，《行政诉讼法》第 67 条特别对向被告送达起诉状副本和被告提出答辩状作了规定。《行政诉讼法》的这一规定确定了三个环节：

1. 人民法院应当在立案之日起 5 日内，将起诉状副本发送被告。

将起诉状副本发送被告，是为了让被告了解原告起诉的内容，以便做好应诉的准备，这也是贯彻辩论原则，维护被告答辩权的重要措施。原告的起诉和被告的答辩以书面形式进行，就形成一轮书面辩论。

2. 被告应当在收到起诉状副本之日起 15 日内向人民法院提交作出行政行为的证据和所依据的规范性文件，并提出答辩状。

这是关于被告举证的法定期限的规定①。"有关材料"，是指行政机关作出某项行政行为所依据的证据材料和规范性文件等。为了便于作为原告的公民、法人或者其他组织进行诉讼，作好进行诉讼的必要准备；也为了便于审判人员对案件进行初步了解，作好审理前的准备，被告应当在收到起诉状副本之日起 15 日内向人民法院提出答辩状，并且提交作出行政行为的有关材料②。

但是，辩论是当事人的权利，而不是当事人的义务；同时举证责任的性质是败诉的危险负担，也不是当事人的义务，应当承担举证责任的当事人不举证，人民法院并不能对其施加制裁。因此被告可以提出答辩状，也可以不提出答辩状，被告不提出答辩状的，不影响人民法院的审理。虽然通过被告的答辩，人民法院可以了解案情，但被告的答辩并不是人民法院了解案情、认定事实的唯一根据。不论被告答辩与否，人民法院都要调查核实，并可依职权主动询问被告，将口头答辩内容记入笔录。

3. 人民法院应当在收到答辩状之日起 5 日内，将答辩状副本发送原告。这可以使原告了解被告的观点和依据，从而决定自己如何进行下一阶段的诉讼活动。

---

① 参见本书第八章第一节的有关规定。
② 1989 年《行政诉讼法》规定的答辩期是 10 日，"被告应当在收到起诉状副本之日起 10 日内向人民法院提交作出具体行政行为的有关材料，并提出答辩状"。2014 年《行政诉讼法》将答辩期修改为 15 日，与民事诉讼法保持一致。

五、开庭审理

开庭审理是指人民法院在当事人和其他诉讼参与人的参加下,依照法律规定的形式和顺序,查清案件事实,分清是非责任,对案件作出处理决定所进行的诉讼活动。开庭审理具有几个特点:诉讼法律关系主体同时参加诉讼活动;当事人充分行使诉讼权利;全部证据受到审查核实。同时,开庭审理应具有一定的形式和顺序。

行政诉讼法没有具体规定开庭审理的程序,依照《行政诉讼法》的规定,行政案件开庭审理的程序可以比照《民事诉讼法》的规定,分以下阶段进行:

(一)预备阶段

1. 人民法院审理案件,应当在开庭 3 日前通知当事人和其他诉讼参与人。公开审理的案件,应当公告当事人姓名、案由和开庭时间、地点。

人民法院适用普通程序审理案件,应当在开庭 3 日前用传票传唤当事人。对证人、鉴定人、勘验人、翻译人员,应当用通知书通知其到庭。当事人或者其他诉讼参与人在外地的,应当留有必要的在途时间。

对于检察机关提起的行政公益诉讼,《关于检察公益诉讼案件适用法律若干问题的解释》第 8 条规定:"人民法院开庭审理人民检察院提起的公益诉讼案件,应当在开庭 3 日前向人民检察院送达出庭通知书。人民检察院应当派员出庭,并应当自收到人民法院出庭通知书之日起 3 日内向人民法院提交派员出庭通知书。派员出庭通知书应当写明出庭人员的姓名、法律职务以及出庭履行的具体职责。"也就是说,行政诉讼中,人民法院适用传票传唤当事人,但对检察机关提起公益诉讼,则适用出庭通知书。

依该司法解释,出庭检察人员履行以下职责:(1)宣读公益诉讼起诉书;(2)对人民检察院调查收集的证据予以出示和说明,对相关证据进行质证;(3)参加法庭调查,进行辩论并发表意见;(4)依法从事其他诉讼活动。

2. 开庭审理前,书记员应当查明当事人和其他诉讼参与人是否到庭,宣布法庭纪律。

3. 开庭审理时,由审判长核对当事人,宣布案由,宣布审判人员、书记员名单,告知当事人的诉讼权利和义务,询问当事人是否申请回避。

4. 关于延期审理

依司法解释规定,有下列情形之一的,可以延期开庭审理:(1)应当到庭的当事人和其他诉讼参与人有正当理由没有到庭的;(2)当事人临时提出回避申请且无法及时作出决定的;(3)需要通知新的证人到庭,调取新的证据,重新鉴定、勘验,或者需要补充调查的;(4)其他应当延期的情形。

(二)法庭调查阶段

法庭调查阶段的主要任务是审查、核对证据,查清案情,认定事实。法庭调查一般按下列顺序进行:

1. 当事人陈述。当事人陈述的顺序是先原告,后被告,然后是第三人。当事人陈述的目的是为了让人民法院审判人员了解原、被告之间发生争议的事实及双方所持的理由,弄清案件的来龙去脉,同时,当事人陈述也可以使双方争议的焦点、有无事实根据充分显示出来。

2. 告知证人的权利义务，证人作证，宣读未到庭的证人证言。证人一般应该出庭作证。证人出庭确有困难的，应宣读书面证言。有两个以上证人的，应分别到庭陈述。证人证言间有矛盾的，可以当庭对质。

3. 出示书证、物证和视听资料。对书证、物证，应先由当事人辨认真伪，然后当庭宣读书证的内容或者展示物证。录音、录像也要当庭播放。

4. 宣读鉴定意见。一般是先宣读鉴定意见书，然后由鉴定人对鉴定结论作出口头说明，再由当事人或者审判人员进行询问。

5. 宣读勘验笔录、现场笔录。此外，当事人在法庭上可以提出新的证据。当事人经法庭许可，可以向证人、鉴定人、勘验人发问。当事人还可以要求重新鉴定、调查、勘验，是否准许，由人民法院决定。

（三）法庭辩论阶段

法庭辩论阶段的主要任务，是组织当事人对法庭调查的事实、证据，提出自己的看法，陈述自己的意见，通过双方当事人的言词辩论，便于人民法院查明事实，分清是非。

法庭辩论按下列顺序进行：

1. 原告及其诉讼代理人发言；
2. 被告及其诉讼代理人答辩；
3. 第三人及其诉讼代理人发言或者答辩；
4. 互相辩论。

法庭辩论终结，由审判长按原告、被告的先后顺序征询双方最后意见。

（四）评议宣判阶段

评议宣判阶段是开庭审理的最后阶段，主要任务是通过合议庭评议，认定案件事实，确定案件性质，分清是非责任，正确适用法律，依法制作并宣布判决，以解决双方争议。

这一阶段有以下工作：

1. 合议庭评议

法庭辩论终结后，合议庭成员退庭，对案件事实、适用法律作出评议，对当事人的争议作出处理决定。同时还应该研究、解决诉讼费用负担等问题。合议庭评议案件，实行少数服从多数原则。评议情况应当制成笔录，由合议庭成员签名。评议中的不同意见，必须如实记入笔录。

2. 作出判决，公开宣判

人民法院宣告判决，一律公开进行。当庭宣判的，应当在 10 日内发送判决书；定期宣判的，宣判后立即发给判决书。宣告判决时，必须告知当事人上诉权利、上诉期限和上诉审法院。

六、普通程序的其他规定

这里所介绍的普通程序的其他规定，其适用可能不限于第一审普通程序。第一审普通程序是诉讼中最为基础的程序，其他诉讼程序有特别规定的适用特别规定，无特别规定的适用第一审普通程序。因此，此部分所涉及的一些程序规定，如诉讼中止、诉讼终结，也可能适用在第二审程序等程序中。

（一）驳回起诉

驳回起诉是人民法院针对原告的起诉所作出的程序上的处理，是在法院已经立案后发现原告的起诉不符合法律规定的条件等情形，以裁定作出的终结案件审理的结论。

有关司法解释对驳回起诉的具体情形作出了规定。人民法院经过阅卷、调查和询问当事人，认为不需要开庭审理的，可以径行裁定驳回起诉。依此规定，原则上案件受理后都应当开庭审理。由于实行立案登记制，法院可能会受理一部分不符合立案条件的案件，因此，驳回起诉在司法实践中可能会比较常见。是否符合驳回起诉的情形，需要在开庭审理中予以查明。

有下列情形之一，已经立案的，应当裁定驳回起诉：

（1）不符合《行政诉讼法》第49条规定的；

（2）超过法定起诉期限且无《行政诉讼法》第48条规定情形的；

（3）错列被告且拒绝变更的；

（4）未按照法律规定由法定代理人、指定代理人、代表人为诉讼行为的；

（5）未按照法律、法规规定先向行政机关申请复议的；

（6）重复起诉的；

（7）撤回起诉后无正当理由再行起诉的；

（8）行政行为对其合法权益明显不产生实际影响的；

（9）诉讼标的已为生效裁判或者调解书所羁束的；

（10）其他不符合法定起诉条件的情形。

上述所列情形可以补正或者更正的，人民法院应当指定期间责令补正或者更正；在指定期间已经补正或者更正的，应当依法审理。

司法解释也对何谓重复起诉作出了明确，当事人就已经提起诉讼的事项在诉讼过程中或者裁判生效后再次起诉，同时具有下列情形的，构成重复起诉：（1）后诉与前诉的当事人相同；（2）后诉与前诉的诉讼标的相同；（3）后诉与前诉的诉讼请求相同，或者后诉的诉讼请求被前诉裁判所包含。

其他不符合法定起诉条件的情形，包括不符合行政实体法或行政诉讼法其他规定的情形，如从诉讼类型角度，一般给付诉讼要求当事人先向行政机关提出给付申请，当事人未向行政机关提起申请的，法院可能驳回起诉。司法解释规定，原告请求被告履行法定职责或者依法履行支付抚恤金、最低生活保障待遇或者社会保险待遇等给付义务，原告未先向行政机关提出申请的，人民法院裁定驳回起诉。人民法院经审理认为原告所请求履行的法定职责或者给付义务明显不属于行政机关权限范围的，可以裁定驳回起诉。

（二）合并审理

依司法解释规定，有下列情形之一的，人民法院可以决定合并审理：

（1）两个以上行政机关分别对同一事实作出行政行为，公民、法人或者其他组织不服向同一人民法院起诉的；

（2）行政机关就同一事实对若干公民、法人或者其他组织分别作出行政行为，公民、法人或者其他组织不服分别向同一人民法院起诉的；

（3）在诉讼过程中，被告对原告作出新的行政行为，原告不服向同一人民法院起诉的；

（4）人民法院认为可以合并审理的其他情形。

（三）审理期限

行政诉讼法对于一审行政案件规定了明确的审理期限。人民法院应当在立案之日起6个月内作出第一审判决。有特殊情况需要延长的，由高级人民法院批准，高级人民法院审理第一审案件需要延长时间的，由最高人民法院批准。基层人民法院申请延长办案期限，应当直接报请高级人民法院批准，同时报中级人民法院备案。

依有关规定，审理期限，是指从立案之日起至裁判宣告、调解书送达之日止的期间，但公告期间、鉴定期间、调解期间、中止诉讼期间、审理当事人提出的管辖异议以及处理人民法院之间的管辖争议期间不应计算在内。

（四）诉讼中止

《2018年司法解释》第87条规定，在诉讼过程中，有下列情形之一的，中止诉讼：

（1）原告死亡，须等待其近亲属表明是否参加诉讼的；

（2）原告丧失诉讼行为能力，尚未确定法定代理人的；

（3）作为一方当事人的行政机关、法人或者其他组织终止，尚未确定权利义务承受人的；

（4）一方当事人因不可抗力的事由不能参加诉讼的；

（5）案件涉及法律适用问题，需要送请有权机关作出解释或者确认的；

（6）案件的审判须以相关民事、刑事或者其他行政案件的审理结果为依据，而相关案件尚未审结的；

（7）其他应当中止诉讼的情形。

中止诉讼的原因消除后，恢复诉讼。

（五）诉讼终结

《2018年司法解释》第88条规定，在诉讼过程中，有下列情形之一的，终结诉讼：

（1）原告死亡，没有近亲属或者近亲属放弃诉讼权利的；

（2）作为原告的法人或者其他组织终止后，其权利义务的承受人放弃诉讼权利的。

因本解释第87条第1款第一、二、三项原因中止诉讼满90日仍无人继续诉讼的，裁定终结诉讼，但有特殊情况的除外。

第二节 简 易 程 序

一、简易程序的含义和意义

简易程序是指人民法院在审理事实清楚、权利义务关系明确、争议不大的行政案件时适用的一种简便的程序。行政诉讼中简易程序适用于第一审案件，是对第一审普通程序的简化。

设立简易程序的目的是为了方便快捷地解决简单的行政案件，节省时间，提高效率。简易程序具有办理案件手续简便、简单易行、方式灵活的特点。对于当事人来说，可以简化诉讼程序，节约时间和费用，方便快速地维护自身权益。对于法院来说，可以节省司法资源，提高办案效率。

二、简易程序适用的案件

《行政诉讼法》第82条规定了简易程序的适用范围：

1. 简单的行政案件。所谓简单的行政案件是指事实清楚、权利义务关系明确、争议不大的案件。包括：

（1）被诉行政行为是依法当场作出的；

（2）案件涉及款额二千元以下的；

（3）属于政府信息公开案件的。

2. 前述简单的行政案件以外的第一审行政案件，当事人各方同意适用简易程序的，也可以适用简易程序。

3. 发回重审、按照审判监督程序再审的案件不适用简易程序。发回重审的案件，虽然也可能按照第一审程序进行审理，但由于发回重审的案件往往是由于原判决认定事实不清，证据不足，或者严重违反程序，方裁定撤销原判决，发回重审的，因而一般来说不会是简单的行政案件。适用审判监督程序审理的案件，往往也是当事人之间争议较多的案件，按照设立简易程序的目的，往往也不适宜。

《行政诉讼法》只规定适用简易程序审理的是第一审行政案件。并未对适用简易程序的法院进行限定，因此，只要是第一审行政案件，基层人民法院和中级人民法院都可以适用简易程序审理。理论上说，高级人民法院和最高人民法院审理案件时，当事人各方同意的情况下，也可以适用简易程序。但由于行政诉讼法规定高级人民法院和最高人民法院分别审理本辖区内或者全国范围内重大复杂的第一审案件，从简易程序的立法本意来说，重大复杂的案件不适宜适用简易程序进行审理。

三、简易程序的程序规定

《行政诉讼法》和相关司法解释对简易程序的具体程序作出了规定，主要有四项内容。

1. 审判组织实行独任制。人民法院适用简易程序审理的行政案件，由审判员一人独任审理。

2. 审理期限较短。人民法院适用简易程序审理案件，应当在立案之日起45日内审结。适用简易程序案件的举证期限由人民法院确定，也可以由当事人协商一致并经人民法院准许，但不得超过15日。被告要求书面答辩的，人民法院可以确定合理的答辩期间。人民法院应当将举证期限和开庭日期告知双方当事人，并向当事人说明逾期举证以及拒不到庭的法律后果，由双方当事人在笔录和开庭传票的送达回证上签名或者捺印。当事人双方均表示同意立即开庭或者缩短举证期限、答辩期间的，人民法院可以立即开庭审理或者确定近期开庭。

3. 适用简便的程序传唤和送达。适用简易程序审理的行政案件，人民法院可以用口头通知、电话、短信、传真、电子邮件等简便方式传唤当事人、通知证人、送达裁判文书以外的诉讼文书。以简便方式送达的开庭通知,未经当事人确认或者没有其他证据证明当事人已经收到的,人民法院不得缺席判决。

4. 必要时得简易转普通程序。人民法院在审理过程中,发现案件不宜适用简易程序的,裁定转为普通程序。人民法院发现案情复杂,需要转为普通程序审理的,应当在审理期限届满前作出裁定并将合议庭组成人员及相关事项书面通知双方当事人。案件转为普通程序审理的,审理期限自人民法院立案之日起计算。

依《行政诉讼法》第101条的规定,行政诉讼中适用简易程序审理案件,《行政诉讼法》中没有规定的程序性事项,可以适用《民事诉讼法》的规定。

第三节 第二审程序

一、第二审程序的含义和意义

行政诉讼当事人不服地方各级人民法院第一审未生效的行政诉讼判决、裁定,向上一级人民法院提起上诉,上一级人民法院进行审理的程序,称为第二审程序,又称为上诉审程序。

第二审程序和第一审程序虽然是两个审级不同的程序,但两者有着密切的联系。第一审程序是第二审程序的基础和前提,第二审程序是第一审程序的继续和发展,是对同一行政案件继续进行审理,而不是审理一个新的案件。第二审程序开始后,上一级人民法院继续行使国家审判权,审查第一审人民法院的判决、裁定在认定事实和适用法律两个方面是否正确,以达到解决当事人之间的争议,保护当事人合法权益的目的。但是,必须明确的是,第二审程序并不是每个案件的必经程序。一个案件经过一审法院审理,当事人不主张异议,在上诉期限内不提起上诉,就不会引起第二审程序的发生。

第二审程序对于上一级人民法院进一步维护当事人的合法权益,检查监督下级人民法院的审判工作,加强人民法院内部上下级法院之间的联系有重要作用。

二、上诉的提起

1. 上诉的概念

上诉是指行政诉讼当事人对地方各级人民法院第一审未生效的行政诉讼判决、裁定,在法定期限内声明不服,要求上一级人民法院进行审理并撤销或者变更原判决、裁定的诉讼行为。上诉是当事人的一项诉讼权利,是由我国实行两审终审制的审级制度决定的。是否上诉,由当事人自己决定。

2. 提起上诉的主体

在行政诉讼中,双方当事人和第三人都有权提起上诉,即享有上诉权并能够引起第二审程序发生的当事人既可以是作为第一审原告的公民、法人或者其他组织,也可以是作为第一审被告的有关行政机关以及行政诉讼中的第三人。

第一审人民法院作出判决和裁定后,当事人均提起上诉的,上诉各方均为上诉人。诉讼当事人中的一部分人提出上诉,没有提出上诉的对方当事人为被上诉人,其他当事人依原审诉讼地位列明。

提起上诉的主体和起诉的主体不同。在第一审程序中，作为行政纠纷一方当事人的行政机关没有行政诉讼的起诉权，而只有行政机关的管理相对人能够行使起诉权提起诉讼。因为在行政法律关系中，行政机关享有行政管理权，在他认为管理相对人有违法行为时，可直接运用国家授予的行政管理权对相对人作出处罚或者其他行政行为，无需求助于第三者的力量；而行政管理相对人则处于受管理、被命令的地位，在他认为自己的合法权益受到行政机关违法的或者不当行政行为的侵害时，只能向有关国家机关请求救济，行政诉讼制度正是为此而设立的。因此，享有起诉权能够引起第一审程序发生的只能是作为行政管理相对人的公民、法人或者其他组织。案件经过人民法院第一审程序审理后，对于第一审人民法院所作的判决，双方都可以不服。其救济手段便是向上一级人民法院提起上诉。所以行政诉讼中提起上诉的主体是双方当事人和第三人。

行政公益诉讼中，人民检察院不服人民法院第一审判决、裁定的，可以向上一级人民法院提起上诉。人民法院审理第二审案件，由提起公益诉讼的人民检察院派员出庭，上一级人民检察院也可以派员参加。

3. 提起上诉的期限

当事人对第一审人民法院的判决、裁定不服，必须在法律规定的期限内提起上诉。行政诉讼法规定，当事人不服人民法院第一审判决的，有权在判决书送达之日起 15 日内向上一级人民法院提起上诉。当事人不服人民法院第一审裁定的，有权在裁定书送达之日起 10 日内向上一级人民法院提起上诉。逾期不提起上诉的，人民法院的第一审判决或者裁定发生法律效力。

4. 提起上诉的方式

提起上诉应当递交上诉状。上诉状是当事人提起上诉的凭证，没有上诉状就难以判明当事人是否行使了上诉权。上诉状的内容一般应包括：当事人的基本情况；原审判决、裁定的基本情况；上诉的请求和理由等。当事人提起上诉，应当按照其他当事人或者诉讼代表人的人数提出副本。

上诉状可以通过原审人民法院提出，也可以直接向第二审人民法院提出。原审人民法院收到上诉状，应当在 5 日内将上诉状副本发送其他当事人，对方当事人应当在收到上诉状副本之日起 15 日内提出答辩状。原审人民法院应当在收到答辩状之日起 5 日内将副本发送上诉人。对方当事人不提出答辩状的，不影响人民法院审理。原审人民法院收到上诉状、答辩状，应当在 5 日内连同全部案卷和证据，报送第二审人民法院；已经预收的诉讼费用，一并报送。当事人直接向第二审人民法院提出上诉状的，第二审人民法院应当在 5 日内将上诉状副本发交原审人民法院。原审人民法院收到上诉状，应当在 5 日内将上诉状副本送达对方当事人。对方当事人收到上诉状副本，应当在 15 日内提出答辩状。当事人不提出答辩状的，不影响人民法院的审理。第一审人民法院收到上诉状、答辩状，应当连同全部案卷和证据，尽快报送第二审人民法院。

三、上诉案件的审理方式

《行政诉讼法》第 86 条规定："人民法院对上诉案件，应当组成合议庭，开庭审理。

经过阅卷、调查和询问当事人,对没有提出新的事实、证据或者理由,合议庭认为不需要开庭审理的,也可以不开庭审理。"依此规定,人民法院对上诉案件,应当以开庭审理为主要方式。在一定条件下,也可以实行书面审理。第二审人民法院裁定发回原审人民法院重新审理的行政案件,原审人民法院应当另行组成合议庭进行审理。

开庭审理,指人民法院在当事人和其他诉讼参与人的参加下,依照法律规定的形式和顺序,查清案件事实,分清是非责任,对案件进行处理所进行的诉讼活动。第二审人民法院审理行政上诉案件,在一般情况下,应组成合议庭开庭审理。当事人对原审人民法院认定的事实有争议的,或者第二审人民法院认定原审人民法院认定事实不清楚的,第二审人民法院应当开庭审理。开庭审理,便于调查案情,弄清事实,查明当事人之间争议的症结所在,依法作出判决。

书面审理,指第二审人民法院对于事实清楚的上诉案件,不经过开庭,而通过对第一审人民法院报送的案件材料和当事人提供的证据的审查,直接作出判决或者裁定的一种审理方式。《行政诉讼法》规定合议庭经过阅卷、调查和询问当事人,对没有提出新的事实、证据或者理由,认为不需要开庭审理的,也可以不开庭审理。我国地域辽阔,当事人所在地往往与中级人民法院、高级人民法院相距较远,对于事实清楚的行政案件实行书面审理,便利当事人进行诉讼,便于人民法院办案,因此可以适当合理利用书面审理这一庭审方式。

四、对上诉案件的处理

(一) 全面审查原则

《行政诉讼法》第 87 条规定:"人民法院审理上诉案件,应当对原审人民法院的判决、裁定和被诉行政行为进行全面审查。"这一规定确定了第二审法院对第一审行政案件的全面审查原则。意味着第二审法院应对第一审案件的事实、法律问题以及适用程序的情况进行全面的审理,不受上诉范围的限制。全面审查原则还意味着,二审法院在处理案件时,需要改变原审判决的,应当同时对被诉行政行为作出判决。

这与《民事诉讼法》的规定是不一致的。基于不告不理的原则,《民事诉讼法》(2017 年修正) 第 168 条规定:"第二审人民法院应当对上诉请求的有关事实和适用法律进行审查。"行政诉讼中,人民法院审理被诉行政行为的行为,不仅仅关涉上诉人的利益,还可能涉及公共利益,因此,行政诉讼法规定了全面审理原则。人民法院对上诉案件的全面审查,有利于彻底解决行政争议。

(二) 实体及程序处理

《行政诉讼法》及有关司法解释规定,人民法院审理上诉案件,按照下列情况,分别处理:

1. 原判决、裁定认定事实清楚,适用法律、法规正确的,判决或者裁定驳回上诉,维持原判决、裁定;

2. 原判决、裁定认定事实错误或者适用法律、法规错误的,依法改判、撤销或者变更;

3. 原判决认定基本事实不清、证据不足的,发回原审人民法院重审,或者查清事实

第十章 行政审判程序

后改判;

4. 原判决遗漏当事人或者违法缺席判决等严重违反法定程序的,裁定撤销原判决,发回原审人民法院重审。

5. 第二审人民法院经审理认为原审人民法院不予立案或者驳回起诉的裁定确有错误且当事人的起诉符合起诉条件的,应当裁定撤销原审人民法院的裁定,指令原审人民法院依法立案或者继续审理。

6. 原审判决遗漏了必须参加诉讼的当事人或者诉讼请求的,第二审人民法院应当裁定撤销原审判决,发回重审。

7. 原审判决遗漏行政赔偿请求,第二审人民法院经审查认为依法不应当予以赔偿的,应当判决驳回行政赔偿请求。原审判决遗漏行政赔偿请求,第二审人民法院经审理认为依法应当予以赔偿的,在确认被诉行政行为违法的同时,可以就行政赔偿问题进行调解;调解不成的,应当就行政赔偿部分发回重审。

8. 当事人在第二审期间提出行政赔偿请求的,第二审人民法院可以进行调解;调解不成的,应当告知当事人另行起诉。

原审人民法院对发回重审的案件作出判决后,当事人提起上诉的,第二审人民法院不得再次发回重审。

五、上诉案件的审理期限

《行政诉讼法》规定,人民法院审理上诉案件应当在收到上诉状之日起三个月内作出终审判决。有特殊情况需要延长的,由高级人民法院批准;高级人民法院审理上诉案件需要延长的,由最高人民法院批准。审理期限的计算与一审程序相同。

第四节 再审程序

一、再审程序的含义和意义

人民法院对已经发生法律效力的判决、裁定发现违反法律、法规依法进行再次审理的程序,称为再审程序,也称审判监督程序。

关于再审程序与审判监督程序词语的用法,《行政诉讼法》在第七章第五节以"审判监督程序"为名对此进行规定,在具体的条文表述上则使用"再审",如当事人"申请再审"、人民法院"应当再审"等。应该说,再审程序和审判监督程序指向是相同的,但表达的重点略有差异,"再审"表达的是对案件进行再次审理,而"审判监督"表达的重点是司法系统内部启动再次审理。总体来说,整个程序包括申请再审、对再审申请的审查、决定是否再审、再审。

再审程序是检验人民法院已结案件的办案质量的一种监督程序,是有错必纠原则在人民法院审判工作中的体现。适用审判监督程序审理案件,无论判决、裁定是何时生效的,也无论是尚未执行还是已经执行终结的,各级人民法院只要发现违反法律、法规规定的,都可以按再审程序予以纠正。该程序对于贯彻实事求是原则,保证人民法院正确行使对行政案件的审判权,维护正确、合法的判决、裁定,纠正错误的判决、裁定,具有重要作用。

再审程序与第二审程序是性质不同的诉讼程序。再审程序是为了纠正人民法院的判决、裁定的错误而设置的一个特殊的审判程序,不具有审级性质,不是第一审行政诉讼程序的继续,也不是行政诉讼的必经程序。

二、当事人申请再审

(一) 申请再审的含义和意义

《行政诉讼法》第90条规定:"当事人对已经发生法律效力的判决、裁定,认为确有错误的,可以向上一级人民法院申请再审,但判决、裁定不停止执行。"

申请再审是指当事人、法定代理人对于已经发生法律效力的判决、裁定,认为确有错误,向上一级人民法院提出对该判决、裁定进行复审的请求。申请再审,是当事人的一项重要权利,是宪法赋予公民的民主权利在诉讼中的体现。

申请再审就其性质而言,究竟是一项民主权利还是一项诉讼权利,目前法律上尚未明确。作为一项诉讼权利,合乎法定条件地行使该项权利就会引起诉讼法上一定的效果。如起诉权作为一项诉讼权利,符合条件地提起诉讼,就会引起人民法院受理的法律后果,从而引起诉讼程序的开始。又如当事人符合条件地提起上诉,就会引起上诉程序的开始。我国民事诉讼法一直只规定了审判监督程序,早期的民事诉讼理论认为,当事人的申请只是为人民法院提供审查已经发生法律效力的判决、裁定是否错误的线索,当事人提出申请,人民法院要加以审查,只有本院的审判委员会、上级人民法院和人民检察院,才能提起审判监督程序。也就是说,当事人的申请,即使符合条件,也不当然地引起审判监督程序。近年来,民事诉讼理论上也发生变化,认为应当区分再审程序与审判监督程序,当事人的申诉也是再审程序启动的事由①。现行《民事诉讼法》(2017年修正)虽然仍未规定再审程序,但也明确,对于符合条件的申请,人民法院应当再审。2014年《行政诉讼法》修改,也将原来当事人"申诉"的表述改为"申请再审",表示出立法机关对于当事人诉权的重视和提升。

(二) 申请再审的情形

《行政诉讼法》第91条规定:"当事人的申请符合下列情形之一的,人民法院应当再审:

(1) 不予立案或者驳回起诉确有错误的;

(2) 有新的证据,足以推翻原判决、裁定的;

(3) 原判决、裁定认定事实的主要证据不足、未经质证或者系伪造的;

(4) 原判决、裁定适用法律、法规确有错误的;

(5) 违反法律规定的诉讼程序,可能影响公正审判的;

(6) 原判决、裁定遗漏诉讼请求的;

(7) 据以作出原判决、裁定的法律文书被撤销或者变更的;

---

① 参见江伟主编:《民事诉讼法》,高等教育出版社、北京大学出版社2000年版,第293~295页。

(8) 审判人员在审理该案件时有贪污受贿、徇私舞弊、枉法裁判行为的。"

其中"不予立案或者驳回起诉确有错误的",列为申请再审的情形,体现了行政诉讼法保障当事人诉权,力图解决起诉难的立法意图。

(三) 申请再审的程序

当事人申请再审的,应当提交再审申请书等材料。人民法院认为有必要的,可以自收到再审申请书之日起5日内将再审申请书副本发送对方当事人。对方当事人应当自收到再审申请书副本之日起15日内提交书面意见。人民法院可以要求申请人和对方当事人补充有关材料,询问有关事项。

审查再审申请期间,被申请人及原审其他当事人依法提出再审申请的,人民法院应当将其列为再审申请人,对其再审事由一并审查,审查期限重新计算。经审查,其中一方再审申请人主张的再审事由成立的,应当裁定再审。各方再审申请人主张的再审事由均不成立的,一并裁定驳回再审申请。

《行政诉讼法》未对申请再审的期限作出规定。按照《行政诉讼法》101条的规定,应当准用民事诉讼法的规定。《民事诉讼法》(2017年修正) 第205条对申请再审的期限做了规定:"当事人申请再审,应当在判决、裁定发生法律效力后6个月内提出;有本法第200条第1项、第3项、第12项、第13项规定情形的,自知道或者应当知道之日起6个月内提出。"

《2018年司法解释》对此予以了明确。该司法解释第110条规定,当事人向上一级人民法院申请再审,应当在判决、裁定或者调解书发生法律效力后6个月内提出。有下列情形之一的,自知道或者应当知道之日起6个月内提出:(1) 有新的证据,足以推翻原判决、裁定的;(2) 原判决、裁定认定事实的主要证据是伪造的;(3) 据以作出原判决、裁定的法律文书被撤销或者变更的;(4) 审判人员审理该案件时有贪污受贿、徇私舞弊、枉法裁判行为的。

最高人民检察院通过的《人民检察院民事行政抗诉案件办案规则》对当事人的申诉也作了规定。人民检察院控告申诉检察部门受理民事、行政申诉案件。当事人向人民检察院提出申诉,应当提交申诉书、人民法院生效的裁判文书,以及证明其申诉主张的证据材料。

《2018年司法解释》规定,有下列情形之一的,当事人可以向人民检察院申请抗诉或者检察建议:(一) 人民法院驳回再审申请的;(二) 人民法院逾期未对再审申请作出裁定的;(三) 再审判决、裁定有明显错误的。但人民法院基于抗诉或者检察建议作出再审判决、裁定后,当事人申请再审的,人民法院不予立案。

(四) 对再审申请的审查

人民法院根据审查再审申请案件的需要决定是否询问当事人;新的证据可能推翻原判决、裁定的,人民法院应当询问当事人。再审申请人经传票传唤,无正当理由拒不接受询问的,按撤回再审申请处理。

审查再审申请期间,再审申请人撤回再审申请的,是否准许,由人民法院裁定。人民法院准许撤回再审申请或者按撤回再审申请处理后,再审申请人再次申请再审的,不予立案,但有《行政诉讼法》第91条第2项、第3项、第7项、第8项规定情形,自知道或者应当知道之日起 6 个月内提出的除外。

审查再审申请期间,再审申请人申请人民法院委托鉴定、勘验的,人民法院不予准许。

当事人主张的再审事由成立,且符合行政诉讼法和本解释规定的申请再审条件的,人民法院应当裁定再审。当事人主张的再审事由不成立,或者当事人申请再审超过法定申请再审期限、超出法定再审事由范围等不符合行政诉讼法和本解释规定的申请再审条件的,人民法院应当裁定驳回再审申请。

人民法院应当自再审申请案件立案之日起 6 个月内审查,有特殊情况需要延长的,由本院院长批准。

三、决定再审的程序

由于决定再审的机关不同,决定再审的程序也不同。依照《行政诉讼法》第 92 条、93 条的规定,提起再审的程序有以下几种:

1. 各级人民法院院长对本院已经发生法律效力的判决、裁定,发现有本法第 91 条规定情形之一,或者发现调解违反自愿原则或者调解书内容违法,认为需要再审的,应当提交审判委员会讨论决定。

2. 最高人民法院对地方各级人民法院已经发生法律效力的判决、裁定,上级人民法院对下级人民法院已经发生法律效力的判决、裁定,发现有本法第 91 条规定情形之一,或者发现调解违反自愿原则或者调解书内容违法的,有权提审或者指令下级人民法院再审。

3. 最高人民检察院对各级人民法院已经发生法律效力的判决、裁定,上级人民检察院对下级人民法院已经发生法律效力的判决、裁定,发现有本法第 91 条规定情形之一,或者发现调解书损害国家利益、社会公共利益的,应当提出抗诉。司法解释规定,人民检察院提出抗诉的案件,接受抗诉的人民法院应当自收到抗诉书之日起 30 日内作出再审的裁定;有《行政诉讼法》第 91 条第 2、3 项规定情形之一的,可以指令下一级人民法院再审,但经该下一级人民法院再审过的除外。人民法院在审查抗诉材料期间,当事人之间已经达成和解协议的,人民法院可以建议人民检察院撤回抗诉。人民检察院提出抗诉的案件,人民法院再审开庭时,应当在开庭 3 日前通知人民检察院派员出庭。

4. 地方各级人民检察院对同级人民法院已经发生法律效力的判决、裁定,发现有本法第 91 条规定情形之一,或者发现调解书损害国家利益、社会公共利益的,可以向同级人民法院提出检察建议,并报上级人民检察院备案;也可以提请上级人民检察院向同级人民法院提出抗诉。各级人民检察院对审判监督程序以外的其他审判程序中审判人员的违法行为,有权向同级人民法院提出检察建议。人民法院收到再审检察建议后,应当组成合议庭,在 3 个月内进行审查,发现原判决、裁定、调解书确有错误,需要再审的,依照《行政诉讼法》第 92 条规定裁定再审,并通知当事人;经审查,决定不予再审的,应当书面回复人民检察院。

人民法院审理因人民检察院抗诉或者检察建议裁定再审的案件,不受此前已经作出的驳回当事人再审申请裁定的限制。

除前述提起再审的程序外,《2018年司法解释》还对人民法院生效裁判中规范性文件合法性认定错误的再审问题特别做了规定。该司法解释第151条规定:"各级人民法院院长对本院已经发生法律效力的判决、裁定,发现规范性文件合法性认定错误,认为需要再审的,应当提交审判委员会讨论。最高人民法院对地方各级人民法院已经发生法律效力的判决、裁定,上级人民法院对下级人民法院已经发生法律效力的判决、裁定,发现规范性文件合法性认定错误的,有权提审或者指令下级人民法院再审。"

四、再审案件的审判

1. 裁定中止原判决、裁定的执行

上级人民法院决定提审或者指令下级人民法院再审的,应当作出裁定,裁定应当写明中止原判决的执行;情况紧急的,可以将中止执行的裁定口头通知负责执行的人民法院或者作出生效判决、裁定的人民法院,但应当在口头通知后10日内发出裁定书。按照审判监督程序决定再审的案件,裁定中止原判决、裁定、调解书的执行,但支付抚恤金、最低生活保障费或者社会保险待遇的案件,可以不中止执行。

2. 再审案件的审理程序

再审案件的审理程序分为原审人民法院再审和上级人民法院提审两种情况。

原审人民法院再审的案件,包括地方各级人民法院自行再审和上级人民法院指令再审的案件,原来是第一审的,按照第一审的程序组成合议庭进行审判,所作出的判决、裁定,是第一审的判决、裁定,当事人不服时可以上诉;原来是第二审的,按照第二审的程序重新组成合议庭进行审判,所作出的判决、裁定,是发生法律效力的判决、裁定,当事人对其不能提起上诉。

上级人民法院按照审判监督程序提审的案件,无论原来是第一审还是第二审审理终结的,都适用第二审程序进行审理,所作的判决、裁定,是发生法律效力的判决、裁定,当事人不得上诉。

人民法院审理再审案件,应当另行组成合议庭。

3. 再审案件的审理范围

人民法院审理再审案件应当围绕再审请求和被诉行政行为合法性进行。当事人的再审请求超出原审诉讼请求,符合另案诉讼条件的,告知当事人可以另行起诉。

被申请人及原审其他当事人在庭审辩论结束前提出的再审请求,符合本解释规定的申请期限的,人民法院应当一并审理。

人民法院经再审,发现已经发生法律效力的判决、裁定损害国家利益、社会公共利益、他人合法权益的,应当一并审理。

4. 再审案件的实体处理

人民法院审理再审案件,认为原生效判决、裁定确有错误,在撤销原生效判决或者裁定的同时,可以对生效判决、裁定的内容作出相应裁判,也可以裁定撤销生效判决或者裁定,发回作出生效判决、裁定的人民法院重新审理。

《2018年司法解释》针对"立法难"的问题,特别对二审案件和再审儿见的处理作了规定。人民法院审理二审案件和再审案件,对原审法院立案、不予立案或者驳回起诉错误的,应当分别情况作如下处理:(1)第一审人民法院作出实体判决后,第二审人民法院认为不应当立案的,在撤销第一审人民法院判决的同时,可以迳行驳回起诉;(2)第二审人民法院维持第一审人民法院不予立案裁定错误的,再审法院应当撤销第一审、第二审人民法院裁定,指令第一审人民法院受理;(3)第二审人民法院维持第一审人民法院驳回起诉裁定错误的,再审法院应当撤销第一审、第二审人民法院裁定,指令第一审人民法院审理。

5. 再审诉讼终结

再审审理期间,有下列情形之一的,裁定终结再审程序:(1)再审申请人在再审期间撤回再审请求,人民法院准许的;(2)再审申请人经传票传唤,无正当理由拒不到庭的,或者未经法庭许可中途退庭,按撤回再审请求处理的;(3)人民检察院撤回抗诉的;(4)其他应当终结再审程序的情形。

因人民检察院提出抗诉裁定再审的案件,申请抗诉的当事人有前款规定的情形,且不损害国家利益、社会公共利益或者他人合法权益的,人民法院裁定终结再审程序。

再审程序终结后,人民法院裁定中止执行的原生效判决自动恢复执行。

第五节 涉外行政诉讼程序的特别规定

一、涉外行政诉讼的含义和特征

(一)涉外行政诉讼的含义

外国人、无国籍人、外国组织在我国领域内进行的行政诉讼,称为涉外行政诉讼。

一国的行政管理活动不仅要针对本国人,而且还要针对在本国领域内进行活动的外国人,包括无国籍人、双重或者多重国籍人、国籍不明的人和外国的企业和组织。一国的行政管理法律、法规往往也规定严格的属地主义原则。如我国《治安管理处罚法》(2012年修正)第4条规定:"在中华人民共和国领域内发生的违反治安管理行为,除法律有特别规定的外,适用本法。在中华人民共和国船舶和航空器内发生的违反治安管理行为,除法律有特别规定的外,适用本法。"既然要求来我国的外国人、无国籍人、外国组织遵守我国的行政管理法律、法规,那么也应该允许外国人、无国籍人、外国组织依照我国有关行政法律、法规的规定向人民法院提起行政诉讼。如果在我国境内进行工作、学习、旅游或者进行其他活动的外国人、无国籍人、外国组织认为我国行政机关或者行政机关工作人员的行政行为违法或者不当导致损害自己的合法权益,依法向人民法院起诉,这就形成涉外行政诉讼。

(二)涉外行政诉讼的特征

1. 当事人的涉外性

涉外行政诉讼最主要的特征是当事人的涉外性。涉外行政诉讼的原告必须是外国人、无国籍人、外国企业和组织。这一点与涉外民事诉讼相区别。民事诉讼中,只要案件具备涉外因素,如当事人一方或者双方是外国人、无国籍人、外国企业和组织或者当事人之间民事法律关系设立、变更、终止的法律事实在外国,或者诉讼标的物在外国,即可构成涉外民事诉讼。而涉外行政诉讼从根本上说只是当事人具有涉外因素。

2. 纠纷发生地域上的对内性

涉外行政诉讼的原告是我国行政机关及其工作人员行政行为的直接相对人，引起诉讼的纠纷必须发生在我国境内。这是因为，由行政法的属地主义原则决定，我国的行政法律、法规不可能延伸于我国领土以外。

（三）涉外行政诉讼程序的含义

涉外行政诉讼程序指我国人民法院受理、审判和执行涉外行政案件的诉讼程序。我国《行政诉讼法》对人民法院处理行政案件的一般原则作了特别规定。人民法院处理涉外行政案件的一般原则，与行政诉讼法的一般规定是一般与特殊的关系，涉外诉讼程序中有特别规定的，适用特别规定；没有特别规定的，适用行政诉讼法的一般规定。

二、涉外行政诉讼程序的一般原则

（一）适用我国行政诉讼法原则

《行政诉讼法》第98条规定："外国人、无国籍人、外国组织在中华人民共和国进行行政诉讼，适用本法。法律另有规定的除外。"这就明确规定了涉外行政诉讼适用我国行政诉讼法的原则。我国独立行使审判权，不受任何干涉，不容许任何外国人、无国籍人、外国组织在我国领域内享有特权，这是涉外诉讼中维护国家主权的重要原则。

（二）诉讼权利同等原则

《行政诉讼法》第99条第1款规定："外国人、无国籍人、外国组织在中华人民共和国进行行政诉讼，同中华人民共和国公民、组织有同等的诉讼权利和义务。"这一原则在国际上一般称为国民待遇原则，即不能因为当事人是外国人而在适用法律上有所不同，既不能限制其某些诉讼权利，也不能扩大其应承担的某些义务，而必须依据行政诉讼法的规定，和中国公民、组织一样，享有诉讼权利，承担诉讼义务。这是国家间基于平等互惠关系而普遍持有的诉讼原则。

（三）对等原则

《行政诉讼法》第99条第2款规定："外国法院对中华人民共和国公民、组织的行政诉讼权利加以限制的，人民法院对该国公民、组织的行政诉讼权利实行对等原则。"所谓对等原则，指外国法院对我国公民、组织的行政诉讼权利加以限制的，人民法院对该国公民、组织的行政诉讼权利，也加以限制，以相应的措施对待对方，从而达到平等对待的目的。

（四）委托中国律师代理诉讼原则

《行政诉讼法》第100条规定："外国人、无国籍人、外国组织在中华人民共和国进行行政诉讼，委托律师代理诉讼的，应当委托中华人民共和国律师机构的律师。"律师制度是一个国家司法制度的组成部分。一国司法制度只能在本国领域内行使，不能延伸于国外。我国行政诉讼法规定外国人、无国籍人、外国组织在我国领域内进行诉讼，需要委托律师的，只能委托中国律师，就是从立法上禁止外国律师制度延伸到我国，是维护国家主权的表现。

当然，外国人、无国籍人、外国企业和组织在我国进行行政诉讼，也可以不委托律师代理诉讼，而是自己进行诉讼或者委托自己的亲朋作为一般代理人进行诉讼，委托一般代理人进行诉讼，不受必须委托中国律师代理诉讼原则的限制。

（五）关于有关国际条约在行政诉讼中适用的问题

国际条约如何在中国国内实施是一个尚处于讨论中的问题。我国《民事诉讼法》（2017年修正）规定：中华人民共和国缔结或者参加的国际条约同本法有不同规定的，适用该国际条约的规定，但中华人民共和国声明保留的条款除外。我国《民法通则》规定："中华人民共和国缔结或者参加的国际条约同中华人民共和国的民事法律有不同规定的，适用国际条约的规定，但中华人民共和国声明保留的条款除外。中华人民共和国法律和中华人民共和国缔结或者参加的国际条约没有规定的，可以适用国际惯例。" 2017年3月15日第十二届全国人民代表大会第五次会议通过了《中华人民共和国民法总则》，民法总则通过后暂不废止民法通则，民法总则与民法通则的规定不一致的，根据新法优于旧法的原则，适用民法总则的规定。民法总则关于民事法律的适用规则，规定了三条，"处理民事纠纷，应当依照法律；法律没有规定的，可以适用习惯，但是不得违背公序良俗。""其他法律对民事关系有特别规定的，依照其规定。""中华人民共和国领域内的民事活动，适用中华人民共和国法律。法律另有规定的，依照其规定。"并未涉及国际条约之适用，对此似应继续适用民法通则的规定。

根据国际法上"条约必须信守"或者说"条约神圣"原则，对于我国已经加入的国际条约，我国有严格遵守、履行的义务。但是国际条约究竟如何在我国适用，我国宪法没有明确规定。从《民法通则》《民事诉讼法》的规定看，我国是直接将国际条约视为我国国内法渊源的，采用在国际条约与国内法发生冲突时优先适用国际条约之规定的原则。但是，这些原则是在涉外的法律关系或涉外程序中加以规定的。如民事诉讼法就是规定在《民事诉讼法》第四编"涉外民事诉讼程序的特别规定"中之"一般原则"一章中。民法通则则规定在该法第八章"涉外民事关系的法律适用"中，该章在第142条第1款明确规定："涉外民事关系的法律适用，依照本章的规定确定。"而准用国际条约的规定是这一章第142条第2款和第3款。所以，国际条约在涉外法律关系中是可以直接适用的。

2014年《行政诉讼法》删除了1989年行政诉讼法关于适用国际条件的原则①。一般来说，凡中华人民共和国缔结或者参加的国际条约，是以国家的名义承认的，我国确认其效力。但我国立法上采取的是国内法确认国际条约的方式，在国内法的某些规定与国际条约的内容出现不一致的情况时，我们有信守国际条约的义务，承认其效力，适用该国际条约的规定。至于我国缔结或者参加国际条约时，明确声明保留的条款，是我国未承认和接受的条款，对此我国没有信守的义务，在处理涉外行政案件时不予适用。

也有一些行政管理法律规定在特定的领域或事项上可以直接适用国际条约的规定，如《海洋环境保护法》（2017年修订）第96条的规定。但普遍来说，在未有类似规定的对内的法律关系中，是否可以直接适用国际条约，仍然是一个问题。

---

① 1989年《行政诉讼法》第72条规定："中华人民共和国缔结或者参加的国际条约同本法有不同规定的，适用该国际条约的规定。中华人民共和国声明保留的条款除外。"

三、涉外行政诉讼程序的特别规定

（一）关于代理的特别规定

依据有关规定，外国人、无国籍人、外国组织委托中国律师代理诉讼，必须向人民法院提交授权委托书。在我国领域内没有住所的外国人、无国籍人、外国企业和组织，委托中华人民共和国律师或者其他人代理诉讼，从中华人民共和国领域外寄交或者托交的授权委托书，应当经所在国公证机关证明，并经中华人民共和国驻该国使领馆认证，或者履行中华人民共和国与该所在国订立的有关条约中规定的证明手续后，才具有法律效力。

（二）关于送达方式的特别规定

人民法院对在中华人民共和国领域内没有住所的当事人送达诉讼文书，可以采取下列方式：

1. 依照受送达人所在国与中华人民共和国缔结或者参加的国际条约中规定的方式送达；

2. 通过外交途径送达；

3. 对具有中华人民共和国国籍的受送达人，可以委托中华人民共和国驻受送达人所在国的使领馆代为送达；

4. 向受送达人委托的有权代其接受送达的诉讼代理人送达；

5. 向受送达人在中华人民共和国领域内设立的代表机构或者有权接受送达的分支机构、业务代办人送达；

6. 受送达人所在国的法律允许邮寄送达的，可以邮寄送达。自邮寄之日起满6个月，送达回证没有退回，但根据各种情况已足以认定已经送达的，期间届满之日视为送达；

7. 不能用上述方式送达的，公告送达。自公告之日起满6个月，即视为送达。

（三）关于期间的特别规定

依据有关规定，在中华人民共和国领域内没有住所的当事人，不服第一审人民法院判决、裁定的，有权在判决书、裁定书送达之日起30日内提起上诉。被上诉人在收到上诉状副本后，应当在30日内提出答辩状。当事人不能在法定期间提出上诉状或者提出答辩状，申请延期的，是否准许，由人民法院决定。

第十一章 行政诉讼法律适用与判决

人民法院按照行政诉讼法所规定的审理程序，对行政案件进行审理后，应当依照法律规定作出实体判决。行政诉讼判决是人民法院依据一定的实体法律规范作出。本章集中介绍行政判决的根据、行政判决的具体内容，并分析行政诉讼实体判决中的若干问题。

第一节 行政诉讼中的法律适用

一、问题的提出

行政诉讼中的法律适用，是指人民法院审理行政案件，作出判决、裁定时适用的实体法依据问题。从用语的准确和方便上说，人民法院作出判决、裁定的实体法适用，称为行政裁判的依据较为合适。但由于行政诉讼法条文中已经使用了"依据"一词，且与我们在这里所说的裁判依据有差异，为避免理解上的偏差，本书所使用的"依据""参照"与行政诉讼法条文的含义保持一致，而在论述人民法院审理行政案件所适用的规范性文件时使用"根据"一词，或称为行政诉讼中的法律适用。

行政裁判的根据是指人民法院审理行政案件的实体法根据，而不是指人民法院审理行政案件的程序法根据。人民法院审理行政案件的程序法根据是行政诉讼法，包括以法典形式出现的《中华人民共和国行政诉讼法》，也包括其他法律、法规中有关行政诉讼的规定，即本书第一章论述行政诉讼法的渊源时所指的广义的行政诉讼法。

人民法院审理行政案件的实体法根据，是人民法院在审理行政案件时在查清案件事实的基础上，确定当事人之间的权利义务关系，判断行政行为是否合法的标准。

行政诉讼中之所以提出裁判根据问题，是因为行政诉讼的特殊性。人民法院审理案件，在实体法上，应根据国家的宪法和法律，这是没有疑问的。但行政诉讼的特点在于其以行使国家行政管理职能的行政机关为被告，而行政机关在行使其职能时，不仅应依据国家的宪法、法律，而且还有权制定行政法规和规章、发布决定和命令。这些行政法规、规章、决定和命令，在行政机关对其管理相对人进行行政管理活动时，具有普遍的约束力。但是，人民法院行使的审判权和行政机关行使的行政权一样，是由国家最高权力机关全国人民代表大会派生出来的权力。这样就产生一个问题，行政机关的法规、规章、决定、命令对于人民法院行使国家审判权审理案件时是否有约束力？由于这一问题涉及行政权与审判权的关系，因而在立法时争论较为激烈。争议的焦点在于行政规章是否为审理行政案件的根据。对于行政法规，由于它是国务院直接依据宪法和法律制定的，规范了政治、经济、文化、教育等各个领域的国家和社会管理事务，往往有比较严格的制定程序。因而，

第十一章 行政诉讼法律适用与判决

一般认为行政法规可作为审理行政案件的根据。

行政规章是国务院各部、委和地方人民政府制定、发布的规范性文件的总称。我国行政规章的情况一直比较复杂。一方面，我国的立法体系是中央和地方两级立法，宪法和有关组织法规定国务院各部、委和省、自治区、直辖市人民政府等可以制定行政规章。规章是法律、法规的具体化，是实现和补充法律、法规的必要手段，而行政机关实际上依据大量的规章行使职权。如据统计，在起草行政诉讼法时，有关工商管理的法律、法规和规章有180多个，其中规章有130多个。因此，规章在行政管理中起着重要作用，行政机关的行政行为大量是依据规章作出的。

另一方面，规章的情况比较乱。从制定的程序上看，规章制定的程序不严格，有的没有经过专门的机构审议，有的规章没有公开发布；从规章的内容看，有的规章与法律、法规不一致，或者规章之间有冲突，有的规章超越了行政机关的权限，成为一些部门乱罚款、乱收费、乱摊派的依据，侵犯了公民、法人或者其他组织的合法权益；同时，规章由行政机关自己制定，往往规定行政机关行使的权力很大，相应的义务却很小，比如关于行政机关颁发许可证和执照的规定，有的规章只规定当事人应当具备的条件，而没有规定自己颁发证、照的义务如期限、方式等。在这样的情况下，人民法院审理行政案件时如何对待规章，即成为行政诉讼立法时必须明确的问题。

二、行政诉讼法的具体规定

关于人民法院审理行政案件的根据，行政诉讼法从两个方面作出了规定。

（一）审理行政案件依据的规范性文件

1. 法律规定

《行政诉讼法》第63条第1款、第2款规定："人民法院审理行政案件，以法律和行政法规、地方性法规为依据。地方性法规适用于本行政区域内发生的行政案件。人民法院审理民族自治地方的行政案件，并以该民族自治地方的自治条例和单行条例为依据。"

2. 法律、行政法规、地方性法规、自治条例和单行条例的含义

"法律"是指全国人民代表大会及其常务委员会根据宪法，依照立法程序制定和颁布的规范性文件。

"行政法规"是指国务院根据宪法和法律，依照行政法规的制定程序，制定和颁布的规范性文件。

"地方性法规"是指由省、自治区、直辖市以及省、自治区人民政府所在地的市和经国务院批准的较大的市的人民代表大会及其常务委员会根据本行政区域的具体情况和实际需要，在不同宪法、法律、行政法规相抵触的前提下按法定程序制定的规范性文件的总称。目前国务院批准的较大的市有大连、青岛、唐山等市。

"自治条例、单行条例"指由民族自治地方的人民代表大会依照当地民族的政治、经济和文化的特点制定的规范性文件，以及法律规定由民族自治地方对某项法律所作的补充或者变通规定。

判断一个规范性文件是法律、法规还是规章，不是看其名称，而是看其制定的主体和制定程序，即是否由有权制定的主体依据相关的制定程序制定和发布的。

3. "依据"的含义

所谓依据,是指人民法院在审理行政案件时,在查清事实的基础上,应以法律、行政法规、地方性法规等作为处理行政纠纷的标准和尺度,以此来衡量和判断行政行为是否合法,从而确认当事人之间的权利义务关系。用来作为人民法院审理依据的规范性文件,人民法院可以在判决书中直接引用。

但是,人民法院对于《行政诉讼法》所规定的审理行政案件依据的规范性文件,并非绝对不予审查地加以适用。这些规范性文件也有效力层次的制约和制定主体是否有立法权限的问题。如《行政处罚法》(2017年修正)对行政处罚的种类和法律、行政法规、地方性法规及行政规章设定行政处罚的权限作了明确的规定,其中规定行政法规可以设定除限制人身自由以外的行政处罚,地方性法规可以设定除限制人身自由、吊销企业营业执照以外的行政处罚。如果行政法规、地方性法规设定了其自身无权设定的行政处罚种类时,该规定因违反法律规定而无效,从而不能作为人民法院审理案件的依据。

(二)审理行政案件参照的规范性文件

1. 法律规定

《行政诉讼法》第63条第3款规定:"人民法院审理行政案件,参照规章。"

2. 规章的含义

依照《立法法》(2015年修正)的规定,规章分为国务院部门规章和地方人民政府规章两类。

部门规章是指国务院各部门根据法律和国务院的行政法规、决定、命令在本部门的权限内按照规定程序所制定的规定、办法、实施细则、规则等规范性文件的总称。《立法法》延续之前《法规、规章备案规定》(1990年制定,已失效),使用了部门规章一词。其第80条规定:"国务院各部、委员会、中国人民银行、审计署和具有行政管理职能的直属机构,可以根据法律和国务院的行政法规、决定、命令,在本部门的权限范围内,制定规章。部门规章规定的事项应当属于执行法律或者国务院的行政法规、决定、命令的事项。没有法律或者国务院的行政法规、决定、命令的依据,部门规章不得设定减损公民、法人和其他组织权利或者增加其义务的规范,不得增加本部门的权力或者减少本部门的法定职责。"

地方人民政府规章是指省、自治区、直辖市和设区的市、自治州的人民政府,可以根据法律、行政法规和本省、自治区、直辖市所制定的普遍适用于本地区行政管理工作的规定、办法、实施细则、规则等规范性文件的总称。

3. 参照的含义

参照,是指参考并仿照规章的有关精神审理行政案件,但不能完全依据规章,即人民法院在审理行政案件时,并不是无条件地援引和适用规章而是要进行一定程度的审查。这是因为,虽然由于现当代行政法的发展,行政机关拥有一定范围、一定事项的立法权,但是从严格的法治角度说,任何人、任何组织都应在宪法和法律规定的范围内进行活动,行政机关所制定的规章也不应违法。因此司法应保留对行政规章的一定程度的审查权。

人民法院对规章的审查主要包括以下方面:

第一,规章的制定是否合法,包括规章的制定主体是否合法和规章的制定程序是否合法两方面的内容。前者如规章是否为有权限的行政机关所制定,以及有无超越权限等情况。

第二,规章的内容是否符合法律、法规的规定,有无与现行法律、法规相抵触,规避法律、法规,违反国家法律的总的原则和精神,以及规章之间相互矛盾的情况等。

4. 人民法院参照规章的具体做法

人民法院对规章进行审查后,一般有以下处理办法:

第一,对符合法律、法规规定的规章,人民法院要参照审理。人民法院审理行政案件,可以在裁判文书中引用其认为合法有效的规章及其他规范性文件。

第二,对不符合或者不完全符合法律、法规原则和精神的规章,人民法院不参照审理,而直接依据法律、法规审理。

第三,对于规章之间规定不一致的,1989年《行政诉讼法》第53条第2款规定:"人民法院认为地方人民政府制定、发布的规章与国务院部、委制定、发布的规章不一致的,以及国务院部、委制定、发布的规章之间不一致的,由最高人民法院送请国务院作出解释或者裁决。"2014年《行政诉讼法》不再对此作出规定,因为规范性文件冲突可以直接适用《立法法》的相应规定。《立法法》(2015年修正)第95条规定:同一机关制定的新的一般规定与旧的特别规定不一致时,由制定机关裁决;部门规章之间、部门规章与地方政府规章之间对同一事项的规定不一致时,由国务院裁决。在此情况下,人民法院有权暂时不予参照而是送请制定机关裁决,或层报最高人民法院后由最高人民法院送请国务院作出裁决。

第四,人民法院认为相应规章违法、越权,或者规避法律,或者违反制定程序,只能不适用相应规章或者相应规章的相应条款,而不能撤销相应规章或者宣布相应规章的相应条款无效,但可以向权力机关或者相应行政机关提出司法建议,要求撤销或者改变相应规章。

5. 人民法院审理行政案件参照规章的合理性

行政诉讼法关于人民法院审理行政案件参照有关规章的规定是合理的。一方面,从性质上看,规章不属于法律的范畴,而是行政机关的抽象行政行为。如果规定人民法院审理行政案件依据规章,则人民法院审查行政机关的行政行为要以行政机关的抽象行政行为为依据和标准,这显然是不合理的。另一方面,从实际效果看,人民法院审理行政案件参照有关规章的规定,既肯定规章在实际社会生活中的作用和应有的地位,又避免将有缺陷的规章作为审理依据,从而可以保证人民法院审理行政案件的质量。应该说,行政诉讼法的这一规定,体现了立法时原则性与灵活性的结合,具有很高的技巧性。

三、其他规范性文件在行政诉讼中的适用问题

行政机关在行使其职权的过程中以及为了行使其职权,需要作出大量的抽象行政行为,制定、发布诸多规范性文件。从我国宪法、有关组织法的规定来看,行政机关所作出的抽象行政行为大致可分为两类:其一是行政机关的立法行为,包括行政机关制定法规和规章的行为;其二是一般的抽象行政行为,指行政机关制定、发布法规、规章以外的具有普遍约束力的决定、命令的行为。《行政诉讼法》仅对行政法规和规章是否作为审理行政

案件的根据作了规定，由此产生其他规范性文件在行政诉讼中的适用问题。

其他规范性文件是指依照宪法、组织法的规定，行政机关制定、发布的除法规、规章以外的规范性文件。其明确表述可参见行政复议法的规定。《行政复议法》（2017 年修正）第 7 条规定："公民、法人或者其他组织认为行政机关的行政行为所依据的下列规定不合法，在对行政行为申请行政复议时，可以一并向行政复议机关提出对该规定的审查申请：1. 国务院部门的规定；2. 县级以上地方各级人民政府及其工作部门的规定；3. 乡、镇人民政府的规定。前款所列规定不含国务院部、委员会规章和地方人民政府规章。规章的审查依照法律、行政法规办理。"法律、法规和规章也是规范性文件，对法律、法规、规章以外的规范性文件，本书称之为其他规范性文件或规章以下的规范性文件。①

依此规定判断，其他规范性文件包括三类，即国务院部门的规定；县级以上地方各级人民政府及其工作部门的规定；乡、镇人民政府的规定。具体分析，国务院部门的规定，包括国务院没有规章制定权的部门制定、发布的规范性文件和有规章制定权但未按照规章的制定程序制定、发布的规范性文件。"县级以上地方各级人民政府及其工作部门的规定"，包括不具有规章制定权的县级以上地方各级人民政府及其工作部门的规范性文件、具有规章制定权的地方人民政府未按照规章的制定程序执行、发布的规范性文件，地方各级人民政府的工作部门制定、发布的规范性文件。

其他规范性文件不属于规章，相对人可在对行政行为申请行政复议时一并提出对行政机关依据的其他规范性文件进行审查。2014 年《行政诉讼法》也规定了对规章以下规范性文件的附带审查②。这里需要讨论的是其他规范性文件在人民法院审理行政案件中可否作为规范依据的问题。即人民法院在审理行政案件的过程中，如何对待其他规范性文件？

从我国目前实践中操作的情况来看，对其他规范性文件，区分为不同的情况有不同的处理和对待。多数情况下，由于其他规范性文件在实际工作和管理活动中发挥着一定的作用，法院在审理行政案件时不可能无视它的存在，事实上还是对其加以审查并参照适用，最高人民法院司法解释一直秉承这种做法。③ 最高人民法院 2004 年 5 月 18 日发布的《关于审理行政案件适用法律规范问题的座谈会纪要》也指出，行政审判实践中，经常涉及

---

① 对这类规范性文件，学者们所使用的称谓不一。有称之为"其他规范性文件"的，如罗豪才主编：《行政法学》，北京大学出版社 1996 年版，第 158 页。有称之为"行政规范性文件"的，如姜明安主编：《行政法与行政诉讼法》，北京大学出版社、高等教育出版社 1999 年版，第 171 页。有称之为行政规范的，如叶必丰、周佑勇著：《行政规范研究》，法律出版社 2002 年版。有称之为"行政规定"的，如朱芒：《论行政规定的性质》，载《中国法学》2003 年第 1 期。《2018 年司法解释》称之为规章以下规范性文件。并参见本书第 10 页注释①。

② 《行政诉讼法》第 53 条规定："公民、法人或者其他组织认为行政行为所依据的国务院部门和地方人民政府及其部门制定的规范性文件不合法，在对行政行为提起诉讼时，可以一并请求对该规范性文件进行审查。前款规定的规范性文件不含规章。"详见本章第三节的论述。

③ 最高人民法院"关于执行《中华人民共和国行政诉讼法》若干问题的解释"（2000 年施行）规定，人民法院审理行政案件，可以在裁判文书中引用合法有效的规章及其他规范性文件。《2015 年司法解释》第 21 条规定："规范性文件不合法的，人民法院不作为认定行政行为合法的依据，并在裁判理由中予以阐明。作出生效裁判的人民法院应当向规范性文件的制定机关提出处理建议，并可以抄送制定机关的同级人民政府或者上一级行政机关。"

有关部门为指导法律执行或者实施行政措施而作出的具体应用解释和制定的其他规范性文件，主要是：国务院部门以及省、市、自治区和较大的市的人民政府或其主管部门对于具体应用法律、法规或规章作出的解释；县级以上人民政府及其主管部门制定发布的具有普遍约束力的决定、命令或其他规范性文件。行政机关往往将这些具体应用解释和其他规范性文件作为具体行政行为的直接依据。这些具体应用解释和规范性文件不是正式的法律渊源，对人民法院不具有法律规范意义上的约束力。但是，人民法院经审查认为被诉具体行政行为依据的具体应用解释和其他规范性文件合法、有效并合理、适当的，在认定被诉具体行政行为合法性时应承认其效力；人民法院可以在裁判理由中对具体应用解释和其他规范性文件是否合法、有效、合理或适当进行评述。

2014年《行政诉讼法》增加了对一般规范性文件附带审查的规定，同时也认可其裁判根据的地位。《行政诉讼法》第64条规定："人民法院在审理行政案件中，经审查认为本法第53条规定的规范性文件不合法的，不作为认定行政行为合法的依据，并向制定机关提出处理建议。"也就是说，如果经审查认为其他规范性文件合法，则可以作为认定行政行为合法的依据。《2018年司法解释》规定，人民法院经审查认为行政行为所依据的规范性文件合法的，应当作为认定行政行为合法的依据。

特殊情况下，有些规范性文件则由于其制定主体级别太低，而实际上被纳入司法审查的对象，从而突破了行政诉讼法关于受案范围的规定。如乡政府所作的针对全乡农民征收税费的规定，按最高人民法院对行政行为含义的司法解释，以及学术上的一般理解，明显属于抽象行政行为。但我们却看到有此类行为被诉并被人民法院受理的报道。① 尽管行政诉讼法明文规定人民法院不受理对抽象行政行为提起的诉讼，但人民法院却受理、审理了对抽象行政行为提起行政诉讼的案件并作出了判决。这种情况的出现，实际上说明司法实践已经走在了立法和理论研究的前面。由此，又回到其他规范性文件的可诉性问题上来。

四、规范性文件冲突的选择适用规则

规范性文件发生冲突或者说法律规范发生冲突的情况是经常发生的。《行政诉讼法》规定了人民法院审理行政案件依据和参照的规范性文件，但在人民法院审理行政案件依据或者参照的规范性文件之中也可能发生内容上或者效力上的冲突，因而，需要运用法律规范冲突的选择适用规则加以解决。

《立法法》（2015年修正），明确了法律、行政法规、地方性法规、自治条例和单行条例，以及规章的含义和制定程序，并在第五章"适用与备案审查"中明确规定了规范性文件冲突的选择适用规则。

---

① 参见《143名农民状告乡政府终审胜诉》，载《法制日报》1995年2月13日；张生华：《榆林中院审结一"农负"案——众乡亲依法护权胜诉了》，载《法制日报》1998年4月19日。此两案中被诉的都是乡政府的"通告"或者文件，特别是后一案件，全乡12688名农民起诉，状告乡政府多征收税费，加重了农民负担。被诉的正是乡政府的几个文件，而且报道中提到"目前，乡政府只收到543 548元，尚有222 532元没有征收上来。"如果严格按行政诉讼法的规定，人民法院只受理行政行为的话，则只有被征收了税费的农民才能起诉。

（一）高效力层次法律文件的规范优于低效力层次法律文件的规范

这是法律规范冲突的首要的和基本的规则，是立法的规则也是适法的规则。因此，《立法法》（2015年修正）规定，"宪法具有最高的法律效力，一切法律、行政法规、地方性法规、自治条例和单行条例、规章都不得同宪法相抵触。""法律的效力高于行政法规、地方性法规、规章。行政法规的效力高于地方性法规、规章。""地方性法规的效力高于本级和下级地方政府规章。省、自治区的人民政府制定的规章的效力高于本行政区域内的设区的市、自治州的人民政府制定的规章。"

只有在高效力层次法律文件授权低效力层次法律文件作出与高效力层次法律文件不同的规定时，才优先适用与高效力层次法律文件相冲突的低效力层次法律文件的规范。如民族区域自治地区的变通或者补充规定。"自治条例和单行条例依法对法律、行政法规、地方性法规作变通规定的，在本自治地方适用自治条例和单行条例的规定。经济特区法规根据授权对法律、行政法规、地方性法规作变通规定的，在本经济特区适用经济特区法规的规定。"

（二）在同一效力层次的法律文件中，发生法律规范冲突适用的规则

1. 新法优于旧法

即新的法律文件的规范优于旧的法律文件的规范。但这里新法与旧法的比照是在同一效力层次。在不同的效力层次，则谈不上新法与旧法的问题。

2. 特别法优于普通法。

普通法是立法机关就一般事项制定的法律、法规，调整一般的社会关系。特别法是立法机关就特定的事项制定的法律、法规，调整特定的社会关系。特别法和普通法是两个互相关联、互相对应的概念。如刑法是普通法，全国人大常委会关于禁止卖淫嫖娼的决定是特别法。

调整特定地区、特定部门事项的法律规范相对于非调整特定地区、特定部门事项的法律规范，也是特别法与普通法的关系。如国家工商行政管理总局规定有关于对假冒伪劣商品的处理办法，国家卫生部规定有关于对假药的处理办法，则在对制售假药行为进行查处时应依卫生部的规定进行处理。

（三）送请或者报请解释、裁决

不能用以上办法进行处理的，比如同一效力等级的规范性文件中，或者同一机关制定的规范性文件中，新的一般规定与旧的特别规定相冲突，应当报请或送请有权的机关作出解释或裁决。对此，《立法法》（2015年修正）对相应的裁决机关也做了规定："法律之间对同一事项的新的一般规定与旧的特别规定不一致，不能确定如何适用时，由全国人民代表大会常务委员会裁决。行政法规之间对同一事项的新的一般规定与旧的特别规定不一致，不能确定如何适用时，由国务院裁决。""部门规章之间、部门规章与地方政府规章之间对同一事项的规定不一致时，由国务院裁决。""同一机关制定的新的一般规定与旧的特别规定不一致时，由制定机关裁决"；"根据授权制定的法规与法律规定不一致，不能确定如何适用时，由全国人民代表大会常务委员会裁决。"

一般来说，法规的效力高于规章。但《立法法》（2015年修正）特别对地方性法规与部门规章之间的效力冲突做了规定："地方性法规与部门规章之间对同一事项的规定不

一致，不能确定如何适用时，由国务院提出意见，国务院认为应当适用地方性法规的，应当决定在该地方适用地方性法规的规定；认为应当适用部门规章的，应当提请全国人民代表大会常务委员会裁决。"隐含的意思还是法规的效力高于规章，但考虑到部门规章是由国务院部门制定的适用于全国范围的规范性文件，因而要作出特别处理。

第二节 行政判决

一、行政诉讼判决的含义

行政诉讼判决是指人民法院受理行政案件以后，经过审理，在查明案件事实的基础上，根据不同的情况，正确适用法律，对案件的实体争议，所作出的最后的结论。

行政诉讼判决是行政诉讼全部诉讼活动最后的落实，是人民法院经过对案件的审理对各方当事人权利义务所作出的权威性判定。我国尚无行政法总则或行政程序法，行政诉讼法关于判决的规定实际上确立了行政行为合法与否的标准，界定了行政行为合法与违法的界限，规定了实体法的内容。行政诉讼判决，涉及如何规范行政行为，并对行政机关的行政管理活动产生深刻影响。经过长期的司法实践探索，2014年《行政诉讼法》最终确定了驳回诉讼请求判决、撤销判决、履行判决、确认判决和变更判决共计五种判决形式。

二、驳回诉讼请求判决

驳回诉讼请求判决是指人民法院经过对案件的审理后，认为原告的诉讼请求不能成立，所作出的驳回原告诉讼请求的判决。人民法院审理行政案件，是对行政行为是否合法进行审查。如果行政机关的行政行为是合法的，人民法院应当判决驳回原告的诉讼请求。2014年《行政诉讼法》取消了维持判决的规定，改用驳回诉讼请求判决，符合诉判一致的诉讼法原理，避免了因"维持"原行政行为而对原行政行为增加司法判决效力的疑问，也可以同时适用行政行为作为的违法和不作为的违法两种情况。

《行政诉讼法》第69条规定："行政行为证据确凿，适用法律、法规正确，符合法定程序的，或者原告申请被告履行法定职责或者给付义务理由不成立的，人民法院判决驳回原告的诉讼请求。"第69条的规定，针对了行政行为作为和不作为两种争议。对于作为的行政行为，在形式上符合法定程序，在内容上有确凿、充分的证据，适用法律、法规准确无误，对行政管理相对人的权利义务作了正确的确定，那么，人民法院不能支持原告的主张，因而要作出驳回原告诉讼请求的判决。对于不作为的行为，即原告申请被告履行法定职责或者给付义务，经过法院的审查，认为其理由不成立的，驳回原告诉讼请求的判决。

总体来说，驳回诉讼请求判决针对的是被诉的行政行为不构成违法的情况。下面两种情况，也适用驳回诉讼请求判决。第一，复议的情况下，人民法院对原行政行为作出判决的同时，应当对复议决定一并作出相应判决。原行政行为合法、复议决定违法的，人民法院可以判决撤销复议决定或者确认复议决定违法，同时判决驳回原告针对原行政行为的诉讼请求。第二，当事人之间恶意串通，企图通过诉讼等方式侵害国家利益、社会公共利益或者他人合法权益的，人民法院应当裁定驳回起诉或者判决驳回其诉讼请求，并根据情节轻重予以罚款、拘留；构成犯罪的，依法追究刑事责任。

行政诉讼以被诉的行政行为为审理对象。被诉的行政行为是行政机关在过去的某一个时间和空间下作出的。作为事后监督机制，人民法院的审查只能针对被诉行政行为本身。因此，如果被诉行政行为当时是合法的，但由于法律或政策的变化，事后应当变更或废止，法院也只能驳回原告的诉讼请求。①

三、撤销判决

（一）撤销判决的含义

撤销判决是指人民法院经过审理所作出的撤销行政机关所作的行政行为的部分或者全部的判决。行政诉讼法关于撤销判决的规定，实际上界定了行政行为合法与违法的界限。具有《行政诉讼法》所规定的撤销判决适用情形之一的行政行为，即属于违法的行政行为。撤销判决意味着人民法院以司法判决的形式撤销被诉的行政行为，使其不再存在，其法律效果是终止行政行为的效力，该行政行为自作出时起无效。

（二）撤销判决适用的情形

《行政诉讼法》第70条规定，行政行为具有法定情形之一的，人民法院判决撤销或者部分撤销。人民法院判决撤销被诉的行政行为，并可以判决被告重新作出行政行为。依照行政诉讼法的规定，适用撤销判决的法定情形有以下六种。

1. 主要证据不足

这里所说的证据是指行政机关在对公民、法人或者其他组织作出行政行为的证据。行政机关作出行政行为要有充分、确实的证据，这是行政机关实施行政行为所应具备的最基本的要求。主要证据不足，本身就是违法的行政行为。因此，对行政行为主要证据不足的，人民法院可以判决撤销或者部分撤销。

2. 适用法律、法规错误

适用法律、法规错误，指行政机关在作出行政行为时，适用了不应该适用的法律、法规，如应该适用此法的却适用了彼法，或者应该适用本法的这一条款的，却适用了本法的另一条款等。前者举例如，对不按规定超车或者让车的机动车驾驶员，不按《道路交通安全法》进行处罚，而按《治安管理处罚法》（2012年修正）进行处罚；后者举例如，在治安管理中，对本应当按照《治安管理处罚法》第69条"处10日以上15日以下拘留，并处500元以上1 000元以下罚款"，却按照第67条"处10日以上15日以下拘留，可以并处5 000元以下罚款"等，都属于适用法律、法规错误的情形。

适用法律、法规错误还包括行政机关应当适用刑法却适用了行政法的情形。如公安机关对某人作出治安处罚，受害人认为治安处罚畸轻，不应当适用治安管理处罚的规定，而应适用刑法，并因而提起行政诉讼。如果人民法院对此加以审查并认为被处罚人的行为构成犯罪，应当追究刑事责任的，人民法院应当中止诉讼，将有关犯罪材料移送有关机关处

---

① 行政行为当废止而不废止，也可能侵犯相对人的合法权益，因此，立法也应当予以规范。由于我国尚未制定行政程序法，对此恐怕一时尚难以解决。

第十一章 行政诉讼法律适用与判决

理,在有关机关作出最终处理后,再恢复诉讼。恢复诉讼时,应以适用法律、法规错误为由撤销行政机关所作的治安处罚决定。

3. 违反法定程序

行政机关作出行政行为,应该符合法律、法规所规定的程序。一般而言,行政程序有以下三方面的要求。

第一,实施行政行为的全过程应遵循法律规定的一定的顺序,主要环节和步骤必须齐全,不能遗漏,也不能颠倒顺序。不同的法律、法规对作出行政行为的程序可能有不同的要求。如《行政处罚法》(2017年修正)规定作出行政处罚的程序有简易程序、一般程序和听证程序。其中规定对行政机关作出的责令停产停业、吊销许可证和执照、较大数额的罚款决定,当事人要求举行听证的,应当举行听证。但行政机关作出行政行为的几个基本步骤是必须遵循的,即表明身份、调查取证、告知权利和申辩、作出裁决。其中"先取证、后裁决"是最基本的和起码的要求。

第二,行政行为的形式要合法,如法律规定采取书面形式的,不得采取口头形式。

第三,行政行为必须在法律规定的期限内作出。违反了法律、法规对期限的规定,也属程序违法。

《行政诉讼法》关于对违反法定程序的行政行为,人民法院应当判决撤销的规定,是出于严格的法治主义的考虑,是纠正实践中长期"重实体,轻程序"做法的一个重要表现。行政机关作出行政行为违反法定程序,可能导致以下几种结果,第一,违反法定程序本身就导致行政侵权行为的发生。如交警扣押相对人的车辆行驶证而不按法定程序开具暂扣证,致使相对人的车辆不能行驶,从而给相对人造成了损失。第二,违反法定程序导致作出错误的行政行为,如行政机关应当回避的工作人员没有回避,导致滥用职权而加重了对当事人的处罚。第三,违反法定程序并未导致行政机关对案件作出错误的结论,如应当举行听证而未举行听证,虽然侵犯了相对人程序上的权利,但如果举行听证,行政机关也很可能作出相同的结论。这种情况下,有时行政机关会认为法院不实事求是。但是,对程序的严格要求是出于法治原则的考虑。不论行政机关违反法定程序导致何种结果的产生,人民法院都应判决撤销。

当然,这一规定也体现了对行政机关遵守法定程序的严格要求。行政诉讼法规定行政行为"违反法定程序"的,人民法院应当判决撤销,并未规定违反主要程序还是次要程序、外部程序还是内部程序,以及违反程序的严重程度。违反法定程序之任一要求并不必然导致行政主体作出错误的结论。但行政诉讼法关于违反法定程序应当判决撤销之规定没有附加任何条件,意味着只要违反法定程序,人民法院即应当判决撤销被诉行政行为。这种可以说有些矫枉过正的规定,体现了立法者对正当程序的追求。2014年修改的《行政诉讼法》对此有所改变。除了在第70条保留被诉行政行为"违反法定程序"的,应当判决撤销外,在第74条第2项规定,行政行为程序轻微违法,但对原告权利不产生实际影响的,人民法院判决确认违法,但不撤销行政行为。

目前,我国一些行政实体法对行政程序的规定不完整、不严密,给行政诉讼法的实施带来一定的困难,这一点有待行政立法的进一步完善。

4. 超越职权

"越权无效"是行政法上的一项基本原则,指行政机关只能在自己的职权范围内活动,超越行政机关职权范围作出的行政行为,是无效的行政行为。超越职权,指行政机关的行政行为超出了法律、法规规定的权力范围,行使了不该由自己行使的行政法上的权力。实践中,行政机关作出行政行为超越职权有以下情形:

(1) 横向越权。指甲机关行使了应由乙机关行使的权力,行政机关超越事务管辖的权限。如公路管理部门对相对人超车超速等违反道路交通管理秩序的行为进行处罚,即使相对人超车超速的行为证据确凿,公路管理部门适用法律也是正确的,其处罚行为仍然是一种越权行为。因为公路管理部门的职责是进行公路建设、公路养护和路政管理,并无对交通秩序进行管理的职权。

(2) 纵向越权。指下级机关行使了应由上级机关行使的权力,行政机关超越级别管辖的权限。如《土地管理法》(2019年修正)第46条对国务院和省、自治区、直辖市人民政府征收建设用地的批准权限作了明确的规定,如果省、自治区、直辖市人民政府对属于国务院有权审批的事项进行审批,即属于纵向越权。

(3) 地域越权。指甲地的行政机关行使了应由乙地的行政机关行使的权限,行政机关超越地域管辖的权限。如依据《中华人民共和国个人所得税法》及其实施条例、《中华人民共和国税收征收管理法》及其实施细则和税收有关规定,国家税务总局制定了《个人所得税自行纳税申报办法(试行)》(国税发〔2006〕162号),其中规定年所得12万元以上的纳税人,在中国境内有任职、受雇单位的,应向任职、受雇单位所在地主管税务机关申报。如果某纳税人任职、受雇单位与其户籍所在地不一致,而户籍所在地税务机关对其在任职、受雇单位取得的所得强行征收个人所得税,即为地域上的越权。

此外,行政机关作出行政行为超越职权还包括方式、手段、数额等方面的越权,但由于这诸多方面的越权均可以以"适用法律、法规错误"为理由予以撤销,因此,在此不予详述。

5. 滥用职权

滥用职权一词本身具有很广泛的含义,凡是行政机关没有合法地行使其权力即构成权力滥用。但我国《行政诉讼法》将滥用职权和超越职权相并列,说明滥用职权不属于超越职权,而只是在法定的职权范围内的行为。《行政诉讼法》也将滥用职权与主要证据不足,违反法律、法规,违反法定程序相并列,说明滥用职权也不包括以上情形。行政诉讼法规定对于不履行或者拖延履行法定职责的,人民法院适用履行义务判决,表明滥用职权不包括不作为的行为。同时,行政诉讼法又规定行政处罚明显不当的可以判决变更,将变更判决单列为一种判决形式,说明滥用职权也不能与明显不当相提并论。

综合以上分析,行政诉讼法所指滥用职权应该是指行政机关在法定权限范围内出于不合法的动机所作出的违背法律目的的不公正、不合理行为。滥用职权行为具有以下特征:

第一,行为没有超越法定权限。即滥用职权是对自由裁量权的滥用。如果行政机关作出的行政行为超越了其职权范围,则属于超越职权或适用法律法规错误的行为。

第二,行政机关出于不合法的动机。即行政主体对于作出滥用职权的行为具有主观的故意。如行政主体作出行为是为了挟嫌报复,故意不考虑相关因素或者故意考虑不相关因素等。

第三，不公平、不合理的行为客观上违背了法律的目的、原则和要求。如行政机关出于不合法的动机，要求相对人作出不可能作出的行为，客观上违背了法律授予行政机关行政职权的目的。因为行政机关要求相对人作出不可能作出的行为，如要求相对人在一天之内搬迁完毕，实际上就是故意要让相对人达不到行政机关的要求。因此，是一种滥用职权的行为。

第四，滥用职权行为是由于行政机关及其工作人员故意的行为引起的。过失不构成滥用职权。行政机关在自由裁量权范围内不公平、不合理的行为也可能是由于行政机关及其工作人员的过失行为引起的，如行政机关工作人员业务不熟、缺乏经验而作出，或者由于管理手段、条件、经费的限制而导致，此种情况不构成滥用职权。

滥用职权行为从性质上说是违法的行政行为，因此，《行政诉讼法》规定，行政行为构成滥用职权的，人民法院应判决予以撤销。

6. 明显不当

2014年《行政诉讼法》在撤销判决的适用情形里增加了一项"明显不当"。鉴于行政诉讼法其后也有对行政处罚明显不当可以判决变更的规定，即《行政诉讼法》是在保留有对行政处罚明显不当可以判决变更的基础上，增加了行政行为明显不当可以判决撤销的规定，显然《行政诉讼法》此次修改增强了对行政行为合理性审查的强度，加强了对行政机关失当行政行为的监控。但如何理解两种判决的适用情形又是一个问题。

失当行政行为（maladministration）又称不当行政、失当行政或不良行政，是指失当或者说不当的行政行为。这是一个很难予以明确界定的概念。我国学术界在行政诉讼立法过程以及行政诉讼法颁布后对《行政诉讼法》进行的讨论中，将失当行政行为作为与违法行政行为相对应的一个概念予以分析和研究。一般认为有瑕疵的行政行为分为违法行政行为和失当行政行为，失当行政行为是指行政机关在法律所规定的范围和幅度内所作出的不恰当的行政行为。即失当行政行为是违反行政合理性原则的行为，是在自由裁量权范围内作出的不适当、不合理的行为①。从注重对失当行政行为侵权救济的一些国家的立法和案例看，失当行政行为不仅是指法律规定幅度内的行为，而且指行政机关在其职权范围内的所有不恰当、不合适的行为。包括两个方面，其一，结果不当或者说实体上不当。即行政机关作出的行政行为的结果和表现形式在法律所规定的范围和幅度之内，但内容不当；其二，过程不当或者说程序上不当。即行政机关作出行政行为的过程中，其行为不当，如拖延、无礼、不说明理由等。一些国家和地区在实践中认定构成失当行政行为的情形有行政机关职员态度不好、衣冠不整、办事拖延、不说明理由等，甚至包括不合理的程序。

基于将行政行为与行政救济都看做一个完整的系统，在设置行政救济制度时，应当考虑不同的行政行为和不同救济途径的特点，遵循救济途径、救济方式与被救济行为相适应的原则②。作为一种传统的救济途径，一般而言，司法途径不适合对失当行政行为实施救济。对失当行为是难以作出是非判断和法律评价的。对失当行政行为救济制度的设立，主要是为了抒发当事人对行政机关的不满和愤懑，使当事人受到的不公平待遇得到纠正，从

---

① 张尚鷟主编：《走出低谷的中国行政法学》，中国政法大学出版社1991年版，第71~73页。
② 参见林莉红：《论行政救济的原则》，载《法制与社会发展》1999年第4期。

而促进行政公平与效率。处理对失当行政行为的投诉，需要有一种灵活性和务实性，以及对争议问题进行调查和提出建议，而并不直接作出处理的独立性和超然性。随着现代社会的发展，行政行为的表现形式日益多元化、复杂化，行政机关作出的行政行为侵犯公民权利已经不仅仅限于违法行政行为，失当行政行为（以及合法行政行为）侵犯公民权利的现象越来越多，相应地，相对人对其要求实施救济的愿望亦越来越强烈。自20世纪中期以来，适应社会发展的需要，世界各国纷纷探索对失当行政行为实施救济的制度，并已形成颇具特色的申诉专员制度。这一制度系瑞典于1809年首创，以后首先传播到斯堪的纳维亚半岛的丹麦、挪威等国。20世纪60年代以后为世界各国各地广为借鉴①。

我国1989年《行政诉讼法》仅对行政处罚的结果不当加以监控，规定"行政处罚显失公正的，可以判决变更"。2014年《行政诉讼法》将行政行为明显不当的，规定为可以撤销的情形之一，意味着立法者认为应当对行政行为明显不当加以严格监控，设置撤销的法律后果。

所谓明显不当，是指行政机关在自由裁量权范围内作出的明显不恰当的行为，从表述上看，不仅包括内容不当，而且包括程序不当。由于《行政诉讼法》第77条规定行政处罚明显不当或者行政行为涉及对款额的认定的，可以判决变更，从法院彻底解决纠纷的角度，如果符合变更判决适用情形的，似应优先适用变更判决。则此处的明显不当，主要应当指除第77条以外的情形，特别在程序上的不当。因程序不当，一般无法变更。如果认为被诉行政行为程序上明显不当，需要加以监督的，应当适用撤销判决。

行政行为明显不当，也不同于撤销判决的滥用职权情形。滥用职权也是行政机关自由裁量权范围内的行为，但如前所述，滥用职权是指行政机关故意地违背法律的目的而行使职权的行为。而不当行政行为，是指行政机关非故意的行为。②

（三）有关被告重新作出行政行为的规定

人民法院审理行政案件，对有以上六种情形之一的行政行为，可以判决撤销或者部分撤销，并可以判决被告重新作出行政行为。人民法院判决被告重新作出行政行为，如不及时重新作出行政行为，将会给国家利益、公共利益或者当事人利益造成损失的，可以限定重新作出行政行为的期限。《2018年司法解释》规定，复议决定改变原行政行为错误，人

---

① 参见林莉红：《现代申诉专员制度与失当行政行为救济》，载《行政法论丛》第5卷，法律出版社2002年版。

② 也有观点认为："明显不当实际上是滥用职权的一种表现形式。但由于在《刑法》上有所谓滥用职权罪，人民法院判决认定行政行为滥用职权的，就存在一个追究刑事责任的问题。因此，司法实践中法官极少适用这项作出裁判，一定程度上抵制了行政诉讼的功能。为此，本次修改增加了明显不当的情形来解决这个矛盾。"江必新、邵长茂著：《新行政诉讼法修改条文理解与适用》，中国法制出版社2015年版，第265页。这一观点解释了2014年《行政诉讼法》在撤销判决中增加"明显不当"情形的理由。但并没有说服力。第一，刑法上的滥用职权与行政法上的滥用职权概念不能等同。法院判决认定行政机关滥用职权并不一定要追究刑事责任。第二，司法实践中法官适用该项规定少，需要分析其原因，就原因来探讨解决之道，而不是回避问题。行政行为违法与不当本来有着清晰的含义和界定，一定要将明显不当解释为违法，并适用撤销判决，由于本身违反行政行为理论而可能带来更多解释上的困难。

第十一章 行政诉讼法律适用与判决

民法院判决撤销复议决定时,可以一并责令复议机关重新作出复议决定或者判决恢复原行政行为的法律效力。

为了有效地保证人民法院判决确定的内容得以实现,保护公民、法人和其他组织的合法权益,《行政诉讼法》第71条规定,人民法院判决被告重新作出行政行为的,被告重新作出行政行为,而不得以同一的事实和理由,对同一管理相对人作出与原行政行为基本相同的行政行为。但依照有关司法解释,人民法院判决被告重新作出行政行为,被告重新作出的行政行为与原行政行为的结果相同,但主要事实或者理由有改变的,不属于《行政诉讼法》第71条规定的情形。同时,人民法院以违反法定程序为由,判决撤销行政机关行政行为的,行政机关重新作出行政行为时,不受《行政诉讼法》第71条规定的限制。行政机关以同一事实和理由重新作出与原行政行为基本相同的行政行为,人民法院应当根据《行政诉讼法》的规定判决撤销或者部分撤销,并根据《行政诉讼法》第96条关于行政机关拒绝履行判决、裁定、调解书的执行措施处理。

四、履行判决

(一) 履行判决的含义

履行判决是指人民法院经过对行政案件的审理而作出的责令被告履行其法定职责和义务,作出一定的行政行为或者给付义务的判决。履行判决主要针对的是行政机关不作为的行为构成违法的情形(司法解释也包括拒绝行为)。2014年《行政诉讼法》用两个条文分别规定了行政机关不履行法定职责和不履行给付义务两种情况的履行判决。

《行政诉讼法》第72条规定:"人民法院经过审理,查明被告不履行法定职责的,判决被告在一定期限内履行。"《2018年司法解释》第91条规定,原告请求被告履行法定职责的理由成立,被告违法拒绝履行或者无正当理由逾期不予答复的,人民法院可以根据《行政诉讼法》第72条的规定,判决被告在一定期限内依法履行原告请求的法定职责;尚需被告调查或者裁量的,应当判决被告针对原告的请求重新作出处理。

《行政诉讼法》第73条规定:"人民法院经过审理,查明被告依法负有给付义务的,判决被告履行给付义务。"《2018年司法解释》第92条规定,原告申请被告依法履行支付抚恤金、最低生活保障待遇或者社会保险待遇等给付义务的理由成立,被告依法负有给付义务而拒绝或者拖延履行义务且无正当理由的,人民法院可以根据《行政诉讼法》第73条的规定,判决被告在一定期限内履行相应的给付义务。

作为行政机关的被告不履行或者拖延履行法定职责,既是对自己法定职责和义务的违反,也是对原告合法权益的侵犯,因此,人民法院在查明原告的请求属实后,应该判决被告在一定期限内履行。同时,人民法院也只能判决被告在一定期限内履行,因为对于被告在法定职责范围内的义务,人民法院不能代替行政机关作出,司法权不能代替行政权。

2014年《行政诉讼法》用两个条文,分别规定了要求行政机关履行职责和履行给付义务的判决。比较起来,似乎是前者要求行政机关作出一定的行政行为,后者要求行政机关履行某些给付义务。这两种判决形式分别大致对应于大陆法系德国行政诉讼法在诉讼类型分类上的课予义务诉讼和一般给付诉讼。由于2014年《行政诉讼法》修改时仍未采用诉讼类型划分的思路,仅在判决部分应因实践需要增加了判决种类,因而,只能说大致对应于域外相应诉讼类型。

（二）履行义务判决适用的情形

履行义务判决适用于被告不履行或者拖延履行法定职责的情形，具体指行政诉讼法受案范围中规定的以下情形：

1. 申请行政许可，行政机关拒绝或者在法定期限内不予答复，或者对行政机关作出的有关行政许可的其他决定不服的；

2. 申请行政机关履行保护人身权、财产权的法定职责，行政机关拒绝履行或者不予答复的；

3. 公民申请行政机关发给抚恤金，作为被告的行政机关拖延发给、不按法律规定发给以及不予答复；

4. 要求行政机关依法履行、按照约定履行政府特许经营协议、土地房屋征收补偿协议等协议的。

（三）履行义务判决的作出

人民法院判决被告履行法定职责，应当指明履行的期限，因情况特殊难于确定期限的除外。

履行职责判决适用于行政机关不作为的行政行为。对于行政机关拒绝相对人申请的作为的行政行为，应适用撤销拒绝行为的判决，并可判决行政机关重新作出行政行为。但《2018年司法解释》第91条规定："原告请求被告履行法定职责的理由成立，被告违法拒绝履行或者无正当理由逾期不予答复的，人民法院可以根据《行政诉讼法》第72条的规定，判决被告在一定期限内依法履行原告请求的法定职责；尚需被告调查或者裁量的，应当判决被告针对原告的请求重新作出处理。"依此，违法拒绝履行、无正当理由逾期不予答复，都可以适用履行法定职责判决。这意味着在行政机关"拒绝履行"时，履行法定职责判决与撤销判决存在适用上的竞合。

五、确认判决

（一）确认判决的含义

确认判决是指人民法院经过对案件的审理所作出的确认被诉行政行为违法或者无效的判决。确认判决包括确认违法和确认无效两种判决形式。

确认违法判决是撤销判决和履行判决的补充。一般情况下，当作为的行政行为违法时，适用撤销判决；不作为的行为违法时，适用履行判决。但某些情况下，不宜或不能适用撤销判决或履行判决时，适用确认违法判决。

确认无效判决是与撤销判决并列的针对作为的行政行为违法所作出的判决形式。由于确认无效判决针对的是重大且明显违法的行政行为，与撤销判决的法律效果有所不同，确认无效判决意味着人民法院以判决的形式宣布被诉的行政行为自始无效。

（二）确认判决的适用情形

依照《行政诉讼法》第74、75条的规定，确认判决有三种情形。

1. 行政行为确实构成违法，但考虑其他因素，不予撤销，而判决确认违法。包括两种情况。

（1）行政行为依法应当撤销，但撤销会给国家利益、社会公共利益造成重大损害的。这一款规定的是情况判决。所谓情况判决是指根据某些特定的客观情形，考虑不同情况下的法益权衡而作出的判决。对于积极违法状态下的行政行为，即作为状态下的违法的行政行为，本来应该撤销，但考虑到法律规定的情况，法律赋予法院一定的裁量权限，不撤销该行政行为，而确认其违法，被告承担败诉的后果，如赔偿相对人损失、负担诉讼费用等，但保留该行政行为法律上的效力。

（2）行政行为程序轻微违法，但对原告权利不产生实际影响的。依司法解释，有下列情形之一，且对原告依法享有的听证、陈述、申辩等重要程序性权利不产生实质损害的，属于《行政诉讼法》第74条第1款第2项规定的"程序轻微违法"：处理期限轻微违法；通知、送达等程序轻微违法；其他程序轻微违法的情形。

2. 行政行为违法，不可能或者不需要撤销或者判决履行的，确认违法。

（1）行政行为违法，但不具有可撤销内容的。行政行为违法，但由于行政行为本身的性质和特点，不具有可撤销的内容，典型的就是行政机关的事实行为。行政机关对相对人作出的行政事实行为，如捆绑、殴打行为，其本身的性质特点决定了无法适用撤销判决，只能确认违法。

（2）被告改变原违法行政行为，原告仍要求确认原行政行为违法的。被告改变其原来所做的违法的行政行为，意味着原来的行政行为已经不存在，这时已无法撤销。原告坚持要求确认原行政行为违法，人民法院应当予以确认，以为原告后续主张相应的权利提供前提。

（3）被告不履行或者拖延履行法定职责，判决履行没有意义的。被告不履行或者拖延履行法定职责，但履行职责往往是有时间限制的，有些职责一旦时过境迁，即无法履行，法院判决其履行职责没有实际意义。如申请公安机关制止哄抢财务、请求消防部门扑灭火灾等，行政机关未及时作出相应的行政行为，待相对人提起诉讼时，损失已经发生，再判决被诉行政机关履行职责已经没有意义了，只能确认违法。

3. 行政行为具有重大且明显违法情形的，判决无效。

《行政诉讼法》第75条规定，行政行为有实施主体不具有行政主体资格或者没有依据等重大且明显违法情形，原告申请确认行政行为无效的，人民法院判决确认无效。《2018年司法解释》第99条规定，有下列情形之一的，属于《行政诉讼法》第75条规定的"重大且明显违法"：（1）行政行为实施主体不具有行政主体资格；（2）减损权利或者增加义务的行政行为没有法律规范依据；（3）行政行为的内容客观上不可能实施；（4）其他重大且明显违法的情形。

这是关于确认无效判决的规定。《行政诉讼法》此条列举出了两种重大且明显违法的情形，即实施主体不具有行政主体资格和没有依据。司法解释的列举有实际意义的实际上只有"行政行为的内容在客观上不可能实施"。

如何理解实施主体不具有行政主体资格？实施主体不具有行政主体资格，可能有两种情况，一是实施主体不是行政主体。但如果实施主体不是行政主体，其所作出的行为本身就不是行政行为，不存在无效还是有效的问题。二是实施主体不具有作出某项行政行为的主体资格。此即行政行为越权。但行政行为超越职权，已经在撤销判决里加以规范，究竟应该适用撤销判决还是确认无效判决？对此似乎不明确。

行政行为没有依据，以及司法解释进一步明确的"减损权利或者增加义务的行政行为没有法律规范依据"这里的"依据"主要是指没有法律依据，即行政机关作出的行政行为欠缺实体法上的授权，缺乏相应的条文作为依据。而不包含"事实依据"。使用法律规范依据一词，强调这里的"法律"系广义，相当于法律规范。依法行政原则要求行政机关作出行政行为必须有法律上的依据，"法无授权不得为"。此项规定似乎意味着没有依据构成重大且明显违法。不过，如何理解这里的"没有依据"与撤销判决理由之一的"适用法律、法规错误"的区别，还需要根据司法实践中的情况作进一步研究。

尽管对行政行为无效的情形还待司法实践不断探索并加以明确，但行政诉讼法原则上规定了行政行为重大且明显违法构成无效行政行为，还是具有重大意义的。因为除条文提到的上述两种情形外，确实存在行政行为重大且明显违法需要确认无效的情况，如行政行为所要求或许可的内容可能导致犯罪，而犯罪是普通人能够判断的，应该认定为无效，相对人有抵抗权，可以不予遵守。

行政行为无效意味着自始无效，相对人有抵抗权，可以拒绝履行。因此，无效的确认判决只能针对重大且明显违法的情形。域外一些国家和地区一般在程序行政法中规定行政行为无效的情形，且一般都以重大且明显违法作为无效的标准。如日本行政法认为，行政行为具有公定力，即使有瑕疵也不直接无效，在有权限的国家机关正式撤销以前，以有效行为处理。但当行政行为有重大瑕疵，并且通常人也能够较容易地把握之时，便没有必要承认行政行为的公定力了，而例外地解释其为无效。①《德国行政程序法》第44条规定，行政行为具有明显瑕疵，该瑕疵按所考虑的一切情况判断属明显者，行政行为无效。并且列入行政行为无效的若干情形，如虽已书面作出，但作出的行政机关却未表明该行为由谁作出；根据法规，行政行为仅可以交付一定的文书方式作出，而未交付文书的；行政机关逾越不动产专属管辖权且没有经过授权所为的行政行为；基于事实理由不能实施的行政行为；行政行为的完成以违法行为为要件，该违法行为构成犯罪或者罚款要件；违反善良风俗。《葡萄牙行政程序法典（1996）》第133条规定，无效行政行为是指欠缺任何主要要素的行政行为，或法律明文规定属无效之行政行为。我国台湾地区"行政程序法"第111条规定，行政处分有下列各款情形之一者，无效：不能由书面处分中得知处分机关者；应以证书方式作成而未给予证书者；内容对任何人均属不能实现者；所要求或许可之行为构成犯罪者；内容违背公共秩序、善良风俗者；未经授权而违背法规有关专属管辖之规定或缺乏事务权限者；其他具有重大明显之瑕疵者。

（三）确认判决与其他判决形式的关系

相比较撤销判决和履行判决，确认违法判决是补充性质的判决。撤销判决适用于积极行政行为违法，履行判决适用于行政行为的消极违法。对于不能适用撤销判决和履行判决的行政行为违法情形，方适用确认判决。

---

① 田中二郎：《新版行政法》上卷，转引自杨建顺：《日本行政法通论》，中国法制出版社1998年版，第394页。

第十一章 行政诉讼法律适用与判决

依诉讼法诉判一致的原则,法院的判决是对原告诉讼请求的回应。确认判决的作出也与原告的诉讼请求相关。基于公共利益的考虑,诉判一致原则在行政诉讼中有例外。一个例外是情况判决。情况判决的作出,有可能是原告提起撤销被诉的行政行为的诉讼请求而法院根据情况作出了改变。另一个例外是确认无效判决。《行政诉讼法》第75条包含确认无效需要原告申请,即需要原告提出相应的诉讼请求的意思。如果原告并未请求确认无效,而是请求撤销或履行职责,法院应该如何处理?《2018年司法解释》第94条对此做了规定,"公民、法人或者其他组织起诉请求撤销行政行为,人民法院经审查认为行政行为无效的,应当作出确认无效的判决。"意味着法院的判决并不完全对应原告诉讼请求。司法解释的该条规定还涉及确认无效判决的起诉期限问题,"公民、法人或者其他组织起诉请求确认行政行为无效,人民法院审查认为行政行为不属于无效情形,经释明,原告请求撤销行政行为的,应当继续审理并依法作出相应判决;原告请求撤销行政行为但超过法定起诉期限的,裁定驳回起诉;原告拒绝变更诉讼请求的,判决驳回其诉讼请求"。原告诉讼请求是撤销被诉的行政行为,人民法院认为应当确认无效的,不存在起诉期限问题。起诉确认被诉行政行为无效而转换为撤销,则需要考虑是否超过起诉期限。司法解释的这一规定意味着撤销诉讼是有起诉期限要求的,而确认无效诉讼则无起诉期限限制。确实,依法律行为无效理论,无效意味着自始无效,相对人提出确认无效的请求,不受起诉期限的限制。①

(四) 确认违法或无效的处理

《行政诉讼法》第76条规定,人民法院判决确认违法或者无效的,可以同时判决责令被告采取补救措施;给原告造成损失的,依法判决被告承担赔偿责任。《2018年司法解释》第95条规定,人民法院经审理认为被诉行政行为违法或者无效,可能给原告造成损失,经释明,原告请求一并解决行政赔偿争议的,人民法院可以就赔偿事项进行调解;调解不成的,应当一并判决。人民法院也可以告知其就赔偿事项另行提起诉讼。

六、变更判决

(一) 变更判决的含义

变更判决是指人民法院经过对行政案件的审理,作出的直接变更原行政行为的判决。

人民法院审理行政案件,主要是对行政机关的行政行为是否合法进行审查。对于行政机关在法律、法规规定范围内作出的行政行为是否适当,原则上人民法院不能代替行政机关作出决定。但是,为了一次性解决行政争议,法律赋予人民法院一定的变更权,以判决代替行政机关的原行政决定。2014年《行政诉讼法》保留了变更判决的规定,且扩大了变更判决的适用范围。

《行政诉讼法》第77条规定:"行政处罚明显不当,或者其他行政行为涉及对款额的

---

① 同时,还需注意《2018年司法解释》第162条规定:"公民、法人或者其他组织对2015年5月1日之前作出的行政行为提起诉讼,请求确认行政行为无效的,人民法院不予立案。"这是因为在2015年5月1日新《行政诉讼法》实施前,我国缺乏无效行政行为的实体性规定,尽管某些单行法中出现"无效"字眼,但在规范层面上,普适性的"重大且明显违法"标准并未确立。

确定、认定确有错误的，人民法院可以判决变更。人民法院判决变更，不得加重原告的义务或者减损原告的权益。但利害关系人同为原告，且诉讼请求相反的除外。"

变更判决所解决的应当是行政机关在自由裁量权范围内的不当行为，因此是行政机关过失行为。即行政机关非故意地作出了明显不当的行政处罚，或者错误的确定、认定行为。如果在当事人以被告行政处罚或其他行为构成滥用职权为理由提起行政诉讼的情况下，如果人民法院经过审理查明被告确有滥用职权行为构成的，应当作出撤销判决，而不是变更判决。

（二）变更判决的适用情形①

1. 行政处罚明显不当

可以判决变更的行政处罚必须是明显地不恰当，这种不恰当主要是指行政处罚畸轻畸重。即行政机关对相对人所作出的行政处罚，虽然在法律规定的范围和幅度内，但对于相对人的违法行为及其情节而言，则明显地过轻或者过重。这种畸轻畸重是相对于一段时期、一定地域范围内行政机关所作的同类行政处罚而言的。而且，行政处罚是否畸轻畸重也应考虑相对人违法行为的性质、情节、相对人个人的情况如是否初犯、认错态度等因素。

同时，行政诉讼变更判决所适用的明显不当，仅指行政机关及其工作人员过失地作出畸轻畸重的行政处罚的情形。故意地作出畸轻畸重行政处罚的行为构成滥用职权而不是明显不当。滥用职权和明显不当都是行政机关在其自由裁量权范围内作出的行为，都可能具有畸轻畸重的行为表现形式，但两者主要的区别是行为主体主观状况的不同。滥用职权违背行政合法性原则，是行政主体故意地作出违背法律授予其某项行政职权之目的的行为；而明显不当违背行政合理性原则，是行政主体非故意地作出的行为，这种行为由于不符合客观事实而呈现畸轻畸重的特点。

在这个问题上，1989年《行政诉讼法》规定的是行政处罚显失公正的，可以判决变更。如何判断显失公正曾引起讨论。公正是一个抽象的概念。对显失公正的含义，学者们一般认为是指这样一些情形，如行政处罚畸轻畸重，同种情况不同对待或者不同情况同种对待，反复无常等。②。其中同种情况不同对待或者不同情况同种对待，反复无常等，实际上是指一种不公平的情形。如治安行政案件中两人互殴，公安机关处罚其中一人而未对另一人作出处罚。再如技术监督局处罚售假者而不处罚制假者等。如果认为此种不公平的情形也构成显失公正的话，依照行政诉讼法的规定，人民法院应判决变更。但是如果相对人确有违法行为，且以事实和法律为标准而不是以同案的其他人的行为为标准来判断，行政机关对其所作出的行政处罚确实是合适的，法院如何变更？变更减轻或者加重都是违背法律的。因此应该说公正不等于公平。行政处罚显失公正不包括显失公平在内。有些情况

---

① 依照《国家赔偿法》和有关司法解释的规定，人民法院审理行政赔偿案件也可适用变更判决。但由于本章主要讨论合法性审查案件的裁判，故而对行政赔偿案件的裁判一般不予讨论。有关行政赔偿案件中变更判决的规定，参见本书第十三章的有关规定。

② 参见姜明安：《行政诉讼法》，北京大学出版社1993年版；应松年主编：《行政诉讼法学》，中国政法大学出版社1994年版等。

下行政决定是公正的但可能是不公平的,人民法院仍然应维持行政机关所作的行政行为。①

2. 涉及对款额的确定、认定确有错误的其他行政行为

这是 2014 年《行政诉讼法》修改新增的规定,扩大了变更判决的适用范围。对款额的确定、认定行为,包括行政机关的税款征收、行政收费、给付最低生活保证金、社会保险及其他社会保障待遇等行政行为。原告起诉要求变更款额,人民法院审查认为行政机关对款额的确定、认定确有错误,可以依法作出变更,从而一次性地解决行政争议。

(三) 关于人民法院能否对原告作不利变更的问题

行政处罚明显不当,包括畸轻畸重两种情况。其他行政行为如果需要变更,也有变更对原告有利还是不利两种可能性。考虑到行政诉讼的特殊性,为了实现行政诉讼的目的,应当支持和鼓励相对人行使诉权,提起行政诉讼。这就需要类似刑事诉讼中"上诉不加刑"的规定,免除原告对可能遭受更为不利的法院判决的后顾之忧。

但是,我国宪法和行政诉讼法都规定人民法院审理案件,要以事实为根据,以法律为准绳,那么,如无法律另有规定,从实事求是的角度出发,原行政处罚畸重,可以判决减轻;原行政处罚畸轻,亦可判决加重。而对其他行政行为,也应当依据法律规定,作出相应变更。也就是说"以事实为根据,以法律为准绳"是我国司法工作的基本准则,对这一准则的例外适用,必须有法律的明文规定。

同时,应当顾及利害关系人参与诉讼的情况。否则,就会造成两个后果:其一,最初作出处罚决定的行政机关的权限最大,给行政机关包庇违法行为人以可乘之机;其二,对被侵害人来说等于虚设了行政诉讼。例如,在治安行政案件中,被侵害人认为公安机关给被处罚人的处罚过轻而向人民法院起诉,如果人民法院不能变更公安机关的裁决,加重处罚,则被侵害人的起诉没有实际意义。

因此,2014 年《行政诉讼法》明确规定,人民法院判决变更,不得加重原告的义务或者减损原告的权益。但利害关系人同为原告,且诉讼请求相反的除外。

七、关于复议机关共同被告案件的判决

由于行政诉讼法规定,经复议的案件,复议机关决定维持原行政行为的,作出原行政行为的行政机关和复议机关是共同被告,于是产生复议维持情况下如何作出判决的问题。

《行政诉讼法》第 79 条规定:"复议机关与作出原行政行为的行政机关为共同被告的案件,人民法院应当对复议决定和原行政行为一并作出裁判。"

---

① 从以上微观角度出发重新审视公正的基本含义,我们发现我国法理学界对公正缺乏实事求是的认真分析和考察。公正是一个抽象的理论概念。我国法理学界在对公正的基本范畴和内容进行研究时,一般都是借鉴西方学者对公正的论述,将公正与正义、公平相联系的,认为正义"通常又可称公平、公正、正直、合理等。这些词可以说含义相当,但意义强弱、范围大小可能有所差别"(沈宗灵主编:《法理学》,高等教育出版社 1994 年版,第 47 页)。之所以这样认为,是与我们从西方引进有关法理学的理论时,未能充分地理解正义 justice 和所对应的有关汉语的含义而引起的。应该说,汉语中正义、公正、公平各自具有不同的含义,正义的内涵和外延大于公正、公平。正义包含公正、公平、正直、合理的意思,但公正、公平不等于正义。

总体原则是复议机关决定维持原行政行为的，人民法院应当在审查原行政行为合法性的同时，一并审查复议决定的合法性。人民法院对原行政行为作出判决的同时，应当对复议决定一并作出相应判决。人民法院依职权追加作出原行政行为的行政机关或者复议机关为共同被告的，对原行政行为或者复议决定可以作出相应判决。

具体来说，有以下不同情况的处理。

1. 人民法院判决撤销原行政行为和复议决定的，可以判决作出原行政行为的行政机关重新作出行政行为。

2. 人民法院判决作出原行政行为的行政机关履行法定职责或者给付义务的，应当同时判决撤销复议决定。

3. 原行政行为合法、复议决定违法的，人民法院可以判决撤销复议决定或者确认复议决定违法，同时判决驳回原告针对原行政行为的诉讼请求。

4. 关于赔偿责任，原行政行为被撤销、确认违法或者无效，给原告造成损失的，应当由作出原行政行为的行政机关承担赔偿责任；因复议决定加重损害的，由复议机关对加重部分承担赔偿责任。

5. 原行政行为不符合复议或者诉讼受案范围等受理条件，复议机关作出维持决定的，人民法院应当裁定一并驳回对原行政行为和复议决定的起诉。

八、关于行政协议的判决

关于行政协议案件的审理，《行政诉讼法》第78条规定做了原则性规定：“被告不依法履行、未按照约定履行或者违法变更、解除本法第12条第1款第11项规定的协议的，人民法院判决被告承担继续履行、采取补救措施或者赔偿损失等责任。被告变更、解除本法第12条第1款第11项规定的协议合法，但未依法给予补偿的，人民法院判决给予补偿。”《行政协议司法解释》从第11条到第22条，用12个条文就行政协议案件审理与判决的特殊性做了进一步的明确规定。

（一）审理行政协议案件适用的规范性文件

"行政协议诉讼既包括了行政机关行使行政优益权的行政行为诉讼，也包括了行政机关不依法履行、未按照约定履行协议义务的违约诉讼。"因此，人民法院审理行政协议案件，"既要对行政机关行使优益权的行政行为进行合法性审查，也要对行政机关是不是按照法定或者约定履行行政协议的义务进行合约性审查。"① 《行政协议司法解释》规定，人民法院审理行政协议案件，应当对被告订立、履行、变更、解除行政协议的行为是否具有法定职权、是否滥用职权、适用法律法规是否正确、是否遵守法定程序、是否明显不当、是否履行相应法定职责进行合法性审查。原告认为被告未依法或者未按照约定履行行政协议的，人民法院应当针对其诉讼请求，对被告是否具有相应义务或者履行相应义务等进行审查。

---

① "《最高人民法院关于审理行政协议案件若干问题的规定》新闻发布会"，载中国法院网，https：//www.chinacourt.org/article/subjectdetail/id/MzAwNMgxNoABAA.shtml，最后访问时间：2019年12月26日。

关于审理行政协议案件的法律适用，该司法解释第27条规定："人民法院审理行政协议案件，应当适用行政诉讼法的规定；行政诉讼法没有规定的，参照适用民事诉讼法的规定。人民法院审理行政协议案件，可以参照适用民事法律规范关于民事合同的相关规定。"人民法院审理行政协议诉讼中的违约争议时，可能需要参照适用民事法律规范。

（二）行政协议案件的判决

行政协议案件的判决，既可能适用本章前述行政行为合法性审查情况下的行政判决，也可能需要针对行政协议的特殊性而适用更加符合"民事性"的判决。因此行政协议的判决较为复杂，本部分主要介绍和分析涉及行政协议特殊性的判决。

1. 确认行政协议无效或未生效

《行政协议司法解释》第12条规定："行政协议存在《行政诉讼法》第75条规定的重大且明显违法情形的，人民法院应当确认行政协议无效。人民法院可以适用民事法律规范确认行政协议无效。行政协议无效的原因在一审法庭辩论终结前消除的，人民法院可以确认行政协议有效。"

《行政协议司法解释》第13条规定："法律、行政法规规定应当经过其他机关批准等程序后生效的行政协议，在一审法庭辩论终结前未获得批准的，人民法院应当确认该协议未生效。行政协议约定被告负有履行批准程序等义务而被告未履行，原告要求被告承担赔偿责任的，人民法院应予支持。"

2. 撤销行政协议

《行政协议司法解释》第14条规定："原告认为行政协议存在胁迫、欺诈、重大误解、显失公平等情形而请求撤销，人民法院经审理认为符合法律规定可撤销情形的，可以依法判决撤销该协议。"这里规定的是行政协议的撤销，而不是行政行为的撤销。

关于行政协议确认无效、被撤销或确定不生效的处理，《行政协议司法解释》第15条："行政协议无效、被撤销或者确定不发生效力后，当事人因行政协议取得的财产，人民法院应当判决予以返还；不能返还的，判决折价补偿。因被告的原因导致行政协议被确认无效或者被撤销，可以同时判决责令被告采取补救措施；给原告造成损失的，人民法院应当判决被告予以赔偿。"

3. 行政协议的变更、解除

行政协议签订后，到行政协议完全执行完毕，可能出现各种情况，需要变更或解除。在这个过程中，可能出现行政机关行使行政优益权，作出变更、解除行政协议的行政行为而引起争议的情况，也可能出现公民、法人和其他组织一方要求变更或解除行政协议的情况。

《行政协议司法解释》第16条规定："在履行行政协议过程中，可能出现严重损害国家利益、社会公共利益的情形，被告作出变更、解除协议的行政行为后，原告请求撤销该行为，人民法院经审理认为该行为合法的，判决驳回原告诉讼请求；给原告造成损失的，判决被告予以补偿。被告变更、解除行政协议的行政行为存在《行政诉讼法》第70条规定情形的，人民法院判决撤销或者部分撤销，并可以责令被告重新作出行政行为。被告变更、解除行政协议的行政行为违法，人民法院可以依据《行政诉讼法》第78条的规定判决被告继续履行协议、采取补救措施；给原告造成损失的，判决被告予以赔偿。"依此规定，根据被告变更、解除协议是否构成违法的不同情形，法院可能作出三种情况的判决，即变更、解除行政协议的行政行为合法情况下的驳回原告诉讼请求并作出补偿的判决;变更、解除行政协议的行政行为违法情况下的撤销并责令被告重做判决;变更、解除行政协议的行政行为违法情况下的责令继续履行并采取补救措施以及赔偿的判决。

针对原告请求解除行政协议的情况,《行政协议司法解释》第17条规定:"原告请求解除行政协议,人民法院认为符合约定或者法定解除情形且不损害国家利益、社会公共利益和他人合法权益的,可以判决解除该协议。"

4. 涉及行政协议履行的判决

(1)支持被告行使履行抗辩权的驳回诉讼请求判决

《行政协议司法解释》第18条:"当事人依据民事法律规范的规定行使履行抗辩权的,人民法院应予支持。"我国《合同法》(1999年制定)规定合同履行过程中的抗辩权有三种,即第66条规定的同时履行抗辩权、第67条规定的先履行抗辩权和第68条规定的不安抗辩权。法律规定抗辩权是为了切实保护当事人的合法权益,防止合同欺诈,促使对方履行义务。

同时履行抗辩权,是指当事人互负债务,没有先后履行顺序的,应当同时履行。一方在对方履行之前有权拒绝其履行要求。一方在对方履行债务不符合约定时,有权拒绝其相应的履行要求。

先履行抗辩权,是指当事人互负债务,有先后履行顺序,先履行一方未履行的,后履行一方有权拒绝其履行要求。先履行一方履行债务不符合约定的,后履行一方有权拒绝其相应的履行要求。

不安抗辩权是指在当事人互负债务,应当先履行债务的当事人,有确切证据证明对方有丧失或者可能丧失履行债务能力,如经营状况严重恶化;转移财产、抽逃资金,以逃避债务;丧失商业信誉等情形时,在对方没有恢复履行能力或者没有提供担保之前,中止合同履行的权利。当事人没有确切证据中止履行的,应当承担违约责任。当事人行使不安抗辩权中止履行的,应当及时通知对方。对方提供适当担保时,应当恢复履行。中止履行后,对方在合理期限内未恢复履行能力并且未提供适当担保的,中止履行的一方可以解除合同。

由于这里的抗辩权是履行抗辩权,即协议的一方要求另一方履行协议义务时,负有履行义务的一方进行抗辩的权利,因此,在行政协议诉讼中,应该只有行政机关一方有机会行使。即公民、法人和其他组织要求行政机关履行行政协议规定的义务时,行政机关以民事法律规范规定的抗辩权加以抗辩。如果公民、法人和其他组织一方不履行行政协议义务,行政机关应当行使行政优益权直接作出行政决定,要求公民、法人和其他组织履行行政协议规定的义务,此即《行政协议司法解释》第24条规定的处理。① 如果法院认定被

---

① 《行政协议司法解释》第24条:"公民、法人或者其他组织未按照行政协议约定履行义务,经催告后不履行,行政机关可以作出要求其履行协议的书面决定。公民、法人或者其他组织收到书面决定后在法定期限内未申请行政复议或者提起行政诉讼,且仍不履行,协议内容具有可执行性的,行政机关可以向人民法院申请强制执行。法律、行政法规规定行政机关对行政协议享有监督协议履行的职权,公民、法人或者其他组织未按照约定履行义务,经催告后不履行,行政机关可以依法作出处理决定。公民、法人或者其他组织在收到该处理决定后在法定期限内未申请行政复议或者提起行政诉讼,且仍不履行,协议内容具有可执行性的,行政机关可以向人民法院申请强制执行。"

告的抗辩权成立,应当作出驳回原告诉讼请求的判决。

(2) 被告不履行协议的处理:责令继续履行协议或赔偿损失

被告未依法履行、未按照约定履行行政协议,人民法院可以依据《行政诉讼法》第78条的规定,结合原告诉讼请求,判决被告继续履行,并明确继续履行的具体内容;被告无法履行或者继续履行无实际意义的,人民法院可以判决被告采取相应的补救措施;给原告造成损失的,判决被告予以赔偿。

(3) 被告不履行协议的处理:承担违约责任

被告未依法履行、未按照约定履行行政协议,原告要求按照约定的违约金条款或者定金条款予以赔偿的,人民法院应予支持。被告明确表示或者以自己的行为表明不履行行政协议,原告在履行期限届满之前向人民法院起诉请求其承担违约责任的,人民法院应予支持。

5. 因行使行政优益权而造成损害的行政补偿

《行政协议司法解释》第21条规定:"被告或者其他行政机关因国家利益、社会公共利益的需要依法行使行政职权,导致原告履行不能、履行费用明显增加或者遭受损失,原告请求判令被告给予补偿的,人民法院应予支持。"这条规定的情形应当是指行政协议签订之后,在行政协议履行过程中,由于情势变更,行政机关行使行政优益权作出有关行政行为,致使公民、法人和其他组织一方合法权益受到损害的情况。对于行政机关基于国家利益、社会公共利益的需要,依法行使行政职权造成损害的,行政机关应当依法给予补偿。

6. 行政协议案件的诉讼类型转换

"行政协议诉讼是公法诉讼,具有维护国家利益和社会公共利益的客观诉讼性质。"①人民法院审理行政协议案件,不仅仅依据协议条款审查是否构成违约责任,而是要结合行政协议内容是否符合法律规定,行政机关是否依法签订协议进行审查。原告诉讼请求是要求被告承担违约责任,而人民法院审理认为行政协议构成无效的,可能作出转换诉讼类型的处理。《行政协议司法解释》第22条规定:"原告以被告违约为由请求人民法院判令其承担违约责任,人民法院经审理认为行政协议无效的,应当向原告释明,并根据原告变更后的诉讼请求判决确认行政协议无效;因被告的行为造成行政协议无效的,人民法院可以依法判决被告承担赔偿责任。原告经释明后拒绝变更诉讼请求的,人民法院可以判决驳回其诉讼请求。"

九、行政诉讼二审判决

行政诉讼二审判决是指在第二审程序中,人民法院经过对上诉案件的审理,依法作出的具有法律效力的最终结论。

依行政诉讼法的有关规定,行政诉讼二审判决主要有两种。

---

① "《最高人民法院关于审理行政协议案件若干问题的规定》新闻发布会",载中国法院网,https://www.chinacourt.org/article/subjectdetail/id/MzAwNMgxNoABAA.shtml,最后访问时间:2019年12月26日。

（一）维持原判

维持原判是指第二审人民法院通过对上诉案件的审理，确认一审判决认定事实清楚，适用法律、法规正确，符合法定程序，从而作出的驳回上诉，维持原判的判决。

（二）依法改判

依法改判是指第二审人民法院依法对上诉案件直接进行实体审理，从而作出的判决。第二审人民法院依法改判包括两种情形：

1. 对原判决认定事实错误或者适用法律、法规错误的，依法改判、撤销或者变更。对原判决认为事实是审查清楚了，但认定错误的，或者适用法律、法规错误的案件，依法改判。这是对一审判决错误的直接纠正。

2. 原判决认定基本事实不清、证据不足的，在查清事实后依法改判。这种改判是由于第二审人民法院对第一审人民法院所认定的事实和所适用的法律均予以否定，从而依法直接作出的判决。

第三节　关于行政判决的几个问题

一、行政案件的审理对象

（一）行政案件审理对象的含义

行政案件的审理对象是指公民、法人或者其他组织认为行政机关及其工作人员的行政行为侵犯了自己的合法权益而依照行政诉讼法的规定向人民法院提起行政诉讼后，人民法院在审理和裁判行政案件时所应针对的对象。审理对象是从法院裁判的角度所分析的一个实践问题，研究审理对象的目的是为了明确人民法院在诉讼中的地位、职权和工作的重点。

我国《行政诉讼法》第2条、第6条、第12条、第70条对行政案件的审理对象进行了明晰的界定，即行政案件的审理对象是当事人之间争议的请求人民法院予以裁判的行政行为的合法性问题、行政处罚的适当性问题以及某些款额的确定认定。具体是从三个方面来界定行政案件的审理对象：

第一，行政案件的审理对象是行政机关的行为而不是相对人的行为；第二，行政案件的审理对象是行政机关的具体行政行为而不是行政机关的抽象行政行为；第三，行政案件的审理对象是行政行为的合法性问题，而不是行政行为的适当性问题（行政处罚及部分款额确定认定行为除外）。对界定行政案件审理对象的后两个方面，本书在基本原则部分已有清楚的论述，司法实务界亦有清楚的认识。在这里需强调的是，依行政诉讼法的规定，人民法院审理行政案件，主要是审查行政机关的行政行为是否合法，而不是审查相对人的行为是否合法；行政案件的审理对象是被告的行为而不是原告的行为。

（二）审查行政机关的行为与审查相对人行为的彼此关系

人民法院审理行政案件，必须把被诉行政行为作为审查的重心和主要对象。审查相对人行为是否合法不可能最终确定被诉行政行为是否合法，更不能代替对被诉行政行为合法性的审查。

第十一章 行政诉讼法律适用与判决

行政诉讼本质上是行政法制监督的一个内容。作为我国诉讼制度的一个有机组成部分，行政诉讼制度既有解决行政纠纷，保护公民、法人或者其他组织合法权益的功能，又具有借助司法权对行政权实施监督的性质，但司法权不能代替行政权。行政机关（包括法律、法规授权的组织，以下同）行使行政职权，针对公民、法人或者其他组织的违法行为作出行政处罚或者采取行政强制措施，针对相对人的申请行为作出相应的许可或者不许可的回答，以及作出其他行政行为，是行政机关实施行政管理的主要内容。查清相对人是否具有违法行为，或者相对人的申请行为是否符合法定条件是行政机关的职权和职责，而不是人民法院的职权和职责。人民法院在行政诉讼中，不能代替行政机关行使行政管理权来调查行政管理相对人是否有违法行为或者相对人的申请行为是否符合法定条件。相对人的行为及其事实状态是行政机关在作出行政行为时应该加以查清的问题，在诉讼中行政机关应将能够证明相对人的行为及其事实状态的证据向人民法院提交，以证明自己所作行政行为的正确性和合法性。行政诉讼作为行政法制监督的一个内容，其监督和审查的对象是行政机关的行为而不是相对人的行为。人民法院对此必须有清楚的认识，在审理行政案件时不能本末倒置。

行政行为是否合法，与相对人行为的性质并不具有必然的联系。相对人的行为违法，行政机关的处罚行为不一定合法；相对人的申请行为符合法定条件，行政机关拒绝许可的行为不一定违法（因为还要考虑一定时间和地域范围内许可证颁发的情况及其他社会环境条件）；相对人的申请行为不符合法定条件，行政机关拒绝许可的行为也不一定合法。即使相对人实施了非常严重的违法行为，但如果行政机关对该行为所做的行政行为具有主要证据不足，适用法律、法规错误，违反法定程序，超越职权，滥用职权等情形，人民法院仍要判决撤销该行政行为，判决行政机关重新作出行政行为。总之，相对人行为违法，只说明行政机关有作出相应行政行为的必要性，并不能说明其所作出的行政行为的必然合法性。行政机关所做行政行为是否合法，仍然要依行政诉讼法关于判决部分的规定加以审查，以便确认该行为是否符合行政行为得以合法的五个要件。

当然，人民法院审理行政案件，并不完全排除对原告行为的审查。每一行政行为都要针对一定的对象，行政行为的合法性与相对人行为是否合法具有一定的依存关系。有时，确定相对人是否有特定的违法行为存在，是确定被告所做行政行为是否合法的前提。在这种情况下，审查相对人是否有行政机关确认的违法行为存在，则既是必要的也是必须的。例如税务局以偷税为由对某人进行处罚，该相对人起诉的理由是自己一直守法经营，并无偷税行为。本案争议的焦点是原告有无偷税行为，而对于被告所做行政行为是否合法所应涉及的其他要件，如有无管辖权，有无法律、法规依据，是否符合法定程序等问题，双方并无争议。在这一案件中，人民法院必须对原告有无偷税的行为进行审查，但审查的重点是被告提供的证据是否能够证明原告实施了偷税行为。在这种情况下，审查原告行为只不过是借以确定被诉行政行为是否合法的一个环节，是为确定被诉行政行为是否合法服务的。从另一个角度说，人民法院在审理行政案件时，并不需要直接调查原告是否确实实施了偷税的违法行为，而只应审查被告在作出行政行为时是否有充分、确凿的证据证明原告实施了偷税的违法行为。如果被告在诉讼中不能向法院提交此类证据，人民法院应即以被告所做行政行为的主要证据不足为理由判决撤销该行政行为。

(三) 人民法院确定行政案件审理对象应注意的几个问题

以被诉行政行为的合法性或者适当性问题作为行政案件的审理对象,即要求人民法院的行政审判活动紧紧围绕被诉行政行为的合法性或者适当性问题来进行。具体来讲,在审理时应注意以下几点:

1. 人民法院审理行政案件时应强调被告围绕被诉行政行为的合法性或者适当性问题加以举证。

被告对作出的行政行为负有举证责任是我国行政诉讼证据制度的特点。《行政诉讼法》第34条规定:"被告对作出的行政行为负有举证责任,应当提供作出该行政行为的证据和所依据的规范性文件。"《行政诉讼法》第70条规定行政行为主要证据不足的,人民法院应判决撤销。上述规定表明被告对作出的行政行为负有举证责任,应当举证证明自己所作行政行为的正确性和合法性,这种责任既是行为责任也是结果责任。因此,强调被告的举证责任,应当把被告的举证行为和行政诉讼的裁判结果直接联系起来。被告拒不举证、不能举证或者提供的证据不足以证明法定事实成立的,人民法院都应当根据行政诉讼法的规定判决被告败诉。

强调被告围绕被诉行政行为的合法性或者适当性问题举证时应当做到:

第一,强调被告在应诉期间内,应提供作出行政行为所依据的事实根据和规范性文件。对拒不提供、不及时提供的不得迁就,并应在答辩期限届满后,及时开庭。

第二,法院在开庭前不调查收集证据,在开庭后也不得帮助被告调查收集证明其行政行为是否合法的主要证据。

第三,在庭审中要强调被告围绕被诉行政行为的合法性或者适当性问题依逻辑顺序逐一举证,原告有权围绕该问题进行质证。

2. 人民法院审理行政案件时应正确处理事实审查中审查原告的行为和审查被告的行为的关系。

坚持以被诉行政行为的合法性和适当性作为行政案件的审理对象是正确处理事实审查中审查原告的行为和审查行政机关的行政行为之间关系的关键。具体来说应正确区分以下情形:

第一,对原告以行政机关认定的事实有错误为理由提起诉讼的行政案件,人民法院应将行政行为认定的事实是否清楚、确实作为行政案件审理的重要内容。但是在这种情况下,人民法院对事实的审查主要是针对被告作出的行政行为中认定原告行为的事实是否与客观事实相一致,证据是否确实充分,而且只应限于被诉行政行为所确定的事实范围,而不能任意扩大事实审查的范围。通过事实审查,被诉行政行为认定事实错误或者事实不清,证据不足的,人民法院应以主要证据不足为由判决撤销被诉行政行为;被诉行政行为认定事实清楚,证据确实充分的,人民法院还应对被诉行政行为进行进一步的审查以便确定该行政行为的合法性或者适当性。

第二,原告对行政机关认定的事实没有争议的行政案件,人民法院的审判活动可以不涉及原告的行为,不进行事实审查。人民法院在对当事人争议的关于行政行为是否合法的其他内容如有无法律依据、是否符合法定程序等问题进行审查后,即可作出判决。例如农民张某因盗窃500元财物而被决定送劳动教养1年,张某不服而向法院提起诉讼。在本案中，原告、被告对张某所为之盗窃事实均无争议，但张某既不符合劳动教养条件（屡教不改），又不符合劳动教养所适用的地域范围（收容大中城市需要劳动教养的人），因此决定对张某劳动教养1年显然是错误的。

第三，对行政行为明显错误的案件，如明显超越职权、明显违反法定程序等，人民法院即没有必要再就原告的违法事实进行审查。因为行政案件审理的对象是行政机关的行为而不是相对一方当事人的行为，行政行为既然已经被确定为违法，则不管当事人的行为是否违法都应当无条件地予以撤销。因此没有必要再对相关事实进行审查。如湖北某县地方税务局对该县在广东打工的农民的劳务所得征收个人所得税，直接违反了个人所得税法关于劳务所得应在"源泉地"纳税的规定。人民法院在审理此案时没有必要审查原告是否在广东已缴纳过个人所得税和被告的征税决定有无事实依据即原告究竟有多少个人所得以及应当如何计算所得额和所得税等问题，便可直接以被告超越职权为理由予以撤销。

3. 人民法院审理行政案件时不能忽视对被诉行政行为是否符合法定程序进行审查。

首先，违反法定程序作出的行政行为本身就是违法的。《行政诉讼法》规定人民法院对行政行为违反法定程序的应判决撤销，行政处罚法规定不遵守法定程序的行政处罚无效。这些规定明确了是否符合法定程序是行政行为是否合法的重要标准之一。如行政机关作出行政行为后不按法定程序送达并告知相对人享有的诉权，该行政行为就不具有法律效力。又如行政机关在作出吊销企业营业执照的行政处罚决定之前既未告知相对人有要求举行听证的权利又未举行听证，该行政处罚决定亦属违法。

其次，有的行政行为违反法定程序本身就能导致行政侵权行为的发生。如交警扣押相对人的车辆行驶证而不按法定程序开具暂扣证，致使相对人的车辆不能行驶，即属于程序违法。正是这种程序违法给相对人造成了损失，所以如果相对人对此提起诉讼，人民法院即应对被告是否遵守了法定程序进行重点审查。

4. 人民法院的判决应当紧紧围绕被诉行政行为的合法性和适当性问题作出。

判决是人民法院对被诉行政行为的合法性和适当性问题作出的权威性结论，也是人民法院对行政案件作出的最后处理决定。人民法院在判决书中的结果部分只能就被诉行政行为的合法性或者适当性问题作出结论，在判决书的理由部分也只能就被诉行政行为的合法性或者适当性问题进行叙述。总之，人民法院的判决不得就原告的违法行为是否存在及该行为应受到怎样的处罚进行叙述和处理。

（四）与行政案件的审理对象相关的几个问题

1. 关于行政诉讼中的错案

强调由被告举证，强调对被诉行政行为的合法性进行审查，即意味着当行政行为所涉及的相关事实不清、主要证据不足时，人民法院便没有必要去查清事实就可以直接判决被告败诉。这似乎与传统的认识不相一致。依传统的认识，如果人民法院没有查清案件事实就作出判决，必然会造成错案。而在行政诉讼中，人民法院除在作出变更和履行义务的肯定判决时具有主动性，应在当事人举证的基础上直接依据事实和法律作出判决以外，一般针对合法性进行审查的案件，人民法院对行政行为的判决要么是维持，要么是撤销。维持还是撤销的标准则是行政诉讼法在判决部分所列举的关于行政行为是否合法的五个标准。从行政案件审理对象的角度看，人民法院不应对原告的行为进行主动审查，亦不应主动调查与之相关的案件事实。由于法律规定作出行政行为的证据和所依据的规范性文件概由被告提供，人民法院不负有调查和收集此方面证据的任务，因此，只要人民法院的判决是在当事人对事实和法律举证的基础上依据事实和法律作出的，就不是错案。事实应是当事人提供的事实，法律则既包括实体法，也包括程序法。行政诉讼中可能出现的错案应当是指不依据当事人提供的事实和证据作出判决，或者审查判断证据时出现错误，或者适用法律上存在错误。

2. 如何看待实事求是原则

依靠群众，实事求是，深入实际调查研究，是我国司法工作的优良传统。从某种意义上说，强调行政诉讼以行政行为作为审理对象，并仅仅在当事人举证的基础上，而不是在查清全部案件事实的基础上作出判决，这在一定程度上显然是和实事求是原则相违背的。如有时在主要证据不足的情况下，行政机关所为之行政行为的结果还是正确的，只不过行政机关在诉讼中不能举出足够的证据，其原因或者是由于作出这个行政行为是出于其工作人员的经验和直觉，或者是由于工作人员的疏忽而没有将证据保存下来等等。在这种情况下，不仅人民法院不收集证据，而且被告受诉讼中不得自行取证规定的限制也不能收集证据，故此被告只得败诉。又如行政诉讼中对行政行为的审查基本上是程序审查，即是对证据、违反法定程序的审查等，而不是对行政行为的结论进行实体审查。

但是这是出于法治原则的考虑。实事求是原则只强调了以事实为根据，而法治原则既要求以事实为根据，同时也要求以法律为准绳，要求任何机关和个人都不得违背法律，都必须在法律规定的范围内活动。法律要求行政机关作出行政行为时必须严格遵守行政程序，而行政程序的最基本、最起码的要求是先取证后裁决。如果行政机关的行为违背了法律规定，则不论这种法律是实体法还是程序法，都应当承担相应的法律责任。在这里，法治原则所起的作用是在宏观上促使行政机关依法行政，因此是从更广泛的意义和更深远的角度保证实事求是原则的贯彻。

3. 关于如何看待相对人的违法行为问题

即便原告有违法行为，但如果行政机关对其作出的行政行为不符合行政诉讼法所规定的要件时，人民法院仍要判决撤销。而且在诉讼中人民法院即使发现原告有未被行政机关发现的违法行为，也不得加以处理。这是否意味着放任相对人违法？

对此问题，应从两个方面来看待：

一方面，行政诉讼法规定行政诉讼的目的是保护公民、法人或者其他组织的合法权益，监督行政机关依法行使行政职权。行政诉讼法并不要求人民法院通过审判活动监督相对人的行为，而是要求人民法院通过审判活动监督行政机关的行为。从行政诉讼的目的来看，相对人的行为并不是行政诉讼的审理对象。

另一方面，行政诉讼的目的是监督行政机关依法行使行政职权，这并不意味着放任相对人违法，只不过是因为司法权和行政权有着明确的分工，故对于相对人的违法行为，即应由行政机关调查和处理，而不应由司法机关调查和处理。人民法院撤销行政机关违法的行政行为后，行政机关可以根据事实和法律对相对人重新作出行政行为，对此，《行政诉讼法》有着明确的规定。《行政诉讼法》第70条规定，人民法院判决撤销行政机关的行政行为的，可以判决行政机关重新作出行政行为。第71条规定，人民法院判决被告重新

第十一章 行政诉讼法律适用与判决

作出行政行为时,被告不得以同一的事实和理由作出与原行政行为基本相同的行政行为。有关司法解释规定,人民法院判决被告重新作出行政行为的,被告重新作出的行政行为所依据的事实和理由部分只要改变了其中的一部分,即不属于《行政诉讼法》第71条规定的"同一事实和理由"。人民法院以违反法定程序为由,判决撤销行政机关行政行为的,行政机关重新作出行政行为时,不受《行政诉讼法》第71条规定的限制。因此,以被诉行政行为作为行政案件的审理对象并不会放任相对人的违法行为,而只是为了更好地实现行政诉讼的目的。

二、行政诉讼中的调解

(一) 问题的提出

行政诉讼中的调解问题,在行政诉讼立法过程中,是一个争议较大的问题。由于在民事诉讼中,一直强调法院调解是我国民事审判工作的优良传统和成功经验,着重调解是我国民事诉讼法的基本原则,以至于理论界和实际部门不少人将调解问题看得过于重要,认为在行政诉讼中也可以进行调解,应该将其规定为行政诉讼法的基本原则。同时,也有人针锋相对地提出相反观点,认为行政诉讼中一律不准调解,《行政诉讼法》应该规定一个"不调解原则"①。1989年《行政诉讼法》实施以来,虽然条文明确规定除了赔偿诉讼可以适用调解外,人民法院审理行政案件不适用调解。然而在审判实践中存在大量的调解现象,经法院调解后原告撤诉甚至成为一些法院办理行政案件的主要结案方式。为此,最高人民法院特地出台《关于行政诉讼撤诉若干问题的规定》(2008年1月发布)规范行政诉讼中的撤诉。②

司法实践现状再次将这个问题纳入人们讨论的视野。针对司法实践现状,学术界有关此主题的论文大量发表,不少学者主张,行政诉讼应设立调解原则,认为行政诉讼中不能适用调解的诸观点均不能成立,有学者甚至进一步探讨了调解适用的范围以及程序。关于行政诉讼中能否适用调解,最主要的争论就是行政机关的处分权问题。行政诉讼中不能适用调解的观点,主要理由是公权力不得自由处分之原理。认为行政诉讼争议的是被告行政机关的公权力行使问题,这种权力对于行政机关来说,既是职权也是职责,作为职责,行政机关必须依法严格履行,而不得放弃、转让或作其他处分。由于行政机关不享有实体处分权,因此,以当事人享有实体处分权为存在基础的诉讼调解在行政诉讼中没有生存空

---

① 参见李松为:《我国行政诉讼制度特点初探》,载《河北法学》1987年第3期;方世荣等:《论我国行政诉讼不同于民事诉讼的诸项基本原则》,载《中国法学》1987年第2期;金俊银:《我国行政诉讼的基本原则试探》,载《法学杂志》1987年第5期;柯昌信等:《行政审判同样适用调解原则》,载《法学》1987年第12期等。

② 最高人民法院《关于行政诉讼撤诉若干问题的规定》虽然没有使用"调解"或"协调"的字眼,但普遍被理论界和司法实际部门认为是默认调解、和解存在并试图加以规范的一个正式规定。实际上,这个司法解释并未规定调解、和解,而只是对如何"依法审查行政诉讼中行政机关改变被诉具体行政行为及当事人申请撤诉的行为"加以规范,并未涉及行政机关改变被诉具体行政行为及当事人申请撤诉以外的内容。其中对被告改变具体行政行为的要求不能理解为法院主持调解的原则要求。

间。除了公权力不能处分以外,否定行政诉讼中调解适用可能性的观点往往还基于这样几个理由:(1) 行政主体的行政裁量权不是任性或任意裁量权,法律留给行政主体以裁量的权力,旨在使行政主体针对实际情况作出最合理的决定。因此,即使在行政裁量权范围内,行政主体也不得任意处分。(2) 行政诉讼的中心问题是裁断行政行为的合法性,而不仅仅是为了平息争议、解决纠纷。因而,不能为了迅速解决争议而允许行政主体处分其职权。(3) 如果行政诉讼可以调解,行政主体为避免败诉,可能会以公共利益为交易代价以获取行政相对人的宽宥,致使无法及时纠正其违法行为。(4) 另外,在资源、信息等方面处于强势的行政主体可能会使用威胁、恐吓等手段迫使行政相对人作出无限度的让步,导致行政相对人的合法权益得不到有效保护,有违《行政诉讼法》的初衷。① 当然,肯定论者对此都一一予以驳斥,并认为,在行政诉讼中适用调解不仅在理论上说得通,从实际情况来看,甚至还很有必要。②

实际上,调解或者不调解,都不是行政诉讼法的基本原则,但它是贯穿行政诉讼始终的一个问题。从调解的基本含义和理论基础出发作出分析。

(二) 调解的含义和前提

诉讼中的调解,是指在诉讼过程中,在人民法院审判人员的主持下,双方当事人自愿协商、互谅互让、达成协议、解决纠纷的活动。在诉讼中,调解有时还指与判决相对应的人民法院的一种结案方式。

调解的进行,最基本的前提是案件的当事人有实体上的处分权。从调解的本意来说,它必须以"让"的存在为基础,而"让"则必须有实体上的处分权。没有实体上的处分就不可能进行调解,只有在当事人双方相互放弃某些权利,或者是一方主动放弃某些权利的情况下调解才有可能进行。而放弃权利则意味着处分自己的权利,因此,处分权是诉讼中调解的基础,某一案件能否调解,首先必须看这一案件中一方或者双方当事人能否处分自己的权利。

分析调解的本质,我们认为,调解是指由一个中立公正的第三方对当事人双方之间的纠纷进行调停、斡旋,寻求解决方案的机制。法院对案件进行调解的实体前提是当事人有处分权,程序前提应当是案件进行了必要的证据交换,双方当事人了解对方所掌握的证据。就其与法律的关联来说,调解不能违背法律的禁止性规定。从诉讼调解的本意来看,行政诉讼中不应存在法院主持的、对被诉行政行为合法性审查问题在双方当事人之间进行调解的机制。司法实践中法院在审理行政案件时所进行的不是也不应当是调解,而是协调。协调是指法院在审理行政案件的过程中主动运用法律的基本原则和具体规定,在双方当事人之间,以及其他相关各方之间进行的协商、调停、沟通,探索案件处理办法的活动。对其加以考察和关注,是正视现实的需要。从实现法治的角度而言,允许协调的存在

---

① 罗豪才:《行政法学》,北京大学出版社2000年版,第356页;于安:《行政诉讼法通论》,重庆出版社1998年版,第146~147页。

② 相关讨论的综述见林莉红、赵清林:《回顾与反思:七年来我国行政诉讼法学的新发展》,载《中国行政法之回顾与展望——中国行政法二十年博鳌论坛暨中国法学会行政法学研究会2005年年会论文集》,中国政法大学出版社2006年版。

是一件不得已而为之的事情。①

不过，由于行政诉讼中还有行政赔偿、行政补偿和行政协议案件的存在，调解在行政诉讼中也有一定的适用空间。

(三) 对行政案件能否调解的规定

1989 年《行政诉讼法》第 50 条规定："人民法院审理行政案件，不适用调解。"第 67 条第 3 款规定："赔偿诉讼可以适用调解。"这些规定意味着对行政行为进行合法审查的案件不得适用调解，行政赔偿案件可以适用调解。

2014 年《行政诉讼法》第 60 条规定："人民法院审理行政案件，不适用调解。但是，行政赔偿、补偿以及行政机关行使法律、法规规定的自由裁量权的案件可以调解。调解应当遵循自愿、合法原则，不得损害国家利益、社会公共利益和他人合法权益。"《行政诉讼法》从立法上肯定了行政诉讼调解的合法性，并限定了调解的范围和原则，为司法实践中调解的进行提供了法律依据。《行政协议司法解释》也明确规定，人民法院审理行政协议案件，可以依法进行调解。《2018 年司法解释》对如何进行调解做了进一步明确的规定。

1. 调解的条件

人民法院审理《行政诉讼法》第 60 条第 1 款规定的行政案件，认为法律关系明确、事实清楚，在征得当事人双方同意后，可以迳行调解。依此规定，调解的前提是法律关系明确、事实清楚、当事人同意。问题是，法律关系明确、事实清楚的案件，人民法院为什么要进行调解而不直接判决？

2. 调解的程序

调解达成协议，人民法院应当制作调解书。调解书应当写明诉讼请求、案件的事实和调解结果。调解书由审判人员、书记员署名，加盖人民法院印章，送达双方当事人。调解书经双方当事人签收后，即具有法律效力。调解书生效日期根据最后收到调解书的当事人签收的日期确定。

经人民法院准许，第三人可以参加调解。人民法院认为有必要的，可以通知第三人参加调解。

当事人一方或者双方不愿调解、调解未达成协议的，人民法院应当及时判决。当事人自行和解或者调解达成协议后，请求人民法院按照和解协议或者调解协议的内容制作判决书的，人民法院不予准许。

3. 不公开调解原则

《2018 年司法解释》原则规定调解过程和调解协议不公开。该司法解释规定："人民法院审理行政案件，调解过程不公开，但当事人同意公开的除外。""调解协议内容不公开，但为保护国家利益、社会公共利益、他人合法权益，人民法院认为确有必要公开的除外。"

现代司法制度，以公开为原则，我国《行政诉讼法》也明确规定了公开审判制度。

---

① 参见林莉红：《论行政诉讼中的协调》，载《法学论坛》2010 年第 5 期。中国人民大学复印报刊资料《诉讼法学 司法制度》2011 年第 1 期全文转载。

调解过程和调解协议不公开的机理是什么？按照官方解释，《2018年司法解释》明确了行政诉讼调解过程与调解协议的保密性原则，意在促使"争议双方将背后隐藏的利益诉求摆到桌面，从而找到双方追求利益的共同点，最终达成基本满足各方利益的解决方案"。① 但是，依法行政是对行政机关的基本要求，对行政机关而言，法无授权不得为。有什么"背后隐藏的利益诉求"和满足这种"背后隐藏的利益诉求"的事宜是不能公开的？难道行政机关能够违法地满足这种"背后隐藏的利益诉求"而达成解决方案？我国尚处于法治建设的初期，对行政机关依法行政，有必要实行严格的形式主义的法治。将保密作为原则加以规定，其对行政诉讼调解以至整个行政诉讼制度的影响，尚需要进一步评估和研究。

由于原则上肯定了调解的存在，行政诉讼法在结案方式、申诉事由、执行根据等多处涉及调解协议。某项制度的实施，一定会紧密依托一定的社会历史背景，并在一定程度上影响着相应的社会环境。新行政诉讼法以及司法解释关于调解规定的实施效果如何，尚待观察。

三、行政诉讼中的事实问题与法律问题

（一）事实问题与法律问题的含义

诉讼中的事实问题是指对案件有关事实的判断、认定等所发生的争议。诉讼中的法律问题是指在一定程度上不存在对案件事实发生争议的情况下，就有关事实适用法律而产生的争议。在一般的诉讼案件中，事实问题和法律问题是比较容易区分的，在我国也无太大区分之必要。但在行政诉讼中，事实问题和法律问题有时则不易区分，而区分事实问题与法律问题有时成为决定案件结论的关键因素。

诉讼中事实问题与法律问题的提出，源于两种情况：

其一，外国诉讼法中对上诉范围的限制。如美国上诉法院审理上诉案件，仅限于对下级法院在适用法律上是否有错误的问题，案件的事实部分以地区法院为终审法院。又如日本基本实行四级三审制，第二审法院既审查原审判决适用法律是否恰当，同时也审查它在认定事实上有无错误，第三审法院则仅审查上诉案件判决的法律根据有无错误。因此，有必要区别当事人之间争议的某一个问题是否属于法律问题。在我国，由于法律并无对案件上诉范围的限制，上诉人对事实问题和法律问题都可提出上诉，因而在上诉审程序中，没有区分事实问题与法律问题之必要。

其二，法院对有关争议的审查角度。事实问题和法律问题决定法院对有关争议的审查角度。如果一个问题被认为是事实问题，则应询问当事人和证人，进行举证、质证和辩论，必要时应进行鉴定、勘验以确定案件的事实真相。而一个问题如果被认为是法律问题，则应依现有的证据记录和案卷进行审查，以确定适用法律是否恰当。

（二）行政诉讼中的事实问题与法律问题

在我国行政诉讼的实践中，对某一个问题是事实问题还是法律问题的争议，源于前述

---

① 最高人民法院行政审判庭编著：《最高人民法院行政诉讼法司法解释理解与适用（上）》，人民法院出版社2018年版，第407页。

第十一章 行政诉讼法律适用与判决

后一种情况即法院对相关问题审查角度的不同。在行政诉讼中，事实问题与法律问题的区分非常必要，以至有时成为决定案件胜负的关键。试举两例说明之。

例一，某医院从药贩子手中购得未经批准进口和未经口岸药检机构检验的进口药三种（以下简称 A 药、B 药、C 药）各若干支。某卫生局得知后，在对该药进行处理时，将三种药送权威药检机关进行检验，结果是 A 药可供药用，B 药和 C 药因无检验标准无法检验。该卫生局依据《药品管理法》和国家卫生部有关规定，认定 A、B、C 三种药均为假药，作出没收、销毁及对当事人、直接责任人罚款的决定。有关当事人不服，以不能证明 A 药是假药为由，向法院提起行政诉讼，要求法院撤销有关涉及 A 药的行政处罚。法院在审理中，如果将 A 药是否是假药作为一个事实问题看待，则应根据鉴定结果依据该药的药力、药效等物理属性来作出判断。但看来是一个事实问题的争议，在行政诉讼中却是一个法律问题。因为《药品管理法》（2015 年修正）第 48 条规定，"国务院药品监督管理部门规定禁止使用的"药品，按假药处理①。而卫生部有关文件规定："未经批准和未经口岸药检所检验合格的进口药，禁止销售使用。"因此，即使经检验 A 药可供药用，但依法律规定，仍然应看作是假药。诸如此类的情况还有很多，如行政执法时所针对的假烟，多数情况下并非指其就不是烟；假酒其实多数也还是酒。②将其作为事实问题还是作为法律问题，将会得出不同的结论。

例二，某市因为发展经济、鼓励投资之需要，特划定城乡结合部位之部分村为"近郊村"，给予优惠政策，并以人大立法明确之。某村不属划定的"近郊村"范围，但却欲享受"近郊村"之待遇。在某一项具体的申请事项未被许可后对主管机关提起行政诉讼。案件争议的主要问题虽然在于批准行为是否合法，但根本问题却在于原告是否为"近郊村"。如果将其作为一个事实问题看待，恐怕再高明的法官也会作难，何谓近郊？近到何种程度？城乡结合部位的面有多广？事实上，这是一个法律问题，审查的角度应是行政行为的作出是否具有法律的依据。

通过对以上两例的分析，可以清楚地看到行政诉讼中区分事实问题与法律问题之必要性。前例一中，A 药是真药还是假药的认定，看起来就颇像事实问题，而如果将其作为事实问题看待，依审理一般民事案件确认事实的方法和角度，既然权威药检机构认为可供药用，则说明其物理性能是合格的真药，并可依此作出判决。其实不然。对案件中所争议的药品是真药还是假药，必须结合实体法的规定来加以审查。离开有关实体法律、法规等规范性文件的规定，往往会作出错误的结论。而将某一问题作为法律问题对待而直接适用法律，有可能不必审查事实，而直接适用法律予以解决。

---

① 该法在 2015 年"修正"后，在 2019 年又有一次"修订"。原来第 48 条的内容现已没有，相应的修改体现在《药品管理法》（2019 年修订）第 98 条第 2 款："有下列情形之一的，为假药：（一）药品所含成份与国家药品标准规定的成份不符；（二）以非药品冒充药品或者以他种药品冒充此种药品；（三）变质的药品；（四）药品所标明的适应症或者功能主治超出规定范围。"但不影响以此为立法例说明事实问题与法律问题。

② 曾引起全国瞩目的山西朔州假酒案中的假酒，可以说是真正的"假酒"，因为其物理属性已非酒，而是另一种名为甲醇的物质。

(三) 行政诉讼中事实问题与法律问题产生的原因

行政诉讼中事实问题与法律问题之争通常出现于实体法律规定推定的情况。事实问题与法律问题区分之争的产生主要出现于法律规定不甚明确，法规或者规章给予补充规定的情况，这种补充规定往往是一种法律上的推定。推定分为事实上的推定和法律上的推定。"法律推定是立法者根据两个事实之间的常态联系，规定若事实 A 存在则推定事实 B 存在。"① 推定在立法上经常使用"视为""推定""以……论"等用语，有时也无任何表推定的用语，而意思包含推定的情况。行政法上的推定，较多使用"视为""按……处理"的提法。法律推定具有多方面的意义，主要表现在证据法上负有举证责任的一方当事人无须对法律上推定的事实加以举证。同时，推定的意义还在于"推定常常可以被用来表达立法者所倡导的某种价值取向，或者促进实施立法者提出的某项社会政策"，"可以折射出对于社会政策、价值取向的考虑"。②

行政法上规定推定的情况很多，除了对相对人行为的推定以外，还有对行政机关行为的推定。如《集会游行示威法》第 9 条规定："主管机关接到集会、游行、示威申请书后，应当在申请举行日期的 2 日前，将许可或者不许可的决定书面通知其负责人。不许可的，应当说明理由。逾期不通知的，视为许可。"《技术引进合同管理条例》（1995 年 5 月 24 日国务院发布，现已失效）第 4 条规定："受方和供方必须签定书面的技术引进合同，并由受方在签字之日起的 30 天内提出申请书，报中华人民共和国对外经济贸易部或者对外经济贸易部授权的其他机关审批；审批机关应当在收到申请书之日起的 60 天内决定批准或者不批准；经批准的合同自批准之日起生效。在规定的审批期限内，如果审批机关没有作出决定，即视同获得许可，合同自动生效。"

行政法上的推定在行政诉讼中应作为一个法律问题处理。法律上的推定本身就是一个法律问题。行政法上关于推定的规定，反映着立法者在制定法律时的立法意图和一定的价值取向，在行政诉讼中应作为法律问题看待和处理，而不应作为事实问题。否则，则有可能导致错误的结论。

行政诉讼中出现的事实问题与法律问题，要求审判者全面了解相关的法律等规范性文件，特别是法律以下效力层次规范性文件；要求诉讼当事人对有关实体规范进行充分的举证。在遇有是审查认定事实还是适用法律推定之争时，应全面查找并正确适用法律，运用法律规定和诉讼原理作出正确的判断。

四、相关民事争议的一并审理

(一) 民事争议需要附带处理的情形

附带诉讼的基本特征是将两种性质不同而又相互关联的诉讼纳入同一诉讼过程之中，对数个不同情况的争议一次性处理，以达到简化诉讼程序，减少当事人讼累的目的。目前我国行政诉讼立法并未规定行政诉讼附带民事诉讼，但从实践情况看，确实在行政诉讼中有需要附带一并处理民事争议的情况。

---

① 刘金友主编：《证据理论与实务》，法律出版社 1992 年版，第 174~175 页。
② 赵刚、刘海峰：《试论证据法上的推定》，载《法律科学》1998 年第 1 期，第 94 页。

《行政诉讼法》第 61 条规定，在涉及行政许可、登记、征收、征用和行政机关对民事争议所作的裁决的行政诉讼中，当事人申请一并解决相关民事争议的，人民法院可以一并审理。除了在条文列举出的涉及行政许可、登记、征收、征用和行政机关对民事争议所做裁决的案件中外，下列案件也可能涉及当事人申请一并解决相关民事争议的情形。

（1）居间裁决情况下，可能既需要对行政机关作出的行政裁决行为进行审查和处理，也需要对当事人之间的民事争议进行处理。

（2）行政机关利用职权强迫一方对另一方履行某种民事义务。我们所讨论的居间裁决情况下行政机关决定一方当事人对另一方当事人履行义务是有法律依据的，而这里所说的行政机关利用职权强迫一方对另一方履行某种民事义务的情况是没有法律、法规依据的。例如公安机关插手民事、经济纠纷。一方当事人对行政机关的违法行为提起行政诉讼，同时应可以附带对对方当事人提起民事诉讼。

（3）行政处罚案件中，受被处罚的违法行为侵害的人认为行政机关对加害人给予的行政处罚过轻，要求加重处罚，同时起诉要求加害人赔偿损失；或者受侵害人要求行政机关依法追究加害人法律责任，行政机关不作为而起诉行政机关，同时要求加害人赔偿损失的。

（4）当事人不服行政处罚或行政强制措施提起行政诉讼，而行政机关的这一处罚或行政强制措施使第三人遭受损害，如第三人与受处罚人有某种民事关系，如借用、租借、抵押等，第三人应可以提起附带民事诉讼。

（二）民事争议附带处理的程序

《2018 年司法解释》对民事争议附带处理的程序作出了规定。

1. 提出申请的时间

公民、法人或者其他组织请求一并审理《行政诉讼法》第 61 条规定的相关民事争议，应当在第一审开庭审理前提出；有正当理由的，也可以在法庭调查中提出。

2. 不予附带处理的情形

有下列情形之一的，人民法院应当作出不予准许一并审理民事争议的决定，并告知当事人可以依法通过其他渠道主张权利：

（1）法律规定应当由行政机关先行处理的；

（2）违反民事诉讼法专属管辖规定或者协议管辖约定的；

（3）约定仲裁或者已经提起民事诉讼的；

（4）其他不宜一并审理民事争议的情形。

对不予准许的决定可以申请复议一次。

3. 有关程序问题的处理

人民法院在行政诉讼中一并审理相关民事争议的，民事争议应当单独立案，由同一审判组织审理。人民法院审理行政机关对民事争议所作裁决的案件，一并审理民事争议的，不另行立案。

人民法院决定在行政诉讼中一并审理相关民事争议，或者案件当事人一致同意相关民事争议在行政诉讼中一并解决，人民法院准许的，由受理行政案件的人民法院管辖。

公民、法人或者其他组织请求一并审理相关民事争议，人民法院经审查发现行政案件已经超过起诉期限,民事案件尚未立案的,告知当事人另行提起民事诉讼;民事案件已经立案的,由原审判组织继续审理。

人民法院在审理行政案件中发现民事争议为解决行政争议的基础,当事人没有请求人民法院一并审理相关民事争议的,人民法院应当告知当事人依法申请一并解决民事争议。当事人就民事争议另行提起民事诉讼并已立案的,人民法院应当中止行政诉讼的审理。民事争议处理期间不计算在行政诉讼审理期限内。

行政诉讼原告在宣判前申请撤诉的,是否准许由人民法院裁定。人民法院裁定准许行政诉讼原告撤诉,但其对已经提起的一并审理相关民事争议不撤诉的,人民法院应当继续审理。

人民法院一并审理相关民事争议,应当按行政案件、民事案件的标准分别收取诉讼费用。

4. 审理依据

人民法院一并审理相关民事争议,适用民事法律规范的相关规定,法律另有规定的除外。

当事人在调解中对民事权益的处分,不能作为审查被诉行政行为合法性的根据。

5. 判决与上诉的处理

对行政争议和民事争议应当分别裁判。当事人仅对行政裁判或者民事裁判提出上诉的,未上诉的裁判在上诉期满后即发生法律效力。第一审人民法院应当将全部案卷一并移送第二审人民法院,由行政审判庭审理。第二审人民法院发现未上诉的生效裁判确有错误的,应当按照审判监督程序再审。

(三) 民事争议附带处理的意义

《行政诉讼法》及司法解释规定民事争议的附带处理,是行政诉讼法"解决行政争议"立法目的的体现,表现了立法者期望一次性解决相关争议的努力。不过,《行政诉讼法》规定的是"一并审理",这是一个比较粗疏的做法。从诉讼制度精细化角度,应该建立行政附带民事诉讼制度,以理顺当事人诉讼请求、诉讼标的和法院判决之间的关系。

五、规范性文件的一并审查

规范性文件的一并审查是指依《行政诉讼法》第53条、第64条规定的规定,公民、法人或者其他组织认为行政行为所依据的国务院部门和地方人民政府及其部门制定的规范性文件不合法,在对行政行为提起诉讼时,一并请求对该规范性文件进行审查后,人民法院依照行政诉讼法的规定进行的合法性审查。其特点具有启动时的附带性,在审查内容上主要是该规范性文件的合法性与适用性。

(一) 有关程序

1. 管辖

公民、法人或者其他组织在对行政行为提起诉讼时一并请求对所依据的规范性文件审查的,由行政行为案件管辖法院一并审查。

2. 提出时间

公民、法人或者其他组织请求人民法院一并审查《行政诉讼法》第53条规定的规范性文件，应当在第一审开庭审理前提出；有正当理由的，也可以在法庭调查中提出。

3. 审查方式

人民法院在对规范性文件审查过程中，发现规范性文件可能不合法的，应当听取规范性文件制定机关的意见。制定机关申请出庭陈述意见的，人民法院应当准许。行政机关未陈述意见或者未提供相关证明材料的，不能阻止人民法院对规范性文件进行审查。

（二）审查标准

人民法院对规范性文件进行一并审查时，可以从规范性文件制定机关是否超越权限或者违反法定程序、作出行政行为所依据的条款以及相关条款等方面进行。

有下列情形之一的，属于《行政诉讼法》第64条规定的"规范性文件不合法"：

（1）超越制定机关的法定职权或者超越法律、法规、规章的授权范围的；

（2）与法律、法规、规章等上位法的规定相抵触的；

（3）没有法律、法规、规章依据，违法增加公民、法人和其他组织义务或者减损公民、法人和其他组织合法权益的；

（4）未履行法定批准程序、公开发布程序，严重违反制定程序的；

（5）其他违反法律、法规以及规章规定的情形。

（三）处理结果

1. 作出认定

人民法院经审查认为行政行为所依据的规范性文件合法的，应当作为认定行政行为合法的依据；经审查认为规范性文件不合法的，不作为人民法院认定行政行为合法的依据，并在裁判理由中予以阐明。作出生效裁判的人民法院应当向规范性文件的制定机关提出处理建议，并可以抄送制定机关的同级人民政府、上一级行政机关、监察机关以及规范性文件的备案机关。

2. 提出司法建议

规范性文件不合法的，人民法院可以在裁判生效之日起三个月内，向规范性文件制定机关提出修改或者废止该规范性文件的司法建议。规范性文件由多个部门联合制定的，人民法院可以向该规范性文件的主办机关或者共同上一级行政机关发送司法建议。接收司法建议的行政机关应当在收到司法建议之日起60日内予以书面答复。情况紧急的，人民法院可以建议制定机关或者其上一级行政机关立即停止执行该规范性文件。

3. 法院内部备案

人民法院认为规范性文件不合法的，应当在裁判生效后报送上一级人民法院进行备案。涉及国务院部门、省级行政机关制定的规范性文件，司法建议还应当分别层报最高人民法院、高级人民法院备案。

（四）有关再审事宜

各级人民法院院长对本院已经发生法律效力的判决、裁定，发现规范性文件合法性认定错误，认为需要再审的，应当提交审判委员会讨论。

最高人民法院对地方各级人民法院已经发生法律效力的判决、裁定，上级人民法院对下级人民法院已经发生法律效力的判决、裁定，发现规范性文件合法性认定错误的，有权提审或者指令下级人民法院再审。

第十二章 行政执行程序

第一节 行政执行程序概述

一、行政执行程序的含义和意义

行政诉讼法学上所研究的行政执行，专指人民法院的强制执行活动，即人民法院的执行组织和执行人员依照法律规定的程序，运用国家的强制力，根据已经发生法律效力的行政诉讼裁判及行政机关行政决定的内容，强制义务人履行义务的行为。人民法院进行行政执行所应遵循的程序，即行政执行程序。

人民法院的行政执行分为两类：其一，人民法院根据一方当事人的申请或者依职权，强制负有义务的对方当事人履行已生效的行政诉讼判决、裁定、调解书，即对人民法院裁判和调解书的执行；其二，根据行政机关的申请，对于负有义务的行政管理相对人对行政机关的行政行为在法定期限内不提起诉讼而又不履行的，强制义务人履行，即人民法院强制执行行政机关的行政行为。行政机关申请人民法院执行的行政行为，一般都已制作为行政决定，表现为行政机关的行政决定书，因此，人民法院的这种行政执行程序又可称为人民法院执行行政机关的行政决定。

行政执行程序在行政诉讼法中地位非常重要。它可以有效地保证人民法院判决、裁定和行政机关行政决定所确立的权利义务得以实现，保护当事人的合法权益，维护国家法律的尊严；同时通过行政执行，宣传社会主义法制，提高当事人和全社会遵守法律的自觉性。

二、法院执行与行政机关执行的关系

行政机关的执行，是指行政机关自己依法强制执行其所作出的行政行为。行政机关为了实现其对社会的有效管理，保证行政法律、法规的贯彻，也拥有一定范围的执行权，要进行一些执行活动。行政诉讼法也原则规定，行政机关对于公民、法人或者其他组织拒绝履行判决、裁定的，以及公民、法人或者其他组织对行政行为在法定期限内不提起诉讼又不履行的，可以依法强制执行。但是行政机关执行的范围是有限制的，多数行政机关不能针对被执行人的人身和财产进行直接的强制。从行政机关的执行权限范围看，大体地说，除公安机关拥有对人身的强制执行权外，工商、税务、管汇等机关拥有强制划拨权，卫生行政部门拥有食品、药品、疫病控制权，海关拥有扣押变卖权，一般行政机关拥有警告、吊销许可证、责令停业整顿、限期治理等执行权。除上述范围外，一般要申请人民法院强

制执行。人民法院强制执行权的范围比较广泛，有关金钱给付及可能涉及对财产的查封、扣押、变卖等措施，法院都有直接的执行权。因此，对于行政机关强制执行权范围内的执行，行政机关可以申请人民法院强制执行，也可以自己依法强制执行；对于行政机关强制执行权范围外的执行，行政机关必须申请人民法院强制执行，否则，行政机关的行为构成超越职权的违法行为。

三、执行条件

执行作为人民法院运用国家强制力进行的一项活动，要对被执行人的财物进行直接的强制，对被执行人的权利进行直接的限制，因此，必须具备一定的条件。

（一）进行行政执行必须要有执行根据

执行根据是指当事人据以申请执行和执行组织据以采取执行措施的主要依据，其表现形式是生效的法律文书。在行政诉讼中，这种文书主要是：

1. 人民法院制作的发生法律效力、具有执行内容的行政判决书、裁定书、调解书。这是据以执行的重要的法律文书，在行政执行的根据中占有很大的比例。根据行政诉讼法的规定，有驳回诉讼请求、撤销、变更行政机关行政行为的判决，还有财产保全、先予执行的裁定等。

2. 公民、法人或者其他组织在法定期限内不提起诉讼又不履行的行政决定。行政机关的行政行为一般以行政决定的形式表现。《行政诉讼法》第 97 条规定，公民、法人或者其他组织对行政行为在法定期限内不提起诉讼又不履行的，行政机关可以申请人民法院强制执行，或者依法强制执行。

（二）行政执行根据中必须要有给付内容

执行根据中必须确定一方当事人交付金钱、财物或者完成一定的行为，具有执行性。行政执行根据中的给付内容，如交付罚款、给付赔偿金、颁发许可证行为、履行对医疗事故进行处理的法定职责行为等。

（三）作为执行根据的法律文书，必须发生法律效力

已经发生法律效力的法律文书如人民法院终审的判决、已过上诉期限当事人没有上诉的一审判决等。作为执行根据的行政机关的行政决定，还必须发生能够强制执行的效力。由于行政法中行政行为的效力先定性原则，行政机关的行政决定一经作出，就是发生法律效力的决定，负有义务的当事人应当履行。但是同时，法律往往规定了当事人应当履行的一定期限，这个期限又是当事人主张异议申请救济（行政复议或者行政诉讼）的期限，在此期限内当事人不请求救济，又不履行的，行政决定方发生强制执行的效力。

（四）义务人推诿或者拒绝履行生效的法律文书确定的义务

诉讼法对执行和履行两个概念的区别是明确的。执行是一种强制性的行为，以国家的强制力使法律所保护的权利得以实现；履行是指有关法律文书发生法律效力后，负有义务的当事人，主动完成自己所承担的义务。如果义务人自觉履行了义务，则不存在执行的问题。所以，行政执行以当事人推诿或者拒绝履行已经发生法律效力的人民法院判决、裁定和行政机关的行政决定为条件。

四、执行组织

执行组织是指拥有执行权并主持全部执行工作的组织。行政诉讼中的执行组织是指人民法院。对已经发生法律效力的人民法院的行政判决、裁定或者调解书，一方拒绝履行的，对方当事人可以依照《行政诉讼法》的规定向第一审人民法院申请执行。对于行政机关依据行政诉讼法的规定，申请人民法院强制执行其行政行为的，由申请人所在地的基层人民法院受理执行。基层人民法院认为需要中级人民法院执行的，可以报请中级人民法院决定。行政诉讼中具体的执行组织机构是人民法院的执行庭，由执行庭开展具体执行工作。

五、执行对象

执行对象是指执行工作的标的，在行政诉讼中表现为应给付的财物、劳动收入或者应完成的一定的行为。行政诉讼中，执行对象不能是被执行人的人身。执行对象不能是被执行人的人身，这一问题在民事诉讼中本来是很明确。在行政诉讼中，由于有拘留等限制人身自由的行政处罚或者行政强制措施的执行问题，有人认为行政诉讼中执行的对象可以包括被执行人的人身。① 这一观点也是由于混淆了执行与履行的概念。必须看到，有关行政拘留等行政处罚或行政强制措施的判决、裁定的履行主体是行政机关而不是行政机关的相对人，当判决、裁定不被履行而需要强制执行时，被执行人是行政机关而不是行政机关的相对人。被决定给予行政拘留的相对人不是人民法院直接执行的对象。也就是说，拘留等限制人身自由的行政处罚或者强制措施并不是由人民法院执行的，而是由公安机关等行政机关执行的，人民法院不能执行，也无须执行。法院在作出维持公安机关拘留处罚的行政决定的判决后，由公安机关履行这一判决，并不是由被处罚人履行。相对人对拘留处罚不服提起行政诉讼，人民法院审理后作出维持公安机关处罚决定的判决，一般情况下，公安机关是不会不履行这一判决的。即使公安机关不履行判决，人民法院强制执行，也是对公安机关强制执行，而不是对被处罚人强制执行，因而也不能对被执行人的人身进行执行。从另一个角度说，行政诉讼法和民事诉讼法都没有规定针对人身采取的强制措施，从必须依法采取强制措施的角度出发，执行的对象也不能包括被执行人的人身。

第二节 对人民法院行政裁判的执行

一、一般规定

对于人民法院作出的发生法律效力的判决、裁定，行政诉讼原告与行政诉讼被告都应当履行，但也都可能出现拒绝或者推诿履行的情况，因而需要人民法院采取措施强制执行。《2018年司法解释》第152条规定，对发生法律效力的行政判决书、行政裁定书、行政赔偿判决书和行政调解书，负有义务的一方当事人拒绝履行的，对方当事人可以依法申

---

① 参见支馥生主编：《行政诉讼法教程》，武汉大学出版社1993年版，第291页。

第十二章 行政执行程序

请人民法院强制执行。人民法院判决行政机关履行行政赔偿、行政补偿或者其他行政给付义务，行政机关拒不履行的，对方当事人可以依法向法院申请强制执行。

（一）申请执行的期限

申请执行的期限为二年。申请执行时效的中止、中断，适用法律有关规定。申请执行的期限从法律文书规定的履行期间最后一日起计算；法律文书规定分期履行的，从规定的每次履行期间的最后一日起计算；法律文书中没有规定履行期限的，从该法律文书送达当事人之日起计算。逾期申请的，除有正当理由外，人民法院不予受理。

（二）执行法院

发生法律效力的行政判决书、行政裁定书、行政赔偿判决书和行政调解书，由第一审人民法院执行。第一审人民法院认为情况特殊，需要由第二审人民法院执行的，可以报请第二审人民法院执行；第二审人民法院可以决定由其执行，也可以决定由第一审人民法院执行。

二、对公民、法人或者其他组织拒绝履行义务的执行

行政诉讼法规定，人民法院审理行政案件，认为行政行为证据确凿，适用法律、法规正确，符合法定程序的，要判决驳回原告的诉讼请求。在这样的判决中，一般都是判决公民、法人或者其他组织履行义务。在变更明显不当的行政处罚或者不适当的行政行为的判决中，一般也是判决公民、法人或者其他组织履行义务。如果义务人拒绝或者拖延、推诿履行所负义务，可以对其强制执行。

（一）执行主体

《行政诉讼法》第95条规定："公民、法人或者其他组织拒绝履行判决、裁定、调解书的，行政机关或者第三人可以向第一审人民法院申请强制执行，或者由行政机关依法强制执行。"因此，执行主体是第一审人民法院和有强制执行权的行政机关。

（二）申请主体

公民、法人和其他组织拒绝履行法院生效的法律文书，行政机关当然可以作为申请主体，向法院提出强制执行的申请。有些法律文书确定公民、法人和其他组织履行义务的受益人是第三人，如行政裁决案件，则第三人也可以作为申请人提出执行申请。

（三）执行措施

对于公民、法人或者其他组织拒绝履行判决、裁定的，行政诉讼法没有规定具体的强制执行措施。从公民、法人或者其他组织拒绝履行判决、裁定的情况分析，人民法院可以比照民事诉讼法的规定，根据案件的不同情况采取措施。《民事诉讼法》（2017年修正）在 第二十一章以专章从第241条到第255条规定了执行措施，包括扣押、冻结、划拨、变价被执行人的财产；扣留、提取被执行人应当履行义务部分的收入；查封、扣押、冻结、拍卖、变卖被执行人应当履行义务部分的财产；对隐匿财产的，发出搜查令，对被执行人及其住所或者财产隐匿地进行搜查；强制交付法律文书所指定的财物或者票证；强制迁出房屋或者强制退出土地；强制转移证照；强制执行法律文书规定的行为等。这些强制措施的具体方法和注意事项，详见民事诉讼法的有关规定。

三、对行政机关拒绝履行义务的执行

（一）域外的做法

一般地说，英美法系国家，如英、美等国，由于法律规定普通法院对行政决定进行司法审查，公民在自己的权利受到行政行为侵害时，可以根据普通法上的规则以一般的诉讼手段提起诉讼，请求法院救济。法院对行政案件的执行，一般也依照一般民事案件的强制执行方法进行。在英国，普通法院可以向行政机关发布执行令、特权令等强制政府履行它应该履行的义务。如果行政机关仍不履行时，法院可运用藐视法庭罪这一传统的武器来维护自己的尊严，强制行政机关履行。英国由于实行国家财产豁免原则，司法机关不能强制扣押政府的财产，不能强制执行其财产，仅能宣告政府应付金额的总数。在美国，对行政案件判决的执行，也依一般民事案件的强制执行程序，但《美国联邦行政程序法》规定："法院可以作出反对合众国的判决和命令，但任何强制性、禁止性的判决必须具体指定联邦官员（注明姓名和职务）及他的工作继任者个人负责执行。"

在大陆法系的法、德等国，由于其受理行政案件的机构是隶属于政府部门的行政法院，其执行行政法院的裁判又有不同的做法。以法国为例，法国行政法院本身并无执行机构，1980年以前法国行政法院既不存在对行政机关实行强制执行的途径，也无法律规定行政机关有履行裁判的义务，裁判一般由行政机关自己去履行。如果行政机关不予执行，则只有重新提起诉讼，但由于行政法院在法国的地位和权威，行政机关很少有不执行裁判的。1980年7月16日法律和1985年5月21日法令规定了一些强制执行的方法：当判决是判处国家赔偿并确定了赔偿的数额时，国家必须在4个月内进行这笔钱的拨款，如果到期不予拨款，会计有权只按判决的规定付款。对于越权之诉的判决拖延执行的，起诉人可以向最高行政法院上诉，诉讼组（法国行政法院承办案件的机构）和诉讼组主任可以发布强制令，按照行政机关拖延执行的天数判处一定的罚款。这表明法国行政法院正被逐渐地赋予一定的对行政机关强制执行的权力。

（二）我国的情况

对发生法律效力的行政判决书、行政裁定书、行政赔偿判决书和行政调解书，负有义务的一方当事人拒绝履行的，对方当事人可以依法申请人民法院强制执行。人民法院判决行政机关履行行政赔偿、行政补偿或者其他行政给付义务，行政机关拒不履行的，对方当事人可以依法向法院申请强制执行。但对于人民检察院提起公益诉讼的案件，判决、裁定发生法律效力，被告不履行的，不需要检察机关提出执行申请，人民法院应当移送执行。

行政诉讼法规定，行政机关拒绝履行判决、裁定、调解书的，第一审人民法院可以采取下列措施：

1. 通知银行划拨

对应当归还的罚款或者应当给付的赔偿金，通知银行从该行政机关的账户内划拨。这主要是针对行政机关应完成一定的金钱给付行为而采取的措施。除了针对应归还的罚款和应当给付的赔偿金外，还包括应当返还的财物，如行政机关违法要求履行义务时，多收的税款、滞纳金等。如果权利人是在银行有账户的法人或者其他组织，则通知银行将负有履行义务的行政机关账户内的存款划拨到权利人的账户上；如果权利人是在银行无账户的公

民或者其他组织，则通知银行将该行政机关账户内的存款提出转交给权利人。

2. 处以执行罚

在规定期限内不履行的，从期满之日起，对该行政机关负责人按日处50至100元的罚款。这主要是针对行政机关应完成一定的行为而采取的措施。对于行政机关应完成的一定的行政管理行为，如发给驾驶证、处理交通事故等，人民法院不能代替，因此只能采取执行罚的措施。从期满之日起，根据情节轻重，对行政机关负责人按日处以一定的罚款，一直罚到行政机关履行完义务为止。

2014年《行政诉讼法》将执行罚的处罚对象由应该完成一定行为的行政机关改为行政机关负责人，强调了负责人的责任。对于解决执行难问题，应该会起到一定的作用。

3. 公告

行政机关拒绝履行判决、裁定、调解书的，第一审人民法院可以将行政机关拒绝履行的情况予以公告。这是2014年《行政诉讼法》修改时新增加的一项执行措施。

至于公告的方式，《行政诉讼法》没有作出具体规定。一般理解，公告应当是向社会公告行政机关拒绝履行法律文书的情况，可以采取新闻发布会、记者招待会的形式，通告新闻媒体、社会公众，引起社会关注，促使行政机关履行自己的义务。

4. 提出司法建议

向拒绝履行判决、裁定的行政机关的上一级行政机关或者监察、人事机关提出司法建议。司法建议是人民法院行使审判权时，对与案件有关但不属于人民法院审判工作所能解决的一些问题，向有关单位和个人提出的合理化建议。其目的在于使有关单位堵塞漏洞，改进工作，完善制度，消除不利因素。行政诉讼法要求，接受司法建议的机关，根据有关规定进行处理，并将处理情况告知人民法院。

5. 采取妨害诉讼的强制措施直至追究刑事责任

拒不履行判决、裁定、调解书，社会影响恶劣的，可以对该行政机关直接负责的主管人员和其他直接责任人员采取妨害诉讼的强制措施，予以拘留。

拒不履行判决、裁定，情节严重构成犯罪的，负责执行的人民法院应将有关犯罪事实材料移送同级人民检察院，依法追究主管人员和直接责任人员的刑事责任。

（三）执行程序

关于行政机关拒绝履行生效判决、裁定，公民、法人或者其他组织申请人民法院强制执行的程序，行政诉讼法仅规定执行主体是第一审人民法院，对其他程序事项没有规定。依《行政诉讼法》第101条的规定，也应当准用民事诉讼法的有关规定。

第三节 对行政机关行政决定的执行

一、对行政机关行政决定执行的含义

对行政机关行政行为的强制执行，是指人民法院根据主管行政机关的申请，强制不履行行政决定的公民、法人或者其他组织履行所负义务的司法活动。

对行政机关行政行为的强制执行，是司法机关的活动，而不是行政机关的活动。虽然

行政机关也可以对自己的行政行为强制执行，但不是这里应该研究的强制执行，而是行政法上的强制执行。这项司法活动的基本内容是强制拒不履行行政机关行政决定的公民、法人或者其他组织履行所负行政法上的义务。强制执行的对象和范围取决于行政决定的内容。

对行政机关行政决定的执行这项司法活动的开始一般以行政机关提出申请为前提的。不过，依司法解释，行政机关根据法律的授权对平等主体之间民事争议作出裁决后，当事人在法定期限内不起诉又不履行，作出裁决的行政机关在申请执行的期限内未申请人民法院强制执行的，生效行政裁决确定的权利人或者其继承人、权利承受人在6个月内可以申请人民法院强制执行。享有权利的公民、法人或者其他组织申请人民法院强制执行生效行政裁决，参照行政机关申请人民法院强制执行行政行为的规定。

二、人民法院执行行政决定的法律依据

（一）实体法上的依据

基于公正和效率相统一的考虑，行政实体法律法规对于行政处理、处罚决定大多做了两方面的规定。一方面，不服行政机关行政决定的当事人可以依法在规定期限内提起行政诉讼；另一方面，当事人在规定期限内既不履行决定，又不向人民法院提起行政诉讼的，行政机关可以申请人民法院强制执行。

如《海关法》（2017年修正）第93条规定："当事人逾期不履行海关的处罚决定又不申请复议或者向人民法院提起诉讼的，作出处罚决定的海关可以将其保证金抵缴或者将其被扣留的货物、物品、运输工具依法变价抵缴，也可以申请人民法院强制执行。"

（二）程序法的依据

人民法院强制执行行政机关行政决定在程序法上的依据是《行政诉讼法》第97条。该条规定："公民、法人或者其他组织对行政行为在法定期限内不提起诉讼又不履行的，行政机关可以申请人民法院强制执行，或者依法强制执行。"

在行政诉讼法生效以前，人民法院执行行政机关的行政行为，必须要有实体法和程序法两方面的依据，否则不能执行。在行政诉讼法生效以后，行政机关向人民法院申请强制执行的行政行为的范围有所扩大，凡属行政诉讼受案范围内的行政行为，无论行政机关自己有无强制执行权，都可申请人民法院强制执行。但法律规定由行政机关作最终裁决的行政行为，以及法律、法规规定由行政机关依法强制执行的行政行为，人民法院不予执行。

三、人民法院执行行政决定活动的性质

人民法院强制执行行政机关行政决定的司法活动，具有什么样的法律性质，这是一个在理论上需要加以探讨和明确的问题。人民法院强制执行行政决定活动的性质决定在执行程序中人民法院是否要对行政行为进行合法性审查的问题。

法院强制执行行政机关的行政行为，在不同的政治制度和法律文化背景下具有不同的性质。对此主要有两种理论：

第一，法院强制执行行政行为的司法活动，目的在于限制行政执行权力，带有司法对行政加以审查的性质。依据任何机构非经司法程序，不能剥夺公民的人身权利、财产权利

及其他权利的理论,法院执行行政行为时要对行政行为的合法性进行审查。

第二,法院强制执行行政行为的司法活动,是行政行为的延续,带有协助行政机关执行的性质。其目的在于减少强制执行机构,使强制执行活动规范化和专业化。依据这一理论,法院执行行政决定,按行政决定的内容进行,不对行政决定的合法性问题进行审查。

从国外立法司法的情况看,法院执行行政机关的行政行为,其性质逐渐由司法对行政的审查转变为司法协助行政执行。以美国为例,在美国,行政机关申请法院强制执行,早期被作为一种特殊的诉讼形式——强制执行之诉。1906年以前,行政机关只有向法院提起强制执行之诉,才能保证其裁决得以执行,此外没有别的办法。在强制执行诉讼中,法院在裁决是否应当强制执行行政机构的裁决令时可以对裁决令复审,法律许可被告在强制执行的诉讼中指控行政规章或者裁决令违法,并以此作为正当的辩护理由。① 但第二次世界大战后,被告在强制执行诉讼中不得以行政裁决违法为辩护理由,法院已不倾向于审查行政裁决的合法性②。这反映了在资本主义建立的初期,司法对行政权力的限制态度,在今天,司法对行政权力扩大采取一种宽容的态度。英国著名的丹宁法官在《法律的训诫》一书中也说:"当作出强制征购命令时,如果此命令是错误地得到的或者作出的,受害人应该得到法律救济,但是他必须立即起诉,而且必须在六周之内起诉。如果他这样做了,那么法院能够而且应该接受他的申诉。但是,假如六周已过,他没有提出申请,法院以后就不能接待他。其原因在于,一旦过此时限,当局将采取步骤取得财产,拆除建筑物和进行诸如此类的事项。公共利益要求他们在做这些事时是可靠的……进一步的作证和询问将阻挡或者延误拆除建筑物的工作,从而将违反公共利益。"③ 这表明司法不对行政进行审查而只是协助行政执行。

我国最高人民法院规定,行政机关申请人民法院强制执行其行政行为,由人民法院行政审判庭负责审查。需要强制执行的,由行政审判庭移送执行庭执行。由此可见,行政执行中,人民法院应当对行政机关所作行政行为的合法性进行审查。

但是,从理论上分析,人民法院强制执行行政机关的行政行为的司法活动,应当看作是行政行为的延续,是对行政机关行政执行的协助和补充,而不是对行政机关执行的限制和监督。人民法院在执行中一般不应该对行政行为的合法性进行审查。其根据在于:

1. 我国《行政诉讼法》规定了行政机关广泛的执行权力。公民、法人或者其他组织拒绝履行行政机关的行政行为和人民法院生效的行政判决、裁定的,行政机关都既可以申请人民法院强制执行,也可以自己依法强制执行。这表明立法不要求司法机关对这些行政行为进行审查,立法上赋予了司法机关与行政机关对这些行政行为有同样的执行权力和机会。在实体法上,有些法律也作了类似规定,如前面所引《海关法》第93条的规定。对同一项行政行为,行政机关向法院申请强制执行就要受到司法审查,自己强制执行就不受司法审查是说不过去的。

2. 从实际情况看,不应该使行政机关的行政行为一直处于可受追诉和审查,可能撤

---

① 参见王名扬:《美国行政法》(上),中国法制出版社1995年版,第531页。
② 参见[美]伯纳德·施瓦茨:《行政法》,群众出版社1986年版,第511页。
③ [英]丹宁:《法律的训诫》,群众出版社1985年版,第95页。

销的不确定状态。从行政管理的客观需要看，行政机关的行政行为一旦作出即具有法律效力，义务人应当履行。但从保护公民、法人和其他组织的合法权益出发，法律规定在行政行为作出后的一段时间内，义务人可以主张异议并请求救济。但义务人也只能在法定的一段时间内起诉，行政行为也只应该在这段时间内可受追诉。过此时限，行政行为应不能再受追诉，否则，对于国家的行政管理工作是不利的。

3. 从起诉权和审判权、审判权和执行权的关系上看，在起诉期限内当事人放弃诉权，在执行程序中不应当允许再主张异议。在法律规定行政机关可向人民法院申请执行的案件中，义务人在规定的起诉期限内不起诉，表明义务人放弃申请人民法院司法审查权的机会，从时效上说，他的起诉权业已消灭，不能再取得法院审判上的保护。因此，在法院执行行政机关的行政行为的过程中，义务人不得再主张异议。

4. 法院在执行程序中对行政行为的合法性进行审查，会引起程序上的混乱。行政机关向人民法院申请强制执行，开始的是执行程序，如果人民法院对行政行为进行审查，则案件回复至审判程序，这必然引起混乱。既不利于行政机关有效地行使行政职权，也难以保证人民法院正确地审查、判断行政行为的合法性。

5. 如果人民法院对行政决定执行完毕以后发现行政决定确有错误，或者行政机关发现行政决定确有错误，以及其他的监督主体如人民代表大会、人民检察院发现行政决定确有错误，通过一定的监督程序而导致该决定被撤销，当事人对由此造成的损失提出追究赔偿责任，应由行政机关还是人民法院承担？如果人民法院对行政决定未加审查，当然由行政机关自己承担责任。而人民法院对行政决定进行了审查或者法律规定人民法院应当对行政决定加以审查，而人民法院审查不严，是否应对审查不严承担责任？执行程序毕竟不是审判程序，又如何保证审查的质量？

综上分析，人民法院在接到行政机关的执行申请后，不应再对行政行为的合法性进行审查，而应该依法强制执行。也就是说，当事人在规定的起诉期限内没有向人民法院起诉，不仅不能再向人民法院起诉，而且即使在执行程序中义务人声明不服，人民法院也不对此进行审查，而是执行发生法律效力的行政行为。这就是讨论人民法院强制执行行政机关行政行为的性质所要解决的问题。

当然，前述分析，只是进行一种纯理论的讨论。我国行政诉讼法并未规定人民法院是否要对行政机关申请执行的行政行为进行审查。从最高人民法院司法解释的规定看，人民法院对行政机关申请执行的行政行为的合法性要进行实质审查。这种实质审查的要求或许是适应当前中国行政执法现状的。

四、人民法院执行行政决定的程序

2014年《行政诉讼法》仅有一个条文，即第97条原则规定公民、法人或者其他组织对行政行为在法定期限内不提起诉讼又不履行的，行政机关可以申请人民法院强制执行，或者依法强制执行，未规定人民法院执行行政机关行政决定的程序。2011年6月30日第十一届全国人民代表大会常务委员会第二十一次会议通过的《行政强制法》对执行程序作出了基本规定。《2018年司法解释》也作出了简要规定。

第十二章 行政执行程序

（一）申请执行的期限

《行政强制法》第 53 条规定："当事人在法定期限内不申请行政复议或者提起行政诉讼，又不履行行政决定的，没有行政强制执行权的行政机关可以自期限届满之日起 3 个月内，依照本章规定申请人民法院强制执行。"逾期申请的，除有正当理由外，人民法院不予受理。

《2018 年司法解释》第 156 条也规定，没有强制执行权的行政机关申请人民法院强制执行其行政行为，应当自被执行人的法定起诉期限届满之日起 3 个月内提出。逾期申请的，除有正当理由外，人民法院不予受理。

在行政诉讼进行过程中，被告或者行政行为确定的权利人申请人民法院强制执行被诉的行政行为，人民法院一般不予执行。但如果不及时执行可能会给国家利益、公共利益或者他人合法权益造成不可弥补的损失的，人民法院可以先予执行。但行政行为确定的权利人申请强制执行的，应当提供相应的财产担保。

行政机关根据法律的授权对平等主体之间民事争议作出裁决后，当事人在法定期限内不起诉又不履行的，作出裁决的行政机关在申请执行的期限内未申请人民法院强制执行的，生效行政行为确定的权利人或者其继承人、权利承受人在 90 日内可以申请人民法院强制执行。

（二）执行管辖

《行政强制法》第 54 条规定，行政机关申请人民法院强制执行前，应当催告当事人履行义务。催告书送达 10 日后当事人仍未履行义务的，行政机关可以向所在地有管辖权的人民法院申请强制执行；执行对象是不动产的，向不动产所在地有管辖权的人民法院申请强制执行。

《2018 年司法解释》规定，行政机关申请人民法院强制执行其行政行为的，由申请人所在地的基层人民法院受理；执行对象为不动产的，由不动产所在地的基层人民法院受理。基层人民法院认为执行确有困难的，可以报请上级人民法院执行；上级人民法院可以决定由其执行，也可以决定由下级人民法院执行。

（三）申请执行的条件

行政机关根据《行政诉讼法》第 97 条的规定申请执行其行政行为，应当具备以下条件：

（1）行政行为依法可以由人民法院执行；
（2）行政行为已经生效并具有可执行内容；
（3）申请人是作出该行政行为的行政机关或者法律、法规、规章授权的组织；
（4）被申请人是该行政行为所确定的义务人；
（5）被申请人在行政行为确定的期限内或者行政机关催告期限内未履行义务；
（6）申请人在法定期限内提出申请；
（7）被申请执行的行政案件属于受理执行申请的人民法院管辖。

（四）执行的申请与受理

结合《行政强制法》和《2018 年司法解释》的规定，行政机关申请法院强制执行的申请和受理程序有以下。

1. 行政机关向人民法院申请强制执行，应当提供下列材料：（1）强制执行申请书；（2）行政决定书及作出决定的事实、理由和依据；（3）当事人的意见及行政机关催告情况；（4）申请强制执行标的情况；（5）法律、行政法规规定的其他材料。强制执行申请书应当由行政机关负责人签名，加盖行政机关的印章，并注明日期。

2. 人民法院对符合条件的申请，应当在5日内立案受理，并通知申请人；对不符合条件的申请，应当裁定不予受理。行政机关对不予受理裁定有异议，在15日内向上一级人民法院申请复议的，上一级人民法院应当在收到复议申请之日起15日内作出裁定。

3. 人民法院对行政机关强制执行的申请进行书面审查，对符合本法第55条规定，且行政决定具备法定执行效力的，除本法第58条规定的情形外，人民法院应当自受理之日起7日内作出执行裁定。

4. 因情况紧急，为保障公共安全，行政机关可以申请人民法院立即执行。经人民法院院长批准，人民法院应当自作出执行裁定之日起5日内执行。

（五）决定执行

人民法院受理行政机关申请执行其行政行为的案件后，应当在7日内由行政审判庭对行政行为的合法性进行审查，并作出是否准予执行的裁定。人民法院在作出裁定前发现行政行为明显违法并损害被执行人合法权益的，应当听取被执行人和行政机关的意见，并自受理之日起30日内作出是否准予执行的裁定。需要采取强制执行措施的，由本院负责强制执行非诉行政行为的机构执行。

被申请执行的行政行为有下列情形之一的，人民法院应当裁定不准予执行：（1）实施主体不具有行政主体资格的；（2）明显缺乏事实根据的；（3）明显缺乏法律、法规依据的；（4）其他明显违法并损害被执行人合法权益的情形。行政机关对不准予执行的裁定有异议，在15日内向上一级人民法院申请复议的，上一级人民法院应当在收到复议申请之日起30日内作出裁定。

（六）执行费用与执行担保

行政机关申请人民法院强制执行，不缴纳申请费。强制执行的费用由被执行人承担。人民法院以划拨、拍卖方式强制执行的，可以在划拨、拍卖后将强制执行的费用扣除。依法拍卖财物，由人民法院委托拍卖机构依照《中华人民共和国拍卖法》的规定办理。划拨的存款、汇款以及拍卖和依法处理所得的款项应当上缴国库或者划入财政专户，不得以任何形式截留、私分或者变相私分。

行政机关或者行政行为确定的权利人申请人民法院强制执行前，有充分理由认为被执行人可能逃避执行的，可以申请人民法院采取财产保全措施。后者申请强制执行的，应当提供相应的财产担保。

第十三章 行政赔偿诉讼

行政赔偿诉讼，是指在追究行政机关的行政侵权赔偿责任中，受损害的公民、法人或者其他组织与行政机关发生争议而向人民法院提起的诉讼。

我国《国家赔偿法》于1994年5月12日经第八届全国人民代表大会常务委员会第七次会议通过，自1995年1月1日起施行。其后，全国人大常委于2010年4月和2012年10月分别对国家赔偿法进行了修改。《国家赔偿法》是一部综合性的法律，对国家赔偿的实体和程序内容进行了全面的规定，规定国家赔偿的范围包括行政赔偿、刑事赔偿和司法赔偿。其中，行政赔偿是国家赔偿的重要内容。行政赔偿程序兼有行政程序和行政诉讼程序。1989年《行政诉讼法》制定时，因当时没有《国家赔偿法》，因而在《行政诉讼法》中以专章第九章"侵权赔偿责任"对行政赔偿诉讼作了规定。鉴于《国家赔偿法》已经对行政赔偿进行了全面的规定，2014年《行政诉讼法》取消了"侵权赔偿责任"一章。①

由于行政赔偿诉讼属于行政诉讼，适用行政诉讼法的相关程序，同时其亦有一些特有的程序和制度，本书专列一章加以介绍和分析。除另有所指外，本章引用《国家赔偿法》条文皆为现行的2012年修正版本。

第一节 行政赔偿诉讼概述

一、行政赔偿诉讼的概念和特征

行政赔偿诉讼是人民法院依照行政诉讼法的规定审理行政赔偿案件的一种特殊的行政诉讼。行政赔偿诉讼具有两方面的特征。

1. 行政赔偿诉讼是行政诉讼，具有行政诉讼的特征

行政赔偿诉讼是人民法院在双方当事人和其他诉讼参与人参加下进行的一种司法上的活动，带有司法干预行政的性质。同时，行政赔偿诉讼是以行政机关为被告的诉讼，是由于行政机关在行使职务时有过错，与公民、法人或者其他组织发生争议而引起的。这一特征使行政赔偿诉讼与一切其他有关赔偿问题的诉讼区别开来，如与民事损害赔偿诉讼、司法损害赔偿诉讼相区别。

---

① 从立法技术角度说，行政诉讼法也不应该规定行政赔偿责任。赔偿责任属于实体法的范畴。只有在追究行政赔偿责任发生争议而引起诉讼时，行政侵权赔偿责任才成为行政诉讼法上的一个问题。行政诉讼法应该规定的是因行政侵权赔偿责任所引起诉讼的有关程序问题。也就是说，在没有国家赔偿法的情况下，行政诉讼法即便要对行政赔偿问题加以规定，也只应规定"行政赔偿诉讼"。

2. 行政赔偿诉讼又是一种特殊的行政诉讼，带有民事诉讼的某些特性

在行政赔偿的诉讼中，双方当事人往往不再争议行政行为的合法性问题，争议的内容是行政行为造成损害的事实状况如何，行政机关是否赔偿及赔偿金额多少等问题。而这些有关赔偿的问题归根到底还是民事问题，因而解决这些问题不可避免地需要运用民法上的一些原理、原则和民事诉讼法上的一些程序、方法，如审理一般行政案件不能适用调解，但审理行政赔偿案件可以适用调解。

二、行政赔偿诉讼的意义

行政赔偿诉讼制度的建立具有重要的理论意义和现实意义。

1. 行政赔偿诉讼制度的建立是实施宪法的需要，是对宪法原则规定的落实。我国《宪法》第 41 条第 3 款规定："由于国家机关和国家工作人员侵犯公民权利而受到损失的人，有依照法律规定取得赔偿的权利。"长期以来，宪法的这项原则规定因缺乏具体制度的保障而难以在实践中贯彻落实。行政赔偿诉讼制度的建立使国家行政机关和行政机关工作人员侵犯公民权利而产生的行政赔偿纠纷的解决有了诉讼程序制度的保证。

2. 行政赔偿诉讼制度有利于保护公民、法人或者其他组织的合法权利。宪法规定我国是人民民主专政的社会主义国家。在我们的国家里，国家行政机关应该是为人民服务的机关，国家行政工作人员是人民的公仆。当国家行政机关及其工作人员的过错行为造成人民群众利益的损害时，应当予以赔偿，这是社会主义民主得到充分发展，人民权益得到充分保障的标志。

3. 行政赔偿诉讼制度有利于对行政机关和行政机关工作人员进行法律监督，从而改进国家行政机关的工作。行政赔偿诉讼可以客观地反映行政机关工作的质量、效率，有效地对行政机关及其工作人员的失职、越职和违职行为实施惩戒，对行政机关的内部管理起到有力的推动作用。因此，行政赔偿诉讼制度是对行政机关及其工作人员进行监督的十分有效的方式。

4. 行政赔偿诉讼有利于协调国家行政机关同人民群众之间的关系，从而改善干群关系，使行政管理活动更顺利、更有效率地进行。

三、行政赔偿诉讼适用的法律

行政赔偿诉讼所适用的法律主要是《行政诉讼法》和《国家赔偿法》。同时《行政复议法》中的有关规定，最高人民法院以及其他国家机关有关行政赔偿的特别规定亦是人民法院审理行政赔偿案件所应依据的规范性文件。最高人民法院 1997 年 4 月 29 日发布《关于审理行政赔偿案件若干问题的规定》第 38 条规定："人民法院审理行政赔偿案件，除依照国家赔偿法行政赔偿程序的规定外，对本规定没有规定的，在不与国家赔偿法相抵触的情况下，可以适用行政诉讼的有关规定。"由此看来人民法院审理行政赔偿案件所依据的规范性文件的效力顺序是《国家赔偿法》、最高人民法院《关于审理行政赔偿案件若干问题的规定》《行政诉讼法》。但是，从法治角度分析，依据规范性文件冲突的选择适用规则，最高人民法院司法解释的效力层次是低于全国人民代表大会所制定的法律的，而《行政诉讼法》是全国人民代表大会制定的适用于全国范围的法律，效力层次应当在最高

第十三章 行政赔偿诉讼

人民法院司法解释之上。相比较《行政诉讼法》，《国家赔偿法》属于特别法。因此，人民法院审理行政赔偿案件所依据的规范性文件应当是《国家赔偿法》、《行政诉讼法》、最高人民法院有关司法解释。

2010年《国家赔偿法》修正后，最高人民法院发布了几个相关的司法解释，包括2011年2月14日由最高人民法院审判委员会第1511次会议通过的"最高人民法院关于适用《中华人民共和国国家赔偿法》若干问题的解释（一）"；2011年2月28日最高人民法院审判委员会第1513次会议通过的"最高人民法院关于人民法院赔偿委员会审理国家赔偿案件程序的规定"；2013年12月16日最高人民法院审判委员会第1600次会议通过的"最高人民法院关于人民法院赔偿委员会适用质证程序审理国家赔偿案件的规定"等。

第二节 行政侵权赔偿责任

一、行政侵权赔偿责任的概念

行政侵权赔偿责任又可称行政损害赔偿责任或者行政赔偿责任，有时简称行政赔偿，是因行政机关或者行政机关工作人员违法行使职权侵犯了公民、法人或者其他组织的合法权益而造成损害，由行政机关负责赔偿的一种法律责任。

行政侵权赔偿责任是国家责任的一种。国家责任是国家根据国际法和国内法对自己的行为应承担的法律后果。国家责任分为国际责任和国内责任。国内责任是国家对其国内公民、法人或者其他组织造成侵权损害，根据法律规定应承担的责任，包括立法侵权责任、司法侵权责任（包括民事和冤狱赔偿）、行政侵权责任和国家民事责任四种。

二、行政侵权赔偿责任的特征

行政侵权赔偿责任具有以下特征，以区别于其他法律上的赔偿责任：

1. 行政侵权赔偿责任是由国家行政机关承担的一种法律责任

行政侵权损害可能是由于国家行政机关直接造成的，也可能是由于行政机关工作人员的职务行为造成的，还可能是由于行政机关委托的组织履行委托职务时造成的，但无论何种情况，都应当由行政机关承担赔偿责任。行政侵权赔偿责任由国家承担包括两种情况：

一种情况是，当公民、法人或者其他组织的损害是由执行具体公务的行政机关工作人员造成的，行政赔偿责任应由行政机关承担。这是因为，在我国，当国家行政机关工作人员基于他的职务履行公务时，其行为不属个人行为而是行政机关的行为，他只是在执行行政机关的意志，其公务行为的法律后果由其所代表的行政机关承担。这样有利于增强行政机关的自我约束机制，有利于加强行政机关的内部管理；也可以避免因行政工作人员赔偿能力有限而使相对人的损失得不到及时、全面的赔偿；避免因赔偿责任的压力而挫伤行政机关工作人员的积极性和主观能动性。因此，当公民、法人或者其他组织受到的损害是由行政机关工作人员的过错造成的时候，首先应当由行政机关承担赔偿责任。同时，如果行政机关工作人员在执行职务时有致害的故意或者有重大过失，行政机关在对相对人的损失给予赔偿后，根据法律规定，应当责令有故意或者重大过失的行政机关工作人员承担部分或者全部赔偿费用。这一制度的形成，从一些国家行政赔偿的历史发展看，经历了长期的发展过程，从国家无过错责任发展到国家和公务员连带负赔偿责任，最后形成国家首先对相对人负赔偿责任，然后再由国家向有过错或者重大过失的行政工作人员追偿的制度。

另一种情况是，由行政机关委托的组织或者公民所作的行政行为造成行政相对人损害的，也应由委托的行政机关承担赔偿责任。因为从理论上说，被委托的组织或者公民个人所进行的行政管理活动属于行政上的代理活动。代理人以被代理人的名义在代理权限范围内的活动，其法律后果应由被代理人承担，这是委托代理的一般原理。因此，在这种情况下，赔偿责任也应由行政机关首先承担，然后可由行政机关向委托的社会组织或者公民个人追偿。但是，行政机关工作人员与行使职权无关的个人行为，行政机关委托的组织超出委托权限的行为，则应当由作出侵权行为的个人或者组织承担责任。

2. 行政赔偿责任是因行政管理活动而发生的

行政赔偿是由于国家行政机关或者行政机关工作人员在执行公务过程中给公民、法人或者其他组织的合法权益造成损害而应承担的赔偿。行政机关为进行行政管理活动，也要以民事主体的身份与其他组织和个人发生联系，在这个过程中造成他人损害的也要承担法律责任，但这种法律责任是民事责任而不是行政责任。

3. 行政侵权赔偿责任以行政机关或者有关行政工作人员的行政行为违法为前提

行政机关或者行政机关工作人员的行政行为在性质上属于违法行为，才能够依照法律追究其行政侵权赔偿责任。如果行政行为本身合法、合理，但客观上造成了公民、法人或者其他社会组织损害，行政机关不承担行政赔偿责任，而要给受到损害的公民、法人或者其他组织一定的补偿，这叫做行政补偿，如国家建设征用土地给予的补偿。行政补偿还包括对行政机关职务上的正当防卫行为和紧急避险行为予以补偿，后者如消防人员为了防止火灾蔓延下令将临近火源的建筑物拆除。

关于行政机关承担侵权赔偿责任的原则，即行政赔偿的归责原则，学术界有着多种观点，如过错原则、无过错原则和违法原则等。我国立法确立了违法原则，即行政机关和行政机关工作人员违法行使职权侵犯公民、法人或者其他组织的合法权益造成损害的，受害人有依照法律取得赔偿的权利。

4. 行政侵权赔偿责任的责任形式主要是金钱赔偿

行政侵权赔偿责任是行政侵权责任的一种。行政侵权责任形式除赔偿以外，还有返还原物、赔礼道歉、恢复名誉等形式。

三、行政侵权赔偿责任的构成要件

（一）损害事实的存在

国家承担行政侵权赔偿责任以有损害事实的存在为前提条件，无损害就无所谓赔偿。确定损害事实是否存在，应注意以下两点：

1. 损害具有现实性和确定性

这种损害必须是已经发生并现实存在的，而不是虚构的、主观臆造的。依照我国国家赔偿法的规定，对将来可能发生的损害，国家一般不承担赔偿责任。

对将来可能发生的损害是否应给予赔偿，由于这种损害不具有现实性，各国一般依判例将将来要发生的损害分为确定性的损害和非确定性的损害。确定性的损害指受害人有充分的证据证明利益的获得已经确定，由于行政行为的作出而招致发生的损害。如演员在乘车去剧院的途中被警察错误拘留，违法拘留所造成的损害既是现实性的，又是确定性的；而已签好演出合同的演出收入则不具有现实性，但由于其具有确定性，国家也应给予赔偿。非确定性的损害是指受害人没有充分的证据证明利益的获得已经确定，或者对损害的发生不能作出明确的评估的情形。对非确定性的损害，国家一般不承担行政赔偿责任。

2. 对受法律保护的利益造成的实际损害

违法的利益不发生行政赔偿责任，例如行政机关拆除违章建筑，虽然给违章建筑使用人造成损害，但不承担行政赔偿责任。

（二）行政行为违法

首先，损害是由行政机关的行政行为造成的；其次，行政行为违法。行政行为违法指没有事实根据或者法律根据，适用法律、法规错误，违反法定程序，超越职权，滥用职权，拒不履行法定职责等情况。这里的违法，既包括程序上的违法，也包括实体上的违法；既包括形式上的违法，也包括内容上的违法；既包括作为的违法，也包括不作为的违法。

（三）行政违法行为与损害事实之间存在因果关系

行政违法行为与损害事实之间存在因果关系，是确定行政赔偿责任的极为重要的因素。行政赔偿诉讼中，因果关系具有特殊性，必须根据具体情况确定因果关系并正确适用因果关系理论。

1. 关于因果关系的理论

民法理论上，关于因果关系的学说有多种。借鉴民法理论，适用于确定行政侵权赔偿责任的因果关系的学说也有以下几种：

第一，条件说，又叫条件即原因说。此学说认为凡是导致某种结果发生的条件，都是结果的原因。由于缺乏任何一个条件，损害都不会发生，因此各种条件都是法律上的原因。条件说的公式是：如果无甲行为，则无乙损害，则甲行为即为致害的原因。① 在条件说看来，造成损害的所有条件都具有同等的价值，对条件不作限制，因此，扩大了法律责任的范围

第二，原因说。此学说认为在造成损害结果的诸多条件中，只有一项或者几项重要的条件可以作为损害结果的原因。认为造成损害的诸个因素对损害结果的发生所起的作用是不同的，起重要作用的可以认为是原因，而将其余因素认定为条件。其中原因的制造者承担赔偿责任，而条件的制造者不承担赔偿责任。② 由于原因说强调重要的因素为原因，因而又产生出如何从众多的因素中判断出原因的理论，如直接条件说、必然关系说等。

第三，相当因果关系说，又称适当条件说。此学说认为某种原因仅在现实特定情形中发生某种结果的，尚不能断定两者之间存在因果关系。而只有在一般情形中，依照当时当

---

① 江必新：《国家赔偿法原理》，中国人民公安大学出版社1994年版，第98页。
② 《国家赔偿法学》，中国政法大学出版社1994年版，第61~62页。

地的社会观念，普遍认为也能发生同样结果的，才能认定有因果关系。① 其公式是：若无此行为，则不生此结果，若有此行为通常即生此损害，则为有因果关系；无此行为，必不生此损害，有此行为，通常也不生此损害，即为无因果关系。

2. 行政侵权行为在因果关系上的特点

与一般民事侵权行为相比，行政侵权行为更为复杂。具体表现在以下方面：

第一，行政侵权行为通常与民事侵权行为甚至是犯罪联系在一起的。如某犯罪嫌疑人持刀闯入一所刚放学的小学的教室对一名小学生进行猥亵、奸淫，学生家长闻讯后即要求学校和派出所给予保护，派出所接到报案后未及时派出警力，致使犯罪嫌疑人犯罪得逞后逃跑。造成此案损害发生的原因，既有公安机关履行职责时的拖延行为，又有学校方面对学生保护措施的疏漏，更主要的是有犯罪嫌疑人的刑事犯罪行为。又如某果农在其种植的果树遭到犯"红眼病"者哄抢时要求政府保护，而政府未予保护致使损害发生亦具有相同情形。

第二，行政侵权行为通常是由于国家行政机关工作人员不履行法定职责引起，而国家行政机关工作人员在履行法定职责问题上，受各种条件所限制，有"履行不能"的情况。如与前述案例相类似的情况，即使公安机关接到报案后及时派出警力，也有可能难以制止侵害的发生。

第三，行政侵权行为对相对人权益的侵害通常是间接的。如甲单位申请盖一锅炉房，规划、环保、消防部门批准后，因相邻单位和居民反对直至通过行政诉讼程序，法院最终撤销同意盖该锅炉房的决定，而该锅炉房已基本建设完毕，甲单位有一定的损失。有关部门的批准行为对甲单位损害的造成虽然不是直接的，但这种间接的联系应认为有因果关系。

3. 行政侵权行为的因果关系及其适用

由于国家行政机关行使职权的特殊性，其权力的来源和依法行政的原则均要求其必须以为社会提供优良的服务为己任，对自己的行为导致相对人合法权益的损害，行政机关都应承担责任，因此，行政侵权行为的因果关系应适用条件说。凡是由于行政行为的介入导致损害的发生，行政行为与损害结果均具有因果关系。只是应根据行政行为在造成损害的诸原因中的地位来确定对损害结果承担责任的大小。如果行政行为是造成损害的惟一原因，因果关系是比较明了的。如果损害的造成还与民事侵权行为或者犯罪相联系，则行政行为虽然也与损害事实之间具有因果关系，但就赔偿责任而言，行政行为则具有次要的责任，受害人应首先向直接侵害人请求赔偿，在受害人从直接侵害人那里得不到赔偿或者得不到完全的赔偿时，才可以请求国家赔偿。

如由于警察错误拘留某人而造成的误工损失，警察的拘留行为是损害发生的直接原因，应对损害事实承担赔偿责任，这种情况比较简单明了。而如由于警察错误拘留某人致使其心脏病发作而死亡，警察的拘留行为则不是某人死亡主要原因，但也是原因之一，应认定拘留行为与某人死亡之间具有因果关系。但由于警察的行为不是某人死亡的主要原因，国家应承担次要的赔偿责任。又如行政侵权行为与民事侵权行为甚至与犯罪联系在一

---

① 张尚鷟主编：《走出低谷的中国行政法学》，中国政法大学出版社1991年版，第616页。

起的情况下，行政机关不作为的行为也应是造成损害的原因，即从行政侵权行为与损害结果之间的这种间接的联系中也可推断出行政行为与损害结果之间存在因果关系。只是在确定赔偿责任时，受害人应首先向直接侵害人请求赔偿，在受害人从直接侵害人那里得不到赔偿或者得不到完全的赔偿时，可以请求国家赔偿。

（四）必须有法律的明确规定

致害行为必须是法律明确规定应当承担侵权赔偿责任的行为。如果致害行政行为是法律规定可以免责的行为，则受害人不能请求赔偿，如国防、外交等国家行为，制定规章等抽象行政行为。即相对人向人民法院提起诉讼要求行政机关对致害行政行为承担赔偿责任，该致害行政行为必须是可受司法审查的行为，属于人民法院受理行政案件的范围。因为行政侵权赔偿责任的成立必须以致害行政行为违法为前提，如果某一项行政行为的合法性无法确定，侵权赔偿责任就难以成立。只有在致害行政行为属于可受司法审查的行政行为的前提下，才能确定行政行为是否违法，从而进一步确定行政侵权赔偿责任。

有学者反对将法律的明确规定作为行政侵权赔偿责任的构成要件之一，认为随着行政赔偿范围的拓宽，法律规定必将失去意义。① 但至少在我国现阶段，有法律的明确规定，是行政机关承担行政侵权赔偿责任的必不可少的条件。

第三节 行政赔偿的范围和主体

一、行政赔偿范围

（一）行政赔偿范围的含义

行政赔偿范围，是指国家对行政机关及其工作人员在行使行政职权时，侵犯公民、法人或者其他组织合法权益造成的损害给予赔偿的范围。行政赔偿范围在内容上包括三个方面：其一，国家对造成相对人损害的哪些行政侵权行为进行赔偿；其二，国家对行政侵权行为所损害的哪些合法权益进行赔偿；其三，国家对行政侵权行为所造成的哪些损害进行赔偿。

确定行政赔偿范围的重要性在于，其标志了以下几个方面的范围和界限：

第一，受害人享有行政赔偿请求权和法律给予行政赔偿救济的范围；

第二，赔偿义务机关承担赔偿义务的范围和界限；

第三，人民法院行政赔偿审判权的范围和界限。

（二）行政赔偿范围的法律规定

《国家赔偿法》第二章第一节共三个条文对行政赔偿的范围作了明确规定，包括对人身权的赔偿、对财产权的赔偿和行政赔偿的免责情形。

1. 对人身权的赔偿范围

行政机关及其工作人员在行使行政职权时有下列侵犯人身权情形之一的，受害人有取

---

① 参见薛刚凌主编：《国家赔偿法教程》，中国政法大学出版社1987年版，第66页；张尚鷟主编：《走出低谷的中国行政法学》，中国政法大学出版社1991年版，第617~618页。

得赔偿的权利：

(1) 违法拘留或者违法采取限制公民人身自由的行政强制措施的；

(2) 非法拘禁或者以其他方法非法剥夺公民人身自由的；

(3) 以殴打、虐待等行为或者唆使、放纵他人以殴打、虐待等行为造成公民身体伤害或者死亡的；

(4) 违法使用武器、警械造成公民身体伤害或者死亡的；

(5) 造成公民身体伤害或者死亡的其他违法行为。

2. 对财产权的赔偿范围

行政机关及其工作人员在行使行政职权时有下列侵犯财产权情形之一的，受害人有取得赔偿的权利：

(1) 违法实施罚款、吊销许可证和执照、责令停产停业、没收财物等行政处罚的；

(2) 违法对财产采取查封、扣押、冻结等行政强制措施的；

(3) 违法征收、征用财产的；

(4) 造成财产损害的其他违法行为。

3. 国家赔偿责任的免责情形

属于下列情形之一的，国家不承担赔偿责任：

(1) 行政机关工作人员与行使职权无关的个人行为；

(2) 因公民、法人和其他组织自己的行为致使损害发生的；

(3) 法律规定的其他情形。

法律规定国家不承担行政赔偿责任的其他情形主要有不可抗力，第三人的过错，可从其他途径如社会保险、公费医疗等获得补偿等。

二、行政赔偿请求人

(一) 行政赔偿请求人的含义

行政赔偿的请求人是指其合法权益在行政活动中受到行政违法行为的侵害，向行政赔偿义务机关或者人民法院请求行政赔偿的人，即依法有权向国家请求行政赔偿的人。行政赔偿请求人在行政复议程序中，是行政复议的申请人；在行政赔偿诉讼程序中，是行政诉讼的原告。

(二) 行政赔偿请求人的资格

行政赔偿请求人的资格是指某一公民、法人或者其他组织充当行政赔偿请求人所应具备的条件。明确行政赔偿请求人的资格，一方面是为了防止滥用行政赔偿的请求权，减少诉讼成本，提高诉讼效率；另一方面，行政赔偿请求人的资格问题也直接影响到相对人行使请求权范围的大小，制约着行政赔偿救济制度所发挥的作用。

依照行政诉讼法和国家赔偿法的规定，行政赔偿请求人应具备以下几方面的条件：

(1) 行政赔偿请求人是自己的合法权益受到侵犯并造成实际损失的人；

(2) 行政赔偿请求人所受损害与所诉的行政违法行为存在因果关系；

(3) 行政赔偿请求人所提出的请求事项属于行政赔偿的受理范围；

(4) 行政赔偿请求人具有行为能力。

第十三章 行政赔偿诉讼

行政赔偿请求人可以不是受害人。在受害人不具有行为能力的情况下，其法定代理人可以作为赔偿请求人提出请求。《国家赔偿法》第12条第3款规定："赔偿请求人不是受害人本人的，应当说明与受害人的关系，并提供相应证明。"

（三）行政赔偿请求人的范围

（1）受害的公民、法人或者其他组织有权要求赔偿；

（2）受害的公民死亡，其继承人和其他有抚养关系的亲属以及死者生前抚养的无劳动能力的人有权要求赔偿；

（3）受害的法人或者其他组织终止，承受其权利的法人或者其他组织有权要求赔偿；企业法人或者其他组织被行政机关撤销、变更、兼并、注销，认为经营自主权受到侵害，依法提起行政赔偿请求，原企业法人或者其他组织，或者对其享有权利的法人或者其他组织均具有行政赔偿请求人资格。

三、行政赔偿义务机关

（一）行政赔偿义务机关的含义

行政赔偿义务机关是指代表国家接受行政赔偿请求、支付赔偿费用、参与赔偿复议和参加赔偿诉讼的机关，即具体履行行政赔偿义务的机关。行政赔偿义务机关在行政复议程序中是被申请人，在行政诉讼程序中是被告。

在我国，承担行政赔偿责任的主体是国家，但国家是一个抽象的政治实体，受害人无法请求抽象的国家实体来承担具体的行政赔偿义务，因此必须在法律上规定一个具体的机关来承担赔偿义务，这就是赔偿义务机关。

（二）赔偿义务机关的权利和义务

行政赔偿义务机关作为国家赔偿责任的履行者，具有以下几个方面的权利和义务：

1. 对赔偿请求作出处理

对行政赔偿请求人的赔偿请求，赔偿义务机关应在法定期限内作出处理。这种处理包括两个方面，首先，对是否存在致害行为以及致害行为是否违法作出确认；其次，与赔偿请求人就赔偿请求事宜进行协商达成一致的，制作协议书；不能达成协议的，作出行政赔偿处理决定书。

2. 参与行政复议和参加行政诉讼

赔偿义务机关参与因履行行政赔偿责任而引起的行政复议和行政诉讼，在行政复议和行政诉讼中分别依据有关的法律、法规享有程序上的权利、承担程序上的义务。

3. 履行行政复议决定和行政诉讼判决

赔偿义务机关履行复议决定和诉讼判决的事项有办理赔偿费用支付事宜、返还财产和恢复原状等。

4. 行使追偿权

赔偿义务机关在赔偿受害人的损失后，有权向有故意或者重大过失的行政机关工作人员或者受委托的组织和个人追偿。

（三）行政赔偿义务机关的确定

1. 一般情况下的赔偿义务机关

《国家赔偿法》第 7 条第 1 款规定:"行政机关及其工作人员行使行政职权侵犯公民、法人或者其他组织的合法权益造成损害的,该行政机关为赔偿义务机关。"这一规定明确了在一般情况下,赔偿义务机关为致害的行政机关和致害的行政工作人员所在的行政机关。

2. 共同侵权时的赔偿义务机关

《国家赔偿法》第 7 条第 2 款规定:"两个以上行政机关共同行使行政职权时侵犯公民、法人或者其他组织的合法权益造成损害的,共同行使行政职权的行政机关为共同赔偿义务机关。"依此规定,共同赔偿义务机关共同承担赔偿义务,它们之间承担连带责任,受害人可以向共同赔偿义务机关中的任何一个机关要求赔偿,该赔偿义务机关应当先予赔偿,然后要求其他有责任的机关承担部分赔偿费用。但如果引起行政赔偿诉讼,则共同赔偿义务机关在诉讼中应作为共同被告,由人民法院按照其在侵权损害中所起的作用确定其所应承担的责任。

因此,两个以上行政机关共同侵权,赔偿请求人对其中一个或者数个侵权机关提起行政赔偿诉讼,若诉讼请求是可分之诉,被诉的一个或者数个侵权机关为被告;若诉讼请求系不可分之诉,由人民法院依法追加其他侵权机关为共同被告①。

3. 授权的组织和委托的组织侵权时的赔偿义务机关

《国家赔偿法》第 7 条第 3 款、第 4 款规定:"法律、法规授权的组织在行使授予的行政职权时侵犯公民、法人和其他组织的合法权益造成损害的,被授权的组织为赔偿义务机关。受行政机关委托的组织或者个人在行使受委托的行政权力时侵犯公民、法人和其他组织的合法权益造成损害的,委托的行政机关为赔偿义务机关。"这一规定与行政诉讼当事人的确定具有相同的原理,在此不再赘述。

4. 致害机关撤销时的赔偿义务机关

《国家赔偿法》第 7 条第 5 款规定:"赔偿义务机关被撤销的,继续行使其职权的行政机关为赔偿义务机关;没有继续行使其职权的行政机关的,撤销该赔偿义务机关的行政机关为赔偿义务机关。"

5. 经复议的赔偿义务机关

《国家赔偿法》第 8 条规定:"经复议机关复议的,最初造成侵权行为的行政机关为赔偿义务机关,但复议机关的复议决定加重损害的,复议机关对加重的部分履行赔偿义务。"复议机关与最初作出行政行为的机关不是共同赔偿义务机关,不承担连带责任,而是各自对自己所造成的侵权损害承担责任。

因此,在确定行政诉讼的被告时,如果复议机关的复议决定加重损害的,赔偿请求人只对作出原决定的行政机关提起行政赔偿诉讼,则作出原决定的行政机关是被告;如果赔偿请求人只对复议机关提起行政赔偿诉讼的,则复议机关为被告②。

---

① 参见最高人民法院 1997 年 4 月 29 日发布《关于审理行政赔偿案件若干问题的规定》第 17 条。
② 参见最高人民法院 1997 年 4 月 29 日发布《关于审理行政赔偿案件若干问题的规定》第 18 条。

第四节 行政赔偿方式和计算标准

一、行政赔偿的方式

行政赔偿方式是指国家对自己的侵权行为承担责任的各种形式。赔偿是对侵权行为所造成的损害给予的补救。由于损害的性质、情节、程度的不同，承担赔偿责任的方式亦应有所不同。

《国家赔偿法》第四章"赔偿方式和计算标准"中的第 32 条规定："国家赔偿以支付赔偿金为主要方式。能够返还财产或者恢复原状的，予以返还财产或者恢复原状。"第 35 条规定："有本法第 3 条或者第 17 条规定情形之一，致人精神损害的，应当在侵权行为影响的范围内，为受害人消除影响，恢复名誉，赔礼道歉；造成严重后果的，应当支付相应的精神损害抚慰金。"

从以上规定看，国家赔偿的方式主要是金钱赔偿，并辅之以返还原物和恢复原状。造成精神损害的，有消除影响、恢复名誉、赔礼道歉等方式，精神损害抚慰金则仅适用于致人精神损害造成严重后果的情况。① 2010 年《国家赔偿法》修改时增加了对于精神损害支付精神抚慰金的规定，这有利于完整、充分地保证公民的人身权利，遏制公权力的滥用，是落实宪法关于国家尊重和保障人权规定的体现，反映了我国法治的进步。

二、确立行政赔偿计算标准的原则

(一) 计算标准的含义

行政赔偿的计算标准是指国家支付赔偿金赔偿受害人的损失时所适用的标准。由于行政侵权行为和所造成损害的结果多种多样，需要确立不同的标准来计算受害人的损失。

(二) 确立计算标准的原则

确立计算标准的原则是指国家确立计算标准时所遵循或者依据的准则。从世界各国的情况看，在已经建立了国家赔偿制度的国家中，其计算标准大致根据以下四种原则确立：

1. 惩罚性原则

惩罚性原则是指国家赔偿所支付的赔偿金既是对受害人损失的弥补，也是对行政侵权行为的惩罚。依据惩罚性原则，赔偿义务机关除了要向受害人补足其所受的损失以外，还应支付超出其实际损失的费用，从而体现对行政侵权行为的惩罚。

2. 补偿性原则

补偿性原则是指国家赔偿所支付的赔偿金是对受害人实际损失的补偿。依据补偿性原

---

① 实践中，还在探索一些新的赔偿方式，如解决户口等。也有使用的一些方式明显违法的情况，如 2009 年 3 月 19 岁高中生徐梗荣受审时死于丹凤县公安局案，丹凤县政府办公室与死者父母签订了赔偿协议，其中规定"徐梗荣之父徐和平、之母曹会玲、祖母杜金娥从 2009 年 7 月起终生享受当地最高标准低保"。（杜光利：《陕西丹凤高中生受审时猝死事件始末》，载《时代周报》2009 年 3 月 19 日）。不看是否符合最低生活保障的条件，而将给予最低生活保障待遇作为一项赔偿方式，显然是违法的。

则，赔偿义务机关支付的赔偿金正好应弥补受害人的实际损失，从而使受害人因行政侵权行为所发生的损害能得到全部的补偿。

3. 损益相抵原则

损益相抵原则是指受害人因某一致害行为所造成的损害与因该损害所获得的补偿应当正好相互抵消。依据损益相抵原则，受害人因同一损害从不同渠道获得赔偿，国家只支付赔偿总额中减去已从其他渠道获得的赔偿金的余下部分。如《德国民法典》第839条规定，如果受害人可以从另一种方式获得赔偿，如合同和社会保险，那么就不得要求官吏及他所代表的国家机关赔偿。

损益相抵原则与补偿性原则相比，其区别主要在于，补偿性原则是从赔偿义务机关的角度说明应当赔偿的数额，即赔偿义务机关给予受害人的赔偿金应当弥补受害人的实际损失；而损益相抵原则是从受害人的角度说明应当赔偿的数额，即受害人所获得的赔偿数额应当与其所受的损害相抵。由于受害人在某一次具体的侵害行为中所遭受损害的数额是固定的，而受害人除了可从赔偿义务机关获得赔偿以外，还可以通过其他途径如保险、刑事诉讼中获得赔偿，因而行政赔偿实行补偿性原则，受害人所获得的赔偿数额往往大于损益相抵原则。

4. 抚慰性原则

抚慰性原则是指国家赔偿所支付的赔偿金仅仅是对受害人的象征抚慰性质，一般不足以弥补受害人所受的实际损失。依据抚慰性原则，赔偿金的数额往往少于受害人的实际损失。

一个国家立法所采用的确立计算标准的原则，是与该国的经济实力和政府的财力密切相关的。我国是一个发展中的国家，经济实力与政府财力都不如发达国家，国家赔偿的水准只能与我国目前的实际相适应。如果不切实际地规定过高的赔偿原则，不仅国家财力无法实现这些原则，而且会对法律权威、政府声誉产生负面影响。因此，我国《国家赔偿法》所确立的计算标准基本上实行的是抚慰性原则，以保障受害人基本的生活、生产为限。

三、《国家赔偿法》关于计算标准的具体规定

（一）人身自由权损害的计算标准

《国家赔偿法》第33条规定："侵犯公民人身自由的，每日赔偿金按照国家上年度职工日平均工资计算。"即按日计算赔偿金，每日的赔偿金按照国家上年度职工日平均工资计算。对人身自由损害的计算标准在行政诉讼立法及行政赔偿立法中都曾经是一个较难处理的问题。国家赔偿法规定对侵害人身自由权的赔偿采取根据上年度职工日平均工资计算的随机标准，而不是规定一个固定的标准或者最高限额，比较适合我国目前处于改革时期，工资、物价都在不断变化的具体情况；既便于操作，又比较灵活，还有利于在全国范围内统一实施。

（二）生命健康权损害赔偿的计算标准

《国家赔偿法》第34条规定，侵犯公民生命健康权的赔偿按下列标准计算：

（1）造成身体伤害的，应当支付医疗费、护理费，以及赔偿因误工减少的收入。减少的收入每日的赔偿金按照国家上年度职工日平均工资计算，最高额为国家上年度职工年平均工资的5倍；

（2）造成部分或者全部丧失劳动能力的，应当支付医疗费、护理费、残疾生活辅助具费、康复费等因残疾而增加的必要支出和继续治疗所必需的费用，以及残疾赔偿金。残疾赔偿金根据丧失劳动能力的程度，按照国家规定的伤残等级确定，最高不超过国家上年度职工年平均工资的20倍。造成全部丧失劳动能力的，对其扶养的无劳动能力的人，还应当支付生活费；

（3）造成死亡的，应当支付死亡赔偿金、丧葬费，总额为国家上年度职工年平均工资的20倍。对死者生前扶养的无劳动能力的人，还应当支付生活费。

前款第2项、第3项规定的生活费的发放标准，参照当地最低生活保障标准执行。被扶养的人是未成年人的，生活费给付至18周岁止；其他无劳动能力的人，生活费给付至死亡时止。

（三）财产权损害赔偿的计算标准

《国家赔偿法》36条规定侵犯公民、法人或者其他组织的财产权造成损害的，按照下列标准处理。

（1）处罚款、罚金、追缴、没收财产或者违法征收、征用财产的，返还财产。

（2）查封、扣押、冻结财产的，解除对财产的查封、扣押、冻结，造成财产损坏或者灭失的，依照本条第3项、第4项的规定赔偿。

（3）应当返还的财产损坏的，能够恢复原状的恢复原状，不能恢复原状的，按照损害程度给付相应的赔偿金。

（4）应当返还的财产灭失的，给付相应的赔偿金。

（5）财产已经拍卖或者变卖的，给付拍卖或者变卖所得的价款；变卖的价款明显低于财产价值的，应当支付相应的赔偿金。

（6）吊销许可证和执照、责令停产停业的，赔偿停产停业期间必要的经常性费用开支。这是一个典型地体现了我国国家赔偿抚慰性原则的规定。一般而言，企业停产停业所造成的损失，除了包括停产停业期间的经常性费用开支以外，还包括企业正常经营或者生产所应获得的利润，而后一项的数额往往比前一项的数额要大得多。但考虑到国家的财力，抚慰性质的赔偿只以必要的经常性费用开支为限。

（7）返还执行的罚款或者罚金、追缴或者没收的金钱，解除冻结的存款或者汇款的，应当支付银行同期存款利息。

（8）对财产权造成其他损害的，按照直接损失给予赔偿。

（四）精神损害赔偿的计算

《国家赔偿法》仅原则规定了致人精神损害造成严重后果的，应当支付相应的精神损害抚慰金。对于有关精神损害赔偿具体标准以及哪些情形属于造成严重后果等问题并没有作出明确的具体规定。

第五节　行政赔偿诉讼程序

一、请求行政赔偿的基本途径

《国家赔偿法》第9条规定："赔偿义务机关有本法第3条、第4条规定情形之一的，应当给予赔偿。赔偿请求人要求赔偿，应当先向赔偿义务机关提出，也可以在申请行政复议或者提起行政诉讼时一并提出。"依此规定，公民、法人或者其他组织请求行政赔偿可采取两种方式：一种是附带的方式，一种是单独的方式。

（一）附带的方式

附带的方式，是指行政管理相对人对行政机关的行政行为不服，同时也认为自己的合法权益受到该行政行为的侵害，在请求行政复议机关和人民法院审查行政行为的合法性的同时，提出行政赔偿的请求。复议机关和人民法院应对这两种诉讼请求并案处理，首先审查行政行为的合法性问题，在确认行政行为违法的情况下，再对行政赔偿作出处理。

在原告没有提出赔偿请求的情况下，人民法院也可以作出释明。《2018年司法解释》第95条规定，人民法院经审理认为被诉行政行为违法或者无效，可能给原告造成损失，经释明，原告请求一并解决行政赔偿争议的，人民法院可以就赔偿事项进行调解；调解不成的，应当一并判决。人民法院也可以告知其就赔偿事项另行提起诉讼。

（二）单独的方式

所谓单独的方式，是指致害行政行为已经被确认违法，如行政机关已经撤销或者改变了致害行政行为，但对致害行政行为所造成的损害未作处理，或者处理结果与受害人所愿相违，相对人可以单独提出赔偿请求。也应当包括致害行政行为也已经行政诉讼或行政复议确认违法后，当事人单独提起赔偿请求。

二、处理赔偿请求的行政程序

大致来说，有以下行政程序。

1. 赔偿请求人要求赔偿，应当先向赔偿义务机关提出，也可以在申请行政复议或者提起行政诉讼时一并提出。

2. 赔偿请求人可以向共同赔偿义务机关中的任何一个赔偿义务机关要求赔偿，该赔偿义务机关应当先予赔偿。

3. 赔偿请求人根据受到的不同损害，可以同时提出数项赔偿要求。

4. 要求赔偿应当递交申请书，申请书应当载明下列事项：（1）受害人的姓名、性别、年龄、工作单位和住所，法人或者其他组织的名称、住所和法定代表人或者主要负责人的姓名、职务；（2）具体的要求、事实根据和理由；（3）申请的年、月、日。赔偿请求人书写申请书确有困难的，可以委托他人代书；也可以口头申请，由赔偿义务机关记入笔录。赔偿请求人不是受害人本人的，应当说明与受害人的关系，并提供相应证明。赔偿请求人当面递交申请书的，赔偿义务机关应当当场出具加盖本行政机关专用印章并注明收讫日期的书面凭证。申请材料不齐全的，赔偿义务机关应当当场或者在5日内一次性告知赔偿请求人需要补正的全部内容。

5. 赔偿义务机关应当自收到申请之日起两个月内，作出是否赔偿的决定。赔偿义务机关作出赔偿决定，应当充分听取赔偿请求人的意见，并可以与赔偿请求人就赔偿方式、赔偿项目和赔偿数额依照本法第四章的规定进行协商。赔偿义务机关决定赔偿的，应当制作赔偿决定书，并自作出决定之日起10日内送达赔偿请求人。赔偿义务机关决定不予赔偿的，应当自作出决定之日起10日内书面通知赔偿请求人，并说明不予赔偿的理由。

6. 赔偿义务机关在规定期限内未作出是否赔偿的决定，赔偿请求人可以自期限届满之日起3个月内，向人民法院提起诉讼。赔偿请求人对赔偿的方式、项目、数额有异议的，或者赔偿义务机关作出不予赔偿决定的，赔偿请求人可以自赔偿义务机关作出赔偿或者不予赔偿决定之日起3个月内，向人民法院提起诉讼。

三、行政赔偿案件的起诉期限

《国家赔偿法》第39条第1款规定："赔偿请求人请求国家赔偿的时效为两年，自其知道或者应当知道国家机关及其工作人员行使职权时的行为侵犯其人身权、财产权之日起计算，但被羁押等限制人身自由期间不计算在内。在申请行政复议或者提起行政诉讼时一并提出赔偿请求的，适用行政复议法、行政诉讼法有关时效的规定。"

由于受害人请求国家赔偿的基本途径有附带的方式和单独的方式，各种不同的方式下，其起诉期限的计算亦有所不同。

1. 受害人附带提出赔偿请求的情况

受害人在申请行政复议或者提起行政诉讼时附带提出损害赔偿的请求，起诉期限应依行政复议法、行政诉讼法及其他有关单行法律、法规所规定的提起合法性审查之诉的期限规定。因为行政赔偿请求是附带在对行政行为的合法性审查诉讼之中的，而有关法律、法规对行政行为提起诉讼的起诉期限作了明确规定，应依对行政行为提起诉讼的期限的有关规定。

2. 受害人单独提出赔偿请求的情况

受害人单独提出赔偿请求的，其时效期间是2年。赔偿请求，本质上是一种请求权，应当适用诉讼时效的概念。国家赔偿法规定2年的时效期间，与民事法律上一般请求权行使的时效保持一致，是一个合理的设计。

四、行政赔偿诉讼案件的审理

（一）审判组织形式

由于行政赔偿诉讼案件的复杂性和重要性，人民法院审理行政赔偿案件，必须依照行政诉讼法的规定组成合议庭进行开庭审理，而不宜由审判员独任审判。

（二）证据规则

对行政赔偿诉讼案件的审理，既要运用行政诉讼的证据规则，又要运用民事诉讼的证据规则。对致害的行政行为的合法性问题，要运用行政诉讼证据规则，由被告承担举证责任。而对损害事实、损害状况等有关损害赔偿的问题，则应遵循"谁主张、谁举证"的原则。同时，对致害的行政行为的合法性问题，受行政程序"先取证，后裁决"规则的制约，被告在诉讼中不得自行取证。但对有关损害赔偿问题，如损害的大小，相对人所受损害的原因，第三人的过错以及相对人自己是否有过错等证据，行政机关应可以收集并举证。

《行政诉讼法》第38条第2款规定，"在行政赔偿、补偿的案件中，原告应当对行政行为造成的损害提供证据。因被告的原因导致原告无法举证的，由被告承担举证责任。"司法解释规定，对于各方主张损失的价值无法认定的，应当由负有举证责任的一方当事人申请鉴定，但法律、法规、规章规定行政机关在作出行政行为时依法应当评估或者鉴定的除外；负有举证责任的当事人拒绝申请鉴定的，由其承担不利的法律后果。当事人的损失因客观原因无法鉴定的，人民法院应当结合当事人的主张和在案证据，遵循法官职业道德，运用逻辑推理和生活经验、生活常识等，酌情确定赔偿数额。

《国家赔偿法》第15条规定，人民法院审理行政赔偿案件，赔偿请求人和赔偿义务机关对自己提出的主张，应当提供证据。赔偿义务机关采取行政拘留或者限制人身自由的强制措施期间，被限制人身自由的人死亡或者丧失行为能力的，赔偿义务机关的行为与被限制人身自由的人的死亡或者丧失行为能力是否存在因果关系，赔偿义务机关应当提供证据。

(三) 审理方式

行政赔偿诉讼可以适用调解，是由行政赔偿案件的特点决定的。损害赔偿首先是一个民事问题，行政损害赔偿诉讼只是因求偿对象是行政机关而有别于一般的民事赔偿。在行政赔偿诉讼中，诉讼的原告可以处分自己请求赔偿的权利，被告在一定范围内也有自由裁量的余地，对是否赔偿及赔偿的数额等问题，是可以调解的。

以调解的方式解决争议，有利于当事人之间纠纷的彻底解决，促进安定团结，提高法院办案效率。但是，由于行政赔偿诉讼中的被告是从事国家行政管理工作的行政机关，原被告双方在行政法律关系中的地位可能影响调解中自愿原则的贯彻，而且被告一方的处分权是有限的，因此，行政诉讼法没有规定调解为人民法院解决行政案件的必经程序，也没有规定解决赔偿争议应着重调解，而只是规定"赔偿诉讼可以适用调解"。那么，人民法院在办案中，应该从实际出发，可调解则调解，不能调解就应该及时判决，不应久调不决。

(四) 对赔偿责任的认定

原告或者第三人的损失系由其自身过错和行政机关的违法行政行为共同造成的，人民法院应当依据各方行为与损害结果之间有无因果关系以及在损害发生和结果中作用力的大小，确定行政机关相应的赔偿责任。

因行政机关不履行、拖延履行法定职责，致使公民、法人或者其他组织的合法权益遭受损害的，人民法院应当判决行政机关承担行政赔偿责任。在确定赔偿数额时，应当考虑该不履行、拖延履行法定职责的行为在损害发生过程和结果中所起的作用等因素。

(五) 行政赔偿诉讼的裁判

行政赔偿诉讼的判决除应适用行政诉讼法关于行政诉讼判决的有关规定以外，根据行政赔偿诉讼案件的特点，人民法院还可以直接判决改变行政赔偿决定，对行政赔偿决定中的赔偿数额作出变更。被告的行政行为违法但尚未对原告合法权益造成损害的，或者原告的请求没有事实根据或者法律根据的,人民法院应当判决驳回原告的诉讼请求。

人民法院对单独提起行政赔偿诉讼的案件作出处理的法律文书名称为行政赔偿判决书、行政赔偿裁定书和行政赔偿调解书。

(六) 诉讼费用

《国家赔偿法》第41条规定:"赔偿请求人要求国家赔偿的,赔偿义务机关、复议机关和人民法院不得向赔偿请求人收取任何费用。对赔偿请求人取得的赔偿金不予征税。"最高人民法院1997年4月29日发布《关于审理行政赔偿案件若干问题的规定》第39条规定:"赔偿请求人要求人民法院确认致害行为违法涉及的鉴定、勘验、审计等费用,由申请人预付,最后由败诉方承担。"由此可见,行政赔偿案件,赔偿请求人不交纳案件受理费,对鉴定、勘验、审计等费用,在申请进行此项诉讼行为时预交。

五、行政追偿制度

行政追偿是指国家在对行政赔偿请求人进行赔偿后,依法责令有故意或者重大过失的工作人员、受委托的组织或者个人承担部分或者全部费用的制度。

行政追偿制度是一项与行政赔偿制度密切联系的独立的行政内部程序制度。我国行政诉讼法和国家赔偿法都对这一制度作了规定。行政追偿制度的建立和完善,是国家赔偿制度成熟的重要标志,对于国家赔偿制度的顺利实施,对于相对人赔偿请求权的全面实现以及对于促使行政机关有关工作人员正确合法地行使职权,均具有重要意义。

六、赔偿费用支付

《国家赔偿法》第37条规定:"赔偿费用列入各级财政预算。赔偿请求人凭生效的判决书、复议决定书、赔偿决定书或者调解书,向赔偿义务机关申请支付赔偿金。赔偿义务机关应当自收到支付赔偿金申请之日起7日内,依照预算管理权限向有关的财政部门提出支付申请。财政部门应当自收到支付申请之日起15日内支付赔偿金。赔偿费用预算与支付管理的具体办法由国务院规定。"

赔偿费用,由各级财政单独列支,而不应该在办公经费及其他经费中支出,这是为了保证受害人的权益得到全面的实现,也为了避免因支出赔偿费用而影响行政机关的正常工作。赔偿请求人请求支付赔偿金,虽然是向赔偿义务机关提出,实际上由财政部门支付赔偿金,能够保证赔偿金的及时、足额支付。而向赔偿义务机关提出,也方便赔偿请求人提出请求。

初 版 后 记

我国著名法学家龚祥瑞先生在行政诉讼法颁布之初曾经这样说:"《行政诉讼法》的颁布是中国法制史上的一个新的里程碑,是旧传统死亡和新观念再生的分水岭。"① 在龚先生所主持的行政诉讼法实施现状调查研究课题中,研究者认为:"在中华民族近两千年的成文法历史中,在中国法律现代化的进程中,该法的颁布将意味着一场静悄悄革命的开始。"② 几年的时间过去了,这场革命方兴未艾地进行。1990年12月24日国务院发布《行政复议条例》,1995年1月1日施行《中华人民共和国国家赔偿法》,1996年3月17日《行政处罚法》出台。目前,行政程序法和行政复议法亦正处于起草过程之中。这些法律的颁布表明中国行政救济制度的初步建立和监督行政制度的日益完善,而这些皆肇始于行政诉讼法的制定。

我曾经在一篇论文中写道:"对行政权力侵犯公民权利是否实施救济及有关制度的完善程度,是社会文明和进步的标志之一。"③ 行政诉讼制度是行政救济制度的主要的和最为重要的内容。使用这本教材的人,可能将会仔细研究行政诉讼法学,也可能只是希望一般地了解行政诉讼法,还可能是出于某种需要或者必要才来学习这门课程的。作为作者,我不一定希望所有的读者在读了这本书以后,都进而成为行政诉讼法专家(这也不可能),但希望各位读者继续关注行政诉讼法及其相关法律的立法和实施情况,因为正如大家在读了这本书以后所知道的那样,关心这方面的情况就是关心中国民主与法制进程的一个方面。

这本教材的写作亦紧随行政诉讼法的制定和实施。1986年秋天在一次学术讨论会上,我了解到我国立法机关正在设想并讨论制定行政诉讼法以及有关情况,便开始给予关注。当时我正师从我国著名的诉讼法学家曾昭度教授学习民事诉讼法。1988年夏,我以行政诉讼法学研究为论文选题的硕士学位论文通过答辩。其后我留校在武汉大学法学院讲授行政诉讼法课程,迄今已有十年。这本教材正是在经历了硕士学位论文、1990年武汉大学教务处油印教材,1992年武汉大学出版社正式出版的《行政诉讼法概论》等的基础上最终形成的。

在本教材形成过程中,我除了给武汉大学法学院历届本科生、专科生和研究生讲授行政诉讼法课程以外,还给法官班、检察官班和律师进修班讲授这一课程。在讲课过程中,我深切体会到教学相长。学生或学员们对我的提问以及讲授中的无数次讨论对于我所进行

---

① 龚祥瑞主编:《法治的理想与现实》,中国政法大学出版社1993年版,第2页。
② 龚祥瑞主编:《法治的理想与现实》,中国政法大学出版社1993年版,第5页。
③ 林莉红:《中国行政救济制度研究》,载《中国法与比较法研究》1997年第1期。

初版后记

的研究有极大的帮助。我担任部长的武汉大学社会弱者权利保护中心行政诉讼部的大量行政诉讼案件的处理也给予我极好的接触并参与司法实践的机会。本书中未标明出处的许多案例实际上就是我们行政诉讼部所直接办理的。在此,我深深地感谢给我提供如此机会的各位,既有我的领导、同事,也有我的学生,甚至还有我们的当事人。只是恕我不可能一一举出他们的名字。

本书的出版自始至终得到武汉大学教务处和武汉大学出版社的支持,在此亦向他们致以我的感激。

任何一本书都是作者一定时期科研状况和科研成果的总结,是作者研究水平的反映。本书也不例外。因此,难免有各种错误和不足。在此谨希望各位读者不吝指教,以便再版时加以纠正。

林莉红

1998 年 6 月 10 日于珞珈山

再 版 后 记

本书能够在初版一年之内销售万余册因而再版，我感到非常高兴。这一方面是因为本书拥有一般法学类书籍不大容易拥有的较多的读者，从而出版社方面也有了经济与社会两方面的效益；另一方面，本书的再版，也给我提供了一个对全书进行全面修订、充实的机会，而不断地修订和充实对于一本书能够保持其价值是极为重要的。

在本书第一版使用过程中，不少读者提出的意见和建议，对本书的进一步完善有很大帮助。这些意见或者建议，有一些是关于写作或者印制过程中的疏漏，有一些则是观点的商榷。对前者，我已经做了若干修订，并且已经反映在本书之中；对后者，我也正在进行深入的思考。在此，我愿对以各种形式向我提出意见或建议的读者表示深深的感谢。

在初版后记中提到的《行政复议法》已经于1999年4月29日经第九届全国人民代表大会常务委员会第九次会议通过，并已于1999年10月1日实施。本书之所以再版，很大程度上也是由于《行政复议法》的颁布和实施。结合《行政复议法》的规定，本书在若干相关之处做了修订，在附录中也将《行政复议条例》替换为《行政复议法》。《行政复议法》与《行政复议条例》相比，有许多实质性的进步。它的颁布和实施是我国行政法治建设进程中的又一重大步骤，标志着我国行政救济制度和监督行政制度的日益完善。限于主题和篇幅，本书只能在相关之处有所反映。对此，我愿借此机会提请各位读者予以关注。

正当我在修订此书时，试行了近九年的《最高人民法院关于贯彻执行〈中华人民共和国行政诉讼法〉若干问题的意见》被废止，而代之以《最高人民法院关于执行〈中华人民共和国行政诉讼法〉若干问题的解释》。后者于2000年3月8日发布，于3月10日起施行。我高兴地看到本书中讨论的不少观点和建议被新的司法解释所采纳，欣喜地感受到其中所反映的时代进步的步伐。因此，我以最快的速度将新的司法解释的内容补充到了本书之中。至此，考虑到我国行政诉讼法短期内不会修改，我想，本书的内容应当可以在一定时期内保持稳定了。

给自己的书写作"后记"总是一件轻松、愉快的事情。特别是自己的书能够顺利地出版、发行，以至于需要在较短的时间里写作"再版后记"，更是作者所高兴的。尽管因为这本书，在其他方面我也曾经有过某些不快。好在我写作本书的目的只是为了将自己十余年来在行政诉讼法学教学和研究中的心得、体会，以这种相对固定、易于交流的形式奉献给学生和社会；也好在民主、法治的发展是我们国家和时代的主流，而这种发展在相当程度上也体现在本书的内容之中，这就足以让作者感到欣慰了。

林莉红　谨识
2000年3月20日于武汉大学一区

三版后记

利用此次再版的机会，我对本书进行了全面的修订，修改了原来文字的一些疏漏，补充了近来研究的心得，也反映了近段时间的相关立法。

对行政诉讼法内容的阐释，需要引用相关法律、法规。本次修订，检查了全部引用或举例的规范性文件，重新对照了相关条文。凡是引用了条文或被举例的规范性文件，都全部标示出了颁布或修改的年份。

我国现行行政诉讼法尽管体现了正当程序、法律至上、依法行政的理念，但由于制定之初特殊的立法、执法和理论研究状况，主要制度设计是针对行政处罚这样型式化的行政行为，缺乏诉讼类型的全面考虑。实际上，诉讼类型关乎行政诉讼程序设计的诸多方面。本书的此次修订，也很难脱离立法而结合诉讼类型加以分析。这个遗憾，可能要留待行政诉讼法做相应修改后才能弥补了。

今年是《行政诉讼法》颁布二十周年。二十年，有人说弹指一挥间。可是，中国行政诉讼制度的建立和实施，却经历了一段不容易的历程。展望未来，希望行政诉讼制度更加完善，在中国走向民主与法治的道路上，更加充分地发挥救济公民权利与监督行政权力的作用。

林莉红
2009 年 7 月 18 日于武汉大学九区

四 版 后 记

时间过得很快,距离本书初版已过去十七年。其间,中国行政诉讼制度已发生相当多的变化,为实施行政诉讼法,最高人民法院发布了多个司法解释;全国人大通过了行政强制法、行政许可法等大量的行政管理法律,修改了与行政诉讼法直接相关的行政复议法和国家赔偿法;尤其是,2014年11月1日第十二届全国人民代表大会常务委员会第十一次会议通过"关于修改《中华人民共和国行政诉讼法》的决定",对实施了24年的行政诉讼法进行了全面的修改。为配合行政诉讼法的实施,最高人民法院还在实施之前的2015年4月22日发布了司法解释。从实践情况看,全国法院受理一审行政案件数量已经从1998年的9万余件到2014年的15.1万件,案件类型几乎涵盖所有的行政管理领域。从人们的思想观念上看,对行政诉讼法的认识已从当初的模糊不清甚至抵触,到如今社会公众普遍知道有行政诉讼法,行政机关接受"民告官"的现实,不少行政机关已经能够坦然面对当被告的状况。本书历次修订,都力图反映立法和司法实践的最新变化,而这次,当然最重要的就是《行政诉讼法》的修改。

2014年《行政诉讼法》的修改是我国行政诉讼制度历史发展中的一件大事。这次修改,吸收了司法解释中的成熟经验,力图解决行政诉讼实践中长期存在的立案难、审理难、执行难之"三难"问题,在提升司法权威、保障人民法院依法独立审理行政案件和执行裁判文书方面也有若干加强。相信新行政诉讼法在推进行政审判,保障公民、法人和其他组织的合法权益,监督和促使行政机关依法行政等方面会起到更加重要的作用。不过,这次修改,制度路径的惯性依赖明显,在诉讼类型、当事人资格等多个方面并无突破,一方面表明行政诉讼法理论研究还待深入,另一方面也说明这一领域还有相当大的研究空间留待我们开拓。

改革开放以来,经过四十多年的发展,我国法律体系可谓已初步建成。于此时而言,制度建设固然重要,但最重要的已经是法律实施问题了。故学习和研究行政诉讼法,除了解法律规定外,关注法律实施,已然成为重要议题。2011年起,我组织实施了一项名为"中国行政诉讼法实施状况调查"的课题,开展了对行政审判法官、行政机关工作人员、律师和普通公众共计8155人次的问卷调查和238人次的访谈调查,并在抽样基础上对全国12个省级区域72个法院共计11532份行政裁判文书进行数据统计,希望全景式地展示中国行政诉讼法的实施状况。通过对调查所得数据和资料的分析,共计形成21篇调查报告。调查报告汇编为《行政法治的理想与现实——〈行政诉讼法〉实施状况实证研究报告》一书于2014年5月在北京大学出版社出版。本书在不少地方展示和运用了其中的数据和研究成果。希望这些研究成果对于读者深入了解我国行政诉讼法的不同面相有一定的帮助。

四版后记

　　行政诉讼是法治的试金石。一个国家的某项法律制度，产生于这个国家一定的社会历史背景，根植于其深厚的传统文化，并在某种程度上影响着这个国家的未来。中国是一个发展中国家，也正处于社会转型期，这种转型意味着需要持续地实现社会系统结构和各方面社会制度的现代化。作为一项在现代民主、宪政理念下孕育的制度，行政诉讼的建立和实施，既需要相应的社会历史条件，也会推动一个国家民主、宪政的发展进程。这种相互作用的关系，使我们可以对行政诉讼制度在中国的运行和发展充满期待，并愿意为此而努力。

　　谨此作为四版后记。

林莉红
2015 年 5 月 12 日

五版后记

本书此次修订，增加了最新司法解释的规定，更新了引用的法律、法规等规范性文件，补充了相关案例。希望秉承本书一贯原则，反映最新立法动态，采用理论联系实际的分析视角，传递行政法治的坚定信念。

依法行政，建设法治政府是全面建设社会主义现代化国家，提升国家治理水平的必然要求。这在当今已成为共识。身处其中的每个人都作出自己的努力，方为不辜负这个时代。为此，愿与各位读者共勉。

林莉红

2020年1月30日